生活化、游戏化的幼儿园数学教育

王艳云　主编

中华工商联合出版社

图书在版编目（CIP）数据

生活化、游戏化的幼儿园数学教育 / 王艳云主编. -- 北京 : 中华工商联合出版社, 2023.1

ISBN 978-7-5158-3584-6

Ⅰ. ①生… Ⅱ. ①王… Ⅲ. ①数学课—教学法—学前教育 Ⅳ. ①G613.4

中国国家版本馆 CIP 数据核字（2023）第 023646 号

生活化、游戏化的幼儿园数学教育

作　　者：王艳云
出 品 人：李　梁
责任编辑：胡小英
装帧设计：李　朋
责任审读：付德华
责任印制：迈致红
出版发行：中华工商联合出版社有限责任公司
印　　刷：北京宝莲鸿图科技有限公司
版　　次：2023 年 1 月第一版
印　　次：2023 年 1 月第一次印刷
开　　本：787mm×1092mm　1/16
字　　数：640 千字
印　　张：29
书　　号：ISBN 978-7-5158-3584-6
定　　价：89.90 元

服务热线：010-58301130-0（前台）
销售热线：010-58302977（网店部）
010-58302166（门店部）
010-58302837（馆配部、新媒体部）
010-58302813（团购部）
地址邮箱：北京市西城区西环广场 A 座 19-20 层，100044
Http：www.chgslcbs.cn
投稿热线：010-58302907（总编室）
投稿邮箱：1621239583@qq.com

编委会

丛书主编：李　军　刘　飞

丛书副主编：闫新全　谢　娟　何书利

主　编：王艳云

编著者（按姓氏音序排列）：

常燕玲　李　真　娄鹏仙　王艳云　叶　红

案例提供者（按姓氏音序排列）：

曹　纯	常燕玲	崔　悦	陈丽娟	陈　璐	蔡冠宇	舒　静
甘春梦	高　潼	郭　萌	郭　佳	郭天晓	葛　旭	桂玉蛟
耿京金	韩红梅	韩佳齐	焦赛男	冀　雪	逯宇婷	李　真
李　莹	李　欣	李　韧	刘俊红	刘小飞	刘洁红	刘　岩
刘　洋	刘晶晶	娄鹏仙	姜　蕾	马建芳	孟惊涛	彭雪洁
任　颖	孙文慧	孙思允	孙　宁	苏　雪	索　思	田　莹
唐宾客	盛朝琪	商丽雅	石　蕊	邢　超	陶　爽	温　雪
吴俐晓	王艳云	王国旭	王　淼	王　旭	王　叶	王　茜
王　娜	王　帅	王雪艳	魏　冉	徐　洁	刑东旭	叶　红
张丽莹	张　越	张　茜	张朋艳	张　佳	张思默	张嘉楠
张　耿	张田野	周佩林				

前　言

教育部颁布的《教师专业标准（试行）》（包括中学、小学和幼儿园）对教师专业发展提出如下具体要求，“针对教育教学工作中的现实需要与问题，进行探索和研究”。教育部印发的《中小学教师培训课程指导标准》强调，“培训课程内容注重理论与实践相结合，课程形式包括专题讲座、典型案例研究、问题研讨等多种形式，以满足教师的培训需求，凸显课程的针对性和实效性。”朝阳区教师培训指导意见明确提出，“要基于实际、基于问题、基于教师专业发展需求，开展有利于解决教学实际问题的研修”。依据以上政策要求，“十三五”期间，朝阳区学科骨干教师研修工作坊项目组，聚焦研究落实学科核心素养培养的教学关键问题，并探索解决教学关键问题的方法策略及实践路径，形成了朝阳区“十四五”学科教师培训丰富的课程资源和系列培训教材。

依据北京教育学院朝阳分院工作部署，朝阳区骨干教师培训部牵头落实的学科骨干教师研修工作坊项目，被列入2020年上报朝阳教委的重点工作项目。基于学生学科核心素养培养的骨干教师研修工作坊，是按照学前、小学、中学三个学段及学科特点组建的。工作坊主持人均由朝阳分院培训教师担任，核心组成员由市区级一线骨干教师、特级教师、正高级教师等组成。在研修的过程中，突出“学员即资源”的培训资源观，一线骨干教师既是课程的开发者，也是课程的实施者，充分发挥骨干教师自主发展的内驱力和辐射带动作用。每个工作坊成员的核心研究成员，进一步带动更多的优秀青年教师，参与教学案例的研制和培训资源建设，确保了内容的鲜活性和实效性。

基于学科核心素养培养的教学关键问题研究，既有顶层设计的引领，又有微观实施的具体措施及案例解读。为确保教材的思想性、学术性及科学性，在研修过程中，对于每个工作坊的阶段性研究成果，需先后经过教学关键问题清单、培训教材框架、培训教材样张和整本书样稿四次专家论证，论证专家不仅包括高校教授、研究员，还有中小学一线正高级教师及特级教师。

工作坊研修过程分成三个阶段。第一，梳理提炼学科教学关键问题清单，并确定相应的研究内容；第二，解构每一个教学关键问题，开展文献学习，梳理基于问题的学习内容，并基于相关教学内容进行教学设计，开展课堂教学实践；第三，形成学科教师培训资源，包括基于教学关键问题研究的培训教材及相关的培训视频资源。

工作坊研修方式为三个结合。第一，集中学习与分散学习相结合；第二，定期面授交流与在线学习研讨相结合；第三，任务驱动与学习分享相结合。以集中学习研讨统一思想，包括专家讲座、课堂观摩、研讨交流、学习心得分享等内容；以有针对性的文献学习及综述把握研究方向；以分工撰写文稿、录制课堂教学案例及相关培训资源作为主要任务驱动。

在培训教材的创生过程中，北京师范大学朱文芳教授、北京教育学院张金秀教授等专家，给予了我们一如既往的悉心指导和引领。来自高校的教授、中小学一线的特级教师、正高级教师作为学科专家指导团队，以他们的教育智慧为本套培训教材把关增色。借此机会，对他们的大力付出和精心指导表示衷心的感谢！同时，对朝阳教委所给予的大力支持表示衷心的感谢！对各学科骨干教师研修工作坊核心成员及为本项目付出心血的领导和老师们，表示衷心的感谢！

由于对学科核心素养培养的落地实施仍在探索之中，同时，我们自身水平和能力有限，尤其对于学科教学关键问题的提炼，主要依据对朝阳区骨干教师的调研及分析，培训教材中必然存在诸多不妥之处，诚挚期望得到专家与同仁们的批评指正。

本套系列培训教材适用于中小学研训机构培训区域内的中小学一线教师，也适用一线教师自主学习与自我提升。我们期待该培训教材，能对广大中小学教师，在培养学生学科核心素养方面起到一定的促进作用。我们更期待，广大教育同仁基于立德树人、学科育人理念，在课堂教学中不断实践、反思并改进，持续提升教学能力和育人能力，为国家培养出合格的建设者和接班人。

北京教育学院朝阳分院 院长 李军

2021年3月17日

序

自2001年《幼儿园教育指导纲要（试行）》提出要通过创设丰富多样的游戏环境来支持和引导幼儿的学习活动，让幼儿“从生活和游戏中感受事物的数量关系，体验到数学的重要和有趣”“引导幼儿对周围环境中的数、量、形、时间和空间等现象产生兴趣，建构初步的数概念，并学习用简单的数学方法解决生活和游戏中某些简单的问题”，数学教育“生活化”“游戏化”成了幼教工作者的重要课题，也成为笔者的重要研究领域。

从研究生毕业论文《不同干预方式对幼儿数学玩具操作的影响研究——以多边形分数板为例》到北京市“十一五”教育科学规划课题“以玩具和游戏材料为中介促进幼儿数学学习的研究”，笔者一直围绕如何通过游戏促进幼儿的数学学习进行研究。期间，有思考、有经验积累，也有人提议笔者把积累的“成果”拿出来出版，但笔者始终不敢那么做，因为内心总是隐约感觉到不踏实、不完美，担心那些所谓的“成果”的“生活化”“游戏化”程度不够，实现不了出版物应有的社会价值。

2011年，笔者慕名去深圳参加“幼儿数学核心经验研讨会”，聆听了美国埃里克森儿童发展研究生院陈杰琦教授关于幼儿数学核心概念体系的介绍，心中豁然开朗。核心概念体系为笔者的研究重新打开了一扇窗，让笔者对幼儿数学教育充分“生活化”“游戏化”充满了希望。

数学核心概念体系梳理了幼儿应该掌握的26条数学核心概念，按照核心概念是什么（What）、幼儿学习与发展轨迹（Who）、教师教学策略（How）的逻辑展开。这一体系突破了传统幼儿园数学教学体系以知识点为框架的束缚，指明了幼儿应该领悟、获得的核心概念与经验，以及幼儿在核心经验点上的发展脉络，更能帮助教育者从根本上把握幼儿数学学习的原理性知识，为教育者将幼儿数学学习融入生活和游戏提供了便利。用研究者的话说：“一旦你理解了核心概念，你就会注意到幼儿园里到处都有数学，并能在教学中充分利用这一点。”

怀着欣喜与好奇的心情，笔者开启了幼儿数学核心概念的学习之旅。经过五年的学习，当笔者对数学核心概念体系有了更为清晰的认识并有了运用它指导实践的底气之后，笔者牵头成立了幼儿园数学工作坊，申报了“PCK指导下幼儿园数学教育生活化、游戏化”的课题，带领一群热爱幼儿数学教育、乐于学习与钻研的幼儿园老师一起用数学核心概念做指引，投入幼儿园数学教育生活化、游戏化的实践研究中。

也恰逢此时，“中国学生发展核心素养”发布，国内在各学段掀起了探索“核心素养”的热潮。学前教育也不例外，带着五年学习的所思所悟，笔者对核心素养相关的文献进行研读，并多次听取汇报、参与研讨，把两者建立起了有机的联系——如果把核心经验比作我们探索数学教育生活化、游戏化的指引、抓手，那么核心素养就是我们培养的方向、目标。笔者决心带着年轻的老师们，从理清幼儿数学学习的核心经验脉络出发，以适宜幼儿、让幼儿喜欢的方式接触并学习数学，积累核心经验，培养核心素养尤其是科学精神，带领他们感受数学的有趣有用，促进他们形成初步的数学思维方式和乐于探究的学习品质。

在具体实践研究伊始，我们确立了共同愿景“数学为思维而教”，借助数学核心经验，实现幼儿园数学教育真正的生活化、游戏化，经过五年的探索，我们归纳提炼为：发展为本、思维为魂、生活为根、游戏为伴。

发展为本：数学教育要着眼于全面育人，在数学学习的同时，挖掘教育契机，整合、牵动其他领域，促进全面发展。

思维为魂：抓住“数学为思维而教”的核心价值，瞄准“数学是思维的体操”的功能定位，创设问题情境，支持幼儿动手动脑，获得思维发展，不以单纯传授知识为目的。

生活为根：将幼儿的数学学习扎根于生活，学习内容源于生活，学习过程依托生活，解决生活中的真问题。

游戏为伴：将游戏作为幼儿数学学习的重要载体，根据学习内容创编游戏情境，让幼儿在“真游戏”中“真思考”，在不知不觉中思考数学问题，获得数学经验，锻炼数学思维。

为了取得实践效果，在探索中我们采取小步子、慢节奏的原则，一个学期只围绕一个专题研究。每一个专题都沿着学习核心概念、制定教学方案、落实并调整方案、教学经验分享的步骤进行。过程中加入对幼儿学习与发展的观察与评价，同时将学习与培训、实践与研讨、总结与反思相结合，教师专业能力提升与教学质量提升相结合，取得了预期成果。本书即是这几年研究成果的浓缩性呈现。

我们本着理论要精当、方法要实用、案例要经典的原则编制内容，力主实现简约式阅读，支持教师抓住要领，知晓方法，易于实践。

在这一精神的指引下，将全书内容分为九章。第一章绪论，重点论述了幼儿为什么要学数学、幼儿如何学数学、教师如何教数学，编写的目的在于帮助教师明确幼儿园数学教育的主要目标，把握幼儿数学学习的特点，在此基础上弄清教师在幼儿数学学习中的主要角色、任务及应该采取的教学方法。第二至九章，分专题对幼儿数学核心概念、儿童学习与发展轨迹、教学目标以及教学策略做了介绍。每一章包括本专题的学习价值、相关概念、核心概念及核心经验点、儿童发展轨迹、核心目标、教学策略、教学案例等七个板块。板块一至六力求全面、简练、通俗易懂，板块七则要求全部案例均为经过实践检验的优秀案例，有详细教案及教学提示，呈现方式上图文并茂，力求让读者看了即能学、能做。期待本书能给幼教同行带来帮助。

同时，笔者也清醒地意识到：研究越久，越感受到幼儿园数学教育值得研究、需要进一步思考的问题有很多，这是幼儿园数学教育本身的魅力所在，也是这个领域的研究保持活跃、不断进步的前提。限于编著者自身的水平和经验，尽管我们不懈努力，但对幼儿数学核心概念的理解还有进步的空间，所呈现的案例在游戏性、趣味性上仍有不足，诚挚地欢迎读者朋友指正与指教，我们也将在学习、研究与实践中不断完善。

主编：王艳云

2022 年 8 月于北京

目 录

前 言 …… 1

第一章 绪论：幼儿如何学数学？成人如何教数学 …… 1

第二章 集合与分类 …… 11

板块一 学习价值 …… 11

板块二 相关概念 …… 11

板块三 核心概念及核心经验点 …… 12

板块四 儿童发展轨迹 …… 13

板块五 核心目标 …… 13

板块六 教学策略 …… 14

板块七 教学案例 …… 15

第三章 数概念 …… 68

第一部分 计数 …… 68

板块一 学习价值 …… 68

板块二 相关概念 …… 69

板块三 核心概念及核心经验点 …… 69

板块四 儿童发展轨迹 …… 70

板块五 核心目标 …… 73

板块六 教学策略 …… 74

第二部分 数的实际意义与守恒 …… 75

板块一 学习价值 …… 75

板块二　相关概念 …… 75
板块三　核心概念及核心经验点 …… 76
板块四　儿童发展轨迹 …… 76
板块五　核心目标 …… 77
板块六　教学策略 …… 77
第三部分　数字 …… 78
板块一　学习价值 …… 78
板块二　相关概念 …… 78
板块三　核心概念及核心经验点 …… 79
板块四　儿童发展轨迹 …… 80
板块五　核心目标 …… 80
板块六　教学策略 …… 81
板块七　教学案例 …… 82
第四章　数运算 …… 130
板块一　学习价值 …… 130
板块二　相关概念 …… 130
板块三　核心概念及核心经验点 …… 131
板块四　儿童发展轨迹 …… 131
板块五　核心目标 …… 134
板块六　教学策略 …… 135
板块七　教学案例 …… 138
第五章　数据分析 …… 189
板块一　学习价值 …… 189
板块二　相关概念 …… 189
板块三　核心概念及核心经验点 …… 190
板块四　儿童发展轨迹 …… 190

板块五　核心目标 ……192
板块六　教学策略 ……192
板块七　教学案例 ……193
第六章　模　式 ……231
板块一　学习价值 ……231
板块二　相关概念 ……232
板块三　核心概念及核心经验点 ……233
板块四　儿童发展轨迹 ……234
板块五　核心目标 ……234
板块六　教学策略 ……235
板块七　教学案例 ……235
第七章　量的比较与测量 ……276
第一部分　量的比较 ……276
板块一　学习价值 ……276
板块二　相关概念 ……277
板块三　核心概念及核心经验点 ……278
板块四　儿童发展轨迹 ……279
板块五　核心目标 ……279
板块六　教学策略 ……280
第二部分　测量 ……281
板块一　学习价值 ……281
板块二　相关概念 ……281
板块三　核心概念及核心经验点 ……282
板块四　儿童发展轨迹 ……283
板块五　核心目标 ……283
板块六　教学策略 ……284

板块七　教学案例 ……………………………………………………285

第八章　空　间 ……………………………………………………351

板块一　学习价值 ……………………………………………………351

板块二　相关概念 ……………………………………………………351

板块三　核心概念及核心经验点 ……………………………………352

板块四　儿童发展轨迹 ………………………………………………353

板块五　核心目标 ……………………………………………………353

板块六　教学策略 ……………………………………………………354

板块七　教学案例 ……………………………………………………355

第九章　图　形 ……………………………………………………398

板块一　学习价值 ……………………………………………………398

板块二　相关概念 ……………………………………………………398

板块三　核心概念及核心经验点 ……………………………………399

板块四　儿童发展轨迹 ………………………………………………400

板块五　核心目标 ……………………………………………………401

板块六　教学策略 ……………………………………………………401

板块七　教学案例 ……………………………………………………402

参考文献 ………………………………………………………………452

后　记 …………………………………………………………………453

第一章 绪论：幼儿如何学数学？成人如何教数学

一、幼儿为什么学数学

（一）社会发展的需要

数学是研究现实世界的空间形式和数量关系的科学。数学产生于生产实践，又应用于生产实践，推动着生产实践的发展。数学是科学的工具，随着现代科学技术的进步，数学与人类社会生活的关系越发密切，从日常生活到工农业生产，从信息技术到军事科学，各行各业都离不开数学。培养具有理性思维及批判质疑、勇于探究精神的现代人，必须借助数学的力量。

（二）学习数学是幼儿生活的需要

每个人的生活都离不开数学。学习数学是幼儿当前和未来生活的需要。幼儿园的一日生活到处都用到数学：进活动区之前要先看人数限制，到了规定人数就不能再进，涉及数数；每天早晨统计考勤，要知道每组到场的多少人，未到场的多少人，全班共有多少人到场，有多少人未到场，涉及数数和数运算；画画时要根据纸张大小决定把人头画多大，涉及空间感和目测距离的能力；收玩具时要分类摆放，涉及集合与分类的知识。未来生活中，购买商品、支付、借助地图寻找目的地、看房屋平面图等，都需要数学知识。数学是现代人必备的文化素养。获得适应未来社会生活和进一步发展所必需的数学活动经验、数学事实和必要的数学技能，是幼儿期重要的学习任务。

（三）学习数学是幼儿思维发展的需要

数学是思维的体操。数学学习能够增强幼儿的思维能力，支持幼儿学会用数学的思维方式，即基于事实，通过观察、比较、分析、综合、判断、推理的方式解决问题，逐渐形成理性思维。理性思维是现代中国学生发展核心素养的重要组成部分。培养崇尚真知，尊重事实和证据，具有实证意识和严谨的求知态度，逻辑清晰，能独立思考、独立判断，思维缜密，能多角度、辩证地分析问题，做出决定的现代人，数学是最重要的培养工具。

（四）学习数学是幼儿未来学业的需要

幼儿在一日生活、游戏等具体情境中思考数学问题，积累粗浅的数学知识，能为未来学习打基础。例如，在搭建积木、玩七巧板拼图的过程中发现几个小图形可以拼成一个大图形，大图形又可以分割成小图形，这些经验将助力未来几何图形的学习；午点环节同桌小朋友分开心果，“公平”的原则迫使小朋友想办法让每个人分到的开心果一样多，涉及“平均分”，为未来理解除法积累了生活经验；通过投票的方法选出最受小朋友欢迎的菜品，当每个小朋友都把自己的票贴到菜品相对应的表格时，就形成了以菜品为横坐标、以票数为纵坐标的柱状图，通过观察柱状图发现最受小朋友欢迎的菜品，这一过程让幼儿在与自己密切相关的情境中体验了数据分析的过程，为未来学习数据分析奠定了基础。

大量研究表明，儿童早期数学学习不仅帮助幼儿积累数学经验，而且能促进其数理逻辑思维的发展，从而对其他领域的学习和发展产生积极影响。因此，数学教育历来受世界各国幼教界的广泛关注。我国《幼儿园教育指导纲要（试行）》和《3—6岁儿童学习与发展指南》都将数学作为幼儿学习的一项重要内容。

二、幼儿如何学数学

总的来说，幼儿的数学学习扎根于幼儿的生活与经验。儿童更多地通过真实的问题情境产生运用数学解决问题的需要，并且亲自实践，在探索中发现数学和学习数学，并在数学学习过程中获得数学思维方法。

具体而言，幼儿的数学学习呈现出以下特点：

（一）幼儿的数学学习起始于动作

数学是研究现实世界的空间形式和数量关系的科学。幼儿对这种关系的理解需要借助于动作来实现。例如，幼儿在最初学习数数的时候，需要借助手的点数动作，离开点的动作，点数任务则不能完成；最初学加减运算时，幼儿需要借助手的动作把物体合并或者分开，然后再从头点数得出结果。例如：一个3岁2个月的幼儿有3颗开心果，问他：“你有几颗开心果啊？”他会用手指一一点数：“1、2、3，3颗。”问：“3颗开心果，要是吃掉一颗会剩几颗呢？”幼儿真的吃掉一颗，然后点数剩下的两颗。问：“要是再吃掉一颗呢，剩几颗？你能不能在不吃之前就告诉我？”幼儿回答“不能”，然后继续吃掉一颗，用手指点着剩下的一颗开心果。在这个过程中，无论数量大小，幼儿都要用小手接触、点到开心果才能数数，要求他不吃之前就说出结果，他做不到。整个思维过程都在借助动作来完成。正如林嘉绥（1994）所说，操作“是儿童在头脑中构建初步数学概念的起步，是儿童获得抽象数学概念的必经之路”。[①]

① 林嘉绥，李丹玲．学前儿童数学教育[M].北京师范大学出版社，1994（5）：70.

（二）幼儿数学知识的内化需要借助于表象的作用

随着思维的发展，幼儿逐渐可以脱离具体的动作，通过在头脑中操作具体的形象来解决数学问题。例如：向一个5岁的幼儿描述一个情境："树上有两个鸟窝。第一个鸟窝里有3只小鸟，第二个鸟窝里有4只小鸟，两个鸟窝里一共有几只小鸟呢？"幼儿可以不用摆弄物品，而在头脑中想象出3只小鸟，再想象出4只小鸟，然后在头脑中点数得出"7只"的结论。问幼儿："你是怎么得出的结果呀？"幼儿回答："我是在心里默默地数的，我用的是一种心里算数。就是在心里有一根手指头，指着小鸟数1、2、3、4、5、6、7。"这个过程中，幼儿借助了头脑中想象出的"小鸟"的形象和内隐于头脑中的动作，但没有真实的手部动作。这一过程为幼儿借助抽象的数概念解决问题奠定了基础。

（三）幼儿对数学概念的建构要建立在多样化的经验和体验的基础上

幼儿数学概念是在丰富的经验和反复的体验基础上建构起来的。只有反复经历相同或者类似的体验，幼儿才能从中抽取出关键经验，形成数学概念。下面这个案例能够帮助我们理解这一特点：

一个孩子5岁，能数到30以上。妈妈要他每天吃饭时在4个人的盘子里各放一条餐巾。他每天的做法是先从碗橱里拿来第一条餐巾，放在一个盘子里，然后再回到碗橱拿来第二条餐巾，放在第二个盘子里，拿4条餐巾就来回走4次。当他5岁3个月16天时，他才第一次想到可以数盘子和数餐巾，数好后再把餐巾分到每个盘子里。他这样做共持续了6天。第七天，家里来了一位客人，比平时多了一个盘子。他仍像往常一样拿来4条餐巾，但是当他看到有一个盘子空着时，他没有再去拿一条餐巾来，而是把已经放在盘子里的4条餐巾收起来，放回碗橱里，然后再一次次地去拿，拿了5次完成了任务。第二天，没有客人了，他仍旧走了4次，这样又做了五六天，他才回想起可以数盘子和餐巾。10天后的一天，妈妈告诉他来了一个客人，他仍像往常一样发了4条餐巾，但当他看见有一个盘子空着时，又跑去拿了一条餐巾。第二天，没有客人了，他先数了一下盘子的数量，然后再去拿相同数量的餐巾。此后，家中再有客人来，他都能先数人数，然后拿相应数量的餐巾了。

这是一个幼儿数学学习的经典案例，向我们展现了幼儿数学学习的典型过程：要在具体的问题情境中，经历了反复的操作、试误之后，幼儿才抽象出"有几个人就拿几条餐巾"或者"餐巾数 = 人数"这样一对关系。

（四）幼儿的数学学习离不开抽象、概括

数学同时具有经验性和抽象性。经验性要求幼儿有大量的直观体验，而抽象性则意味着仅有直观体验还不足以支持幼儿获得数学知识和经验，还需要对操作结果进行抽象概括。也就是说仅有操作不等于学习。让幼儿在操作中"发现数学和学习数学"需要两个关键条

件：（1）让幼儿清醒地意识到自己的动作和由动作带来的结果；（2）引导幼儿及时对自身动作经验进行抽象总结。

为了检验抽象、概括过程对幼儿数学学习的必要性。有研究者（王艳云，2009）曾经进行了对比实验：选取 A、B 两组中班幼儿，为幼儿提供蕴含图形分解组合关系的玩具多边形分数板，让幼儿根据自己的兴趣自主游戏。对 A 组幼儿，研究者全程不做任何干预。对 B 组幼儿，从第 5 次游戏开始，研究者根据幼儿的游戏情况适时给予一些引导，目的是帮助幼儿注意到由动作带来的图形组合关系，如老师说："我发现你用两个梯形创造了一个六边形做车轮""玩具里本来没有长方形，你用什么方法创造了一个长方形呢？""太神奇了，两个三角形拼在一起居然能变成一个长方形""你这个菱形看起来好特别，原来是用两个三角形拼成的！"

由于 144 块图形之间普遍存在分解组合关系，在幼儿游戏的过程中，两组幼儿都出现了大量的多个图形组成一个大图形的现象。其中出现最多的是两个等腰梯形组合成一个正六边形。在幼儿游戏次数达到 12 次之久后，为幼儿呈现"葫芦"的轮廓图和多边形分数板中的几何图形块，让幼儿用几何图形块填充葫芦的轮廓，其中一部分需要用两个等腰梯形组合成正六边形。结果发现，B 组成绩显著高于 A 组。A 组中很多幼儿并不能将自主游戏中的经验迁移到任务情境中，而 B 组幼儿则仅有极个别幼儿不能完成任务。究其原因，是 A 组幼儿手下出现的图形组合多出于无意识的自发动作。图形组合前无目的，组合出现后无关注、无思考，致使操作停留于动作状态，并没有抽象出图形之间的关系，也就未能内化为数学知识和经验。而 B 组幼儿在经验概括上得到了研究者的指导，这些指导帮助幼儿把由动作带来的物理经验进行了组织、整理和提升，促进了经验的内化，提高了知识的迁移能力。[①]这一点提示我们，幼儿数学知识的获得需要对动作经验进行抽象概括。然而，这种抽象概括活动很难由幼儿自发完成。正如苏联教育家列乌申娜所说，在没有成人引导的情况下，幼儿周围环境中的"很多事实和现象以及物体的特性就成为儿童视野和知觉之外的东西[②]"。这些"知觉之外的东西"无法纳入幼儿的知识经验体系，也不可能引起幼儿思维的变化。因而，成人应该有目的地对幼儿进行引导，帮助幼儿将获得的经验进行整理和概括，形成基本的数学概念，促进其数学思维能力的发展。

（五）幼儿的数学学习需要交流

交流是一个重要的思维工具，能够帮助幼儿分享数学想法，整理数学思维，加深数学理解。同时能帮助教师传递数学信息，了解幼儿想法，判断幼儿的学习状态。因此，在强调幼儿数学学习操作性的同时，要重视交流的作用。

在这一点上，以维果茨基为代表的社会建构理论做出了系统解释。按照社会建构主义

① 王艳云．不同干预方式对幼儿数学玩具操作的影响：以多边形分数板玩具为例 [J]. 学前教育研究，2009（5）：12-22.

② ［苏］A.M. 列乌申娜．学前儿童初步数概念的形成 [M]. 曹筱宁、成有信、朴永馨译．人民教育出版社，1982：25.

的观点，语言符号既是幼儿园数学教育的重要内容，也是幼儿获得数学知识和认知能力的工具。因为“数学知识不仅包含形式的或非形式的数学公理、定理、猜想和证明，也包括获得社会性承认的语言、逻辑约定和规则[①]”。幼儿要掌握数学知识，发展认知能力，就必须掌握作为交流工具的数学符号系统。同时，知识的内化需要中介，语言便是一个重要的中介，是促进思维发展的工具。维果茨基指出，“真正的概念不可能脱离词汇，而概念思维也不可能脱离言语思维而存在。这就是为什么概念及概念的形成源于对语言工具的使用[②]”。因此，社会建构主义把语言符号作为重要的教学内容。至于如何实现这一目标，社会建构主义认为，成人作为中介者在幼儿掌握语言符号的过程中起着非常重要的作用，应该由成人把这些语言符号教给幼儿。[③]正因如此，社会建构主义在强调让儿童自主建构数学知识的同时特别重视对话与交流在幼儿园数学教育中的作用。

三、成人如何教数学

（一）抓住核心——促进思维发展、指向核心概念与核心经验

首先，教师要知道幼儿园数学“教”什么、为什么而教，也就是明确幼儿园数学教育的核心任务与目标，才有可能把幼儿园数学“教”好。

1. 将促进幼儿思维发展作为幼儿园数学教育的最重要目标

发挥数学“思维体操”的重要功能，通过创设问题情境，引导幼儿在发现问题、分析问题、解决问题的过程中发展观察、判断、分析、综合、抽象、概括等思维能力，帮助幼儿习得适当的认知行为和学习定式，实现“数学为思维而教”的目的。

2. 将数学教育的内容指向基础性、系统性、适宜性、前瞻性的数学“核心概念与核心经验”

教师要装着幼儿数学教与学的“大概念”、大目标，创设蕴含指向“大概念”的具体情境，支持幼儿在情境中感知、发现、思考，获得与“核心概念”相关的直接经验，为未来建构“大概念”奠定基础。

为了让孩子们体验“同一组物体可以按照不同的属性分成不同类别”这一核心概念，教师设计了一个蕴含核心概念的游戏——“点兵点将”：将小朋友分成两个队，轮流派代表，说口令，“点兵点将，骑马打仗，我说要求，看谁能上”。说完口令，派出的代表要提出一个“要求”，如“穿粉色上衣的小朋友”。两个队里符合“要求”的小朋友都可以从“花生地”里收一颗花生，放到自己队的“仓库里”，听到老师喊“下雨啦”，游戏结束。最后比一比，哪一队收得花生多，哪一队获胜。孩子们想让自己的队多得花生，就必

① 欧内斯特语．引自李建华．社会建构主义数学哲学与数学教育 [J]. 比较教育研究，2000（A1）：137.

② 维果茨基语．引自潘月娟．幼儿园数学教育质量评价研究 [D]. 北京师范大学博士学位论文，2005：16.

③ Miller，J.G.& Xinyin Chen （2005）.Sociocultural perspectives on cognitive development[J].*In Supplement to International journal of behavioral development*，29：6.

须认真观察，不仅要观察自己队友的特征，还要观察对手的特征。通过反复的观察、比较，提出对自己队有利的标准。这样，抽象的数学学习就转化成了有趣的任务情境，孩子们在游戏中发展观察力、比较、分析、综合、概括等思维能力。

（二）选择正确的方法——数学教育生活化、游戏化

幼儿的数学学习是在日常生活中，通过接触周围的事物和环境，在具体的问题情境中逐步建构的。一日生活和游戏中存在大量的数学情境，为幼儿思考数学问题、建构数学经验、发展数学思维创造了条件。我们应该充分利用生活情境，创设丰富多样的游戏环境，支持和引导幼儿通过操作游戏材料、解决生活和游戏情境中的问题数学学习。让幼儿“从生活和游戏中感受事物的数量关系，体验到数学的重要和有趣”，“引导幼儿对周围环境中的数、量、形、时间和空间等现象产生兴趣，建构初步的数学概念。”①

例如：抓住每天早晨统计出勤人数的环节，渗透数概念和数运算学习——从小班开始给每个孩子准备一个名签，早晨来园，就把自己的名签贴到小组里“已到”人员一列；缺勤小朋友的名签，则由组长负责贴到“未到”人员一列。这时，小组总人数自然分成了“已到人数”和“未到人数”两部分。然后再统计全班“已到人数”和“未到人数”。小班通过点数名签来完成；中、大班则支持孩子们通过点数全部、接着数、抽象运算等方式得出结果。一个环节，将“数概念”与“数运算”中的所有核心经验渗透其中，实现“运用数学知识解决生活中的问题，在解决生活问题的过程中学习数学”的理念。积木游戏中，利用单元积木普遍存在的相等、二分之一、四分之一等比例关系，以及图形之间的分解、组合关系，在幼儿搭建过程中进行引导，将这些数学问题“推入”幼儿意识，引导幼儿理性思考，获得材料本身蕴含的数学概念。又如，在角色游戏“小超市”活动中，借助“买卖”过程中特有的定价、询价、计算总价、付款、找钱等活动，让孩子们在角色扮演中学习认识货币，进行加、减运算。在户外活动中，对传统游戏“小孩、小孩真爱玩”进行改造——将口令“摸一摸 ××，然后学 × 小动物跑 / 跳 / 爬……回来”中“摸一摸”的对象由一个一个事物的名称（如滑梯、大树等），改为一类事物（如红色的东西、塑料的东西、圆形的东西），引导幼儿熟悉事物的属性，积累属性经验，为多角度分类打基础。类似地，还有“大风吹”游戏：老师说“大风吹”，幼儿回应“吹什么”时，教师丰富“吹”的内容。比如，“吹所有穿白色运动鞋的小朋友跑到老师面前来”“吹所有扎辫子的女孩子跳一跳”等。这些做法，都实现了数学教育的生活化、游戏化。

（三）准确把握自身角色——支持者、引导者、帮助者

教师是幼儿数学学习的支持者、引导者、帮助者。作用如下：

1. 突出玩具和游戏材料中的关键概念

玩具和游戏材料之所以能够引发幼儿的数学学习，是因为其本身蕴含着一定的数学概

① 中华人民共和国教育部 . 幼儿园教育指导纲要（试行）[S].2001.

念。同时，在没有成人帮助的情况下，幼儿往往忽略玩具的数学特征而把注意力集中于与数学无关的特征，导致幼儿对与数学概念密切相关的刺激感知不够准确，从而影响了学习效果。为了帮助幼儿把握玩具和游戏材料所蕴含的数学概念，成人应该发挥中介者的作用，通过创设一定的条件，把玩具中的关键刺激“推入儿童的注意中心”，增强幼儿感知的鲜明性、集中性和敏锐性。

2. 帮助幼儿提升数学意识

数学意识是指用数学观念和态度去观察、解释和表示事物的数量关系、空间形式和数据信息的一种自觉的意识倾向性，是影响数学学习自觉性的重要指标。[①] 幼儿的数学意识主要表现为：能够知觉到周围环境中的数学问题并主动探讨，如讨论几何图形的名称，探究各种几何图形之间的关系，探索如何用平面图形画建筑物的“地基”；点数自己分到了几颗干果；探索怎样把盘子里的饼干公平地分给小组成员，等等。

研究和实践都表明，不同幼儿的数学意识差异很大，整体水平较低。幼儿的反应倾向需要成人的中介和引导，离开了必要的中介和引导，幼儿往往忽略了环境中重要的数学信息。同时，外界的提醒和帮助对于提高幼儿的数学意识作用显著。例如，幼儿一旦在外界的帮助下发现了几何图形之间的分解组合关系，他们往往为这些关系和由自身操作带来的变化所吸引，进而不断地通过尝试去探索和发现新的组合，并把这种兴趣和意识维持下去。要想培养幼儿对数学问题的敏感性，提高数学意识，需要成人有意识的引导。

案例：

在多边形分数板[②]玩具操作实验中，源源（女）和馨馨（女）这对好朋友在前四次自由游戏中一直在玩同样的游戏：用几何图形拼摆家居用品，而且拼摆的内容和方式也都一成不变。每次都是先用一个大的等腰梯形加一个大六边形拼成“台灯”，然后在“台灯”周围用几块图形一围，说是“柜子”，再在“柜子”外面摆上一两块六边形做“地毯”，或者把两三块菱形接在一起变成“风筝”。最后，两个人会把剩下的几何图形分开，说是“饼干”，再把“饼干”胡乱放进“柜子”里，说“留着宝宝饿了吃”。

从前四次自由游戏来看，两名幼儿基本上是在玩角色游戏。游戏的目的不在于建构图案，而在于以玩具为依托进行角色游戏，表现出的数学意识也非常低。为了提升她们的数学意识，教师在第五次游戏开始时便有意识地引导她们关注图形间的关系。

过程如下：

一听源源又要拼“台灯”，教师马上提出建议：你们两个已经拼了那么多台灯了，咱们今天拼个新的（图案）怎么样？

① 李颖，王敏．论数学意识及其培养[J]．沈阳电力高等专科学校学报，2002，（1）：50—52；李万江．联系生活实际培养数学意识[J]．小学数学教育，2002，（3）．

② 注释：多边形分数板是一套由六种几何图形（正六边形、等腰梯形、直角梯形、菱形、正三角形和直角三角形）组成的玩具。每种几何图形都有四种颜色、两种型号，同一种类、颜色、型号的几何图形各有3块，一共144块。不同种类、型号的图形之间普遍存在相等、互补、1/2等规律性关系。根据判断，该玩具的基本教育功能在于发展幼儿的几何图形认知能力，具体包括几何图形的识别和命名、对图形之间分解组合关系的理解，以及对图形方向的认知。

馨馨、源源：没有说话。（看样子好像想不起拼什么）

教师：（拿出小狗的图案）你看，老师这儿有一只小狗，它也是用这些玩具拼成的。漂亮吗？

馨馨、源源：漂亮！（很高兴）

教师：那咱们拼拼这个小狗吧！

馨馨、源源：好！（很兴奋）接着开始拼“小狗”图案。当拼到小狗的腿部时，两个人都不会拼了。嘴里嚷着“我不会拼，我找不着长方形”！（小狗的腿部是用两个直角三角形组合成的长方形）

教师：没有长方形我们可以想想办法呀。

源源：没办法！（很无助的样子）

馨馨：我们可以不用长方形当狗腿儿了，我们用三角形吧！

教师：没有长方形，我们可以用别的图形拼成长方形啊！

馨馨、源源：开始寻找其他图形拼长方形，结果试了几次都没拼成。

馨馨：明显有点不高兴了。

教师：（找出四个直角三角形，给两个幼儿每人两个）用这两个三角形试试。

源源、馨馨：试着用三角形组合长方形。开始拼不上，过了不到一分钟，馨馨拼上了，非常高兴，主动把经验教给源源。小狗儿拼完了，两个人非常高兴。

教师：（趁热打铁）刚才咱们用两个三角形拼成了一个长方形。现在我们再试试看，用其他图形能不能拼成长方形啊？

馨馨、源源：开始尝试。后来，源源发现两个直角梯形也能拼成长方形。看到源源找出了新的组合方式，馨馨不服输，仍然继续尝试，最后发现一个直角梯形和一大一小两个直角三角形也能组成长方形。

教师：表扬两个孩子的“创造”，并引导她们对自己的经验进行总结——如果我们要用的图形没有了，我们可以用别的图形自己“创造”。

馨馨、源源：听了教师的表扬非常高兴，继续兴致勃勃地尝试建构新的图案，并且有意识地“创造”新的组合，每出现图形间的组合变化，两个人都兴奋地让老师来看。

在后来的几次游戏中，两名幼儿不断尝试建构新的图案，并且经常有意识地去“创造”一些新的图形组合方式，数学意识明显提升。

馨馨和源源的变化来源于教师的提醒和帮助。引导她们关注图形间关系的做法实际上给了幼儿一种如何对刺激进行选择和反应的导向，帮助幼儿把注意力从与数学学习无关的刺激转向相关刺激，实现了刺激选择与反应倾向的变化。

3. 引导幼儿对动作经验进行抽象概括

皮亚杰认为，“智力始于动作”，[①] 然而，皮亚杰在强调动作对于幼儿思维发生发展的重要性的同时，更强调了对动作进行抽象概括的必要性。因为数理逻辑知识是从人们对

① 让·皮亚杰（Jean Piaget）. 儿童智力的起源 [M]. 高如峰，陈丽霞译 . 教育科学出版社，1990：1.

客体所施加的动作中抽象出来的。[①]也就是说，虽然“智力始于动作”，但动作本身不是获得数理逻辑知识的充分条件，要让幼儿掌握数理逻辑知识，必须保证幼儿在对物体施予动作的同时，对动作本身进行反思和抽象概括，让幼儿意识到自身行为和结果之间的关系和规律。我们可以通过描述、建议、提问等方式进行。

描述。描述是指教师客观地叙述幼儿的操作过程和结果，如在玩“多边形分数板”玩具中，当幼儿无意间用了六个三角形拼成一个六边形时，描述幼儿操作的结果：“我发现你用两个梯形创造了一个六边形的车轮”“你这个菱形看起来好特别，原来是用两个三角形拼成的！”

建议。建议是指教师以直接或间接的方式向幼儿提出解决问题的方法或意见。还拿“多边形分数板”玩具为例，当幼儿用了3个六边形做车轮，因为找不到第4个六边形而着急时，教师可以建议：“六边形不够用时，可以用别的图形拼成六边形”。如果幼儿还不知道如何做，可以进一步建议：“你可以用两个梯形试试，看看能不能拼成一个六边形。”

提问。提问是指教师向幼儿提出与操作相关的问题，引发幼儿的思考，如：“玩具里本来没有长方形，你用什么方法创造了一个长方形呢？”“现在，小猴的左手里有几根香蕉？要想让天平平衡，小猴的右手里应该有几根香蕉？”

4. 激发幼儿的操作兴趣

在没有成人干预的情况下，幼儿的操作兴趣往往会受到抑制，操作时间、注意力、愉快性体验等都会下降。因而，成人需要采取措施激发幼儿的操作兴趣，如为幼儿提供有趣的范例和认知挑战任务，对幼儿的操作活动给予关注和鼓励，等等。

需要注意的是，在为幼儿提供认知挑战任务时，一定要控制好任务的难度。难度适宜的认知挑战能够使学习者体验到成功的乐趣，激发学习者的学习兴趣和热情，没有认知挑战的活动往往使学习者感到乏味。不断提出新的任务和挑战，则会激发幼儿的操作兴趣，特别是当幼儿通过自己的努力完成任务时，他们会体验到强烈的成就感和胜任感，这些积极的情感体验使幼儿的操作兴趣明显提高。然而，认知挑战的难度一定要适宜。如果当前的任务难度低于幼儿的能力，他们会因游戏本身缺乏新颖性而产生厌倦情绪，而一旦任务难度超出幼儿经过努力所能达到的范围时，又会使他们产生焦虑、畏惧等心理。设置任务时，要先了解幼儿的现有水平，保证任务难度在幼儿的最近发展区内。

案例：

在多边形分数板游戏中，盈盈（女）在前4次游戏中表现出明显的游戏倾向。她最喜欢的操作方式就是顺着几何图形间的边角关系把它们拼成一片，说是“地毯”“滑雪场”等。通过观察发现，盈盈的作品中出现了许多图形组合关系，但她本人似乎并没有意识到这些关系，而且每次拼出的图案基本一样，游戏水平提高不大。为了提升盈盈的数学意识和游

① 皮亚杰（Jean Piaget）. 结构主义 [M]. 倪连生，王琳译 . 商务印书馆，1981：7.

戏水平，教师在第五次游戏时给她呈现了“地毯”图样。① 盈盈看后非常兴奋，一个劲儿地说：“真漂亮！这才是真正的大地毯呢！”接下来，她开始照着图样拼“地毯”。在拼“地毯”的中间部分时，盈盈没有遇到太大困难，一直兴致勃勃地拼着，而且每拼一块都会自我欣赏地说：“看，我又拼上了一块！真漂亮！”当把中间部分拼完后，盈盈遇到了困难：图案上“地毯”的边是直的，但自己拼出来的边曲曲折折怎么也弄不平。在试了几次以后，盈盈有些急了。这时教师介入，先帮她分析边的特点，然后用两个直角三角形对在一起帮她把一段边拼好。轮到盈盈自己时，由于把握不好直角三角形的方向，她试了十来次也没拼上一段边。这时，教师试图再次帮忙，但她已经很不耐烦了，借口自己要小便，再也没回来。从此以后的三周内，每到教师叫小朋友来玩游戏时，盈盈就找各种借口不来。

直到三周以后，当嘟嘟小朋友因为不会拼“地毯”的中间部分求她帮忙时（研究者有意设计的情节。嘟嘟不会拼“地毯”的中间部分，教师建议她去找盈盈帮忙，以此来唤起盈盈的自信），盈盈才又回到游戏桌前。这一次，当她以帮助者的身份和嘟嘟一起拼完“地毯”的中间部分以后，教师故意在桌上把两个直角三角形拼成一个钝角三角形，然后慢慢移动到“地毯”的边缘。接着，又用同样的方式拼了几个，最后形成了一段直边。盈盈一直偷偷看着研究者的动作，然后开始自己尝试，试了几次之后，她终于拼出了一段直边。她兴奋地指着自己的作品对教师说：“老师，你看！”教师高兴地表扬了她，并且夸她进步很快。这一次游戏给盈盈带来了成功的体验。

以后的游戏中，盈盈每次都争着过来玩，而且拼的最多的就是“地毯”和“滑雪场”，她在游戏中体验着成功的快乐，游戏兴趣和数学意识都不断增强。

以上案例中，盈盈之所以在第一次拼“地毯”图案后的三周内都不愿来玩游戏，原因就在于，这次游戏经历让她产生了不胜任感，于是开始想办法逃避。最后，当她以帮助者的身份回到游戏中来并偷偷从研究者那里学到拼摆技巧以后，信心倍增，因而有了后续游戏中的积极态度和情绪体验。将任务难度落在幼儿的最近发展区内，让幼儿具有胜任感、愉悦感，是维持学习兴趣的重要条件。

5. 传授涉及人类社会标准的数学知识

在数学知识体系中，有些反映事物属性和名称的知识（如各种颜色、各种几何图形及其构成部分的名称等）是人类直接命名的，带有社会标准的性质，单靠幼儿的动手操作无法掌握，必须由掌握这些知识的人通过直接告诉的方法让幼儿获得。因此，在让幼儿进行操作的同时，成人应该把这些知识传授给幼儿，而不应该因为追求学习的建构性而将直接传授法彻底舍弃。

---

① “地毯”图样是教师根据幼儿的操作倾向及本套玩具的数学教育功能而设计的一个图案。具体做法是，把大六边形（其中一些是用各种图形组合而成的）一排排地拼在一起，其间的空隙用大菱形（其中有用两个正三角形组合而成的）填补，再用直角三角形等图形把边缘补整齐，最后形成一个图形和颜色都有规律的大长方形图案，样子很像编织的“地毯”。因为建构这一图案需要对图形进行多次组合，所以玩具所蕴含的数学概念体现得非常明显。

第二章　集合与分类

板块一　学习价值

“集合”与“类”概念的建立对幼儿来讲意义重大。

集合是幼儿进行数学学习的基础：数数要以“集合”为基础，没有“集合”的概念，“数数”的对象就难以确定，计数、运算能力难以发展，图形认知、模式识别、测量、数据分析等部分的学习也不可能实现。

分类活动能够促进幼儿思维的发展。分类，首先要对所有分类对象进行观察、比较，找到其相同与不同，再确定分类标准（如颜色），将具有某种共同特征（如都是红色）的事物归在一起。分类过程中涉及观察、比较、分析、综合、概括等一系列思维活动。这一过程的完成依赖于幼儿思维的发展，同时也对思维发展起着推动与促进作用。此外，分类是分析和简化信息、提高做事效率的有效方法，分类活动能够培养幼儿运用数学知识解决生活问题的意识和能力。因此，引导幼儿感知和理解集合，是幼儿数学教育的重要内容。

板块二　相关概念

1. 集合

集合是指按照一定的属性组合在一起的事物的总体。将具有某种属性的物体放在一起，就构成一个集合。

2. 属性

属性指事物所具有的性质、特点。[①] 属性是对象的性质与对象之间关系的统称。如事物的形状、颜色、气味、美丑、善恶、优劣、用途等都是事物的性质；大于、小于、朋友、热爱、同盟都是事物的关系。对象（事物）的属性有的是特有属性，有的是共有属性。对

① 中国社会科学院语言研究所词典编辑室编．现代汉语词典 [M]. 商务印书馆，2001：766.

象（事物）的特有属性是指为一类对象（事物）独有而为别类对象（事物）所不具有的属性。人们就是通过对象（事物）的特有属性来区别和认识事物的。如两足、无毛、直立行走、能思维、会说话、能制造和使用生产工具进行劳动是“人”的特有属性，从而将“人”与其他高等动物区分开。而有五官、四肢、有内脏和血液循环等则不仅为人所具有，也为其他高等动物所具有，我们称为共有属性。①

3. 元素

集合中，被确定的具有共同属性的对象（事物）称为集合的元素。集合中的元素具有三个特征：

确定性，元素的意义明确，不能模棱两可。

互异性，集合中任何两个元素都是不同的对象（事物），也就是集合中的元素不能重复出现。

无序性，集合不受元素排列顺序的影响。

4. 分类

类，是指许多相同或相似事物的综合。②

分类，是根据事物的某种属性将其集合成类的过程，也就是把具有某一共同属性的物体归并在一起。分类活动是儿童对集合及其元素的同类特征感知和了解的过程。

板块三　核心概念及核心经验点

1. 根据物体的属性对集合进行分类

分类涉及把一个整体或者集合重新组成两个或更多的子集。

属性是分类的标准。要把集合分成不同的子集，需要仔细定义属性，只有清楚根据哪个特定的属性来分时，分类活动才能开始。

对应的核心经验点：感知属性。

2. 同一组物体可以按不同的属性进行分类

物体有多少种属性，就有多少分类方式。

常见的分类标准有：

（1）按物体的外部特征分类——按物体的颜色、形状、图案等分类。

（2）按物体量的差异分类——按照物体大小、长短、粗细、厚薄、宽窄、轻重等量的差异分类。

① https：//baike.baidu.com/item/%E5%B1%9E%E6%80%A7/1405051？ fr=aladdin.

② 中国社会科学院语言研究所词典编辑室编 . 现代汉语词典 [M]. 商务印书馆 2001：766.

（3）按物体的用途分类——具备同样功能或用途的用品分成一类，如水彩笔、水彩、宣纸、刮画纸，都属于美术用品。

（4）按物体的数量分类——把数量相同的事物归为一类，如丁丁家、铭铭家，都有三口人，归为一类（三口之家）；乐乐家、蕾蕾家，都有四口人，归为一类（四口之家）。

（5）按物体的名称分类——如苹果、梨、葡萄分别归类。

（6）按材料分类——把材料相同的物体归为一类，如塑料制品、金属制品、布制品各自归类。

对应的核心经验点：分类的多样性。

3. 集合之间可以进行比较和排序

当一组物体被分成不同的集合或者小组时，幼儿和成人会不由自主地进行比较，如粉红色的花朵比大红色的更漂亮，狗比猫更亲人，图画书比文字书更好看，等等。

人们还经常对按照数量对集合进行比较，如塑料珠子比木头珠子多，喜欢吃苹果的人比喜欢吃橘子的人多。有时，还会按照集合中元素的数量给集合排序，如爱吃苹果的人最多，其次是爱吃橘子的人，爱吃梨的人最少。

对应的核心经验点：集合比较。

板块四　儿童发展轨迹

分类，是儿童对分类对象进行观察、比较的基础上，找到事物之间的相同与不同，然后将具有相同属性的对象放在一起，形成新的集合的过程。

儿童对事物的观察和认识与其思维发展密切相关，经历了一个从表面、具体到内部、抽象的过程。因此，儿童分类能力的发展也经历了一个从按照事物表面、具体、简单的特征分类到按内部、复杂特征分类的过程。

板块五　核心目标

第一，通过日常生活、游戏、集体教学等活动，引导幼儿关注事物的属性，丰富有关属性的经验，为分类活动奠定基础。

第二，帮助幼儿建立如下观念或经验：分类时要先确定分类标准，再分类；集合中的事物（元素）有多少种属性就有多少种分类标准，同一组物体可以按照不同的标准进行分类；不同集合之间可以进行比较。

第三，引导幼儿通过分类的方式解决生活问题（如玩具、图书、餐具等物品分类收放），积累运用数学知识解决生活中问题的经验，初步树立“分类处理信息和物品，能够提高生活和学习效率”的思想，感悟数学与生活的联系，培养幼儿运用数学解决问题的意识和能力。

不同年龄段的幼儿，核心目标也有所区别：

小班：引导幼儿关注事物明显的外部特征（如颜色、形状、大小等），丰富幼儿关于事物属性的经验；引导幼儿根据事物的外部属性特征进行匹配；选择单一的标准对事物进行分类；对数量差异明显的两个集合进行多少的比较。

中班：引导幼儿关注事物较为内隐的特征（如功能），按功能给生活中常见的物品进行分类；从不同角度给同一组物品进行分类；引导幼儿尝试说出分类的理由；对数量在10以内的两个集合进行多少的比较。

大班：引导幼儿以更为抽象的标准给熟悉的物品分类，如按照概念水平分别将蔬菜和水果归为一类；按照两种及两种以上属性给物品分类；按照某一特征的肯定与否定进行分类，如将小朋友分成“有弟弟妹妹的小朋友”和“没有弟弟妹妹的小朋友”。

板块六　教学策略

1. 日常生活和游戏中渗透

任何事物都存在相同与不同，因而都有“类”的存在。成人可以引导幼儿仔细观察周围环境，并从各种角度对事物进行分类。

在观赏花的过程中引导幼儿发现花有多种颜色，花瓣的数量也各有不同，让幼儿看一看，说一说“花有哪些颜色，哪些花是同一种颜色”“丁香花有几瓣，哪种花也是4个瓣”。

在养花的过程中引导幼儿仔细观察花对阳光的反应，将花分成“喜欢阳光的花”和“不喜欢阳光（喜阴）的花”，并将两类花分别放置在阳光充足的地方和阳光不足的地方。

对常吃的午点进行比较，将午点分成“水果”和“干果”。

小朋友站队中经常变换标准，如男孩一队、女孩一队，梳小辫的一队、不梳小辫的一队。

引导幼儿通过分类的方式解决生活问题：如玩具、图书、餐具等物品分类收放，以方便取放；将班里的图书分类摆放，按照图书的内容将图书分为故事类图书、科学类图书、手工制作类图书，贴上标签，方便小朋友选择、收放。

2. 集体教学

根据幼儿的年龄特点和已有经验设计教学活动，引导幼儿关注并积累事物的属性特征，进行分类，促进幼儿分类意识和能力的发展。

板块七 教学案例

集体教学活动案例

活动 1 谁的纽扣

活动名称：谁的纽扣

班级：小班上

核心经验

根据物体的属性对集合进行分类。

活动目标

1. 认真观察，发现纽扣的颜色、形状、纽扣洞数量、大小等多种属性。
2. 能够根据纽扣特征（颜色、形状、纽扣洞数量、大小）进行匹配。
3. 喜欢观察，乐于思考，在观察、思考中感受数学活动的有趣。

活动重难点

活动重点：能够根据纽扣的属性（颜色、形状、纽扣洞数量、大小）进行匹配。

活动难点：能够关注不同纽扣在颜色、形状、纽扣洞数量、大小等方面的多种属性，并应用这些属性标准判断捡到的纽扣是不是某个小动物的。

活动准备

经验准备：认识三角形和圆形，能够正确点数 6 以内物品的数量。

物质准备：

动物头饰（鼠妈妈、小兔、小狗）各一；

PPT 展现图片，蟋蟀、大象、小刺猬、小马、鼠爸爸各丢一颗纽扣；

每位幼儿一个卡通老鼠胸贴；

每位幼儿一个纽扣材料包，具体包括以下纽扣图片。

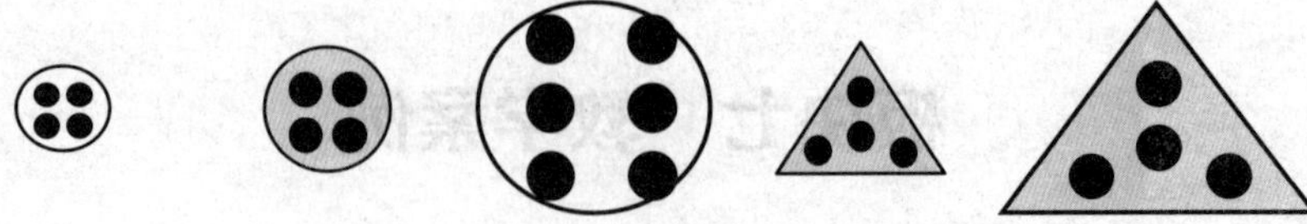

活动过程

一、开始部分：创设情境，引发兴趣

鼠妈妈（A 老师）带着小老鼠们外出散步，鼠妈妈发现地上有一颗纽扣，鼠妈妈带着小老鼠们帮忙找纽扣主人。

二、基本部分：观察纽扣的属性特征，进行匹配

（一）观察纽扣，发现纽扣的属性特征

1. 鼠妈妈拿着纽扣，请小老鼠们观察纽扣的特征。

关键提问：纽扣是什么样的？

小结：纽扣是白色、圆形，有 4 个纽扣洞。

2. 遇到了小兔（B 教师），小兔衣服上有一竖排 4 颗扣子（扣子图片），其中 1 颗不见了。

关键提问：纽扣是小兔的吗？你是怎么看出来的？

小结：纽扣是黄色、圆形，有 4 个纽扣洞，大小相同，但是颜色不一样，不是小兔丢的纽扣，我们继续找吧。

3. 遇到了小狗（C 老师）。小狗衣服上有一竖排 4 颗扣子，其中 1 颗不见了。

关键提问：纽扣是小狗的吗？你是怎么看出来的？

小结：纽扣是白色、三角形的，有 4 个纽扣洞，形状不一样，不是小狗的纽扣，我们继续找吧。

小狗：我今天也捡到了一些纽扣（一份纽扣材料包），你们也来一起帮忙找主人吧。

（二）观看 PPT，进行纽扣匹配游戏

1. 帮纽扣找主人。

每位幼儿一份纽扣材料包，幼儿观察纽扣材料包和 PPT 中不同动物身上纽扣的特征进行匹配，帮小动物们找到丢失的纽扣。

关键提问：蟋蟀的纽扣是什么样的？你是怎么看出来的？

（白色、圆形、4 个纽扣洞、小的）

大象的纽扣是什么样的？你是怎么看出来的？

（白色、圆形、6 个纽扣洞、大的）

小刺猬的纽扣是什么样的？你是怎么看出来的？

（黄色、三角形、4 个纽扣洞）

小马的纽扣是什么样的？你是怎么看出来的？

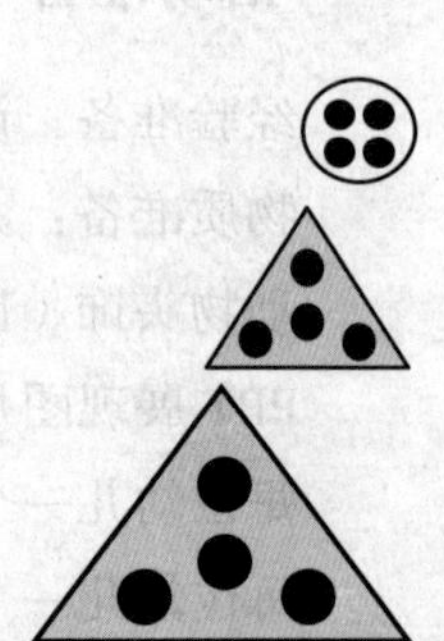

（黄色、三角形、6 个纽扣洞、大的）

教师提问：我们手中还剩下一颗纽扣，黄色、圆形，有 4 个纽扣洞，是谁丢的呢？

小结：黄色、圆形，有 4 个纽扣洞，和小兔老师丢的纽扣大小也一样，是小兔老师丢的纽扣。

2. 纽扣是爸爸的。

PPT 出示鼠爸爸图片，鼠爸爸身上有一竖排扣子，其中 1 颗不见了。小老鼠观察鼠爸爸身上纽扣特征。

关键提问：爸爸的纽扣是什么样的，你是怎么看出来的？

小结：鼠爸爸的纽扣是白色、圆形、4 个纽扣洞，大小一样，纽扣是爸爸丢的。

三、结束部分：自然结束

鼠妈妈带着小老鼠们开心回家。

注意事项

本活动改编于绘本故事《一颗纽扣》，小老鼠在路边发现一颗纽扣，这是谁的纽扣呢？带着这样的思考小老鼠开始了它的探寻之旅。小老鼠询问了遇到的每个小动物，还是没能找到失主，可是它认识了颜色，比较了大小，区分了形状，最后小老鼠回家后发现，这颗纽扣是从爸爸衣服上掉下来的。本故事情节简单，人物形象可爱，帮助他人能够引发幼儿的情感共鸣，激发幼儿的学习兴趣。因此，笔者对绘本故事情节做了少许改变，创设了有趣的游戏情境，引导幼儿在观察和思考中游戏，在主动学习中获得物体属性匹配的经验。

本活动重点是能够根据纽扣特征（颜色、形状、纽扣洞数量、大小）进行匹配，活动难点是能够关注不同纽扣在颜色、形状、纽扣洞数量、大小等方面的多种属性，并应用这些属性标准判断捡到的纽扣是不是某个小动物的。语言是思维的工具，幼儿能否正确描述出纽扣特征，可作为教师判断幼儿是否掌握纽扣特征匹配的标准之一。基于此，笔者创设了两个游戏环节。环节一：创设情境引导幼儿观察纽扣的属性特征。幼儿通过观察妈妈捡到的纽扣，能够用语言描述纽扣特征，验证幼儿是否能够发现纽扣的全部属性，再通过观察小兔和小狗丢失的纽扣，进一步丰富幼儿对纽扣属性的认知。环节二：通过游戏巩固幼儿的匹配经验。每个幼儿一份纽扣材料包，幼儿通过观察自己手上的纽扣和 PPT 中小动物身上纽扣的特征，再次进行匹配，丰富幼儿对纽扣颜色、形状、数量和大小的特征属性认知，并能用语言正确描述，进一步巩固幼儿的匹配经验。

数学教学语言

1. 纽扣是什么样的？

2. 纽扣是小兔（小狗）的吗？你是怎么看出来的？

3. 蟋蟀（大象 / 小刺猬、小马）的纽扣是什么样的？你是怎么看出来的？

（活动设计者为北京市朝阳区华洋紫竹幼儿园刘小飞）

活动 2　小动物找枕头

活动名称：小动物找枕头

班级：小班上

核心经验

根据物体的属性对集合进行分类。

活动目标

1. 认真观察，发现小动物的睡衣图案和枕头图案之间的对应关系。

2. 根据小动物睡衣图案和枕头图案的对应关系以及枕头的摆放顺序，推测小动物的出场顺序。

3. 喜欢观察、动脑思考，感受通过观察、思考寻找答案的乐趣。

活动重难点

活动重点：通过观察发现小动物的睡衣图案和枕头图案之间的对应关系。

活动难点：根据小动物睡衣图案和枕头图案的对应关系以及枕头的摆放顺序，推测小动物的出场顺序。

活动准备

经验准备：（1）认识狮子、斑马、河马、大象等动物；（2）有初步的数量感知能力，具有一定的点数经验；（3）知道吊床与普通床的区别，理解小动物在吊床上不能随便走动、换位置。

物质准备：动物的图片（动物身上的睡衣图案和枕头上的图案一致）；音乐《找朋友》《虫儿飞》；吊床、枕头；绘本《上床睡觉》（罗德 . 西奥多罗著，特雷弗 . 道顿绘 . 奕阳教育研究院课程研究中心译，北京联合出版社，2014.10）制作成 PPT 课件。

活动过程

一、图片导入，熟悉故事场景

1. 出示绘本第 1 页（两棵大树间架起一个高高吊床，吊床上有 4 个不同图案的枕头）。

指导语：今天有一群小动物想睡个午觉，这就是动物们的床。

2. 引导幼儿观察枕头图案。

指导语：这张床跟小朋友睡的床有什么不一样呢？床上有什么？

总结：是吊床，很高，需要用梯子才能上去；吊床上有枕头，一共有 4 个枕头（引导幼儿在点数的基础上得出“4”的数量）。

二、根据线索推测故事内容

1. 出示绘本第 3 页（狮子上床去睡觉），引导幼儿观察狮子睡衣的图案。

指导语：你们看看谁来睡觉了？它会睡在哪儿呢？

小结提升：狮子睡在了和它的睡衣图案一样的枕头上。

2. 引导幼儿观察图片线索，启发幼儿思考。

指导语：就它一个人睡吗？你是怎么知道的？还会有哪个小动物来睡觉呢？ 出示绘本第 4 页（斑马上床去睡觉），提问：“斑马会睡在哪儿呢？”

小结提升：斑马睡在了和它的睡衣图案一样的枕头上。

3. 引导幼儿自由表达。

指导语：下一个小动物会是谁呢？它会穿着什么样的睡衣呢？你是怎么知道的？ 出示绘本第 5 页（河马上床去睡觉）。

提问：它会睡在哪儿呢？

引导推测并发现：睡在了和它的睡衣图案一样的枕头上。

4. 根据声音，自主猜想。

指导语：咚咚咚咚，你们听，又来一个小动物，会是谁呢？它会睡在哪儿呢？你是怎么知道的？

出示绘本第 6 页（大象上床去睡觉），请幼儿观察并说出“大象睡在了和它的睡衣图案一样的枕头上”。

核心提问：它会睡在哪儿？你是怎么知道的？

注意事项：

1. 激励所有的幼儿关注出示的图片，认真观察、推理、匹配。

2. 重点关注幼儿在观看 PPT 时是否能够根据枕头的图案将小动物送到对应的枕头上。

3. 教师及时将幼儿的思路进行梳理和小结。

三、梳理线索，理解对应关系

出示真实吊床。

核心提问：哇！小吊床来到了咱们班里，这里也有四个枕头，咱们看看这些枕头是哪些小动物的？

小结提升：结合枕头的图案帮助幼儿梳理有哪些小动物到吊床上睡觉。

四、游戏体验，巩固匹配经验

1. 出示枕头，引导幼儿找枕头。

指导语：这个小枕头好漂亮啊，它是谁的呢？请你去找一找，放到吊床上。

2. 提醒幼儿根据教师提供的枕头线索，来找对应的小动物。

指导语：这是谁的枕头啊？请你们去找一找。（依次出示不同图案的枕头，请幼儿结合线索去寻找）

3. 播放音乐《虫虫飞》，引导幼儿模仿睡觉动作。

老师说："小动物们都被你们放在吊床上了，我们也休息一会儿，睡个午觉吧。""睡醒啦，我们要回家了，跟小动物们说再见吧。"

核心提问：小枕头好漂亮啊，它是谁的呢？请你去找一找，放到吊床上。

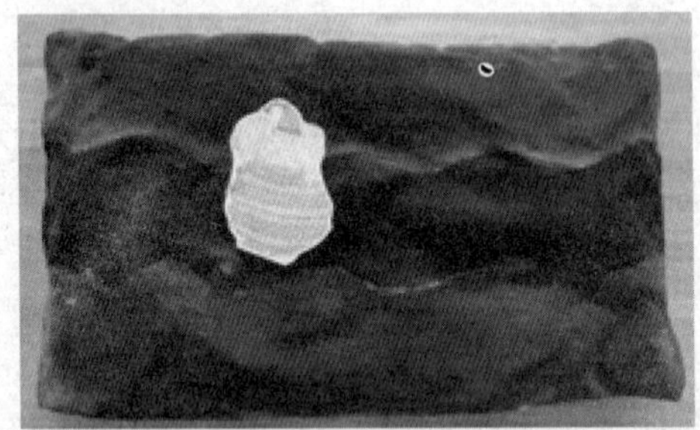

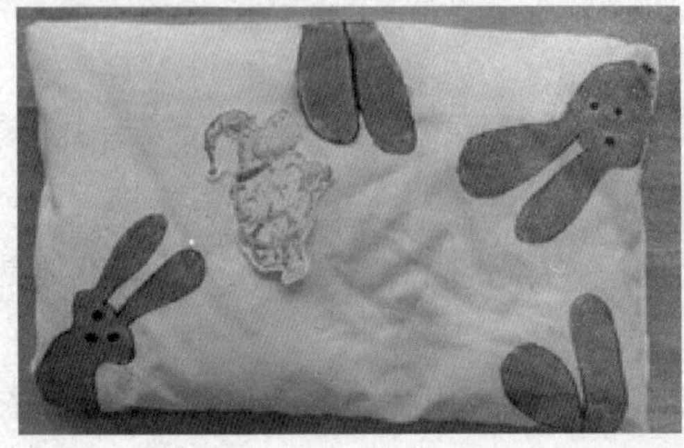

注意事项

1. 用真实的吊床进行"找枕头"游戏时，要让幼儿观察教师拿起枕头的图案，并根据图案找到对应的小动物。

2. 不同幼儿在匹配能力上会存在一定的差异，要允许并鼓励幼儿有"试错"的机会。教师要关注每一名幼儿找到的动物是否匹配，并及时追问，帮助他们了解匹配的意义，促进每一位幼儿认真观察，在原有的水平上得到一定的提高。

数学教学语言

1. 谁来睡觉了？下一个来睡觉的会是谁呢？它会睡在哪儿呢？你是怎么知道的？

2. 这是谁的枕头啊？请你们去找一找。

（活动设计者为北京市顺义区裕龙幼儿园魏冉、邢东旭）

活动 3　猫捉老鼠

活动名称：猫捉老鼠

班级：小班下

核心经验

同一组物体可以按不同的属性进行分类。

活动目标

1. 通过观察发现小老鼠的衣服、领结或领带、尾巴等多种属性。
2. 根据小老鼠的外部特征进行分类。
3. 理解游戏的玩法，体验同伴游戏的快乐。

活动重难点

活动重点：通过观察发现小老鼠的衣服、领结或领带、尾巴等多种属性。
活动难点：根据小老鼠的外部特征进行分类。

活动准备

经验准备：玩过“猫捉老鼠”的游戏。
物质准备：领结、尾巴、背心、老鼠头饰、老猫头饰、地垫 6 块（用来围成“小老鼠的家”）、全身镜子。

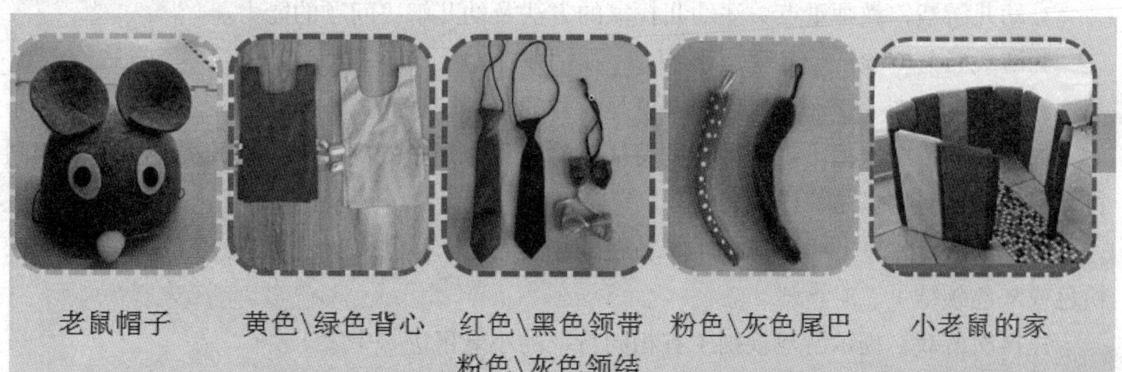
老鼠帽子　黄色\绿色背心　红色\黑色领带　粉色\灰色领结　粉色\灰色尾巴　小老鼠的家

活动过程

一、开始部分：幼儿装扮成小老鼠，听音乐入场

1. 幼儿装扮成小老鼠（穿黄色或绿色背心、粉色或灰色尾巴，戴老鼠帽），跟随音乐进场。

2. 请幼儿照镜子，仔细观察，并说说自己的装扮是什么样的。

教师提问：请小老鼠说一说你是什么样的？（如穿着什么颜色的背心？尾巴是什么样子的？）

二、基本部分：游戏“猫捉老鼠”

（一）第一次游戏：两种装饰物（黄色或绿色背心、粉色或灰色尾巴）、6 个家

1. 情境导入。

鼠妈妈：“今天天气真好呀！小老鼠们我们一起去公园玩儿吧，但是，鼠妈妈要提醒小老鼠们，在公园里要小心老猫，当老猫来的时候，小老鼠们要赶快逃回家，只要你们家中的小老鼠身上都有相同的特征，老猫就不会捉走你们。比如，衣服都是黄色的，或者尾巴都是灰色的。如果有的小老鼠和别人的特征不一样或是没有找到家，老猫就会把它捉走！”

2. 幼儿游戏，教师重点关注幼儿是否理解“找家”的方法，并根据情况给予指导。

3. 游戏后共同验证、小结。

提问：你们为什么要在一个家里呀？你们身上有什么地方是一样的？

（二）第二次游戏：4 种装饰物（黄色或绿色背心、粉色或灰色尾巴、红色或黑色领带、粉色或灰色领结）、6 个家

1. 幼儿自选领结或领带，照镜子观察自己身上装饰物的特点并说一说自己是什么样子的。

2. 再次游戏，提示游戏规则（有相同特征的小老鼠进一个家）。

3. 幼儿游戏，教师重点关注幼儿找家的方法及幼儿解决问题的能力。

4. 游戏后共同验证、分享、小结。

你们为什么在一个家里？你们哪里是一样的？

如果在同一个家里出现两种相同特征时，也可以通过提问，引导幼儿关注更多的相同特征：你们还有哪里是一样的啊？

（三）第三次游戏：4 种装饰物（黄色或绿色背心、粉色或灰色尾巴、红色或黑色领带、粉色或灰色领结）、3 个家

1. 再次游戏，提示游戏规则（有相同特征的小老鼠进一个家）。

2. 幼儿游戏。教师关注没有找到家的幼儿，通过提问的方式鼓励没有找到家的幼儿到每个家中询问他们为什么在一个家里，再让此幼儿观察自己身上的特征说一说能否进他们的家中，理由是什么。

3. 游戏后共同分享小结。

教师重点引导没有找到家的幼儿进行集体小结，鼓励幼儿遇到问题自己想办法解决。

（1）先仔细观察自己装饰物的特征，再根据特征找家。

（2）只要找到和其中一个家里的所有小老鼠有一个相同的特征，就可以进到那个家。比如，我的尾巴是灰色的，而其中一个家里所有的小老鼠的尾巴都灰色的，我就可以进到那个家里。

注意事项

1. 活动开始前，一定让幼儿充分观察自身特点，用语言表达出自己的外部特征。

2. 随着游戏难度的增加幼儿可能会出现找不到家的情况，这也是为幼儿创设更多探索和独立思考问题、解决问题的机会，在游戏中教师可以适当地给予帮助鼓励，让幼儿感受到成功的快乐。

3. 游戏中注重每次游戏后的小结，师幼共同梳理每次游戏时幼儿的游戏方法及问题，帮助幼儿积累、提升游戏经验。

数学教学语言

1. 你是什么样子的？“你穿的是什么颜色的衣服？”“戴着什么颜色的领结？”“你是带着领结还是带着领带？”

2. 你们为什么要进到一个家里？

3. 你是怎么分的？

4. 再看看你们还有哪里一样？

（活动设计者为北京朝阳区华洋紫竹幼儿园商丽雅）

活动 4　趣味超市

活动名称：趣味超市

班级：中班上

核心经验

1. 根据物体的属性对集合进行分类。
2. 同样一组物体可以按照不同的属性进行分类。

活动目标

1. 通过观察发现物品的多种属性。
2. 自己确定标准，对超市中常见的物品进行分类，并尝试说明理由。

活动重难点

活动重点：发现物品的多种属性并根据属性对超市中常见的物品进行分类。

活动难点：能够说明分类的理由。

活动准备：

经验准备：生活中有分类摆放物品的经验，参观过超市物品如何摆放。

物质准备：布置趣味超市情景，有超市标志、陈列柜、筐若干；幼儿自带喜欢的物品若干；幼儿自制标签若干（提前与幼儿讨论关于超市的摆放方式，并制定班级的标签）。

活动过程

环节一：进入扮演角色

语言导入，进入角色：樱桃超市快开业了，好多事情还没有完成，请小朋友们来做小小营业员帮帮我好吗？

环节二："小小营业员"之分货

1. 回忆逛超市情景（调动幼儿经验）。

师：我们都带了自己喜欢的物品，谁愿意介绍一下呢？（重点引导幼儿发现物品的多种属性）

师：超市里这些物品是怎样分类的呢？

强调一下：商品分类后，顾客就容易找到自己需要的东西，樱桃超市里的商品也要分类摆放。

师幼共同回忆自制的分类标签：水果类、肉类、蔬菜类、零食类、学习用品类。

2. 游戏：看谁分得快（对超市中常见的物品进行分类）。

玩法：幼儿将带来的商品按“标签”进行分类。

规则：请营业员把商品摆在对应的标签下。

重点提问：

营业员都带来了哪些商品呢？它属于我们标签上的哪一类商品？

介绍游戏玩法，请营业员们把你们自己带来的商品摆在对应的标签下，看看谁先摆好。

请营业员们说一说，你们是怎样摆放的？

环节三：“小小营业员”之摆放货物

师：分类后的商品也很多，我为营业员们提供了货架，请大家想一想，这些分类后的商品怎样摆在货架里，能够方便顾客更快地找到自己需要的商品？下午超市就要开业了，请营业员们一起想想办法吧。

游戏：分组摆放货物（确定标准对同一类物品再次分类）。

师：请小朋友自己选择一类物品，将货物摆在同一类标签的货架上。

五类物品将幼儿自动分为五组，幼儿自主协商、分工将货物进行摆放；教师观察指导（重点提示幼儿根据商品的特点进行二次分类，如同样是小汽车玩具，可以按照颜色、车型、大小等进行分类，方便顾客选购）。

环节四：集体参观小超市

1. 按标签分类逐一参观，负责此类商品的幼儿介绍“这样摆放的理由”，幼儿自由交流摆放的想法。

2. 根据幼儿的兴趣，可将活动延伸到班级角色区继续游戏，帮助幼儿熟悉和发现更多的属性特征，也可以将数运算在游戏中进行渗透。

注意事项

此活动需要家长配合，家长有意识地引导幼儿参观超市，观察超市商品的摆放，并通过谈话分享活动，将标签完成。

数学教学语言

1. 超市里的商品是怎样分类的？

2. 它属于哪一类商品？

3. 你是怎样摆放的？为什么这么摆放？

（活动设计者为北京市朝阳区福怡苑幼儿园姜蕾）

活动 5　分饼干

活动名称：分饼干

班级：中班

核心经验

同一组物体可以按不同的属性进行分类。

活动目标

1. 通过观察发现饼干的不同属性，自己确定分类的标准，给饼干分类。
2. 能大胆说出分类的理由。

活动重难点

活动重点：通过观察，找到饼干的不同特点（颜色、形状、夹心、小洞、薄厚、口味等），自己确定分类标准，对饼干进行分类。

活动难点：始终按照自己确定的标准分，中途不能改变分类标准。

活动准备

经验准备：能够按物体的外部显著特征给物体分类。

物质准备：脆脆鲨（巧克力和奶油口味）、康师傅 3+2 蓝莓口味、奥利奥牛奶口味、好吃点香脆核桃口味、富丽、白苏打等（共 7 种）饼干实物若干，将每种饼干的其中一块用塑料膜包好，每人一套；将以上饼干切块分好，放在小盘子里；牙签、湿纸巾、餐巾纸；7 种饼干压膜小图片 7 套，7 种饼干压膜大图片一套；黑板、胶泥、小贴画。

活动过程

1. 情境引入，引导幼儿观察饼干，品尝饼干的味道（通过多种感官细致观察并感知饼干的属性）。

教师分别出示 7 种不同的饼干，请幼儿仔细观察、品尝饼干。

指导语：今天老师给小朋友准备了很多好吃的饼干，让我们看一看这些饼干都是什么样子的？

请幼儿观察和品尝完一种饼干，就提问：这个饼干与刚才那块有什么不同？这块饼干是什么味道的，和刚才的一样吗？

2. 引导幼儿通过观察，把有相同特征的饼干放在一起（引导幼儿自己确定分类标准，给饼干分类，并大胆说出分类的理由）。

（1）请 2 名幼儿分别到黑板前面分饼干。

提问：为什么把它们放在一起，它们哪里是一样的？还有哪位小朋友和他分的不一样？

（2）请全体幼儿分饼干。

请幼儿按照自己确定的标准分饼干。教师进行个别指导，重点指导幼儿用不同的方法分类，并说出理由。

指导语：分完了的小朋友可以和你旁边的小朋友交流一下，你是怎样分的。

（3）小结：饼干有哪些分类方法。

请幼儿介绍自己分饼干的方法，教师根据幼儿的介绍总结分类方法并在黑板上进行记录（可以按照形状、颜色、口味、花纹等特征分）。

3. 鼓励幼儿在生活中给饼干分类（将活动延伸在生活中，鼓励幼儿给更多的物品进行分类）。

指导语：以后我们可以按照自己的需要去分类，这样就能马上找到自己想吃的饼干的了。

注意事项

1. 如果幼儿记不住自己已经想到的方法，可以提供笔和纸，进行简单的记录。
2. 在第二环节总结分类方法时，可以让幼儿自己将用到的方法记录在黑板上。

数学教学语言

1. 这么多好吃的饼干，我们可以把它们分类，把有相同特点的放一起。
2. 为什么把它们放在一起？
3. 你用的什么方法分饼干？
4. 除了按照……分，还能按什么分？

（活动设计者为北京市朝阳区群星幼儿园李轫）

活动 6　点兵点将

活动名称：点兵点将

班级：大班上

核心经验

同一组物体可以按不同的属性进行分类。

活动目标

1. 通过观察发现小朋友身上可以作为分类标准的多种特征。
2. 在观察、比较、小组协商的基础上提出有利于本组的分类标准。
3. 积极参与本组分类标准的讨论，有集体荣誉感。

活动重难点

活动重点：通过观察，发现小朋友身上可以作为分类标准的多种特征。

活动难点：在观察、比较、小组协商的基础上提出有利于本组的分类标准。

活动准备

经验准备：有多角度分类的经验。

物质准备：花生模型（或者真花生）若干、玩具筐 2 个、记录纸一张（用来记录每组收获的花生数）、记号笔一支。

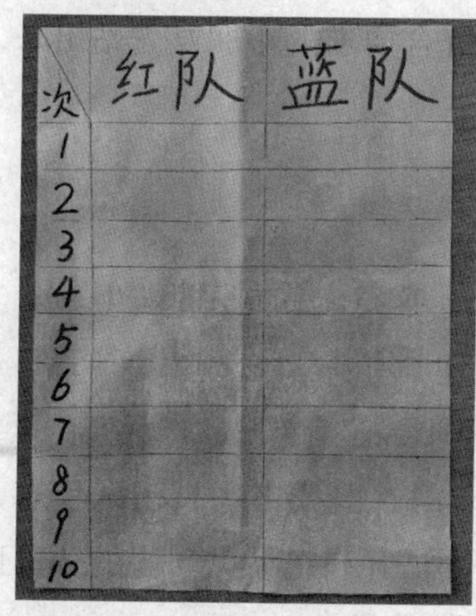

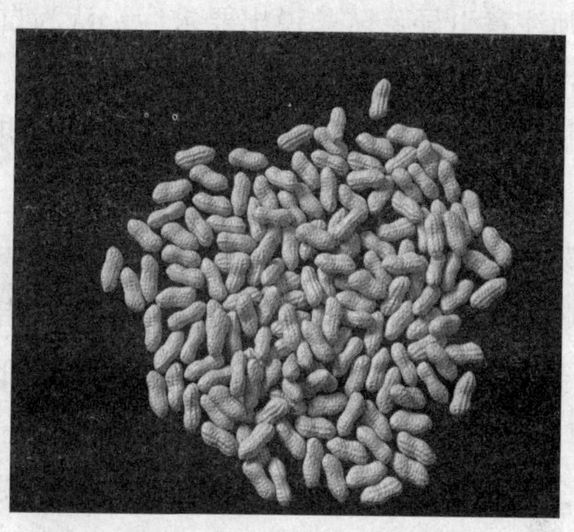

活动过程

一、开始部分：创设“收花生”情境，引出游戏

1. 出示花生模型，创设“收花生”情境，引出游戏。

2. 引导语：地里的花生熟了，今天我们一起玩一个“收花生”的游戏。

二、基本部分：介绍游戏玩法，比赛“收花生”

（一）分组，熟悉队员特征

1. 幼儿自由分成人数相等的两队。

2. 引导幼儿观察：自己的队友都有谁？他们都穿着什么衣服？留着什么发型？谁和谁有一样的地方？另一队里都有谁？谁和谁有一样的地方？

（二）介绍游戏玩法

1. 两队轮流派队员，提要求，收花生。

小朋友一起说口令“点兵点将，骑马打仗，我说要求，看谁能上”。说完口令以后，负责提要求的队员要提出一个要求，如穿白色上衣的小朋友收花生。

2. 两个队里所有符合要求的小朋友都可以去花生地里收一颗花生，放到本队的仓库里。

3. 听到“下雨啦”的声音，立刻停止收花生。

4. 比一比，哪一队收得花生多，哪一队获胜。

5. 注意：

（1）前面已经说过的要求，不能重复。

（2）每一队的代表在提出要求之前，可以让队友出出主意。

（3）队员说出要求后，认为自己符合要求的小朋友先站出来，待大家确认符合要求后，再去收花生。

（三）游戏演练，再次明确游戏规则

1. 两队分别小组协商，确定“点兵”的标准。

2. 两队轮流提要求，派队员收花生。

◇教师注意引导：队长说出要求后，认为自己符合要求的小朋友先站出来，待大家确认符合要求后，再去收花生。

3. 教师小结游戏演练中出现的问题，再次明确游戏规则。

（四）正式比赛

1. 两队在小组协商的基础上轮流提出“点兵”的要求，派队员收花生。

2. 教师根据幼儿的表现对幼儿进行指导，指导重点有：

◇ 引导幼儿通过观察发现队友和竞争对手的不同特征，变换“点兵”的要求。

◇ 引导幼儿思考并总结“赢”的窍门：提要求时，既要考虑自己队里有几个人符合这个要求，也要考虑对方有几个人符合要求，要想办法让自己队派出去的队员比对方多。

◇ 帮助幼儿在记录表上记下两个队每次收花生的数量。

◇ 根据幼儿游戏情况，适时发口令结束比赛。

三、结束部分：幼儿分享经验，教师总结

1. 幼儿介绍本组赢或输的经验。

2. 教师总结：

（1）归纳：游戏中幼儿发现了哪些特点。

（2）拓展：小朋友身上的特点还有很多（列举几个幼儿游戏中没有提到的特点），这些都可以作为点兵点将的标准。

（3）建议：如果小朋友喜欢这个游戏，可以回到班里继续玩。

注意事项

“点兵点将”游戏的核心目标是让孩子们发现，同一拨小朋友可以从多个角度进行分类。“点”的过程，其实就是确定分类标准的过程。孩子们想多得花生，就必须认真观察，不仅要观察自己的队员有什么共同特征，还要观察对手的共同特征。通过反复的观察、比较，提出有利于本组的分类标准，让孩子们开动脑筋，解决问题，提高思维的灵活性。

开始的时候，有些孩子可能领会不到“多得”花生的窍门在哪里，只关注队伍的特征，不关注对手的特征。这时，需要教师适时启发，如看到某一位小朋友提的要求很有“策略”，可以提问“你为什么选梳辫子的小朋友收花生”，引导幼儿分享自己的经验，给那些没有找到窍门的小朋友以启发。

数学教学语言

1. 自己的队友都有谁？谁和谁有一样的地方？

2. 另一队里都有谁？谁和谁有一样的地方？

3. 说完口令以后，负责提要求的队员要提出一个要求，如穿白色上衣的小朋友收花生。

4. 提要求时，既要考虑自己队里有几个人符合这个要求，也要考虑对方有几个人符合要求，要想办法让自己队派出去的队员比对方多。

5. 小朋友身上的特点还有很多（列举几个幼儿游戏中没有提到的特点），这些都可以作为点兵点将的标准。

（活动设计者为北京市朝阳区教师发展学院王艳云）

活动 7　幸运糖果

活动名称：幸运糖果

班级：大班下

核心经验

1. 根据物体的属性对集合进行分类。

2. 同一组物体可以按不同的属性进行分类。

活动目标

1. 观察、理解属性标识的含义并按属性标识寻找符合标准的糖果。

2. 感受、理解两个集合相交处所放的物体应该同时具备两个集合的特征。

3. 积极参与讨论、交流，在寻找糖果的过程中体会共同探索的乐趣。

活动重难点

活动重点：初步学习按交集处的标识给物体归类，感知交集的形成。

活动难点：感受、理解两个集合相交处所放的物体应该同时具备两个集合的特征。

活动准备

经验准备：有多角度分类的经验，对“集合”有一定的感知。

物品准备：大糖果每人一个；骰子 3 个，上面分别贴有表示图案（本活动是在蓝色骰子上贴的皇冠、蝴蝶、小花图案）、形状（本活动是在橘色骰子上贴的圆形、正方形、心形）、颜色（本活动是在粉色骰子上贴的红、黄、绿三种颜色圆形，分别表示红、黄、绿三种颜色）的标识，蓝色、粉色圈各一个（蓝色表示糖身上的图案、粉色表示糖的颜色）；透明展示卡两张；操作材料每组一份（每份材料包含 27 颗糖果卡、3 颗骰子、一张三圆交集图）；操作单每组一张。

活动过程

一、引入部分：观察糖果，了解糖果属性

引导幼儿观察自己手里的糖果，说一说自己的糖果有什么特征（颜色、身上的图案）。

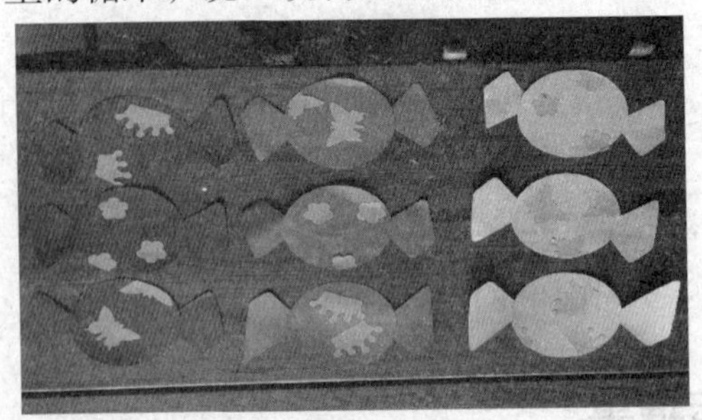

二、按一个条件（图案）寻找幸运糖果

指导语：小朋友的糖果都很好看，现在，要从你们手中的糖果里面找出幸运糖果。要找幸运糖果需要一个很特殊的道具——骰子。我们要请骰子帮忙，找出幸运糖果。

猜猜看：怎样让骰子帮忙找到幸运糖果呢？

交代规则：骰子掷到什么图案，身上有这个图案的糖果就是幸运糖果。

掷骰子，寻找幸运糖果。

引导语：掷到的是什么图案？哪颗糖果是幸运糖果？

小结：寻找幸运糖果有两个重要条件：（1）知道自己的糖果有哪些特征；（2）快速、认真地观察骰子，判断什么样的糖果是幸运糖果。

三、按两个条件（颜色和身上的图案）寻找幸运糖果（认识交集圈，感知集合的形成）

1. 交代规则：现在我们要用两个骰子来寻找幸运糖果，一个骰子投出糖果的颜色，另一个骰子投掷出糖果身上的图案。小朋友仔细观察，如果你的糖果符合条件就快快带着它站到它的家里。颜色符合的，站到粉色的圈里；图案符合的，站到蓝色的圈里。

2. 掷骰子，寻找幸运糖果，引出交集。

预设引导语：我看到有一些小朋友刚开始站在蓝色的家里，后来又跑到了粉色的家里，这是为什么呢？（可以请小朋友说一说当时的想法）

原来有些糖果既可以住在蓝色的家里又可以住在粉色的家里。那么，咱们能不能想办法，给这些糖果找一个更合适的家呢？（请小朋友一起想办法）

解决策略：将粉色和蓝色两个圆圈的一部分重叠摆放（如下图）。

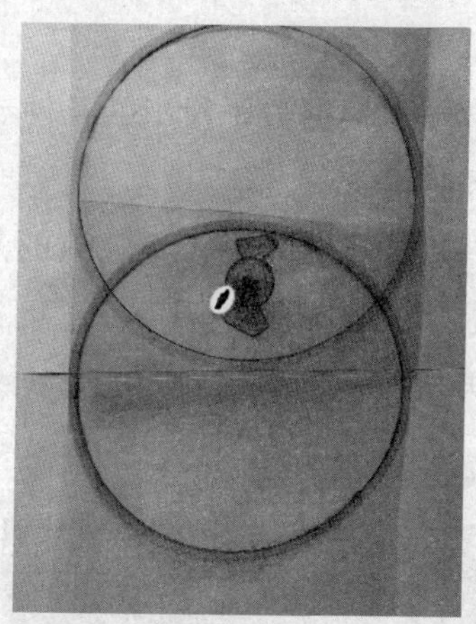

提问：两个圈重叠的部分可以放什么样的糖果？为什么？放颜色和图案都符合的糖果，如黄色、带蝴蝶图案的糖果。

注意事项：

当幼儿发现有的糖果既可以站到粉色的圈里又可以站到蓝色的圈里时，教师不要着急把解决办法直接给幼儿，而是引导幼儿观察、思考解决办法，便于幼儿理解“交集”的意义。

3. 改变游戏形式，加强理解（理解两个集合相交的圈中所放的物体应该同时具有两个特征）。

幼儿每人拿一颗糖果，站好；.邀请两名幼儿掷骰子，寻找幸运糖果。

指导语：接下来我们请两位小朋友上来帮忙掷骰子，其他小朋友仔细观察骰子掷出来的条件，判断自己的糖果属于哪个家，然后迅速站进相应的家里。看一看咱们找到了几颗幸运糖果？这些幸运糖果“幸运”在哪里？（同时满足两个条件，既可以进粉色的家又可以进蓝色的家）

注意事项：

及时引导幼儿关注找到的“幸运糖果”并思考其“幸运”之处。

三、分组找糖果

（一）分组活动，统一掷骰子，找糖果

1. 认识材料，交代玩法。

指导语：每一组的桌子上都有一张神秘的图（三圆交集图），请小朋友翻过来看一看，上面画了什么？它和刚才咱们看到的糖果的家有什么不一样？（多了一个圆圈，更复杂了）

你们还能帮助幸运糖果找到家吗？大家快来想一想，能住进这个家里的幸运糖果需要满足几个条件？（幸运糖果需要满足3个条件）对，现在的幸运糖果需要满足3个条件，所以，骰子也需要3个。谁能说一说，3个骰子各代表什么？（粉色是颜色，橘色是形状，蓝色是图案）。咱们要找的幸运糖果就藏在它们中间，这次的幸运糖果一定要符合3个骰子投出的3个条件才可以，看一看哪一组找得最快。

2. 掷骰子，找糖果。

教师掷骰子，小朋友团结合作，根据骰子投出的条件寻找幸运糖果。

3. 请最快的小组介绍游戏经验。

注意事项：幼儿寻找幸运糖果的方式各有不同，有的是先分析出幸运糖果符合的条件（如黄色、心形、身上带有皇冠），再根据3个条件直接找糖果；有的是2个条件分3步去找：先找出所有黄色糖果，再从黄色糖果里找出心形糖果，再从黄色心形糖果里找出带皇冠的。无论哪种都给予肯定，支持幼儿按照自己的方式寻找幸运糖果。

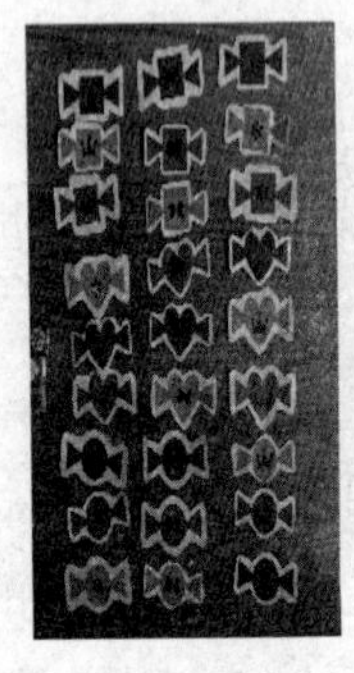
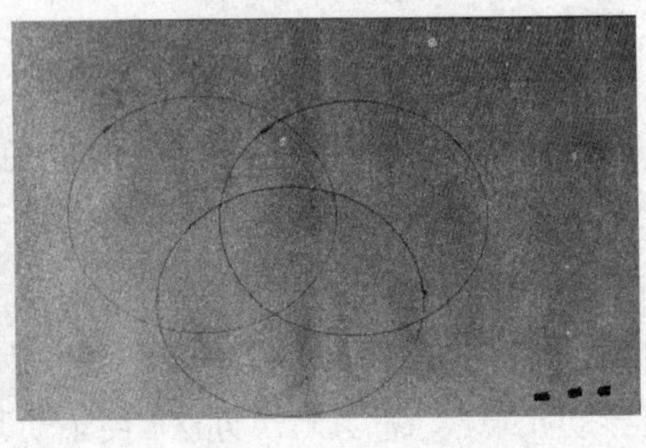

（二）分组活动，自行掷骰子，找糖果

游戏玩法：

每组发3个骰子，幼儿自行投掷骰子，并将掷出的骰子粘在三圆交集图的左上角3个点子的位置，之后根据条件快速找出同时符合3个条件的糖果放在重叠部分。

指导语：小朋友们是不是也想拥有一颗属于自己的幸运糖果呢？老师为你们准备了骰子，接下来，你们就自己掷骰子，掷完骰子之后把3个骰子粘在神秘图左上角的3个点子上。然后根据骰子上的条件迅速找出幸运糖果，放到它的家里。比一比，看哪一组找得最快。

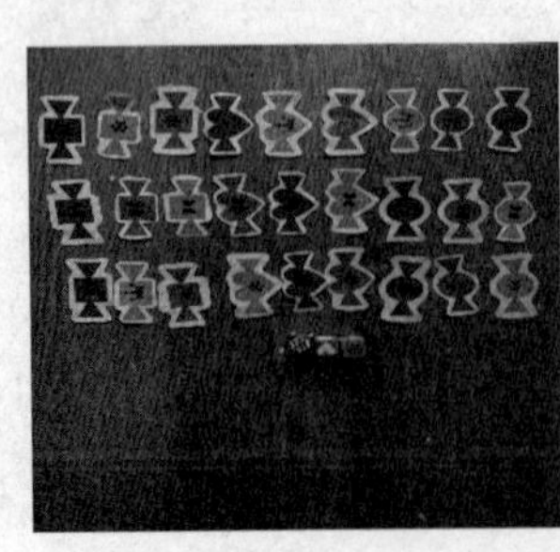

请寻找幸运糖果速度最快的组分享经验。

指导语：你们用了什么方法找到了幸运糖果？你们找到的幸运糖果有什么特征？

四、结束部分，将学习经验与生活联系起来

指导语：在生活中，我们也可以运用寻找幸运糖果的方法来解决问题。想一想，哪些地方可以用到这个方法？

请幼儿分享自己的想法。

教师总结：小朋友们说得特别好，张老师也想起一件事情，前几天妇女节小朋友在为家里的女性挑礼物时用了好长时间才决定要选什么，如果当时咱们学习了今天找糖果的方法肯定能快速地找到适合的礼物，真是既方便又快捷。

生活中一定还有许多事情可以用到今天学到的这个好办法，小朋友们回家后可以和爸爸妈妈一起分享咱们今天寻找幸运糖果的事情，想一想，还有哪里可以用到这个好方法。

数学教学语言

1. 原来有些糖果既可以住在蓝色的家里又可以住在粉色的家里。
2. 哪些是幸运糖果？这些幸运糖果“幸运”在哪里？
3. 幸运糖果需要满足三个条件：黄色、心形、身上带皇冠。

（活动设计者为北京市朝阳区华洋紫竹幼儿园张丽莹）

日常生活渗透案例

活动 1　小孩、小孩真爱玩

活动名称：小孩、小孩真爱玩

班级：小班

核心经验

根据物体的属性对集合进行分类。

活动目标

1. 利用“小孩、小孩真爱玩”这一户外游戏，引导幼儿在游戏中关注周围环境中事物的多种属性，如颜色、形状、材质等，感知、积累关于事物“属性”的经验。

2. 培养幼儿倾听口令、根据口令行动的习惯和能力。

生活环节或场景

户外活动。

活动准备

经验准备：幼儿会玩“小孩、小孩真爱玩”游戏。

物质准备：利用周围环境开展活动，不需要特殊的物质准备。

操作过程

带幼儿玩“小孩、小孩真爱玩”的游戏。将“请小朋友摸一摸 ××”的口令由指向某一个事物（如滑梯、大树）改成指向某一类事物（如红色的东西、木头的东西）。

1. 师幼一起说儿歌“小孩、小孩真爱玩儿，摸摸这儿，摸摸那儿”。

2. 教师发口令“请小朋友摸一摸红色的东西，然后学小兔子跳回来”。

3. 小朋友按照指令摸物品、做动作。

4. 变换不同的属性，继续游戏，如绿色的、黄色的、木头的、塑料的、布的、圆形的、正方形的、三角形的……

关键教学语言

在这个游戏中，关键的教学语言在于不断变换“属性”，教师要根据幼儿对“属性”的积累情况不断改变、拓宽“属性”经验，以便帮助幼儿不断丰富、拓展对新属性的认识。

（活动设计者为北京市朝阳区福怡苑幼儿园姜蕾）

活动 2　蹲一蹲

活动名称：蹲一蹲

班级：小班

核心经验

根据物体的属性对集合进行分类。

活动目标

通过“蹲一蹲”的游戏，引导幼儿在游戏中关注周围环境中事物的多种属性，如颜色、性别、发型等，感知、积累关于事物“属性”的经验。

生活环节或场景

户外活动。

物质准备

利用周围环境开展活动，不需要特殊的物质准备。

操作过程

带幼儿玩“蹲一蹲”的游戏。将“……小朋友蹲一蹲”的口令由指向某一类事物，如穿红色衣服的、短头发的等。

1. 师幼一起说儿歌“蹲一蹲、蹲一蹲”。
2. 教师发口令“……的小朋友蹲一蹲”。
3. 符合口令的小朋友蹲下。
4. 变换不同的属性，继续游戏。
5. 蹲一蹲可以换成跳一跳、转一圈……

关键教学语言

穿红衣服的小朋友蹲一蹲。
长头发的小朋友蹲一蹲。
小三班的小朋友蹲一蹲。

（活动设计者为北京市朝阳区翠成幼儿园石蕊）

活动 3　迷迷转

活动名称：迷迷转

班级：小班

核心经验

根据物体的属性对集合进行分类。

活动目标

引导幼儿关注身边物体明显的属性特征，学习按照物体的某一外部属性，如颜色、大小、形状等给物体分类。

生活环节或场景

户外活动。

活动准备

1. 经验准备：有玩指令游戏的经验。

2. 物质准备：空旷的场地。

操作过程

1. 师幼按一定间隔围圈站好，两臂侧平举原地转圈。

2. 边转边念儿歌，“迷迷转，迷迷转，大风来了快快站，谁站中间”。

3. 当念到“间”字时，教师按照幼儿的明显外部属性特征发出指令，如“请扎小辫的小朋友站中间”。

4. 幼儿按照教师的指令行动，即扎小辫的小朋友站到圆圈的中间。

5. 师幼共同核验：是不是所有扎小辫的小朋友都站到了中间，站到中间的小朋友是否都扎着小辫。

6. 变换口令（属性），继续游戏。

注意事项

1. 围圈站时注意保持一定间隔，保证转圈过程的安全。

2. 每次最多转 3 圈，以防头晕。

3. 幼儿熟悉游戏后，可以尝试由幼儿发指令。

关键教学语言

1. 请扎小辫或穿黑色裤子……的小朋友站中间。

2. 我们来看看，扎小辫的小朋友都站到中间了吗？

3. 涛涛没有扎小辫，他应该在哪里？

（活动设计者为北京市朝阳区群星幼儿园马建芳）

活动 4　小小邮递员

活动名称：小小邮递员

班级：中班上

核心经验

根据物体的属性对集合进行分类。

活动目标

引导幼儿关注属性特征，学习按照 1 ~ 2 种属性进行分类。

生活环节或场景

过渡环节。

活动准备

经验准备：幼儿熟悉“小小邮递员”的游戏。

操作过程

1. 师幼共同说儿歌《我是小小的邮递员》。

师：当当当

幼：谁呀？

师：我是送信的邮递员呀。

幼：从哪来的信呀？

师：从北京来的信呀（地址可更换）

幼：把信送给谁呀？

2. 教师回答“把信送给 ××× 的小朋友呀”。

（1）先提出一个标准，如“把信送给穿红衣服的小朋友呀”。幼儿听到标准（如穿红衣服）后，判断自己是否符合标准，符合标准的小朋友去做下一个环节的事情（如去盥洗入厕）。

（2）增加难度，提出两个标准，如“把信送给戴帽子的小女孩呀”。

3. 可以请幼儿当邮递员发口令。

关键教学语言

1. 我要把信送给 ××× 的小朋友。
2. 把信送给戴帽子的小女孩呀。

（活动设计者为北京市朝阳区丽景幼儿园任颖）

活动 5 找朋友

活动名称：找朋友

班级：中班下

核心经验

1. 根据物体的属性对集合进行分类。
2. 同一组物体可以按不同的属性进行分类。

活动目标

尝试按照物体的两种及两种以上属性特征对物体进行分类。

生活环节或场景

过渡环节。

活动准备

经验准备：具有根据 1 ~ 2 个属性给物体分类的经验。
物质准备：不需要特殊的物质准备。

操作过程

1. 师幼围圈坐好，请一名幼儿上前并提问："我的好朋友呢？"
2. 其余幼儿回应："我来帮你找呀！"
3. 幼："他穿着红色的上衣、黑色的裤子，戴着眼镜……"描述自己好朋友的特征。
4. 其他幼儿根据该幼儿的描述帮他找到好朋友，并站到前面。
5. 师：这是他的好朋友吗？师幼共同核验。
6. 游戏继续。

关键教学语言

1. 看一看，你的好朋友还有什么明显的特点呀？

2. 鑫鑫穿着粉色的毛衣，她是昊昊描述的小朋友吗？

3. 我们来看看，这个小朋友穿着红色的上衣、黑色的裤子，戴着眼镜，他是不是昊昊描述的小朋友？

（活动设计者为北京市朝阳区群星幼儿园马建芳）

活动 6　图书分类

活动名称：图书分类

班级：大班

核心经验

1. 根据物体的属性对集合进行分类。

2. 同一组物体可以按不同的属性进行分类。

活动目标

1. 通过引导幼儿对班级的图书进行分类，加深幼儿对集合问题的理解。

2. 培养幼儿良好的整理收纳习惯。

生活环节或场景

图书区。

活动准备

1. 经验准备：理解简单的层级分类。

2. 物质准备：班级图书、图画纸、水彩笔。

操作过程

1. 想一想图书馆的图书是怎么分类的？

2. 我们班的图书可以怎么分类？分为哪几类？

如按照内容分类，古典故事类、传统节日类、绘本故事类、科学探究类、动物百科类。

3. 继续给绘本故事类的图书分类。

引导语：绘本故事类的图书太多了，一个书格放不下，需要放到几个书格。放的时候怎么放合适？可以继续分类吗？怎么分？分成哪几类？

请幼儿思考分类的标准，教师根据幼儿的实际情况给予引导（如可以按照绘本封皮的软硬分、按照绘本的尺寸大小分）。

4. 如果需要，可以在上面分类的基础上继续分。

5. 请幼儿给分好类的图书绘制分类标记，贴于书柜格子侧面，并将图书按照标记分类摆放。

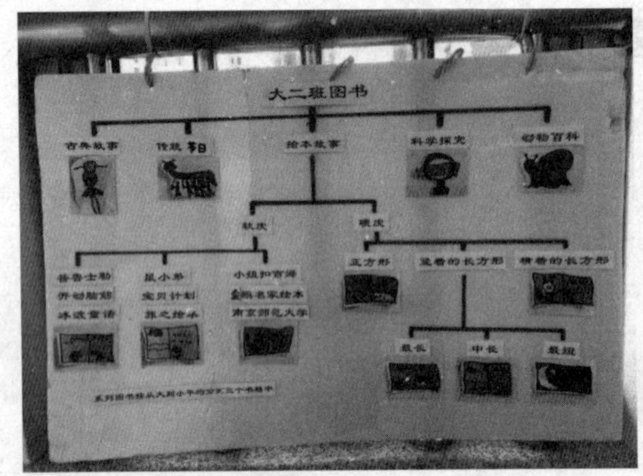

关键教学语言

1. 我们班的图书可以怎么分类？分为哪几类？

2. 绘本故事类的图书还可以继续分类吗？怎么分？分成哪几类？

（活动设计者为中国人民大学朝阳幼儿园陈丽娟）

区域游戏案例

游戏 1　赢糖果（系列活动）

游戏名称：赢糖果（系列活动 1）

班级：小班上 / 下

核心经验

1. 根据物体的属性对集合进行分类。

2. 同一组物体可以按不同的属性进行分类。

3. 集合之间可以进行比较和排序。

游戏目标

1. 能根据一种或两种颜色寻找糖果。
2. 能对两个集合进行数量比较。

游戏准备

经验准备：幼儿对颜色有一定的认知，进行过简单的分类。

物质准备：糖果棋、骰子

游戏玩法

1. 1 ~ 3 名玩家，每人一个骰子，可供单人或多人进行游戏。

2. 小朋友轮流掷骰子，根据掷出的颜色找到相应颜色的糖果。

3. 可以 1 个人玩，也可以 2 ~ 3 人一起玩。

1 人玩法：可选择难易程度，如果掷一个骰子，要快速找到所有带有骰子颜色的糖果。如果用两个骰子，则找出的糖果上要有与骰子对应的两种颜色（如果两个骰子掷出的颜色相同，则重新掷，直到掷出不一样的颜色），以此类推。

2 ~ 3 人玩法：在一人玩法的基础上增加竞赛环节，看谁找到的糖果多。

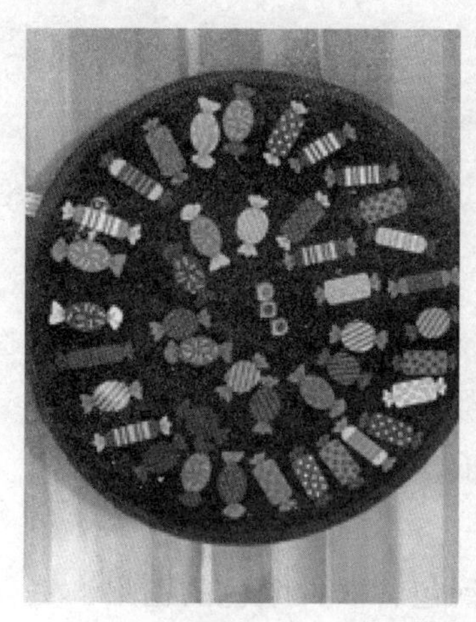

糖果棋

一个骰子：快速找出带有骰子颜色的所有糖果

两个骰子：找出包含两种颜色的所有糖果

注意事项

不同玩家之间需要相互查验糖果与骰子掷出的颜色是否一致，或由第三人作为裁判进行查验。

数学教学语言

1. 骰子上出现了什么颜色，找到的糖果身上就要有相同的颜色。
2. 请你数一数，你一共赢了多少颗糖果？谁赢的糖果最多？
3. 一颗糖果包含几种颜色？

（活动设计者为北京市朝阳区福怡幼儿园张耿、常燕玲）

游戏名称：赢糖果（系列活动2）

班级：中班

核心经验：

1. 根据物体的属性对集合进行分类。
2. 同一组物体可以按不同的属性进行分类。
3. 集合之间可以进行比较和排序。

游戏目标

1. 能根据多种颜色寻找糖果。
2. 能对两个集合进行数量比较。

游戏准备

经验准备：幼儿进行过分类游戏。

物质准备：糖果棋、骰子

游戏玩法

1.2 名玩家，3 个骰子，每次可以由一个人同时掷 3 个骰子，两名小朋友迅速找到与骰子颜色相匹配的糖果，看谁找得又快又多。

2.2 名玩家轮流掷骰子（3 个），根据 3 个骰子的颜色找到包含 3 种颜色的糖果，然后由下一名玩家进行游戏，最后数一数谁的糖果最多。

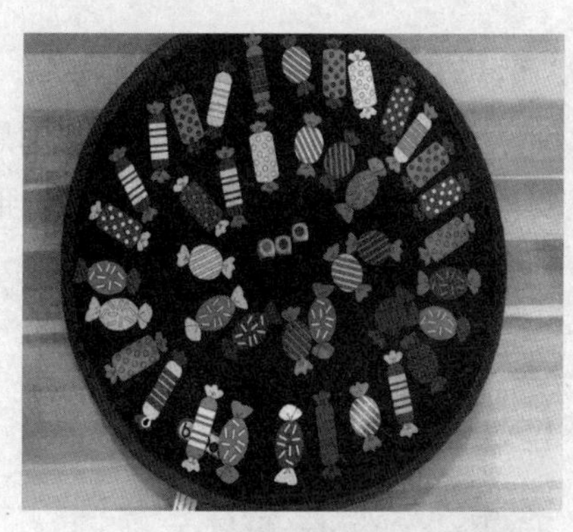

注意事项

1. 游戏要轮流进行。
2. 注意对找到的糖果进行查验。

数学教学语言

1. 快来找一找，同时包含 3 种颜色的糖果在哪里？
2. 请你数一数，你一共赢了多少颗糖果？谁赢的糖果多，多多少？
3. 怎么能找得又快又准？你有什么好办法？

（活动设计者为北京市朝阳区福怡幼儿园张耿、常燕玲）

游戏名称：赢糖果（系列活动 3）

班级：大班

核心经验：

1. 根据物体的属性对集合进行分类。
2. 集合之间可以进行比较和排序。

游戏目标

1. 能根据颜色和形状两个条件寻找糖果。
2. 理解“交集”的含义，感知“交集”的表示方法。
3. 在游戏中体会交集中物体的特征，并用语言表述出来。

游戏准备

经验准备：有过分类经验。

物质准备：糖果棋、骰子3个（其中2个表示颜色，1个表示形状，用黑色的相应形状表示）、彩色圈2个（1个代表符合颜色要求的糖果的家，1个代表符合形状要求的糖果的家）。

游戏玩法：

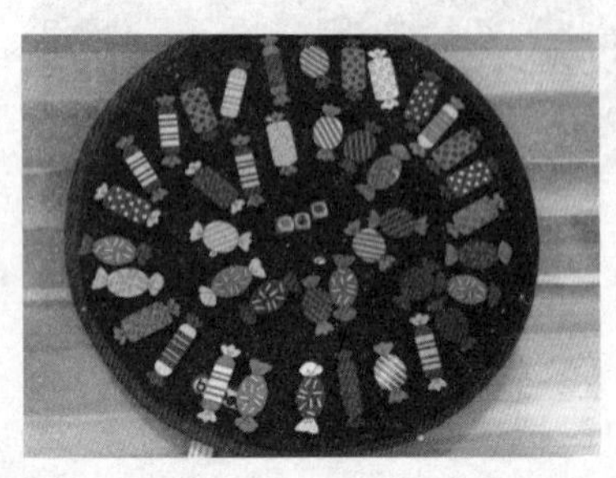

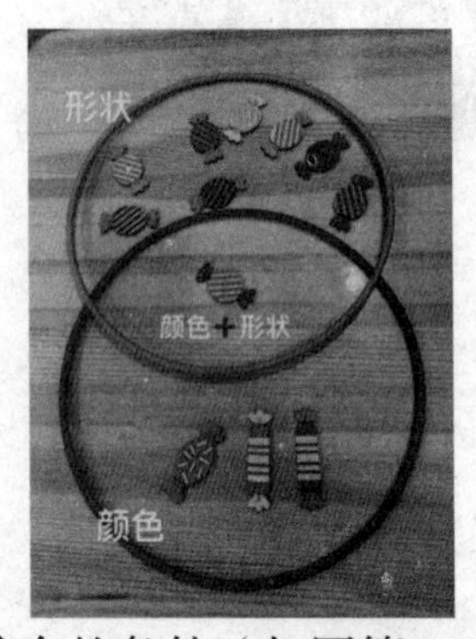

1. 幼儿投掷骰子，投出要寻找的糖果符合的条件（如图第1步）。

2. 幼儿观察骰子上投出的条件，根据条件要求寻找糖果放到相应位置（如图第2、3步）。

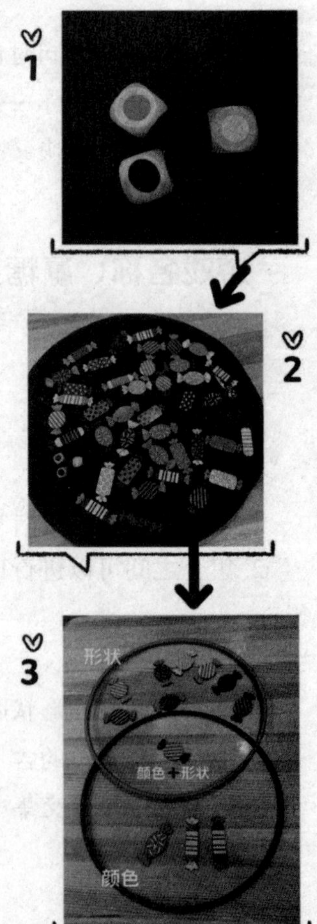

注意事项

“交集”的概念对幼儿而言不容易理解，可以引导幼儿分步骤进行，先分别找到符合颜色标准和形状标准的糖果，再找到既符合颜色标准又符合形状标准的糖果。

数学教学语言

1. 两个圈重叠的这部分应该放什么样的糖果？为什么呢？

2. 怎样能找得又快又准？你有什么好办法？

（活动设计者为北京市朝阳区福怡幼儿园张耿、常燕玲）

游戏 2 找朋友（系列活动）

活动名称：找朋友（系列活动 1）

班级：小班上

核心经验

根据物体的属性对集合进行分类。

游戏目标

仔细观察奶酪棒上图案的相同与不同，根据这些特征找到两个一模一样的“朋友”，引发对奶酪棒图案中眼睛（大小、形状、朝向）、嘴巴（形状、朝向）等属性的关注。

游戏准备

经验准备：能够在教师的引导下仔细观察、安静游戏。

物质准备：奶酪棒“小人儿”若干（小人儿的嘴巴、眼睛、表情等不同）。

游戏玩法

1. 将奶酪棒摆在桌子上，引导幼儿“找朋友”。

教师提问：你喜欢哪个小人儿？看一看，哪个小人儿和这个一模一样？快找出来和它做朋友吧。

2. 继续引导：看一看，还有哪些小人儿是一模一样的？把一模一样的小人儿放一起，让他们做朋友吧。

数学教学语言

1. 看一看，哪个小人儿和这个一模一样？快找出来和它做朋友吧。

2. 还有哪些小人儿是一模一样的？把一模一样的小人儿放在一起，让他们做朋友吧。

（活动设计者为北京市朝阳区福怡苑幼儿园姜蕾）

游戏名称：找朋友（系列活动 2）

班级：小班

核心经验

1. 根据物体的属性对集合进行分类。
2. 同一组物体可以按不同的属性进行分类。

游戏目标

通过观察发现“小人儿”衣服的相同与不同，根据衣服进行分类。

游戏准备

经验准备：理解“相同”的含义，认识基本的颜色，能够感知并表达简单几何图形的不同。

物质准备：图案相同的奶酪棒（10 个以内），自制衣服若干（贴在奶酪棒上）。

游戏玩法

师：仔细看一看，这些小人儿有什么地方相同？

师：有相同地方的小人儿可以成为好朋友，请你帮小人儿找到好朋友吧。

在幼儿操作完毕后提问：这几个好朋友哪里相同？

数学教学语言

1. 只要和自己有相同的地方，就可以成为好朋友。
2. 这几个好朋友哪里相同？

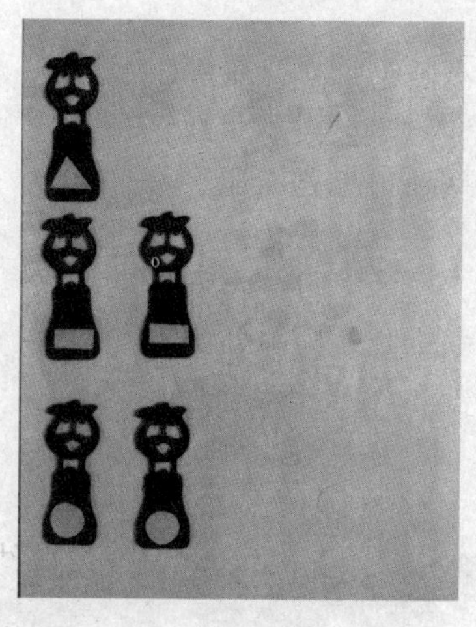
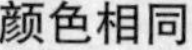
颜色相同

形状相同

（活动设计者为北京市朝阳区福怡苑幼儿园姜蕾）

游戏名称：找朋友（系列活动3）

班级：中班

核心经验

同一组物体可以按不同的属性进行分类。

游戏目标

1. 仔细观察，发现奶酪棒“小人儿”的多种属性。
2. 能从不同角度将“小人儿”进行分类，并尝试说出分类的理由。

游戏准备

经验准备：有根据不同属性匹配、分类的经验。
物质准备：奶酪棒“小人儿”若干（小人儿的嘴巴、眼睛、表情等不同）。

游戏玩法

师：仔细看一看，这些小人儿有什么地方一样？

师：小人儿们想找好朋友，只要和自己有相同的地方，就可以成为好朋友。请你帮帮忙，帮小人儿找到好朋友吧。

师：在幼儿操作完毕后提问，这几个好朋友哪里相同？

数学教学语言

这几个好朋友哪里相同？

（举例：关注表情、眼睛、头上的数字，后期还可加入衣服）

眼睛大小

笑脸、哭脸

（活动设计者为北京市朝阳区福怡苑幼儿园姜蕾）

游戏名称：找朋友（系列活动4）

班级：中班下或大班上

核心经验

根据物体的属性对集合进行分类。

游戏目标

1. 仔细观察，发现奶酪棒“小人儿”的多种属性。

2. 认真观察、积极思考，根据前面的猜测结果进行推理，判断隐藏“小人儿”的属性特征。

游戏准备

经验准备：有根据不同属性匹配、分类的经验。

物质准备：每个幼儿一套奶酪棒“小人儿”（小人儿的嘴巴、眼睛、表情等不同）。

游戏玩法

游戏角色：裁判、2名以上幼儿。

师（裁判）：随机抽出一个小人儿（藏起来，只有自己能够看到）。

师（裁判）：请你们猜猜我手里的是哪个小人儿？猜的过程中，你们可以轮流根据小人儿的特征进行提问，比如“是开心的表情吗”，我只能回答“是”或者“不是”。当你们能猜出是哪个小人儿时，就赶紧把小人拿出来。谁找得又快有准，谁就胜利。

举例：

幼儿 1：开心的表情

师（裁判）：是

幼儿 2：大眼睛

师（裁判）：不是

……

当把“小人儿”找出来以后，带幼儿总结：怎样能更快地找到“小人儿”。

数学教学语言

1. 说完特征后可以排除哪些小人呢？
2. 怎样能够更快地判断是哪个小人儿呢？

（活动设计者为北京市朝阳区福怡苑幼儿园姜蕾）

游戏名称：找朋友（系列活动 5）

班级：大班

核心经验

同一组物体可以按不同的属性进行分类。

游戏目标

1. 仔细观察，发现奶酪棒“小人儿”的多种属性，并将其作为寻找朋友的标准。
2. 在观察的基础上自主确立分类标准并给奶酪棒分类。

游戏准备

经验准备：有根据不同属性匹配、分类的经验。

物质准备：奶酪棒若干，自制衣服若干，骰子（点数可根据游戏的深入而增加）。

游戏玩法

玩法 1：看谁找的朋友多

师：每人从奶酪棒堆里拿一个小人儿，帮手里的奶酪棒快速地找朋友。

师：这些好朋友有什么相同的特点？不断地找，直到几名玩家都认为再也找不到朋友，一局结束，谁找到的朋友最多谁就获胜（需要裁判核实）。

玩法 2：掷骰子，找朋友

师：掷骰子，掷到几，要从奶酪里找几个与手里小人儿“有相同点”的好朋友。

师：你掷到的点数是几？找了几个好朋友？这些好朋友和手里的小人儿各有什么相同点？

数学教学语言

1. 这些好朋友有什么相同的特点？

2. 你掷到的点数是几？找了几个好朋友？这些好朋友和手里的小人儿各有什么相同点？

（活动设计者为北京市朝阳区福怡苑幼儿园姜蕾）

游戏 3　小动物买蛋糕

游戏名称：小动物买蛋糕

班级：小班下

核心经验

根据物体的属性对集合进行分类。

游戏目标

1. 在游戏中关注物体的不同属性，积累属性经验。

2. 理解属性标识的含义，能够将两种标识组合，找到符合要求的蛋糕。

3. 认真观察、积极动手动脑，解决游戏中的问题，在观察、推理、验证的过程中提升思维能力。

游戏准备

经验准备：幼儿认识颜色，能够点数 5 以内的物体，能按一个维度对物体进行分类。

物质准备：

蛋糕店背景图（橱窗）（图 1）：12 个格子（每个格子各放一款蛋糕）。

蛋糕卡片：12 款蛋糕（图 1），包括 3 种层数（分别为单层、双层、三层）、4 种口味（葡萄、草莓、香蕉、巧克力，分别用紫色、红色、黄色、咖啡色表示）；每款蛋糕包含层数和口味两种属性，如双层巧克力蛋糕，可供动物客人选择；每款蛋糕后面图有表示口味的颜色。

带洞的神秘盒子一个（图 2）：里面有共有 12 个不同的小动物图片。幼儿每次从里面随机抽出一个小动物来买蛋糕（增加了幼儿游戏的趣味性和神秘感）。每个动物都有自己想买的蛋糕，用点子（几个点子就表示想买几层的蛋糕）和色块表示，如图 2 中的小狗想买三层的巧克力蛋糕。

验证对应卡（图 3）：上面有 12 个小动物（和神秘盒子里的小动物为同一套），小动物旁边有橱窗里 12 款蛋糕的阴影，以及蛋糕包装盒，包装盒上涂有与神秘盒子里小动物所需蛋糕的口味一致的颜色。

图 1　蛋糕店背景图　　图 2　带洞的神秘盒子

图 3　验证对应卡

游戏玩法

第一步：摆蛋糕——幼儿将 12 个不同口味、不同层的蛋糕摆在蛋糕店的“橱窗”里，每个格子摆放一个蛋糕。

说明：幼儿可随意摆放，也可按蛋糕的类别进行摆放，如按层数或口味。

第二步：抽取小动物——幼儿从“神秘盒子”中抽一个动物，抽到的小动物将放在验证对应卡上与小动物对应的位置上，请小动物“在这里等待”。

第三步：找蛋糕——根据抽到的动物附带的标识判断小动物想买什么蛋糕，并帮小动物在蛋糕店中找到对应的蛋糕。

第四步：验证——把找到的蛋糕放在验证卡上的蛋糕阴影处，看一看，是否与阴影吻合。另外，还需将蛋糕卡片翻过来查看，看蛋糕卡片后面的颜色与验证卡上蛋糕包装盒的颜色是否相同，如果相同，则表示选择正确。

幼儿操作分解过程图片：

1. 摆　　2. 抽　　3. 找

4. 验

注意事项

1. 由于幼儿游戏时，蛋糕店背景图、神秘盒子、验证对应卡都需要使用，需同时摆出来。为节省空间，教师可在制作材料时根据需要选择尺寸大小。

2. 可根据幼儿的发展水平增加蛋糕的其他元素，如将蜡烛数量作为属性、增加坚果的品种等，也可降低难度，如减少蛋糕口味的种类。

数学教学语言

1. 蛋糕都有哪些种类？除了有不同口味的蛋糕，你还发现了什么？

2. 还可以用什么方法摆放蛋糕？

3. 小猫想买什么样的蛋糕？小猫除了想买巧克力味道的，它还有其他的要求吗？

4. 看一看，你帮小猫选对了吗？蛋糕可以正好放进这个盒子里吗？把蛋糕翻过来看一看，盒子的颜色一样吗？

（活动设计者为北京市朝阳区水碓北里幼儿园郭萌）

游戏 4　脑力大作战——转转乐

游戏名称：脑力大作战——转转乐

班级：大班下

核心经验

1. 根据物体的属性对集合进行分类。
2. 同一组物体可以按不同的属性进行分类。

游戏目标

1. 能关注物体的属性特征，并概括出几个物体的共同属性。
2. 感受竞赛游戏带来的快乐。

游戏准备

经验准备：幼儿有玩规则游戏的经验；知道每一个物体都有不同的属性，不同物体之间能够寻找相同属性。

物质准备：骰子 4 枚，每面为数量及颜色不同的动物、水果、蔬菜、体育用品、文化用品及食物；雪花插片若干。

游戏玩法

1. 2 ~ 4 名幼儿，用自己的方式决定投掷骰子的顺序。
2. 第一名幼儿掷四枚骰子，幼儿共同观察四枚骰子上物体的相同属性，抢答物体的相同属性，答对一个得 1 分。

3. 游戏轮流进行，达到自主选择的局数后，得分高者获胜。

游戏规则

游戏前：幼儿自主规定游戏局数。

游戏中：

1. 掷完骰子后，幼儿抢答说出骰子上物体的相同属性，直到说出骰子上物体的所有相同属性为一局结束。

2. 一局游戏中，每说出一种物体的相同属性即可得一枚雪花插片，代表得 1 分；若幼儿都未说出，则重新投掷。

3. 骰子上的幼儿园 Logo 代表任意物体（类似于扑克牌中的“王”，是“万能牌”）。

游戏后：比较雪花插片数量，决定胜负。

注意事项

教师及时关注幼儿的游戏过程，为幼儿增加游戏难度，引导探索更多不同的属性特征。

数学教学语言

1. 仔细观察，看看 4 枚骰子上的物品有什么相同点？

2. 每说出一个相同点就可以拿一枚雪花片，代表得 1 分。

3. 只要发现骰子的相同点并抢答，就可以一直得分。

（活动设计者为北京市朝阳区望京新城幼儿园高潼、孟惊涛）

游戏 5　是不是

游戏名称：是不是

班级：大班

核心经验

根据物体的属性对集合进行分类。

游戏目标

利用“是不是”游戏，引导幼儿关注周围环境中事物的多种属性，如颜色、形状、硬度等，感知、积累关于事物“属性”的经验。

游戏准备

经验准备：幼儿认识常见的蔬菜、水果。

物质准备：

游戏初期，准备分类实物图片，分成蔬菜类（胡萝卜、茄子、西蓝花……）、水果类（苹果、梨、西瓜……）、动物类（狗、猫、大象……）等。

幼儿熟悉玩法后，准备混合实物图片（类别混在一起），也可以让幼儿来画实物图。

游戏玩法

一名幼儿抽取图片，其他幼儿不看图片，通过问问题由抽取的幼儿回答，说出图片上的事物。

步骤：

1. 邀请一名幼儿抽取图片（抽完后不能让其他小朋友看图片）。

2. 其他幼儿提问，抽图片的幼儿回答。

提问的要求：提的问题只能是关于事物的特征而不是名称的问题，如“是绿色的蔬菜吗”“蔬菜的形状是圆圆的吗”。

回答者的要求：抽取实物图片的小朋友只能回答“是”或“不是”。例如：问“是绿色的蔬菜吗”，回答“不是”；问“是紫色的蔬菜吗”，回答“是”。

3. 提问的幼儿根据提问和回答猜答案，猜对以后换另外一名小朋友抽图片，继续游戏。

注意事项

1. 最初玩的时候，可以告知实物的大类以降低难度，如告知幼儿抽取的是蔬菜或者水果，待幼儿熟悉游戏后，抽取完实物图片可以直接跳到第二步。

2. 对图片上事物的熟悉程度会直接影响幼儿的游戏兴趣和猜中率，所以事先要熟悉图片内容。

3. 为了使任务由易到难，图片的种类要逐渐增加，不要一次投入多种图片。

数学教学语言

是……的吗？

（活动设计者为北京市朝阳区翠成幼儿园石蕊）

集合与分类学习目标与教学方案示例

小班

学习与发展目标

1. 关注事物的属性特征，发现每一种事物都有多重属性。

2. 根据物体的某一外部属性特征进行匹配。

3. 按照物体的某一外部属性特征（颜色、大小、形状、种类等）给物体分类。

教学方案

一日生活环节

1. 幼儿排队

按照不同姓氏、性别、发型（一个辫子的、两条辫子的、短头发的）进行分类排队。

2. 收拾餐具

布置环境，引导幼儿吃完饭把盘子、碗、筷子分别放一起。

3. 物品分类摆放

（1）准备水杯格、毛巾格，引导幼儿将水杯、毛巾分类收放。

（2）书法用品，毛笔、墨盒及印章，分组摆放，便于取放。

（3）玩具汽车按照颜色、高矮、品牌等不同维度进行分类。

（5）瓶子、瓶盖按照大小、高矮、玻璃还是塑料等质地分类。

（6）户外活动时根据颜色给呼啦圈分类、滑板车按照大小进行分类摆放。

（7）户外活动时，引导幼儿把衣服放在一起，为了避免取衣服时候乱翻衣服和拥挤，将衣服（颜色、戴帽子的、带拉锁的）分类放，更容易找到自己的衣服。

4. 游戏：一样，不一样

请幼儿坐在椅子上，教师说出幼儿的某一特征，请具备这些特征的幼儿站起来，转一圈再坐下。比如，白衣服的、扎辫子的等。

教师还可以请两名衣服有某种相同处的幼儿站出来。请其他幼儿说说这两名幼儿哪里一样，哪里不一样。

5. 对对碰（手套、袜子）

幼儿将自己的小手套脱下，摆成一排，教师将手套顺序打乱，然后请每人从中挑出一只拿在手中，听音乐走动，音乐停止后，寻找与它匹配的手套，并念儿歌“对对碰，对对碰，一双手套对对碰”。配对不成功的幼儿再重新游戏。

全部配对成功后，请幼儿将五指分开的手套放在一起，只分出大拇指的手套放在一起，看看同类型的手套有哪些。

6. 找朋友

活动目标：找到具有相同外部属性特征的小朋友，手拉手。

游戏材料：音乐《找朋友》。

游戏过程：小朋友拍手听音乐，音乐停止，小朋友快速寻找其他小朋友身上和自己有相同属性的地方，作为好朋友。如：我们身上都有红色，我们都有两个辫子，我们身上都有钢铁侠等。

7. 统计小贴画

平时活动中老师会奖励幼儿小贴画，可以过一段时间引导幼儿数一数：每个小朋友的小贴画中爱沙主题的有多少？汽车总动员主题的有多少？一共有多少小贴画？不同的贴画可以兑换不同的小奖品。

区域游戏渗透

1. 益智区

（1）找朋友系列活动 1、2（具体见本章案例）。

（2）赢糖果系列活动 1（具体见本章案例）。

（3）小动物买蛋糕（具体见本章案例）。

（4）停车场。

目标：尝试按照大小、颜色等特征将小汽车进行分类。

材料：提供不同颜色、大小的汽车，3 个停车场。

玩法：将小车按照颜色、大小等特征分别放在不同的停车场。

提问：这个停车场里停的是什么车？和那个停车场里的车有什么不同呢？

2. 娃娃家

（1）娃娃的新衣。

目标：能够根据衣服的图案为小娃娃穿一套衣服。

材料：用三种不同花色的布料制作出三身套装衣服。

玩法：幼儿根据衣服的图案为小娃娃穿相同图案的衣服。

提问：这两件衣服哪里相同？哪里不同？

（2）娃娃的袜子。

活动目标：根据袜子的某一外部属性特征（颜色、大小、花色）进行匹配。

游戏材料：请小朋友从家中带来大小、颜色、款式不同的袜子。

游戏过程：请小朋友帮助娃娃找一找袜子，在过程中，将找到的相同的袜子夹在一起。

3. 语言区

阅读绘本《找找伙伴》《一起一起来分类》。

目标：在故事中理解集合与分类。

4. 美工区

（1）作品分类摆放：水果类、蔬菜类、动物类。

（2）美工材料分类摆放。

5. 建构区

游戏：动物牧场。

目标：学习使用围拢搭建的方法，能够将动物按大小进行分类，搭建不同高低的房子；按物品的类别收放材料。

材料：积木、不同高度的动物。

玩法：

（1）用积木围拢的方法为小动物划分区域，如马圈、羊圈。

（2）根据动物不同的身高来搭建不同高度的墙面。

提问：哪些动物可以住在一起？为什么？

集体教学活动

1. 谁的纽扣（具体见本章案例）

2. 小动物找枕头（具体见本章案例）

3. 猫捉老鼠（具体见本章案例）

户外活动

1. 小孩、小孩真爱玩（具体见本章案例）

2. 迷迷转（具体见本章案例）

3. 蹲一蹲（具体见本章案例）

4. 站圈圈

游戏目标：幼儿能够根据教师口令进行正确区分，回到相对应的圆圈里。

游戏玩法：操场上放红、绿两个塑料圈，孩子们按照老师发出的口令：男孩回到绿色圆圈家里，女孩回到红圆圈里。根据孩子们穿的衣服颜色、鞋子种类、头发长短等明显特征进行区分性提示。

中班：

学习与发展目标

1. 按功用给生活中常见的物体分类，如给文具和玩具分类。

2. 按不同属性给同一组物体进行分类。

3. 尝试说出分类的理由。

教学方案

一日生活环节

1. 过渡环节

（1）小小邮递员（具体见本章案例）。

（2）找朋友（具体见本章案例）。

2. 说一说

请幼儿说一说“今天穿运动鞋和没穿运动鞋的小朋友相比，哪个更多”，比较的属性可以由教师确定，后期由幼儿确定。

3. 分组盥洗

分批请具有某种特征的幼儿去盥洗，如：请穿粉鞋子或红衣服的小朋友去盥洗。

4. 玩具放哪里

户外活动、区域活动中请幼儿帮忙分类摆放和收纳玩具。

5. 我来说你来做

幼儿可以根据教师发出的指令进行区分并做出相应的反应动作。

游戏玩法：我们一起做游戏，我来说你来做，请长头发黑裤子的小朋友蹲一蹲，请红上衣的女孩子站起来……

6. 比一比

户外活动时男孩女孩排队，请幼儿比一比男孩队和女孩队哪个队的人数多。

7. 我是小侦探

教师心中想好一名幼儿的名字，但是不告诉其他幼儿他是谁，由教师逐步说出该幼儿的特征（如短头发、男生、红色衣服、蓝色袜子），其他人根据其特征进行猜测，最终猜出幼儿的名字。

数学语言：请你根据我的描述，找一找我说的是哪个小朋友。

8. 好朋友拉拉手

由教师发出指令，请具有相同特征的幼儿找到自己的好朋友。

数学语言：请梳一个辫子、双眼皮的小女孩拉拉手。

9. 木偶木偶在哪里

所有的幼儿都坐在椅子上，选择一名幼儿 A 站在前面并用手遮住眼睛，教师把小木偶放在另一位幼儿 B 身后，请幼儿 A 根据其他幼儿的提示（说出幼儿 B 的一个明显特征）来寻找木偶在哪个小朋友的手里。

数学语言：请你根据小朋友的提示找到小木偶吧！

10. 种莲子

活动准备：一颗莲子（或其他物品代替）。

玩法：请一名幼儿手拿莲子，其他幼儿手心背后围成一圈并闭上眼睛，一起说儿歌：“种莲子、种莲子，不知莲子种哪家？东一家，西一家，到了明年就开花。”在儿歌结束前，手拿莲子的小朋友要把莲子放在其中一个小朋友的手心里。儿歌结束后，所有小朋友都睁开眼睛，送莲子的小朋友说：“我把莲子送给了班里的一位女孩（停顿）、短头发（停顿）……”一边说幼儿特征，一边请小朋友们猜是谁。

11. 生活中的垃圾分类

将生活中的垃圾进行分类，投放到四色垃圾桶中。

12. 图书分类摆放

按照不同的方式对身边的图书进行分类。

提问：

（1）你会用什么方法整理图书？

（2）你想怎样分？

（3）还有其他分类整理的方法吗？

13. 超市购物

列出购物清单，将需要购买的物品进行分类。到超市按照物品分类去购买物品。

提问：

（1）你想买什么？

（2）怎样能快速找到你需要的物品？

区域游戏渗透

1. 益智区

（1）找朋友系列活动3、4（具体见本章案例）。

（2）赢糖果系列活动2（具体见本章案例）。

（3）找不同。

材料：找不同玩具。

描述：每张卡片上有四种物品，按照某种属性，找不属于同类的物品。

玩法：幼儿从盒子中取出一张卡片，找到不同类的物品，把标记贴在上面。

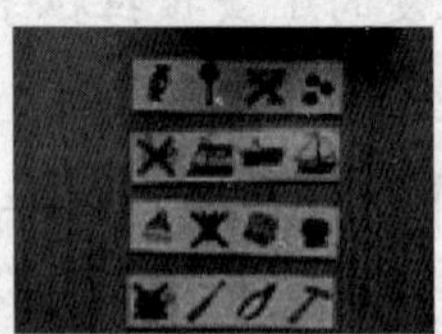

（4）好玩的交通工具。

材料：各种交通工具、图形提示卡。

玩法：按照卡片的提示，按照颜色、使用场地（例如天空飞飞机、陆地跑汽车）等进行分类。

（5）小蘑菇。

玩法1：根据提示卡数量要求，选择相应数量的小蘑菇放在下面的圆形内，再请幼儿说一说哪个颜色的蘑菇数量多。

玩法2：直接出示两个提示卡，请幼儿比较哪个颜色的蘑菇数量多。

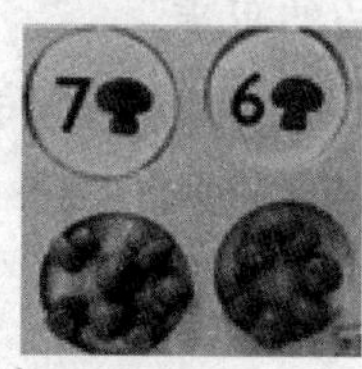

（6）好玩的扑克牌。

游戏目标：从不同角度给同样的物体进行分类，按照物体的两种及两种以上属性特征给物体分类。

游戏材料：扑克牌。

游戏玩法：将黑花色（黑桃、梅花）的放在一边，红花色（红桃、方片）的放在一边；将牌面上是数字的放在一边，不是数字的放在另外一边；将牌面是数字并且花色是红桃的放在左手边。

2. 表演区

（1）材料分类摆放。

（2）节目单分类。

把所有节目按照打击乐、舞蹈、唱歌、舞台剧进行分类，给每类节目贴上不同颜色的标签，这样演出的节目更多还能合理休息。

3. 建构区

收放积木时根据形状和大小将积木进行分类摆放。

4. 图书区

（1）图书分类摆放：教师给图书贴编号，幼儿根据编号将图书分类摆放。

（2）阅读图书，了解集合与分类知识（如《五个伙伴》《鞋子鞋子鞋子》《谁大谁小》《三只熊》《三只小猪》《青蛙和蟾蜍》《动物为什么有皮毛》《粗糙的和光滑的》）。

（3）语言游戏“园里有什么”。

目标：在儿歌游戏中体验简单的水果与蔬菜的分类。

材料：卡片（水果类、蔬菜类）。

玩法：一名小朋友说“水果（蔬菜）园里有什么”，另一名小朋友一边说有什么一边开始找卡片。

5. 小超市

游戏目标：能按功能给超市中常见的商品进行分类。

材料准备：常见的物品及各种物品的包装。

活动过程：让幼儿根据功能对收集来的物品进行分类，布置好超市。每次 4 ~ 5 名幼儿进行游戏，顾客说至少 2 件要买的物品，售货员判断从哪个柜台拿取。

6. 美工区

提供陈列架，将幼儿作品分类摆放、展示，如将好做的发卡分类摆放。

集体教学活动

1. 趣味超市（具体见本章案例）

2. 分饼干（具体见本章案例）

户外活动

1. 秋天

在户外捡落叶并根据颜色、形状等外部特征给落叶进行分类。

2. “大风吹”

初期教师确定分类的属性，后期可请幼儿确定分类的属性。

3. 迷迷转

初期教师确定分类的属性，后期可请幼儿确定分类的属性。

4. 小动物做游戏

目标：能够根据指令进行分类游戏。

材料：儿歌《小动物做游戏》和各种动物卡片。

玩法：教师和幼儿一起念儿歌，跟着老师做游戏，当说到“来了一只大狐狸”时，老师会说出一样颜色的动物在一起最安全或脚的数量相同的动物在一起最安全。

5. 抱队儿

目标：能够根据卡片内容进行分类游戏。

材料：铃鼓、形状卡片、颜色卡片。

玩法：老师敲鼓，幼儿围成圆圈顺时针走路，当鼓声停止后，老师举起不同形状和不同颜色的卡片，幼儿根据卡片内容进行抱队儿。

6. 口香糖

师：口香糖。

幼：黏哪里？

师：……的小朋友（具有某种共同特征）黏一起，其他小朋友黏一起。

7. 鞋子分类接力赛

按照所穿鞋子的不同特征为幼儿分组，进行接力比赛。

大班

学习与发展目标

1. 按照给定的标准（概念水平）给熟悉的物体分类，如给蔬菜和水果分类。

2. 按照物体的两种及两种以上属性特征给物体分类。

3. 按照某一特征的肯定与否定进行分类。

教学方案

一日生活环节

1. 垃圾分类游戏墙

在墙面上布置 4 个分类垃圾桶（可回收物、厨余垃圾、其他垃圾、有害垃圾），提供多种物品卡片，幼儿将物品卡片投入对应垃圾桶。

2. 跳绳分类摆放

将跳绳按照材质、颜色、长短等两种及以上属性特征分类摆放，方便选取。

3. 物品分类

西部送温暖捐赠活动中，请小朋友和老师一起将捐赠物品分成衣服、图书、玩具；再将衣服分成成人衣服、儿童衣服；再进一步分成成人上衣、成人裤子、儿童上衣、儿童裤子。

4. 找朋友

A：我的好朋友呢？

B：我来帮你找呀。

A：他穿着红色的上衣、黑色的裤子、短头发，他在哪里呢？

5. 猜猜说说

教师随机取一些小物品，按肯定否定分成两类后，请幼儿说说分类标准。也可以请幼儿按照肯定和否定来分类，让其他幼儿猜一猜标准。

6. 大风吹（加入“空间”元素）

“大风吹，把短发、穿运动鞋的小朋友吹到左边，把长发、穿皮鞋的小朋友吹到右边。”也可以请 1 名幼儿观察全班幼儿，根据特征将全班幼儿分成 3 组或 3 组以上。如“大风吹，把穿黑裤子的小朋友吹到左边，穿红裤子的小朋友吹到右边，穿蓝裤子的小朋友吹到中间”。

7. 魔法袋

尝试按照物体的材质进行分类。

幼儿从袋子里自由摸一件玩具，猜想玩具的材质，拿出后将玩具放到相同材质的玩具筐中。

8. 整理书包（按照功能、用途等分类）

9. 猜猜我是谁

教师心中想好一名幼儿的名字，幼儿只能问“是”或者“不是”来猜出教师写的那个人。

游戏开始请所有幼儿起立，随着游戏的进行，请不是的幼儿陆续坐下，直到猜出答案。

区域游戏渗透

1. 益智区

（1）找朋友系列活动 4、5（具体见本章案例）。

（2）赢糖果系列活动 3（具体见本章案例）。

（3）脑力大作战—转转乐（具体见本章案例）。

（4）分类标记卡。

活动材料：小朋友卡片、特征类卡片；

玩法：将小朋友卡片分类，并将分类标准用特征卡片进行标记。

（5）动物分分家。

提供常见动物图片，让幼儿根据动物的某一特征分类，并尝试交集分类。

（6）投放垃圾分类棋。

目标：能根据垃圾分类标准进行分类。

材料：棋盘、骰子、垃圾分类图册。

玩法：一名幼儿掷骰子，掷到几走几步，并把路上的垃圾送到相应的垃圾桶里面。换另一名幼儿继续。放错垃圾桶停止一次游戏。直到路上所有垃圾都清理干净。

提示：在不了解是什么垃圾时，可以参考垃圾分类图册，每人 3 次机会可使用图册。

（7）游戏“是不是”（具体见本章案例）。

2. 自然角

根据绿植的生活习性、外形、种植方式对植物角的绿植进行分类，并说出分类的理由。

3. 美工区

（1）美工区材料分类摆放。

（2）二次分类。

纸：不同材质的纸分类摆放。

水彩笔：按照颜色分类摆放。

4. 图书区

（1）图书分类摆放（具体见本章案例）；

（2）阅读图书了解集合与分类相关知识（如《一起一起分类病》《小熊一家和吵吵闹闹的怪物们》）。

5. 小餐厅

（1）将小餐厅的食物进行分类：肉类、蔬菜、主食和饮料等。

（2）餐厅的餐具和碗筷分类摆放。

（3）碗根据大小进行二次分类。

6. 建筑区

（1）建筑区的积木按照实心、空心分类。

（2）将实心积木按照形状、长短进行二次分类。

集体教学活动

1. 点兵点将（具体见本章案例）。

2. 幸运糖果（具体见本章案例）。

户外活动

1. 食物炸弹

目标：知道蔬菜、水果等常见食物，并在听到相应指令时做动作。

玩法：教师说到蔬菜类词语幼儿蹲下来，当听到水果类词语时跳起来，如果不属于这两类幼儿原地说“啊呜”。

2. 找叶子

（1）按照两个维度（如颜色 + 形状）将叶子分类。

（2）体验“交集”。

用呼啦圈摆成两个有交叉重叠部分的圈，一个圈里放颜色相同的（如黄色树叶），另一个圈里放形状相同的（如掌形树叶）。请幼儿想一想，两个圈重叠的部分是谁的家，放什么样的树叶（黄色的掌形树叶）。

（本方案设计者：北京市朝阳区翠成幼儿园、北京市朝阳区福怡苑幼儿园、北京市朝阳区劲松第一幼儿园、北京市朝阳区丽景幼儿园、北京市朝阳区华洋紫竹幼儿园、北京市朝阳区清友实验幼儿园、北京市朝阳区光华路幼儿园、北京市朝阳区泛海幼儿园、北京市朝阳区群星幼儿园、北京市朝阳区朝花孙河东园、北京市朝阳区枣营幼儿园、北京市朝阳区水碓北里幼儿园、北京市朝阳区北辰福第幼儿园、北京市朝阳区望京新城幼儿园、北京市朝阳区新源里第二幼儿园、北京市朝阳区奥园幼儿园、中国人民大学朝阳幼儿园、中国科学院第六幼儿园。）

（本方案整理者：北京市朝阳区群星幼儿园马建芳、北京市朝阳区枣营幼儿园逯宇婷、北京市朝阳区教师发展学院王艳云。）

第三章　数概念

数是数学中最基础的部分，集合需要数来表示，图形的特点需要数来突出，量需要数来凸显。幼儿初步数概念的获得是学习其他数学内容的基础，有关数概念的早期教育也是学前儿童数学教育中的核心内容。

数概念，即关于抽象的、独立于具体事物而存在的数的概念。幼儿的数概念，是幼儿对于数的初步理解与认识。根据心理学的研究，掌握数概念的指标有以下三方面：（1）理解数的实际意义；（2）掌握数的顺序；（3）掌握数的组成。①

儿童数概念的形成与发展要经历一个漫长的过程。在这一过程中，儿童要学习计数，认识数序，形成数的守恒，认识数符号，掌握数的组成。

鉴于"数的组成"与"数运算"关系更为密切，我们将"数的组成"部分放置在"数运算"一章去理解。又鉴于计数、数序、数的守恒、数符号四部分内容之间既充满联系又相对独立，本着符合教学逻辑，易于把握与操作的原则，我们将本章内容分为计数、数的实际意义与守恒、数符号三部分来进行。

第一部分　计数

板块一　学习价值

计数，是幼儿早期数概念学习的基础。计数的学习能让幼儿学会通过准确计数（而非无根据地随意猜测或者通过目测物体的大小或排列方式）得出集合中物体的数量，比较两组物体的多少，建立数守恒概念，从而培养幼儿的数学思维，逐步学会运用数学来解决生活中的问题。

① 张慧和．学前儿童数学教育 [M]．西南师范大学出版社，2001（2）：146-147.

板块二 相关概念

1. 数

表示非空有限集合中的元素的个数，它是表示事物的量的程度的抽象符号。数在本质上是客观的，它反映着客观事物的数量关系。

2. 计数

计数也称数数，是人们确定事物数量的手段。其实质是将具体集合的元素与自然数列里从“1”开始的自然数之间建立一一对应的关系，结果用数词来表示。表现在幼儿身上，通常是手指着每一个事物，一个一个地数，口里念着 1、2、3、4、5 等，口里念的和所指的事物一一对应。

3. 感数

感数即通过视觉迅速而准确地识别小数量集合数目（一般在 3 ~ 6 个项目以内）的能力，也称为目测能力。①

4. 数序

数序是指数排列起来的先后顺序。

板块三 核心概念及核心经验点

1. 数数可以用来确定一个集合中数量的“多少”

对应的核心经验点：手口一致地点数，并说出总数。

2. 数数有 4 个基本原则，. 这 4 个基本原则适用于任何集合

幼儿必须熟练掌握数数的 4 个基本原则：固定顺序原则、一一对应原则、顺序无关原则、基数原则。

（1）固定顺序原则。

定义：每次数数时，数出的每个数先后顺序是一致的，总是从自然数 1 开始，到 2、3、4……这是个固定的顺序。

核心经验点：熟练掌握数词的顺序；数数时每次说出的数词顺序都是 1、2、3、4……

① 刘云艳、高健 .4—5 岁幼儿感数能力的发展 [J]. 学前教育研究，2010（4）：43-47.

（2）一一对应原则。

定义：集合中的每个物体必须对应着一个数，并且只能对应一个数。

核心经验点：手口一致地点数，即点数时手指和物体间的一一对应，嘴里说出的数词和手之间一一对应；每个物体必须且只能点数一次。

（3）顺序无关原则。

定义：只要遵循固定顺序原则和一一对应原则，集合中物体的总数与点数这个集合中物体的顺序无关。

核心经验点：数数时，可以从左往右数，也可以从右往左数，或者从任何一个位置开始，只要确保集合中的每个元素都被点数一次（且只点数一次），就不会影响数数的结果。

（4）基数原则。

定义：数数时，用最后数出的一个数表示整个集合中物体的总数。

核心经验点：说出总数——幼儿能够在点数后正确地回答“一共有多少”。

3. 小集合的数量可以直接被感知到，而无须数数

幼儿天生就能够觉察 1 个和 2 个物体之间的不同。正是由于这种经验支持，他们能够快速地感知和说出 3 个、4 个、5 个物体集合的“多少”。这种数学能力就称为“感数”或目测能力，即不用数数就能立刻感知小数量的物体的“多少”。[①]

感数又分为两种：当物体的数量小于或等于 3 时，就会发生直觉性目测，即使是婴幼儿也不需要数数就能快速地感知 1 个、2 个或 3 个物体的数量。当集合数量稍微大一些，如 4 个、5 个、6 个，那么幼儿就会用到概念性目测。例如：6 在骰子上的分布方式通常是 2 组 3，这时不需要一一点数，但此时的目测并不是一步到位的过程，而是看到 2 个 3，将 2 个 3 组合成 6。这个过程，叫作概念性目测，因为这种感知是源于对 2 个 3 可以组成 6 的理解。[②] 幼儿对数的感知受物体排列方式的影响。例如，同样是 5 个点子，排成长方形的四个角上各摆一个，中间摆一个，就比 5 个点子排成密集的一条线要更容易感知。

板块四　儿童发展轨迹

（一）幼儿计数能力发展的轨迹

幼儿计数能力的发展表现在内容和动作两个方面，各自的发展轨迹如下：

① 美国埃里克森儿童发展研究生院早期数学教育项目．幼儿数学核心概念[M].张银娜、侯宇岚、田方译．南京：南京师范大学出版社，2015（6）：42.

② 美国埃里克森儿童发展研究生院早期数学教育项目．幼儿数学核心概念[M].张银娜、侯宇岚、田方译．南京：南京师范大学出版社，2015（6）：42.

1. 内容方面

从内容来看，幼儿计数能力的发展一般分为四个阶段：

（1）口头唱数。

口头唱数，是指口头按自然数数序来数数的能力。这一能力的形成与成人的引导密切相关。一般情况下，2 ~ 3 岁的幼儿在成人引导下能够逐步学会说出单个数词，并能凭借机械记忆，按照一定顺序背诵这些自然数的名称。这一阶段，幼儿只是口头上的唱数，还不能将数词与物体对应起来，如果让幼儿数物体，他们经常会出现手口不一致的现象。所以，这个阶段的幼儿仅仅掌握了自然数的顺序，而非数理的概念，但这种口头唱数为其计数能力的发展奠定了基础。

（2）按物点数。

按物点数，是指用手逐个点着物体，同时有顺序地逐个说出数词，使数词与物体之间建立一一对应的关系。要正确地点数物体，幼儿必须做到三点：第一，掌握数序；第二，知道物群中的每个物体只能对应一个数词；第三，记住哪些数过了，哪些没数，以保证每个物体都数一遍，而且只数一遍。

初学计数的幼儿往往只掌握了前面两点，大多数幼儿还没有形成有效的记录策略，出现漏数、跳数、重复数、数完不知道记住总数等现象。

（3）说出总数。

说出总数，是指在按物点数后，知道最后说出的一个数词代表着集合中物体的总数。在记数过程中，只有能说出总数才是计数过程的结束，也只有说出总数才能说幼儿出现了最初的数的抽象，标志着幼儿开始理解数的实际含义。

（4）按群计数。

按群计数，就是计数时不再依赖于一一点数的方式，而是以数群为单位，如两个两个数、五个五个数等等。这种计数方法要求儿童能将代表一个物体群的数作为一个整体去考虑，而不需要用实物和逐一计数来确定物体群的数量。[①]

2. 动作方面

幼儿计数动作主要包括身体动作（如手部、头部动作）和语言动作，这两类动作的发展都有自己的规律。

（1）身体动作：用手触摸物体—用手指点物体—点头代替手指—用眼代替手区分物体。

幼儿在计数过程中，最开始需要用手触摸或者移动被数的物体，然后逐步脱离对触摸物体的依赖，可以用手指点着物体进行。之后，有的幼儿会用点头的方式代替手指辅助计数。最后，幼儿可以不借助于手的动作而是依靠视觉，看着物体就能点数。

（2）语言动作：大声说出数词—小声说出数词—默数。

伴随着计数过程中“手”的工作，幼儿在“口”的动作方面也经历了一个变化发展的

① 黄瑾、田方主编．学前儿童数学学习与发展核心经验 [M]. 南京：南京师范大学出版社，2015（7）：106.

过程。开始计数时，幼儿往往会大声说出数词，随着幼儿数数活动的增加以及计数经验的不断积累，幼儿渐渐地会减轻计数时说出数词的声音或以不出声只动嘴来计数，最后发展为心里默数。

幼儿在计数过程中手的动作和语言的动作发展是相互关联、平行发展的。最初是用手触摸或指点物体并大声说出数词，渐渐地开始摆脱手的指点，以目测、默数的计数方式来完成计数过程。①

（二）不同年龄段幼儿计数的发展

对于幼儿来讲，数数是一种复杂的认知活动。它涉及视觉、动觉、记忆和语言等方面的活动以及对这些活动的组织和协调。学前儿童数数技能的发展往往需要经历相当长的时间。

3 岁以下幼儿能够像背诵儿歌一样，凭借记忆按顺序说出数词，即能进行口头唱数。但是他们能够按正确顺序说出的数目不会太大，一般不超过 10。在数稍微大的数时，经常会出现顺序混乱、漏数、重数等现象。在计数某一物群的物品数量时，通常要用手碰触物品，并且要移开已经数过的物品，口中还要出声地说出数词，这些动作有助于幼儿区分数过和未数过的物品，强化肢体动作、语言动作、物群三者之间的一一对应关系，并且理解最后数出的数词代表物群的总数。这一阶段的幼儿经常会出现手口不一致、数词顺序混乱、数完无法说出总数的现象，如当幼儿点数完积木后问“一共有多少块积木”，幼儿会沉默，或者重新再数一遍，或者随便回答一个数。

3 ~ 4 岁期间，幼儿的计数能力快速提高。他们对数词顺序的掌握更加熟练，手口一致性也明显提高，出现了触摸式点数（为 3 ~ 4 岁幼儿的主要计数策略）、非触摸式点数、口头数数和内隐策略（直接报出总数）等计数策略。同时，有些幼儿计数后不知道说出总数，能够准确点数的数目有限，对于数目较大的集群，计数的精确性较低。

4 ~ 5 岁幼儿的计数能力明显提高。他们不仅能手口一致地点数，而且能够说出总数，能够正确计数的物品数量也有所增大。

5 ~ 6 岁幼儿的计数能力进一步提高，能够顺数、倒数、按群计数，这些技能为幼儿进行加减运算奠定了基础。

（三）幼儿计数准确性的影响因素

幼儿计数的准确性受以下因素的影响：

1. 计数对象

（1）计数对象的呈现方式：同时呈现并保持不变的计数对象易于计数，相继呈现但不在眼前保持的对象则较难计数。例如：同样是数 5 颗糖，5 颗糖全部摆在眼前从头数起，比每数完一颗糖就将糖拿走要容易。同样，数 5 颗相继呈现又消失的糖比数 5 下相继呈现

① 黄瑾、田方主编．学前儿童数学学习与发展核心经验 [M]. 南京：南京师范大学出版社，2015（7）：107.

又消失的声音更容易。

（2）计数对象的空间排列形式：将物品排成直线且物品之间有间隔、将物品密集地排成直线、将物品排成圆环、将物品无序地散放在一起，这四种排列方式的计数难度逐一增加，幼儿计数的准确性也依次降低。

（3）计数物品的大小：体积大的要比体积小的容易计数。[①]

2. 计数方式

计数时是否允许幼儿借助手部动作会直接影响计数的准确性。因为手部动作可以帮助幼儿在口中说出的数词和所数物品之间建立联系，区分已经数过的和未数过的物品，所以对手部动作的要求不同，计数的难度也有所不同。允许有幼儿用手移动物品、允许幼儿用手触摸但不能移动物品、允许幼儿用手指但不能触摸物品、不允许幼儿有任何手部动作，这四种计数方式的难度逐渐加大，幼儿计数的准确性也依次降低。[②]

3. 教育及文化背景

幼儿计数能力的发展受环境和教育的直接影响。成人在与幼儿互动中涉及的计数经验丰富与否，直接关系着幼儿的计数能力。儿童在家庭和教育机构中接触的计数活动（如带幼儿买菜时点数钱币、菜的数量，搭积木时点数积木的块数，教幼儿如何数数等）越多，幼儿的计数能力越强。

板块五 核心目标

"计数"部分的总目标是帮助幼儿认识到数数的重要性，并且学会正确数数，掌握数数的技巧，培养数学思维。

小班

小班最核心的目标是帮助幼儿学会正确数数，具体包括：

（1）引导幼儿初步建立通过数数来解决生活中有关数量问题的意识。

（2）帮助幼儿学习手口一致地点数（先从 5 以内数开始）并说出总数，掌握正确的计数方法。

（3）引导和支持幼儿学习按数取物。

中班

中班最核心的目标是帮助幼儿进一步提升计数能力，具体包括：

① 潘月娟编著．幼儿数学教育与活动指导 [M]. 北京：高等教育出版社：2013（5）：114.

② 潘月娟编著．幼儿数学教育与活动指导 [M]. 北京：高等教育出版社：2013（5）：114.

（1）在小班基础上扩大点数的量（如从点数5以内的物体扩大到点数10以内的物体）。

（2）能按给定的数（如10以内）取出相应数量的物品。

（3）能不受物体的大小、形状或排列方式等影响，正确数出10以内物体的数量。

大班

大班最核心的目标是在继续巩固提高幼儿计数、按数取物、数的守恒理解的基础上，增加计数策略的学习，包括倒数、顺数、按群计数，具体包括帮助幼儿学会10以内数的顺数、倒数、按群计数。

板块六　教学策略

推动幼儿计数能力发展的最重要的策略，就是在真实的情境中，让幼儿去点数具体的实物。

一日生活中渗透：支持幼儿计数能力发展的最重要策略就是充分利用一日生活和游戏中适宜计数的机会，引导、支持幼儿进行计数。如：早晨来园，带领幼儿一起数来了多少个小朋友；加餐环节，让幼儿数一数，自己有多少颗开心果；剥开的橘子一共有几瓣；拼飞机用了几块插片；搭动物园用了几块积木；班里的鱼缸里有几条鱼；在花盆里种了几粒种子；石榴树上结了几个石榴。

提供游戏材料，支持计数学习：投放算盘、拨珠类玩具，支持幼儿进行计数游戏；投放飞行棋等玩具，通过掷骰子、数点数、走棋发展点数、按数取物能力。

绘本阅读支持幼儿计数能力的发展：选择含有明显数量关系的绘本，在阅读中引导幼儿关注计数活动，支持幼儿计数能力的发展，如《好饿好饿的毛毛虫》《拔萝卜》《过去的人们是怎么数数的》。

帮助幼儿熟练掌握自然数的数序：通过游戏、日常数数等方式，不断帮助幼儿熟悉自然数的数序，重点关注幼儿对10以上自然数的掌握，通过带领幼儿分析数的模式和结构（也就是阿拉伯数字系统是10进位的，用数字0～9来表征所有的数，其表征方式是有规律的——当遇到数字中的个位数是9，那么它的下一个数字的个位数就是0，同时十位上需要进一位）[①]。

对幼儿进行有针对性的指导：对幼儿进行密切观察，或者结合自然情境进行测查（如在午点环节，让幼儿数一数自己有几颗开心果；让幼儿帮忙拿6把勺子），根据幼儿的现有发展水平引导幼儿计数能力向更高阶段发展，同时筛选出计数能力发展不足的幼儿，进

① 美国埃里克森儿童发展研究生院早期数学教育项目.幼儿数学核心概念[M].张银娜、侯宇岚、田方译.南京：南京师范大学出版社，2015（6）：67.

行个别指导。

鼓励幼儿进行数学交流：幼儿与他人的语言交流能刺激其思考能力的提升，促进他们在表达的过程中进一步的解释、推理和调整思考。因此，在计数教学中，应该尽可能地为幼儿提供交流的机会，鼓励他们谈论自己的想法和思考过程。

第二部分　数的实际意义与守恒

板块一　学习价值

对数的实际意义的理解是儿童数概念发展早期阶段最基础、最重要的一块内容，对幼儿数概念能力的后续发展会产生长远的影响。只有当幼儿对数的实际意义有了切实的理解，数的守恒才能建立，而数的守恒概念的建立，是理解数的组成，进行数量比较、运算的基础。

板块二　相关概念

1. 数的实际意义

数的实际意义，也就是基数的意义，指数的现实性意义，也就是数代表的是集合中物体的数量。掌握数的实际意义的最根本表现是在数词（或数字符号）与集合数量之间建立起对应关系。如，知道“1”是指 1 个物体，“3”是指 3 个物体。

2. 数的守恒

数的守恒指物体的数量不因物体的外部特征和排列方式的改变而变化。表现在幼儿身上，是指幼儿对数的认识能不受物体的大小、形状、排列形式的影响，正确计数。

板块三 核心概念及核心经验点

数量是集合的属性之一，用数字或数词来表示具体的数量。

核心经验点：数的实际意义。

（1）数代表的是一个集合中物体的数量，如：3，可以代表3个苹果、3只狗、3个球。

（2）理解一个集合的数量表征，需要忽略这个集合物体的外在表征，只关注集合的数量。例如：3是一个苹果集合的属性，不需要去在意它是红色还是黄色，大的还是小的，是排成一排还是堆成一堆，而是只关注代表集合数量的“3”。

板块四 儿童发展轨迹

小班：受思维发展水平的制约，小班幼儿还不能真正理解抽象的数词（或数字）符号本身所代表的具体含义，实物的数量与数词（或数字符号）之间的联系并未真正建立起来，达到数守恒的人也很少。面对两个数量相等的集合，他们经常不去点数物体的总数，而是仅依据物体的外在形态就判断“不一样”，追问他怎么知道的不一样，他会说“这些大，这些小”。他们也会因为两个集合中物体的排列方式的不同而将两个集合的数量判断为“不一样”，给出的原因往往是“这一队长，这一队短”。即使是刚刚数过，知道“一样多”的两个集合，排列方式一变，幼儿也会认为数量变了。

中班：随着思维的发展和计数经验的积累，逐渐掌握了“数数可以用来确定一个集合中数量的多少”这一核心经验，达到数量守恒的人数相应增加，但是“守恒”的表现尚不稳定。面对比较两个集合中物体数量的情境，知道先去点数，得出两个集合的数量再进行比较，而不是看物体的“大小”或是排列队形的“长短”，但是在比较两个集合数量的过程中，对“计数”的依赖性很强，刚刚数过两个集合的物体数量“一样多”，在不拿走、不增加物体的情况下，当着幼儿的面改变一下物体的排列方式，再问幼儿“哪个多”，幼儿一般不能直接确定，而是要重新点数一遍，得出“一样多”的答案。

大班：能较好地理解数的实际含义，基本形成数的守恒概念。在比较两个集合中物体的数量时，知道先通过点数得出总数，再去比较。点数时不受物体外形特征和排列方式的影响。如果当着幼儿的面改变了物体的排列方式，问幼儿“哪个多”，幼儿会坚定地说“一样多”。问“为什么”，会坚定地回答“因为没多也没少”“因为你没拿走”。

板块五 核心目标

数的实际意义与数量守恒教学的核心目标就是帮助幼儿理解基数的实际意义，形成数的守恒观念。不同年龄班的核心目标如下：

小班：支持幼儿在正确计数的基础上理解 5 以内数的实际意义，为形成数的守恒奠定基础。

中班：巩固对数的实际意义的理解，形成初步的数的守恒概念，能不受物体的大小、形状或排列方式等的影响，正确判断 10 以内物体的数量。

大班：进一步巩固对数的实际意义的理解和数的守恒概念。

板块六 教学策略

推动幼儿理解数的实际意义，获得数守恒概念，最重要的策略就是在生活与游戏情境中将数词或数字符号与实际物体之间建立联系，并讨论数的守恒话题。

第一，利用各种情境变换物体的外表形态和排列关系，支持幼儿建立数的守恒概念。

改变排列方式，让幼儿体会“数量不因排列方式的改变而改变”，如在午点环节给每个幼儿 8 颗开心果，不同小朋友的开心果摆成不同的样子，如有排成一排的，有摆成一圈的，有堆成一堆的，问幼儿：“你和阳阳的开心果一样多吗？怎么知道的？”当幼儿通过点数得出“一样多”的结论后，重新变换开心果的摆放方式，如把密集排列的开心果之间拉大距离，问幼儿：“现在的开心果和刚才的一样多吗？为什么？”

变换物体的外表形态，帮助幼儿建构数守恒概念，如种花的过程中在每一个盘子里放上数量相等的花的种子，问幼儿：“喇叭花的种子和凤仙花的种子比，哪一个更多？为什么？”支持幼儿在点数后发现，喇叭花和凤仙花的种子一样多，虽然喇叭花的种子比凤仙花的种子看起来多（体积大），但两种种子的数量是一样的，由此帮助幼儿建立“数量”不受大小、颜色等的影响而改变。

第二，创编游戏活动，支持幼儿理解数的实际意义。

“听数而动” 游戏：教师说一个数“5”，幼儿可以做 5 个动作（如拍手），也可以发出 5 个声音（如打 5 个响指、学 5 声猫叫）、画 5 个圆圈，等等，帮助幼儿建立“5 可以表示任何数量是 5 的集合”的概念。

“对对碰”游戏：出示 3 只兔子，幼儿要找到 3 根胡萝卜；出示 3 个点子，幼儿要找到3朵小花；出示数字“3”，让幼儿找出所有数量是“3”的集合，如3根胡萝卜、3朵小花、3只蝴蝶。

温馨提示：

重视范例的呈现，帮助幼儿建立正确的数概念。在数的实际意义里，“1”代表1个物体；“6”代表6个物体，如果成人为幼儿呈现传统手势“6”，那么幼儿看到的是拇指和小拇指两个手指，他会把这两个手指头看作“2”。为了帮助幼儿建立清晰的数概念，成人出示范例时一定要注意规范性、正确性。

控制物体变化的维度，让任务由简到难。如，开始先控制材料的维度，选择大小、形状、颜色一样的材料，只改变材料的排列方式（如其中一排排列密集，另一排排列松散），让幼儿判断两排材料的个数是否一样，当幼儿能够判断正确时，再选择数量相同外形不同的材料（如一排大积木一排小积木）让幼儿判断。

第三部分　数字

板块一　学习价值

数字是代表数词用来记数的一种抽象符号。认识数字是数感发展的重要内容之一，数感的形成有赖于数字知识的积累。对数字符号的掌握是幼儿从具体的数学思维向抽象的数学思维转化的标志，对儿童的思维和认知能力起着积极的促进作用。书面数符号的表征能力不仅是学前末期儿童认知发展的一个重要部分，也是幼儿学习书面加减运算的重要前提。

儿童的生活环境中到处都充满了数字。例如，电话、车牌、钟表、日历、食物包装、电影票、运动衣上都有数字。不同情境下，数字符号代表的意义各不相同。认识这些数字的意义能够帮助幼儿发现生活中数学的有用和有趣，激发幼儿学习数学、应用数学的愿望。

板块二　相关概念

1. 数字

数字是一种抽象的符号，是代表数词用来记数的一种符号。这种符号的产生，在不同国家有着不同的表示。如中国数字：一、二、三、四、五、六、七、八、九、十；罗马数字：I、II、III、IV、V、VI、VII、VIII、IX、X；阿拉伯数字：1、2、3、4、5、6、7、8、9、10 等。目前国际通用的、较常见的是阿拉伯数字表示法。①

2. 基数

基数是用来表示集合中元素个数的数。②

3. 序数

序数是用来表示某元素在集合中所在位置的数。

4. 命名数

命名数是指用来给一个集合中的元素命名的数。③

5. 参照数

参照数是指用来作为共享的衡量标准的数。④

板块三　核心概念及核心经验点

核心概念：数字有多种不同的用途，有些更具数学意义。

数在生活中无处不在，一个数字在不同情境中可能代表着不同的事物：盘子里有 3 个苹果，表示盘子里苹果的数量是 3，是一个比 2 多 1，比 4 少 1 的数量。但数字并不只用来表述数量，如穿 3 号运动服的运动员，并不意味着总是第 3 个出场，也并不意味着比赛成绩第 3 名或者第 3 个来到运动队，这里的“3”并没有实际的数学意义，不能表示数量、身份或者其他的测量结果，它的作用在于给某个事物一个识别符号，或者“名称”。钟表上的“3”则表示一种大家公认的参考，约好了“明天下午 3 点见面”，相约的人会按照约定赴约，但很少有人会对这些数进行数学角度的思考。

对应的核心经验点：认识数字及不同情境下数字的含义和用途。

---

① 黄瑾编著 . 学前儿童数学教育 [M]. 上海：华东师范大学出版社，2007（1）：126.
② 黄瑾编著 . 学前儿童数学教育 [M]. 上海：华东师范大学出版社，2007（1）：132.
③ 黄瑾编著 . 学前儿童数学教育 [M]. 上海：华东师范大学出版社，2007（1）：131.
④ 黄瑾编著 . 学前儿童数学教育 [M]. 上海：华东师范大学出版社，2007（1）：132.

板块四　儿童发展轨迹

由于我们生活的环境中到处都有数字，在儿童能够理解和使用数字之前就已经接触到了数字。

儿童对抽象符号的使用表现出三种水平：①

概念水平——幼儿具有数量的概念。

联系水平——幼儿在物群数量与数字之间建立联系。

符号水平——幼儿理解数字是表示数量的符号。

从不同年龄的幼儿表现来看，呈现如下趋势：

2 岁左右，幼儿开始学着说出数词，但很难将数词和物体的数量建立联系。4 岁左右，幼儿开始理解每个数字代表着一定的数量，而且这一数量总是相同的。他可能够说出符号“3”的名字，并能数出 3 个物品，但还不能抽象出“3”代表任意的 3 个物品，或者说还很难理解 3 的基数含义。②

随着相关经验的积累，5 ~ 6 岁的幼儿逐渐能够理解任何一个数量是 3 的集合都能用数字“3”来表示。

幼儿对于“不同情境下数字的含义不同”的认识则需要成人有意识地引导与支持。

板块五　核心目标

“数字”部分的核心目标是支持幼儿认读、书写 1 ~ 10 的阿拉伯数字，并在具体情境下理解数字的含义。

一般来说，处于前运算阶段的幼儿需要掌握六种数字符号技能：③

第一，尝试识别并说出数字的名称。

第二，学习按顺序排列数字：0、1、2、3、4、5、6、7、8、9、10。

第三，学习在数字与集合之间建立联系，如“1”代表 1 个物品。

①Mary Baratta-Lorton Workjobs Ⅱ：Number Activities for Early Childhood.Dale Seymour Publications，1987：5. 转引自黄瑾、田方主编 . 学前儿童数学学习与发展核心经验 [M]. 南京：南京师范大学出版社，2015：138.

②Rosalind Charlesworth.3—8 岁儿童的数学经验：第 5 版 [M]. 潘月娟译 . 北京：人民教育出版社，2007：218.

③Rosalind Charlesworth.3—8 岁儿童的数学经验：第 5 版 [M]. 潘月娟译 . 北京：人民教育出版社，2007：220.

第四，学习每个数字都是按顺序排列的，后面一个比前面一个多 1，如 2 比 1 多 1、3 比 2 多 1。

第五，学习将每个数字与相应数量的集合匹配，或将集合与相应数字匹配。

第六，学习说出（写出）数字。

板块六　教学策略

推动幼儿认识数字的最佳策略就是引导幼儿关注环境中的数字，并和幼儿讨论其表达的含义。

1. 引导幼儿观察周围环境，发现并认识环境中的数字

例如：寻找钟表、电话、房间、车牌、日历、食物包装、温度表、钱币、尺子、电影票、运动衣上的数字，并带领幼儿讨论“这个数字怎么读，表示什么意思”。

2. 提供带有数字的游戏材料，支持幼儿在操作材料的过程中认识数字

例如：为幼儿提供 1 ~ 10 的数字卡与画有 1 ~ 10 个图案或点子的图卡，让幼儿将图案或点子卡与相应的数字卡进行匹配，玩数字卡排序等，支持幼儿在操作中认识数字。

温馨提示：

1. 从小数字开始促进幼儿理解数概念

能说出数词不代表能理解数词与所代表的数量之间的关系。对于幼儿来说，将数词或数字与物体数量建立对应关系需要依靠对视觉的、实物的感知，同时幼儿对大数量物体的感知能力不强。因此，应该从 3、5 或者 10 以内的数量开始认识数字，建立数字与集合数量之间的关系。如果幼儿能很好地理解小数量的意义，那么日后将会更容易理解大的数量。

2. 将数字与实际事物建立联系

数字是在抽取出实物其他特征点的基础上，对其本质的数理逻辑特征的一种概括和提炼。因此，在幼儿认识数字的过程中，一定要将数字与物体、动作以及图片、点子等有形的事物建立联系，脱离实际意义的纯粹的数字认读没有意义。

板块七　教学案例

集体教学活动案例

活动1　小刺猬运果子

活动名称：小刺猬运果子

班级：小班上

核心经验

1. 数数可以用来确定一个集合中数量的“多少”。
2. 数数的基本原则适用于任何集合。

活动目标

1. 在“帮小刺猬运果子”的情境中体验按数取物游戏的乐趣。
2. 在确定集合总数时，不受集合内物体排列方式的干扰，正确点数并说出总数。
3. 根据所出示集合的总数（7个以内），取走数量相等的山楂。

活动重难点

活动重点：根据所出示集合的总数（7个以内），取走数量相等的山楂。

活动难点：在确定集合总数时，不受集合内物体排列方式的干扰，正确点数并说出总数。

活动准备

经验准备：幼儿具有比较好的集体活动常规，会进行初步的点数游戏，知道点数物体时数词是有顺序的，而且顺序始终固定。

物质准备：幻灯片、山楂、小刺猬图片、操作卡、小筐、鼓。

活动过程

一、导入环节，以小刺猬运果子的情景把幼儿带入游戏情景中

交代游戏情景：向幼儿介绍一只背满果子的小刺猬。

师：小刺猬邀请小朋友一起捡拾山楂，你们愿意和小刺猬一起游戏吗？

师：谁能接受小刺猬的挑战，完成捡山楂的任务？

二、基本部分：确定总数，按数取物

1. 出示 4 颗山楂幻灯片，引导幼儿确定总数，并且每人取走 4 颗山楂。

（1）出示 4 颗山楂排列成一横排的幻灯片，引导幼儿点数确定总数。

（2）出示 4 颗山楂的提示卡，引导幼儿实地数数，确定总数。

小结：每颗山楂只数一次，最后一颗山楂数到几，就代表一共有几颗山楂。

（3）根据幻灯片提示，取 4 颗山楂送给小刺猬。

师：这次需要捡几颗山楂？你是怎么知道的？

小结：捡一颗数一颗，然后再把小筐里的山楂一个挨着一个数一遍。

（4）给小刺猬送山楂。

师：请小朋友把山楂送给小刺猬，送给它时，请你一个一个数给小刺猬听一听。

2. 出示 6 颗山楂幻灯片，引导幼儿确定总数，并取走 6 颗山楂。

（1）出示 6 颗山楂排列成两横排幻灯片，引导幼儿确定总数。

（2）出示山楂提示卡，引导幼儿数一数，确定总数。

小结：正确点数，确定总数时，一个集合内的物体数只能数一次。点数的方法多样，可以数完一横排再数另一横排，也可以一竖行一竖行地数，抑或其他方法。

（3）根据幻灯片提示，取 6 颗山楂送给小刺猬。

3. 出示 5 颗山楂幻灯片，引导幼儿确定总数，并取走 5 颗山楂。

指导方法与步骤同 1。

注意事项：

在数圆形排列的山楂时，需要指导幼儿掌握确定总数的方法。

用手指抵住 1 颗山楂，作为起始点标记，另一只手接着点数；也可以用小标记或者磁力扣为第 1 颗点数的山楂做标记，当数到标记处就不用接着数了，做了标记的山楂只能数一次，不能重复数。

4. 出示山楂闪卡，快速确定掉落的山楂数量（1 颗山楂闪过）。

小结：仔细看着屏幕，才能数清楚掉落了几颗山楂。

5. 播放声音，根据声音确定掉落山楂的数量（2 颗山楂、3 颗山楂）。

师：山楂掉落会有声音，响一声就代表掉了一个山楂。

师：小朋友再仔细听，你听到了几颗山楂掉落的声音？

师：我们一起来验证一下吧。

三、结束部分

每个幼儿分别领取操作卡，依据操作卡上的山楂数量取山楂。

注意事项

1. 卡片需要提供得小一点，防止幼儿用山楂与图片一一对应的方式取山楂，而是让幼儿有数数的过程，根据数数的结果去取山楂。

2. 操作卡的准备要考虑幼儿的个体差异，为不同发展水平的幼儿设计难度不同的操作卡。难易程度从数量大小和排列方式两个维度考虑。

总体原则

1. 开始部分需要把正确点数的四原则夯实，帮助幼儿掌握计数应该遵循的原则和正确的计数方法，确定总数。

2. 确定总数并且按照数量正确取放山楂有一定的难度，在游戏中有的幼儿可能会出现取的过程中忘记自己需要取走多少颗山楂，变成漫无目的地装山楂的现象。遇到这种情况，教师可以引导幼儿理解完成任务需要先记住自己要取几颗山楂，明确数量之后再动手取山楂。

3. 在进行按数取物初期教学时，要取的山楂数量的表征方式可以从具体到抽象逐渐过渡。小班初期以实物和图像表征为主，随后逐渐转换成点数图像表征，最后可以用数字表征。

幼儿按数取物

教师指导幼儿拿一颗数一颗

数学教学语言

1. 我们需要捡几颗山楂？

2. 我们一起来数一数，每颗山楂只数一次，看看是不是 × 颗。
3. 这次需要捡几颗山楂？你是怎么知道的？
4. 这次山楂没有排成一横排，我怎样才能知道有几颗山楂呢？
5. 小朋友再仔细听，你听到了几颗山楂掉落的声音？

（活动设计者为北京市朝阳区丽景幼儿园崔悦）

活动 2　小松鼠捡核桃

活动名称：小松鼠捡核桃

班级：小班上

核心经验

1. 数数的基本原则适用于任何集合。
2. 数数可以用来确定一个集合中数量的“多少”。

活动目标

1. 能手口一致地点数并说出总数。
2. 从所出示的集合（总数在 6 以内）中，按数取物。

活动重难点

活动重点：手口一致地点数并说出总数。

活动难点：按数取物。

活动准备

经验准备：有 5 以内数的点数经验。

物质准备：PPT、核桃、操作卡、小框、大塑料箱（用来装核桃）、松鼠头饰。

活动过程

一、故事导入：小松鼠请客

以松鼠捡核桃的情景把幼儿带入游戏情境中。

故事：天气慢慢变冷了，小松鼠豆豆想要在寒冷的冬天到来之前，捡一些它爱吃的核桃放在家里。豆豆还非常喜欢邀请它的好朋友来家里玩，为了让好朋友都能吃上核桃，豆豆需要捡很多很多的核桃，因此它需要小朋友来帮它一起捡。那我们先来帮豆豆一起数一数，看看它家里来了几位客人吧。

二、为客人取核桃

1. 点数客人。

核心提问：看图片，豆豆家里来了几位松鼠客人？你是怎么知道的？

幼儿进行点数后，确认客人数量。

教师与幼儿共同小结数客人数量的方法。

小结：用手一个一个地点着数能够数得更准确；每位客人都要数到，而且只能数一次；点一下，就数一个数；最后数到的数是几，就有几个客人。

2. 按数取物。

幼儿按数取物，教师重点观察幼儿按数取物的数量是否正确。

核心提问：你有几个客人？每个客人一颗核桃，要取几颗核桃？数一数，你取的核桃数和客人数一样吗？

小结：有几个客人，就取几颗核桃；取的时候，取一颗数一个数，数到的数和客人的数一样时，就不能再取啦；你可以把小筐里的核桃一个一个数一遍，如果核桃和客人一样多，就证明取对啦。

注意事项：

幼儿不确定自己捡的核桃数量是否正确时，可以发挥集体智慧，让其他幼儿帮助其一起点数，并按数取物。

三、我给客人取核桃

指导语：豆豆又邀请小松鼠们来家里做客了，这一次我们来请小朋友们扮演松鼠客人，我们先数一数一共有几位客人，数到几，就取几个核桃送给客人，让每一位客人都有核桃吃。

邀请几名幼儿上前，带上松鼠头饰扮演小松鼠客人，再请一名幼儿数一数一共有几位客人，并取对应数量的核桃送给松鼠客人。

核心提问：这里有几位客人？需要取几颗核桃？数一数，你取的核桃数和客人数量是一样的吗？

幼儿根据参与扮演松鼠的小朋友数量进行点数，并取到对应数量的核桃送给客人，教师根据幼儿的回答进行指导。

小结：（1）每位客人都要数到，有几个客人，就取几颗核桃；（2）取的时候，取一颗数一个数，数到的数和客人的数一样时，就不能再取啦；（3）你可以把小筐里的核桃一个一个数一遍，如果核桃和客人一样多，就证明取对啦。

四、为自己取核桃

指导语：为了感谢小朋友们的帮忙，小松鼠豆豆决定送给小朋友们一些核桃。每个小朋友会领到一张卡片，卡片上有几个核桃，你就用小筐捡几个核桃送给自己。

核心提问：卡片上有几颗核桃？要取几颗核桃？数一数，你取的核桃数和卡片上的核桃数一样吗？

小结：（1）卡片上的核桃每颗只数一次，最后的数就是卡片上的核桃总数。（2）你可以把小筐里的核桃一个一个数一遍，如果筐里的核桃和卡片上的一样多，就证明取对啦。

为避免幼儿会一一对应，操作卡不用做太大，幼儿能看清核桃即可。

注意事项

1. 操作卡的难度要通过控制核桃数以及核桃的排列方式分层，给发展水平不同的幼儿分配难易程度不同的操作卡。

2. 有部分幼儿捡到的核桃数与卡片上的不一致，可以请幼儿上前讲一讲自己捡核桃的方法，并请同伴给予帮助。

3. 为避免幼儿根据卡片上的核桃进行一一对应地捡放，可以请幼儿先进行点数，知道核桃数量后，再捡对应数量的核桃。

数学教学语言

1. 一个挨着一个数。

2. 豆豆家里来了几位客人？

3. 有几位客人就捡几颗核桃。

4. 每位客人都要数到，而且只能数一次；点一下，就数一个数；最后数到的数是几，就有几个客人。

5. 捡一颗数一颗。

（活动设计者为中国人民大学朝阳幼儿园舒静）

活动 3　海底寻宝

活动名称：海底寻宝

班级：中班上

核心经验

1. 数数可以用来确定一个集合中数量的“多少”。
2. 数数的基本原则适用于任何集合。

活动目标

1. 能够不受宝石摆放方式的影响正确点数宝石的数量。
2. 动脑筋想办法，正确点数不规则排列（圆形、散点式）的宝石，学习点数技巧，体会数数游戏的快乐。

活动重难点

活动重点：学习点数技巧。

活动难点：正确点数不规则排列（圆形、散点式）的宝石。

活动准备

经验准备：有点数的经验，能够正确点数 10 以内的物体。

物质准备：自制宝袋若干（上边画有排列方式不同的宝石）、宝箱每组一个、积分卡每人一张、水彩笔每人一支、勋章卡片若干、PPT（展示“海底两万里”的场景）。

活动过程

一、情境导入，理解规则，激发兴趣

教师出示 PPT，创设海底寻宝的情境。

指导语：小尼莫在海底游啊游，它突然发现有一处地方金光闪闪。他向前快速游过去，原来是海底有一大堆宝藏，里面藏着各种宝石，尼莫不由得大声惊叫起来：“哇，好多宝石啊！”这一声惊叫引来了很多小鱼，大家都想得到宝石，发生了严重拥挤。于是，小鱼们想出了一个好办法：轮流从宝箱里拿宝袋，得宝石。

游戏规则：4 个小朋友为一组，从宝箱里抽取宝袋，每人每次只能从宝箱里面拿出一个宝袋，打开宝袋数一数自己的袋子里有多少颗宝石。数清宝石的数量后，用点子记录下

宝石的数量，宝袋里有几颗宝石，就在记分卡上点几个圆点。点的时候，5个点子凑一行，每凑够一行（5个）就可以得到一枚勋章，如数量点数错误，不得勋章。最后比一比，谁的勋章最多。

二、海底寻宝，学习点数方法

（一）第一次寻宝，初探数数方法（一字形排列 12 ~ 15 颗宝石）。

1. 请幼儿自由结合4人一组，到宝箱中抽取宝袋，数清自己得到了多少颗宝石，并在积分卡上用圆点记录，记录正确的换取勋章。

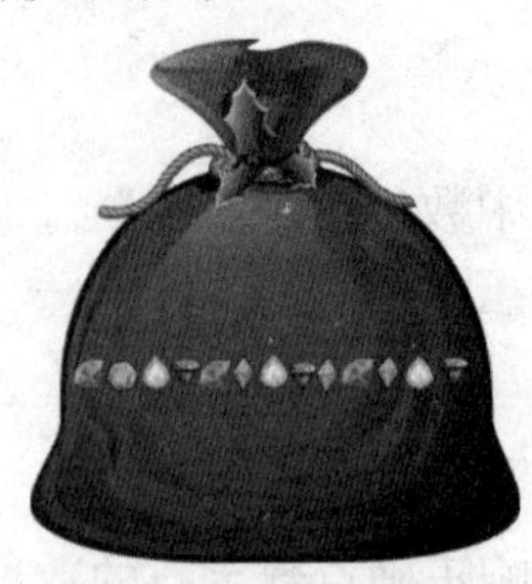

指导语：请小朋友们说一说，你的宝袋里面有多少颗宝石？看看你旁边小朋友的宝袋里有多少颗宝石，和你的一样多吗？

请幼儿说一说自己数宝石的方法，将自己数数的方法展示给全体幼儿。

核心提问：你是用什么方法数出来的？怎样做到不漏数也不重复数？

幼儿展示自己的点数方法，集体探索点数技巧（有意识地请数错的幼儿展示点数过程，借此纠正错误做法，提示注意事项）。

小结提升：这么多的宝石要想数清楚，必须想办法。最好是找到一个固定的顺序，从一头（从左或者从右都可以）开始数，数的时候紧盯着宝石，点一颗数一个数，一个接着一个数，不漏数，也不重复数。

注意事项

1. 在幼儿自己点数的过程中，教师注意观察幼儿是否点数、记录正确，及时为幼儿兑换勋章，关注点数错误的幼儿，清楚幼儿点数错误的原因，并在集体分享环节引导幼儿共同探索错误的原因是什么？有什么技巧能够点数正确。

2. 教师根据幼儿手中的勋章可以判断幼儿刚刚点数的是否正确。

3. 在幼儿分享数数方法时，教师可以请数错的幼儿进行分享，引导全体幼儿进行纠错，通过同伴之间的相互学习提升数数经验。

（二）第二次寻宝，再探数数方法（圆环形排列 12 ~ 15 颗宝石）。

1. 再次玩寻宝游戏，请小朋友们到宝箱中抽取一个宝袋，点数宝石的数量，进行记录，兑换勋章。

指导语：请你认真数一数自己有多少颗宝石，你旁边的小伙伴和你的一样多吗？

2. 请幼儿到集体面前演示自己数宝石的过程，全体幼儿认真观察。

核心提问：你是用什么方法数出来的？怎样做到不漏数也不重复数？

请幼儿分享自己的办法，分别演示几种数数的方法。

小结提升：当宝石比较多，而且排列成圆形（或者三角形、正方形等等）时，要想数得准确，需要先确定第一颗宝石，可以用小手指按住第一颗，或者用笔做个记号，按照顺序一个接着一个地数，无论先从哪个点开始数，都不能多数，也不能少数。

（三）第三次寻宝，三探数数方法（散点式排列 12 ~ 15 颗宝石）。

1. 请幼儿再次到宝箱中抽取一个宝袋，点数宝石数量进行记录，并兑换勋章。

指导语：请你认真数一数自己有多少颗宝石？和你旁边的小伙伴一样多吗？

请幼儿到集体面前分享自己的数数方法，其他幼儿认真观察：分享的幼儿是否做到了所有宝石都不漏数也不重复数。

核心提问：你是用什么方法数出来的？怎样做到不漏数也不重复数？

请幼儿说出自己的方法并再次进行演示。

小结提升：我们数宝石的时候，尤其是宝石比较多，而且排列不规则时，要想数得准确，需要借助一些方法。可以用做记号的方式，也可以把宝石看成几行进行点数，还可以用手指按住数过的宝石，或者看宝石的颜色，形状区分是否数过……无论我们是用哪种方法，都需要保证每颗宝石只数一次，不多数，也不少数。

三、总结数数的方法，梳理经验

1. 请幼儿数一数自己得到了多少枚勋章，和同伴说一说自己是在哪一次没有得到勋章，为什么？

2. 请幼儿介绍自己觉得最好用的方法，并说明理由。

核心提问：刚刚我们用了这么多方法来数宝石，你觉得哪种方法最好用？为什么？

小结提升：原来小朋友们选用的方法都不一样，但是最终都发现了一个规则：不管用哪种方法，每一颗宝石都要数一次，不能漏数，也不能多数，这样才能得到准确的答案。小朋友们的办法都很好，只要我们使用了自己觉得便捷的方法，就能快速、准确地得出答案。

注意事项

1. 教师在三次寻宝的过程中要注意总结和提升幼儿不同的点数经验。

2. 在幼儿分享数数的环节中，教师要注意为幼儿提供展示的空间，无论对错，都请幼儿演示后再进行讨论，引导全体幼儿发现问题，共同思考解决问题的方法，或者请点数正确的幼儿进行第二次分享，达到帮助幼儿掌握点数方法和要点的目的。

3. 在活动的最后总结阶段，可以为在某一环节没有兑换到勋章的幼儿提供再次点数获得勋章的机会，鼓励幼儿认真思考，大胆尝试，激发活动热情，巩固学习经验。

4. 如果班级中有区域联动活动，教师也可以将积分卡更换为区域联动卡片，增加幼儿参与活动的兴趣和积极性。

数学教学语言

1. 请你说一说，你的宝袋里面有多少颗宝石？看看你旁边小朋友的宝袋里有多少宝石，和你的一样多吗？

2. 你是用什么方法数出来的？怎样做到不漏数也不重复数？

3. 当宝石比较多而且排列不规则时，要想数得准确，需要借助一些方法。可以用做记号的方式，也可以把宝石看成几行进行点数，还可以用手指按住数过的宝石，或者看宝石的颜色、形状区分是否数过……无论我们是用哪种方法，都需要保证每颗宝石只数一次，不多数，也不少数。

（活动设计者为北京市朝阳区劲松第一幼儿园徐颖、刘洁红）

活动 3　老狼老狼几点了

游戏名称：老狼老狼几点了

班级：中班上

核心经验

数数可以用来确定一个集合中数量的“多少”。

游戏目标

1. 在看数卡躲避老狼的游戏中加深对 10 以内数量的理解。

2. 熟悉 10 以内的相邻数，利用相邻数知识解决游戏中的问题。

3. 感受老游戏新玩法的有趣。

活动重难点

活动重点：熟悉 10 以内的相邻数。

活动难点：灵活运用相邻数知识解决游戏中的问题。

活动准备

经验准备：能够唱数 1 ~ 10，理解相邻数之间多“1”少“1”的关系。

物质准备：狼头饰、数量卡（分为数字和实物数量两种）。

活动过程

一、回顾游戏“老狼老狼几点了”，激发幼儿参与活动的兴趣

1. 提问引出话题：你们还记得“老狼老狼几点了”游戏怎么玩吗？

2. 师幼共同回忆、熟悉游戏玩法。

二、根据游戏规则进行游戏

（一）游戏一：小羊根据卡片上的数量抱在一起，躲避老狼

1. 玩法：老狼说到“12 点”的同时，出示数量卡（如 5），那么相应数量的小羊（5 只小羊）迅速拥抱在一起，如果在一起的小羊与卡片数量相等，小羊胜利；不相等，则狼胜利，小羊被吃掉。

2. 尝试游戏。

（二）游戏二：增加难度，小羊根据卡片上数的相邻数，抱在一起，躲避老狼

1. 提问，引导幼儿进一步理解相邻数之间的关系：“图片 3 和谁是好朋友？（图片 1、2）为什么？（2 比 3 少 1，4 比 3 多 1，3 的相邻数是 2 和 4）”

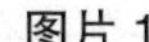

图片 1

图片 2

图片 3

2. 情境激发兴趣：“老狼抓不到小羊，非常着急，要增加难度，小羊们要小心啦！”

玩法：老狼说到“12 点”的同时，出示数量卡（如 5），小羊需要先判断 5 的好朋友

（相邻数）是几，那么几只小羊迅速拥抱在一起，如果拥抱在一起的小羊与卡片数量是好朋友（相邻数），小羊胜利；不是，则狼胜利，小羊被吃掉。

小羊根据老狼出示卡片上的数量，进行游戏。

三、游戏小结

1. 提问：你有什么好办法躲避老狼？

2. 幼儿根据游戏经验表达想法。

注意事项：

教师及时观察幼儿的游戏情况，根据小羊拥抱的数量，适时加以引导。

数学教学语言

1. 卡片上的数量是几？相邻数是几？

2. 几只小羊抱在一起？

（活动设计者为北京市朝阳区丽景幼儿园耿京金）

活动 4　比比大萝卜

活动名称：比比大萝卜

班级：中班下

核心经验

1. 序数用来表示物体在序列中的位置，序数具有方向性。

2. 描述位置和方向的方位语言很重要，它们常常是相对的，如前和后、上和下、左和右、近和远。

3. 识别模式的规律可以帮助我们进行预测和归纳。

活动目标

1. 能够从不同的方向（上、下、左、右）辨别序数，并用“从左或右边数第 × 列，从上或下数第 × 行”的语言准确表达所选的萝卜地的位置。

2. 在游戏中认真思考，观察识别萝卜排列模式的规律，寻找想要的萝卜。

3. 能够认真观察、积极动脑，共同为自己小组寻找目标萝卜，萌发团队意识。

活动重难点

重点：能够从不同的方向辨别萝卜的位置，并用序数表达。

难点：通过观察，发现萝卜的排列规律，并利用规律寻找到目标萝卜。

活动准备

经验准备：

1. 生活中积累了一定的“序数”经验，如站队时从一个方向知道自己站在第几个。

2. 有空间方位辨识经验，能够辨认以自己为中心的上、下、左、右。

3. 有一定的模式认知经验，能够识别 ABABAB 模式。

物质准备：

农民伯伯人偶一个、红、黄、蓝颜色的萝卜图片若干，按照红黄蓝红黄蓝红黄蓝的排列规律贴在纸箱做的“萝卜地”里，让萝卜形成 ABCABCABC 排列规律，萝卜“种”在萝卜地里，表面用纸遮盖，不让幼儿看到萝卜的颜色。大萝卜若干、计分板一张（黑板）。

活动过程

一、开始部分

创设帮助农民伯伯拔萝卜的游戏情景，激发幼儿参与活动的兴趣。

指导语：小朋友们，农民伯伯在拔萝卜呢，请你仔细观察一下，农民伯伯现在是在第几块地里拔萝卜？

幼儿初步回答，教师根据幼儿的回答进行回应，如果幼儿回答不清楚，教师提醒幼儿：“请小朋友们说清楚是从哪边数的第几个。”

幼儿在此情景中感知学习：用“从左或右边数第 × 列，从上或下数第 × 行”的语言准确表达所选的萝卜地的位置。了解到同一块萝卜地，可以从不同的方向用序数表示相应位置，体验序数的方向性。

二、基本部分

开展“拔萝卜”的竞赛游戏，比一比哪组赢得的大萝卜最多。

1. 将幼儿分为红、蓝两队。

2. 介绍规则：小朋友们分成红、蓝两队，轮流派队员“拔萝卜”，每一次允许拔一棵萝卜，贴到自己队的计分板上，凑齐红、黄、蓝 3 个萝卜，就可以换 1 根大萝卜。最后比一比，哪一队赢得的大萝卜多，哪一队就获胜。

3. 萝卜地里的萝卜是有规律的，找到规律就能够找到自己想要的萝卜。

4. 确定好自己想要的萝卜之后，要说清楚，这个萝卜是从哪边数第几个，说正确了才能拔萝卜，如果位置说得不正确，机会转让对手队。如果自己不能确定要拔哪个萝卜，或者不知道怎么介绍萝卜地的位置，可以请队友帮忙。

5. 比赛“拔萝卜”，教师引导幼儿注意观察，寻找规律，根据规律寻找自己想要的“萝卜”，并用准确的语言表达萝卜的位置。

指导语：你想要一个什么颜色的萝卜？你选择哪块地？为什么选择这块地？队友同意他的选择吗？你们有什么建议？

小朋友们找到了自己想要的“萝卜”之后，要和大家说清楚这个萝卜是从哪边数的第几个哟。

三、结束部分

比一比哪队收集的大萝卜多，分享总结“拔萝卜”经验。

1. 比一比哪队收集的大萝卜多？

教师指导语：小朋友们，我们一起来数一数，看看哪一队获得的“大萝卜”多。

2. 分享总结“拔萝卜”经验。

教师指导语：你们是怎么获胜的？有什么妙招吗？怎样做到一下子就能找到自己想要的萝卜？

注意事项

1. 在活动中教师要注意引导幼儿观察萝卜地的规律，并根据萝卜的排列规律和自己队凑够红黄蓝三种颜色萝卜的需要，确定自己需要哪块地里的萝卜。

2. 每一个幼儿选择萝卜地的时候，询问幼儿“为什么要选这块地”，引导所有幼儿思考背后的规律，鼓励幼儿用清楚的语言来表达规律。

3. 引导幼儿用准确的语言表达萝卜地的位置，比如“从 × 边数第 × 个”。

数学教学语言

1. 请小朋友们说清楚是从哪边数的第几个。

2. 从左或右边数第 × 列，从上或下数第 × 行。

3. 萝卜地里的萝卜是有规律的，找到规律就能够找到自己想要的萝卜。

（活动设计者为北京市朝阳区丽景幼儿园耿京金）

活动 5　寻找宝星星

活动名称：寻找宝星星

班级：中班下

核心经验

1. 序数用来表示物体在序列中的位置，序数具有方向性。

2. 描述位置和方向的方位语言很重要，它们常常是相对的，如前和后、上和下、左和右、近和远。

3. 识别模式的规律可以帮助我们进行预测和归纳。

活动目标

1. 能以不同方向为起点，确定地垫在序列中的位置，并用语言进行描述。

2. 认真观察，推理判断“宝星星”的分布规律，并运用观察到的规律选择地垫。

3. 体验运用数学知识解决游戏问题，为自己队赢得更多“宝星星”的乐趣。

活动重难点

重点：理解序数的含义，并能在游戏中运用。

难点：以不同方向为起点，确定地垫在序列中的位置，并用语言进行描述。

活动准备

经验准备：理解箭头方向代表的意义，能够以自身为中心辨别左右。

物质准备：PPT、自制宝钥匙、黑板一块（用来计分，正面画 4×4 的方格，格子内有分组标志，背面画记分牌）、6×6 的格子、不同颜色的地垫、星星卡片（有规律地摆在地垫下面，如红色地垫下 1 颗星星卡片、绿色地垫下 2 颗星星卡片、黄色地垫下 3 颗星星卡片）、位置卡若干、沙包一个（用来表征并明确位置）、写有“+1”的卡片（有规律地摆在地垫下面）。

活动过程

一、情景引入，对号入座，激发幼儿参与活动的兴趣

1. 创设游戏情景：今天我们要寻宝作战，请小朋友们按照座位票上的指示入座。

2. 提问：票上有什么？如何入座？幼儿了解入座的方法，巩固左右方位认知。

3. 每名幼儿一张票，幼儿根据票上的位置入座，教师个别指导，并提示幼儿座位下有检验自己是否找对座位的验证卡。

二、游戏：寻找宝星星

（一）利用宝钥匙，寻找队徽，进行分组。

1. 提问：我们分为四组，进行寻宝大作战，可以如何分组？

鼓励幼儿提出自己的想法，扩展幼儿的思路，并引出今天的分组方式：利用钥匙上的序列号（符号）寻找自己的和小组。

2. 明确钥匙上的符号代表的意义，如：（↑ 3，← 2）代表从下往上数第三行，从右往左数第二列，并引导幼儿寻找相应的位置。

3. 幼儿根据钥匙上的序列号，寻找相应位置下的分组队徽。

4. 幼儿根据寻找到的队徽进行分组。

（二）寻宝大作战

1. 出示 6×6 的格子图，每个格子上有一个地垫，地垫下藏有星星和加分项（有规律地摆放），并提问“可以怎样玩”，鼓励幼儿说出自己的想法。

2. 介绍寻宝规则。

（1）四个队轮流派代表上场，选地垫，赢星星。

（2）各队的队员也轮流上场，本队其他队员可以为场上的队员出主意。

（3）确定选哪块地垫之后，要在地垫上放上沙包（让所有幼儿知道选择的是哪一块地垫），然后说出这块地垫的位置（示范：如从下往上数第2行，从左往右数第3列）。位置描述准确，才能揭开地垫，赢得星星，并把星星的数量记录在记分板中。如果位置描述不准确，则不能揭地垫，赢星星，这一组也丧失一次赢星星的机会。

（4）如果得到写有“+1”的卡，则奖励一次翻地垫赢星星的机会。这次机会随时都可以使用，具体时机由各队自己决定。

（5）游戏结束时，哪一队赢得的星星多，哪一队获胜。

3. 正式游戏，争夺星星大战。

（1）同一方向争夺星星。

① 所有幼儿坐在地垫的同一方向游戏。

② 教师重点指导幼儿按规则游戏，提示幼儿注意观察星星的分布规律。

（2）不同方向争夺星星。

① 幼儿分组，坐在格子图的四周游戏。

② 教师重点提示幼儿根据自己小组的方位描述地垫的方位，并引导其他幼儿认真倾听、思考并判断对方说得是否正确，必要时带领幼儿集体分析、判断。

三、分享环节

1. 幼儿结合记分板上的成绩及筐里的星星，统计各队赢得的星星数。

2. 请获胜队说一说：有什么好的方法让自己队获得了胜利。

注意事项

1. 宝星星的分布要有规律，幼儿在游戏中可以不断探索，发现宝星星分布的秘密。

2. 在活动中引导幼儿从自身所在的方向说出相应位置。

数学教学语言

1. 你认为这块地垫下有几颗宝星星？你是怎么知道的？

2. 请你说出它的位置，用“从上往下数第 × 个”“从左往右数第 × 个”表达。

（活动设计者为北京市朝阳区丽景幼儿园耿京金、北京市朝阳区教师发展学院王艳云）

活动 6　认识年历

活动名称：认识年历

班级：大班

核心经验

数字有多种不同的用途。

活动目标

1. 感知年历上数字的意义和年月日之间的关系。
2. 能运用年历查找自己需要的信息。
3. 了解年历在生活中的运用和作用。

活动重难点

活动重点：感知年历上数字的意义和年月日之间的关系，了解年历在生活中的运用和作用。

活动难点：运用年历查找自己需要的信息。

活动准备

经验准备：在每天的天气预报和新闻播报活动中写过日期。

物质准备：每人一张年历卡片。

活动过程

一、出示年历，引起兴趣

1. 和幼儿一起说说年历的样子。

年历是一张很大的方形的纸，上面有文字（或画），还有很多的数字。

2. 观察年历。

提问：年历上面的这些数字都表示什么意思?

总结：年历上面有文字，写着“牛年大吉”（或年历上面画着牛），牛是 2021 年的生肖；年历上面还有很多数字，有的代表年，有的代表月，有的代表日。

二、认识年历

1. 认识年份。

这是哪一年的年历？你是从哪里看出来的？

2. 认识月份。

一年中的第一个月是几月？最后一个月是几月？一年一共有多少个月？你是怎么知道的？

3. 认识日。

一个月有多少天呢？你是怎么知道的？

三、查找日期

1. 今天是几月几日？你能从年历中找出来吗？
2. 儿童节是几月几日？你能从年历中找出来吗？
3. 你的生日是几月几日？你能从年历中找出来吗？
4. 你还知道哪些有纪念意义的日期，是几月几日？你能从年历中找出来吗？

四、年历的作用

提问：年历在生活中有哪些作用呢？在什么时候会用到它？

鼓励幼儿联系自己的生活经验大胆发言。

如查看今天的日期是几月几日；记下好朋友的生日，提前给她准备礼物，当天去参加生日聚会；如果订了机票怕自己忘了，可以在日历上圈出来是哪天；今年的生日是星期四，可以查看下一年的生日是星期几……

五、延伸活动

1. 小朋友们的毕业典礼是几月几日？请你在年历卡上圈出来。
2. 制作离园倒计时。

请小朋友在年历上找到今天的日期和毕业典礼的日期，数一数从今天到毕业典礼还有多少天，然后通过倒数的方式制作离园倒计时，每过一天圈出一个数字或者在数字上面画钩。

注意事项

在活动中，引导幼儿关注每个月的天数是不同的，并发现其规律性。

在活动过程中还可以引导幼儿关注星期，如一个月有几个星期，每个星期有几天；周一到周五是工作日，数字的颜色是黑色的；周六和周日是休息日，颜色是红色的。

数学教学语言

1. 这是哪一年的年历？
2. 一年中的第一个月是几月？最后一个月是几月？一年一共有多少个月？
3. 一个月有多少天？
4. 今天是几月几日？你能从年历中找出来吗？
5. 儿童节是几月几日？你能从年历中找出来吗？
6. 你的生日是几月几日？你能从年历中找出来吗？
7. 你还知道哪些有纪念意义的日期，是几月几日？
8. 小朋友们的毕业典礼是几月几日？请你在年历卡上圈出来。

（活动设计者为中国人民大学朝阳幼儿园陈丽娟）

活动 7　数数紫竹币

活动名称：数数紫竹币

班级：大班下

核心经验

数数可以用来确定一个集合中数量的“多少”。

活动目标

1. 知道按群数数是数数的一种方法。
2. 能够按照“2 个 2 个”数的方法，正确得出总数在 20 以内的紫竹币数量。
3. 感受按群数数的快捷，愿意用按群计数法数数。

活动重难点

活动重点：能够按照“2 个 2 个”数的方法正确得出总数在 20 以内的紫竹币数量。

活动难点：在数数的过程中能够始终坚持按照“2 个 2 个”数的方法数数。

活动准备

经验准备：知道单数和双数。

物质准备：紫竹币人均20个、小筐每人1个、数字卡片、水彩笔1支。

活动过程

一、开始部分：创设情境，引发兴趣

班级角色区创设了紫竹超市，目前正在招募收银员。引发幼儿对于“什么样的人能胜任收银员”的讨论，最终得出“能够又快又准确地点数紫竹币的人当收银员”的结论。

二、基本部分：通过竞赛游戏，激发幼儿按群数数的兴趣

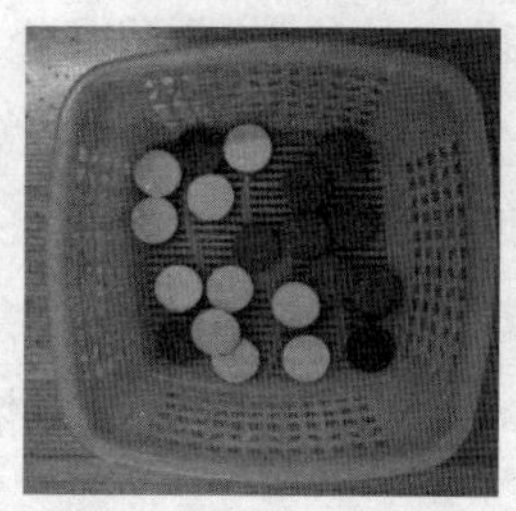

（一）游戏一：数一数

游戏材料：3筐紫竹币，每筐各20个。

游戏玩法：请3位小朋友上前比赛点数紫竹币，看谁能够又快又准地数出紫竹币的数量，教师将结果记录在数字卡片上。观察幼儿数数的方法有什么不同，请使用“2个2个”数数的小朋友分享自己的数数方法。

关键提问：“2个2个”地数，数到的数有什么规律呢？

小结：数数有很多种方法，“2个2个”地数，2、4、6、8、10……数到的数都是双数。数同样数量的紫竹币，“2个2个”地数比一个一个地数用的次数少，数得会更快。

（二）游戏二：比一比

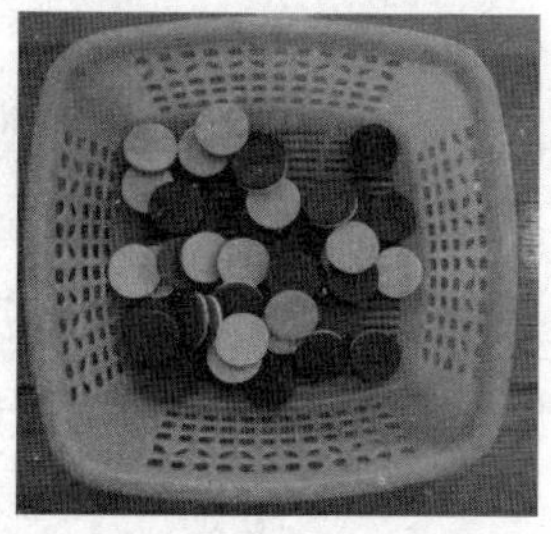

游戏材料：每桌一筐紫竹币（41个）。

游戏玩法：同桌两位小朋友相对站立，用“2个2个”的数数方法，看谁先数够21个紫竹币，举手示意，教师记录。

小结：在数数的过程中，始终用“2个2个”的方法去数数，使用双数的规律能够帮

助我们数得更快。

（三）游戏三：赛一赛

游戏材料：紫竹币人均 20 个，全部平铺在两张桌面上。

游戏规则：教师担任裁判，幼儿使用“2 个 2 个”的数数方法快速点数 20 个紫竹币。若幼儿未使用“2 个 2 个”的数数方法，裁判提示，确保幼儿使用并巩固“2 个 2 个”的数数方法；如果点数的数量是 20，得 1 分，数错不得分。游戏结束，得分高的组获胜。

游戏玩法：全体幼儿平均分成 2 组，接龙数 20 个紫竹币。每组幼儿站成一长排，两队第一名幼儿分别相对站立在桌子两侧。开始游戏后，使用“2 个 2 个”的数数方法点数 20 个紫竹币，数数完毕后将 20 个紫竹币放到小筐里，快速离开，将小筐放置在指定位置。第二名接力使用同样的方法数 20 个紫竹币，每组幼儿依次进行游戏，直到所有幼儿都数数完毕，游戏结束。

游戏小结：“2 个 2 个”地数，同时用手拨出相应数量的紫竹币，能够帮助我们数全所有的紫竹币。

三、结束部分：总结拓展

除了“2 个 2 个”数的方法，还可以尝试“5 个 5 个”地数，“5 个 5 个”地数数有什么规律呢？小朋友可以自己先试一试。

四、延伸活动

在区域游戏或一日生活中支持引导幼儿探索“5 个 5 个”按群计数。

注意事项

1. 大班幼儿在数数技巧上个体差异较大，教师注意观察，请按群计数掌握熟练的幼儿给其他幼儿分享、示范。

2. 按群计数方法的掌握需要大量的练习。活动结束后，注意在一日生活中为幼儿提供丰富的练习机会，激发幼儿按群计数的兴趣，提升按群计数的能力。

数学教学语言

1.“2 个 2 个”地数，数到的数都是双数。

2. 数同样数量的紫竹币，“2 个 2 个”地数比一个一个地数用的次数少，数得会更快。

3. “2 个 2 个” 地数，同时用手拨出相应数量的紫竹币，能够帮助我们数全所有的紫竹币。

（活动设计者为北京市朝阳区华洋紫竹幼儿园刘小飞）

日常生活渗透案例

活动 1　点名环节渗透数概念

活动名称：点名环节渗透数概念

班级：小班、中班

核心经验

数数可以用来确定一个集合中数量的 “多少”。

活动目标

1. 感知数与量的结合。
2. 会点数，包括单个点数、按群计数（2 个 2 个数、5 个 5 个数、整 10 数）。
3. 感知数的守恒。

生活环节或场景

点名环节。

活动准备

经验准备：有感知数与量的经验，认识 10 以内的数字。
物质准备：点名牌环境板块，如下图所示。

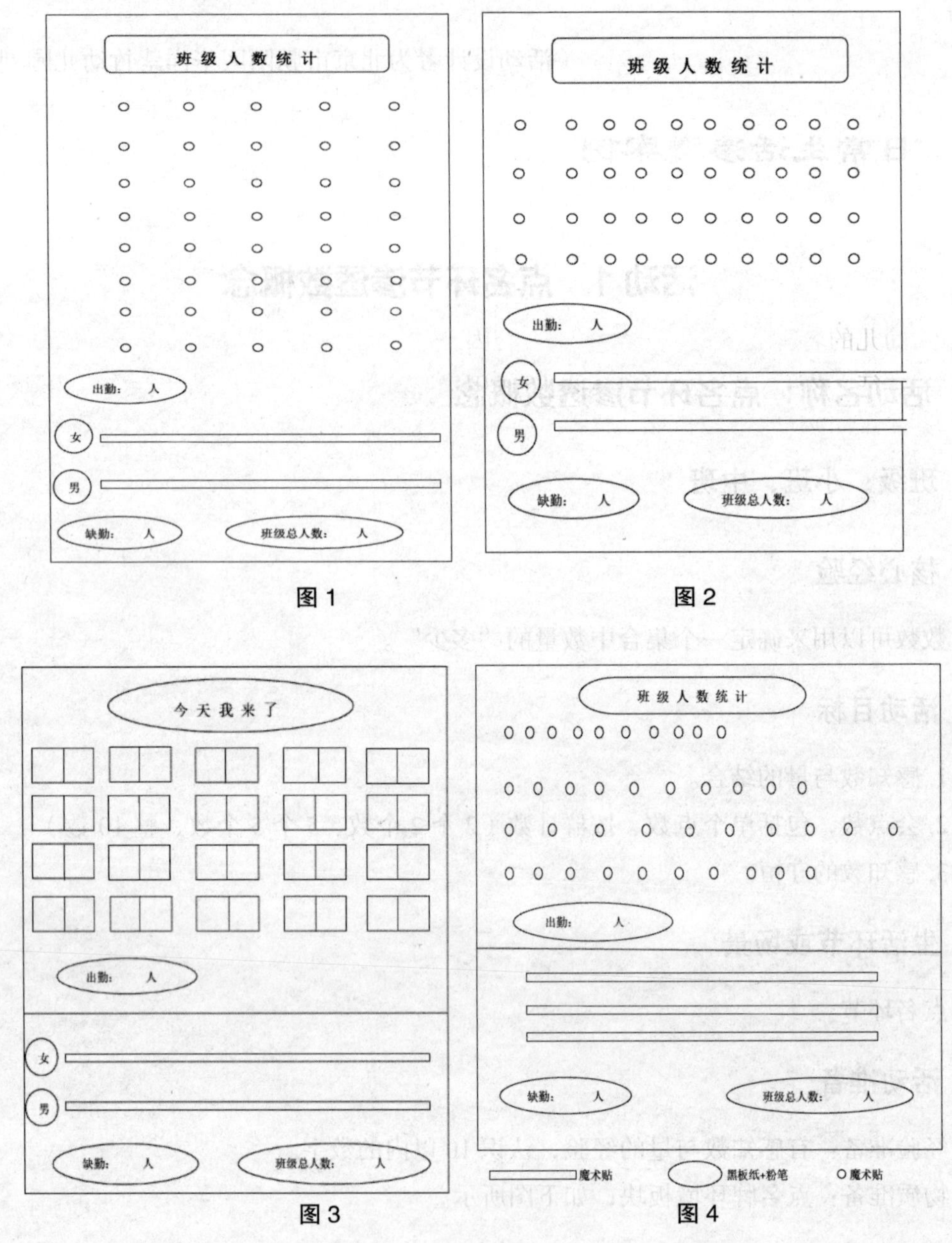

图 1 图 2
图 3 图 4

操作过程

1. 全班幼儿的名牌按男女分类，粘贴在下方“男”“女”的魔术贴长条上。

2. 幼儿来园后，自主把自己的名牌撕下来，按顺序依次粘贴在“班级人数统计”或“今天我来了”，如圆圆第一个来到幼儿园，她的名牌便贴在第一个数字格中。

3. 晨间谈话中，在点名环节，老师与幼儿一个一个点数“今天我来了”上的名牌，以循序渐进的方式逐步增加难度，灵活更换。例如，小班上学期，可采用一个一个地点数、凑 5 法点数、整 5 数（如图 1 所示）；小班下学期可采用凑 10 法点数、整 10 数（如图 2 所示）；中班上学期可采用“2 个 2 个”地数，感知奇偶数（如图 3 所示）；中班下学期可在前期点数经验的基础上渗透数的守恒，如图 4 所示，图示排列为不规则，但每一行都是 10，以此渗透数的守恒概念。

4. 根据点数的结果，在“出勤”处填写当日到园的人数，“缺勤”人数则为未粘贴名牌的幼儿人数。

注意事项

1. 幼儿的名牌设计，可考虑两方面的因素，一是图文表征，二是自主参与，体现三年递进的特征。例如，小班以图为主，一般用幼儿的照片，中班以符号为主，由幼儿自主设计代表自己的符号，大班以文字为主、符号为辅，可用幼儿的名字和自主设计的符号。

2. 点名牌环境板块的设计应用要依据幼儿的经验进行灵活调换，当幼儿已掌握相应的核心经验后，教师要依据幼儿的经验水平循序渐进地及时进行调整。

关键教学语言

1. 我们班今天来了多少小朋友呢？让我们一起数一数吧。

2. 我们班一共有 ×× 位小朋友，今天一共来了 ×× 位小朋友，还有 ×× 位小朋友没有来。

（活动设计者为深圳市罗湖区嘉宝田幼儿园甘春梦）

活动 2　礼貌树

活动名称：礼貌树

班级：小班上

核心经验

1. 数字有多种用途，有些更具数学意义。
2. 数量是集合的属性之一，用数字来表示具体的数量。

活动目标

1. 能够手口一致地点数照片数量并说出总数。
2. 在每天清点人数的过程中熟悉本班小朋友。
3. 通过“问好打卡”活动，培养见面问好的好习惯。

活动准备

幼儿照片、树（布置在墙面上）。

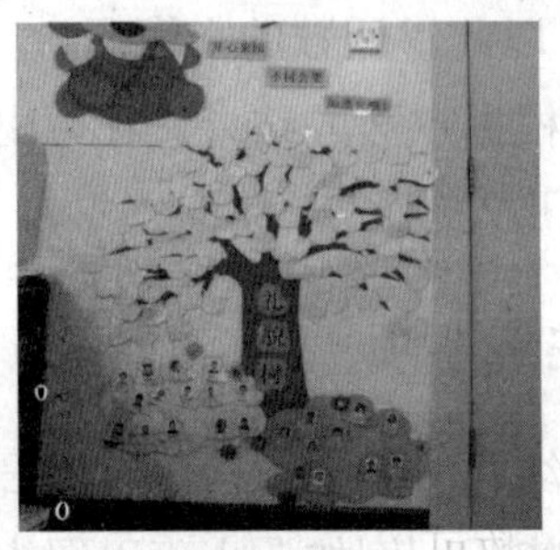

操作过程

1. 每天来园幼儿有礼貌地和老师、小朋友问好之后，可以从下面的“草丛”中找到自己的小照片贴到礼貌树上。

2. 过渡环节时，老师带领幼儿一起来到礼貌树前数一数“今天一共来了几位小朋友”。

3. 因为照片是按照颜色贴的（男孩蓝色、女孩粉色），还可以数一数今天男孩有几位、女孩有几位，最后再看一看有几位小朋友没来，都是谁。

注意事项

1. 孩子们看到礼貌树之后，会下意识地找自己的照片在哪里。“自己的照片要贴到大树上”的动力会引发孩子们早入园并向老师问“早上好”。教师要有意识地利用墙面的引导、激励功能，每天在过渡环节带幼儿点数照片，关注结果。

2. 可以追随本班幼儿计数能力的发展开展延伸活动，逐渐发展幼儿按群计数、接着数等计数能力。

关键教学语言

1. 我们一起来数一数，今天一共来了几位小朋友？

2. 数一数，男孩子有几位？

3. 数一数，女孩子有几位？

（活动设计者为北京市朝阳区清友实验幼儿园焦赛男）

活动 3　捕鱼人

活动名称：捕鱼人

班级：小班下

核心经验

1. 数数可以用来确定一个集合中数量的“多少”。
2. 小集合的数量可以直接被感知到，而无须数数。

活动目标

1. 认真倾听并正确点数鼓声，并根据鼓声判断几条小鱼游到圈里。
2. 理解并遵守游戏规则。
3. 愿意参与集体游戏，感受和伙伴一起游戏的快乐。

生活活动环节或场景

过渡环节或户外活动环节。

活动准备

音乐《许多小鱼游来了》、圈、鼓。

操作过程

1. 情境导入。

今天小朋友们都是小鱼，老师是捕鱼人，专门抓捕小鱼的。小鱼们先在大海里面游一游。

2. 活动：捕鱼人。

活动规则：

（1）当听到音乐《许多小鱼游来了》时，小鱼们自由地在大海里面游来游去。

（2）当听到歌词唱到“快快捉住”时，小鱼妈妈就会敲响大鼓，小鱼们要仔细听鱼妈妈敲了几下，几条小鱼就要游到一个圈里（圈是小鱼们的家），游到圈里即为安全。

（3）小鱼们躲过捕鱼人后，继续游玩。

（4）没有按照人数站在圈里的小鱼将停止游戏，到下一轮再进入。

3. 结束。

总结游戏情况，根据幼儿表现进行表扬、提示。

注意事项

幼儿很喜欢这个游戏，可以持续玩。如果幼儿已经能够掌握 5 以内数的点数和按数取物，可以将圈加大，增加鼓声数量。

关键教学语言

鱼妈妈敲了几下鼓，几条小鱼就要游到一个圈里。

（活动设计者为北京市朝阳区清友实验幼儿园焦赛男）

活动 4　揪尾巴

活动名称：揪尾巴

班级：小班下

核心经验

数数可以用来确定一个集合中数量的“多少”。

活动目标

1. 能够点数说出 10 以内尾巴的数量。

2. 体验“无论尾巴怎么摆放总数不变”的规律。

3. 能够在“教师揪下的尾巴”和“丢了尾巴的小朋友数量”间建立对应关系，锻炼思维的灵活性。

生活环节及场景

户外活动。

物质准备

每名幼儿一条尼龙搭扣制作的尾巴，系在腰间。

操作过程

1. 教师带领幼儿说儿歌：尾巴长、尾巴短、尾巴弯、尾巴扁，我的尾巴最好看。

2. 当说完儿歌最后一句“我的尾巴最好看”后，幼儿四散躲闪跑，教师追逐幼儿并揪下幼儿的尾巴。

3. 丢了尾巴的小朋友停止游戏，回到起点等待本轮游戏结束。

4. 当听到教师说“孩子们，快来认尾巴啦”，全体幼儿围在教师身边。

5. 教师带领幼儿点数教师揪到的尾巴数量。

6. 引导幼儿变换方式数尾巴。

（1）改变尾巴的摆放方式，锻炼幼儿的数数技巧，巩固数数的四个基本原则，提高幼儿解决问题的能力。

①尾巴在地上摆成一排，幼儿数尾巴并说出总数。

②尾巴在地上随意摆成一堆，幼儿数尾巴并说出总数。

③尾巴在地上摆成一圈，幼儿数尾巴并说出总数。

（2）数完尾巴的数量后，提问：你们知道有多少小朋友丢了尾巴吗？你是怎么知道的？

关键教学语言

1. 我们一起数一数，老师揪到了多少条尾巴？

2. 尾巴摆成一排、随意摆、围成一圈，尾巴分别有多少，我们一起数一数。

3. 你们知道多少小朋友丢了尾巴吗？你是怎么知道的？

4. 老师揪到的尾巴数和丢了尾巴的小朋友数一样吗？都是多少呢？

（活动设计者为 北京市朝阳区翠成幼儿园韩红梅）

活动 5　黏豆包

活动名称：黏豆包

班级：小班下

核心经验

1. 数数可以用来确定一个集合中数量的“多少”。
2. 小集合的数量可以直接被感知到，无须数数。

活动目标

1. 能够根据听到的数量准确找到相对应数量的小伙伴。
2. 体会一起听口令变换数量和部位“黏豆包”游戏的快乐。

生活活动环节或场景

户外活动。

活动准备

宽敞的场地，无须特殊准备。

操作过程

1. 小朋友们拉成一个圈。

教师：“豆包豆包？”

幼儿齐：“哎，豆包豆包怎么粘？”

教师：“3 个小朋友的膝盖粘一块。”

粘好的小朋友保持不动。老师检查小朋友粘得是否正确，也可以请身边的小朋友和老师一起帮助检查。

2. 教师根据情况指导小朋友重新组队完成任务。
3. 待幼儿组队成功后，教师发口令：“豆包转圈回到屉。”幼儿回到初始圆。
4. 变换不同数量和身体部位，继续游戏。

关键教学语言

1.3 个小朋友的膝盖粘一块。

2.5 只小手粘一块。

3. 几只小手粘一块？数一数，现在是 5 只吗？还需要几只？

（活动设计者为北京市朝阳区福怡苑幼儿园王淼）

活动 6 我是几?

活动名称：我是几?

班级：中班

核心经验

1. 数数可以用来确定一个集合中数量的“多少”。
2. 数字有多种用途，有些更具数学意义。

活动目标

1. 认真感受，准确点数“捶背”的次数，并用“捶背”的方式将数量“传递”给同伴。
2. 在游戏中体验“数的传递”的乐趣。

生活活动环节或场景

室内活动，幼儿分成若干组，每组排成一队坐。

活动准备

宽敞的场地、椅子、每组一套卡片（卡片根据本班幼儿最近发展区设置，如 1 ~ 9 每个数字一张或者是点子卡片等）。

操作过程

1. 小朋友们 5 人一组，排成几列，每一列中坐在最后的小朋友抽取卡片（卡片内容不能让前面的幼儿看到，只有最后一个小朋友知道）。

2. 最后一名小朋友抽完后要记住卡片内容，并将卡片放到自己的小椅子下面（数字朝下放）。

3. 由最后一名小朋友从后向前开始传递游戏。卡片上“是几”，就给前面的小朋友捶几下背。前面的小朋友认真地计数，然后依次将相同的数量向前传递，最终传到最前面的小朋友。

4. 最前面的小朋友得到信息后，举手并大声地说出是数字几，最后的小朋友说卡片真实数字进行验证。看看哪组小朋友传得最快、最准。

关键教学语言

1. 请小朋友们认真数被捶的次数并记住总数。
2. 你觉得你传得准吗？你是怎么数清楚的？
3. 捶一下数一个数吗？有什么好方法让我们传得更准更快呢？

（活动设计者为北京市朝阳区福怡苑幼儿园王淼）

活动 7　生日墙

活动名称：生日墙

班级：中班

核心经验

数字有多种用途，有些更具有实际意义。

活动目标

1. 理解小朋友的生日中数字所代表的不同含义。
2. 尝试根据小朋友的出生日期比较年龄大小，理解出生日期的前后与年龄大小的关系。

生活环节或场景

班级日常活动以及过渡环节。

活动准备

1. 经验准备：幼儿前期对“日历”有充分的感知和了解。教师在活动区投放日历，引导孩子们经常翻翻、看看。过渡环节可以带领幼儿感知认识简单的年份、月份、日期的位置等。

2. 物质准备：创设“生日墙”环境（如下图）。

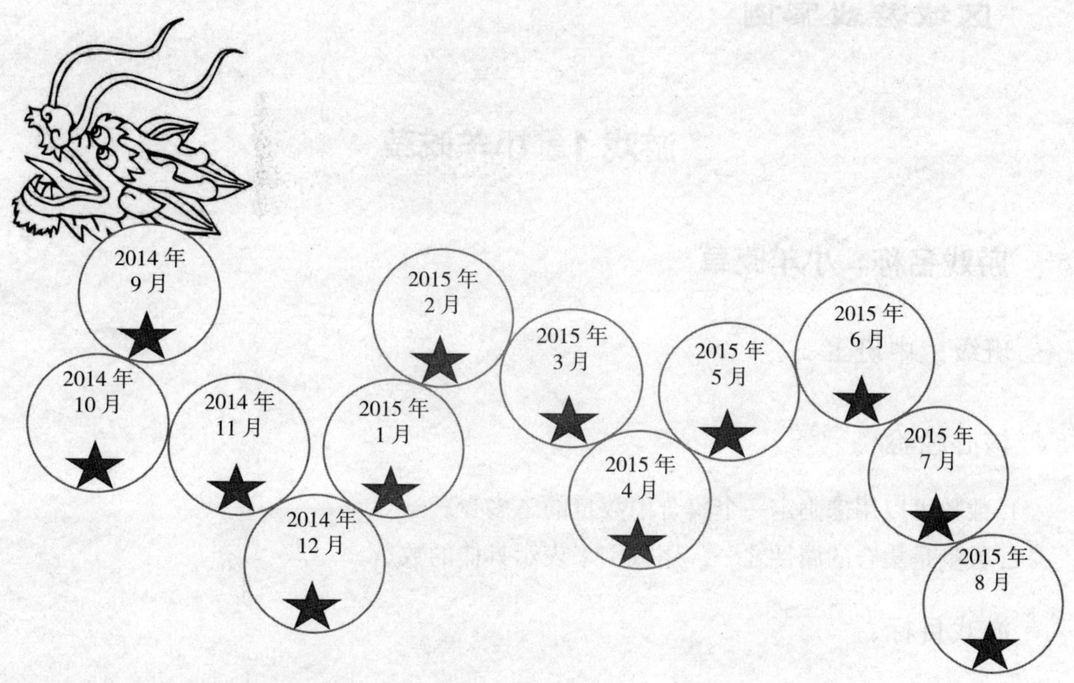

注意：月份可根据班级幼儿的实际情况进行调整、增加或减少；星星处可粘贴幼儿照片。

操作过程

1. 在班级中设置“生日长龙”（依照本班幼儿年份、月份从大到小，将长龙排列好）。

2. 引导幼儿按照自己生日的年、月，把属于自己的标记（或照片）粘贴在相应的位置上。

3. 引导幼儿观察“生日墙”上不同位置的数字，理解数字代表的不同含义（年、月、日）。

4. 引导幼儿与同伴进行年龄比较，感知生日顺序与年龄的大小的关系：当出生年份一样时，生日数字越大，年龄则越小。

例如：在同一年里，5 月和 6 月出生的小朋友，虽然 6 这个数字比 5 要大，但是反而 6 月份出生的小朋友比 5 月份出生的小朋友年龄小。

关键教学语言

（例如“5”这个数字）小朋友出生在 2015 年，5 这个数字在年；月份中的 5 是 5 月份，一年有 12 个月，5 月份，排在第五，5 月前面有 4 月份，后面有 6 月份；有的小朋友是 5 日出生的。一个星期有 7 天，你知道自己出生的那天是星期几吗？

在同一年中，生日月份数字越大的小朋友，反而年龄越小。因为月份的数字越大，在一年中来得越迟，小朋友出生得也就越晚。

（活动设计者为北京市朝阳区泛海幼儿园王国旭）

区域游戏案例

游戏 1　小羊吃草

游戏名称：小羊吃草

班级：中班上

核心经验

1. 数数可以用来确定一个集合中数量的“多少”。
2. 数量是集合的属性之一，用数字来表示具体的数量。

游戏目标

1. 能够正确点数骰子上的点数并根据点数走出相应步数。
2. 能够根据骰子棋盘上的数，绘画出相应数量的草。

游戏准备

1. 经验准备：能够正确点数 10 以上的物体；认识数字 1 ～ 10。
2. 物质准备：自制行走棋盘 1 张、小羊吃草棋盘 2 张，骰子 1 个，棋子 2 个，笔 2 支。

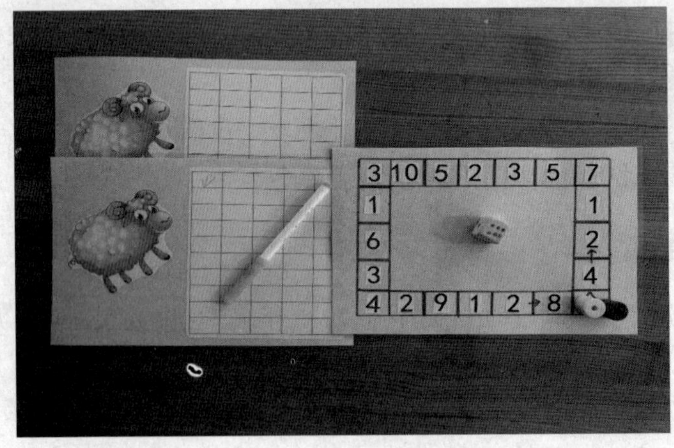

游戏玩法

1.2 名幼儿共同游戏，每个幼儿有一张“小羊吃草棋盘”，各选 1 个棋子，并放在起始格中。

2. 幼儿轮流投骰子，按照骰子上面的点数及棋盘上的箭头方向行棋，走到相应的格子里，根据格子上的数字在“小羊吃草棋盘”上喂（画）相应数量的草给小羊，先喂够 50 棵草（所有的格子填满）的玩家赢得游戏。

注意事项

1. 当幼儿游戏时，提示幼儿棋子前的第一个格子为第一步。

2. 引导幼儿按一格一格按顺序绘画小草，不跳格。

数学教学语言

1. 骰子掷了几点？你应该走几步？

2. 格子里的数字是几？你应该画几棵小草？

3. 还差几棵小草，你就把小羊喂饱了？

（活动设计者为北京市朝阳区丽景幼儿园李莹）

游戏 2　走迷宫，运水果

游戏名称：走迷宫，运水果

班级：中班下

核心经验

数数可以用来确定一个集合中数量的“多少”。

游戏目标

1. 进一步练习 10 以内的点数。

2. 尝试目测 5 以内数，探索最近的路线，将水果送进相应的小车中。

游戏准备

1. 经验准备：幼儿玩过“走迷宫”游戏，能够正确点数 20 以内物体的数量。

2. 物质准备：创设“走迷宫，运水果”的互动环境，大骰子 1 个。

游戏玩法

1.2 ~ 4 名幼儿，每人选择送一种水果，轮流掷骰子，先把水果送到相应小车里的幼儿获胜。

2. 路障和共享单车的位置在每局开始之前可以由幼儿自己决定放置的位置。

3. 最后一步遇到路障要暂停，遇到共享单车可以前进。

注意事项

1. 引导幼儿不断探索快速将水果运到终点的方法。

2. 当幼儿不能准确点数时，可以观察幼儿表现，发现不能准确点数的原因，引导幼儿在点数时用手触摸着实物，帮助幼儿熟悉数序，会唱数。

3. 如果要进一步培养幼儿的数感，可以增加圆点的个数，打乱排列方法，并经常变化，让幼儿在短时间内快速数出圆点数。

数学教学语言

1. 我走了 2 步，你走了 3 步，谁走的步数多？

2. 你走了 6 步，遇到共享单车又多走了 1 步，这个回合中一共走了几步？

关键图片

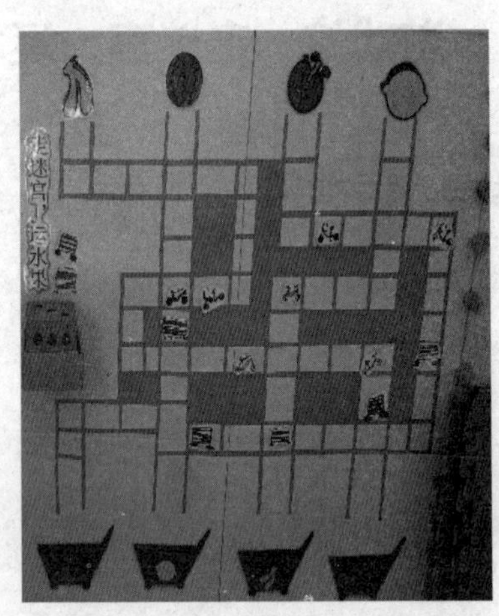

（活动设计者为北京市朝阳区群星幼儿园李韧）

游戏 3 贴门牌，运蔬菜

游戏名称：贴门牌，运蔬菜

班级：中班下

核心经验

数字有多种用途，有些更具有实际意义。

游戏目标

1. 能正确点数 10 以内的物体并按数取物。
2. 理解数字有不同的含义。

游戏准备

经验准备：幼儿能够正确点数 10 以内的物品，能按数取物。
物质准备：创设“贴门牌，运蔬菜”互动墙（见图 1）。

游戏玩法

1. 将蔬菜的门牌贴在仓库中，再根据仓库中的数字装入蔬菜。
2. 仓库上的数字与蔬菜的门牌可以根据幼儿的意愿更换。

注意事项

1. 引导幼儿理解“201”中的“2”代表楼层，“01”代表房间号码。
2. 引导幼儿参与游戏环境创设，如备哪些商品、备多少个。

数学教学语言

1. 胡萝卜应该放在第几层第几间屋子里？你能找到它的位置吗？
2.203 房间里需要放多少个青椒？你是怎样快速数完放好的？

关键图片

图 1 “贴门牌，运蔬菜”互动墙

（活动设计者为北京市朝阳区群星幼儿园李韧）

数概念学习目标与教学方案示例

小班

学习与发展目标

数数：

1. 进行 20 以内的唱数。

2. 手口一致地点数 10 以内的物体并说出总数。

3. 采用目测的方式直接说出 3 以内物体的数量。

4. 根据所出示物体的数量（5 以内）从一堆物体中拿出数量相等的物体。

数的实际意义与守恒：

能将实物的数量和数词建立联系。

数字的用途：

1. 认识 10 以内的数字。

2. 运用图画或符号表示 10 以内的数量。

3. 指出一排物体中（5 以内）任意一个物体是第几个。

教学方案

一日生活环节

1. 来园环节。

➢ 活动 1：点名环节渗透数概念（具体见本章案例）。

➢ 活动 2：礼貌树（具体见本章案例）。

2. 进餐环节。

➢ 数食物：数一数，自己有多少颗开心果，吃了几个蝴蝶卷，剥开的橘子一共有几瓣，吃了几块苹果、梨等。

➢ 数碗：幼儿按照 5 个一组来叠放碗，送碗时和小朋友们讨论数量，每摞不超过 6 个，可保持碗不倒塌。

➢ 餐前准备：引导幼儿帮助教师发具体数量的物体，比如请一个幼儿发 5 块桌布或者拿 3 张纸巾等。

3. 过渡环节。

➢ “大 3”和“小 3”：引导幼儿说出 3 个大的物体，如 3 只大象或者大叫 3 声，然后说一些“小 3”的物体，如 3 只蚂蚁或轻嘘 3 声。

➢ 数字分组：教师出示数字卡片，根据卡片上的数量自由结组。

➢ 五只猴子荡秋千：教师和幼儿一起说儿歌（配合手势），熟悉后，请幼儿带领玩游戏。

➢ 手指变变变：教师和幼儿共同游戏，“一根手指变呀变呀变，变成毛毛虫爬呀爬，两根手指变呀变呀变，变成小兔跳呀跳呀跳……”

➢ 请你像我这样做：教师进行动作示范并数数，如拍两下肩膀，幼儿进行模仿。

➢ 集小花活动：来幼儿园的小朋友每天发一朵小花。幼儿在集小花的过程中发展数感，发现集齐 5 朵就可以休息 2 天。

➢ 锻炼小明星：参加晨间锻炼的幼儿可以在自己的名字后面贴上一颗星星，周五统计谁的星星多谁就是锻炼小明星。

4. 离园环节。

➢ 离园排队环节组织幼儿拍手数数；请一位小朋友想新的动作，让幼儿想好动作和数量，并带领其他幼儿一起做。

5. 生活环境。

➢ 饮水墙。小水滴与小星星：每喝一杯水，就可以插一个小水滴，每三个小水滴，可以换成一颗小星星。

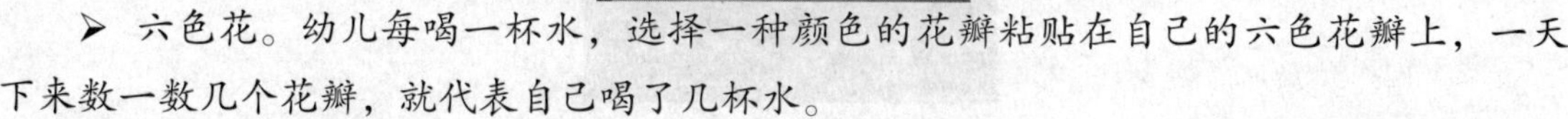

➢ 六色花。幼儿每喝一杯水，选择一种颜色的花瓣粘贴在自己的六色花瓣上，一天下来数一数几个花瓣，就代表自己喝了几杯水。

➢ 好朋友墙。使用每个小朋友的照片制作成卡通头像，制作成一面好朋友墙，幼儿现在的好朋友是谁或想要和谁成为好朋友就把头像贴在一起，并数一数自己有几个好朋友。

区域游戏渗透

1. 美工区。

➢ 毛毛虫（瓢虫）：请幼儿根据数字的提示，制作不同点数的毛毛虫或小瓢虫。

➢ 用黏土手工制作蚂蚁、螃蟹、七星瓢虫、蜗牛等动物时有意识地关注小动物有几条腿、几根触角。

2. 益智区。

➢ 小动物排队：将卡片插在操作盒里，根据卡片上的点数，请幼儿选择相同数量的小动物放在对应的操作格中。

➢ 雪糕配对：雪糕外壳上的数字和雪糕里面的点数相对应即可配对成功。

➢ 美丽的小花：同色小花碗从小到大依次标有数字 1 ~ 5，按照从大到小的数字顺序摞在一起即可成一朵美丽的大花。

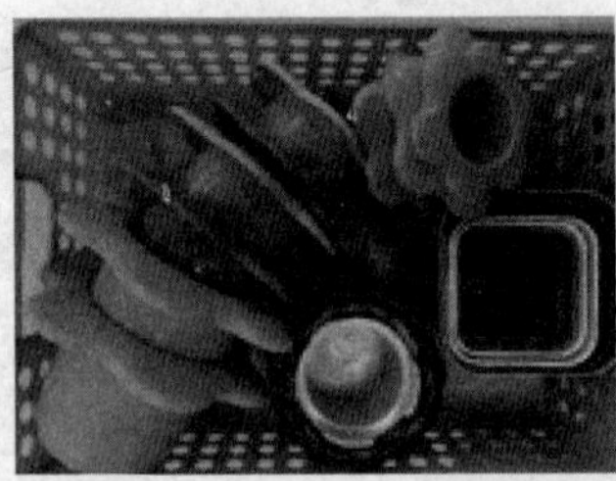

➢ 故事图卡：图卡上面标有圆点（1 ~ 3 个），幼儿根据点数将图卡进行排序，讲故事。

➢ 掷骰子：（1）六面的骰子上面标有不同的点数，两名幼儿一组玩掷骰子游戏。一

名幼儿掷，另一名幼儿说出数，并检验是否正确。（2）增加动作题卡，一名幼儿掷骰子并抽取动作题卡，如骰子点数是3，抽到的动作题卡是拍头，那另一名幼儿就需要拍3下头。

➢ 帮妈妈买东西：每张购物清单上有1～10个不同物品。幼儿观察购物清单，在班级内找到相应的物品，最后数一数买了多少物品。

3. 建筑区。

➢ 幼儿在搭建过程中，和幼儿讨论一次取几块积木合适；搭建完成后请幼儿介绍“今天搭的建筑一共几层，有几个房间”等。

4. 娃娃家。

➢ 引导幼儿感知家里都有谁？一共有几口人？

➢ 家里来客人，需要为客人准备几片面包、几把勺子、几双筷子、几个水果等。

➢ 共同商定娃娃家最多能进4个主人加2个客人，引导幼儿在游戏中通过数数确定人数。

5. 表演区。

在故事表演前做计划：里面一共有几个角色，需要几名演员。

6. 图书区。

➢ 提供数概念专题绘本，支持幼儿通过阅读丰富数概念，如《三只熊》《10个小黑点》《姜饼人》《奇妙的数字》《喜欢5的公主》《10个手指头和10个脚趾头》《奇妙的数字旅行》《首先有一个苹果》等。

集体教学活动

1. 小刺猬运果子（具体见本章案例）。

2. 小松鼠捡核桃（具体见本章案例）。

户外活动

1. 捕鱼人（具体见本章案例）。

2. 揪尾巴（具体见本章案例）。

3. 黏豆包（具体见本章案例）。

4. 点数户外遇到的各种物品的数量，如滑梯有几个，小车有几辆等。

中班

学习与发展目标

数数：

1. 进行 50 以内的唱数。

2. 进行 10 以内的倒着数、接着往下数。

3. 通过点数说出 20 以内物体的数量。

4. 正确点数不规则排列（如排成一圈、散点排列、折叠排列等）的物体数量。

数的实际意义与守恒：

1. 理解 15 以内基数的含义。

2. 比较两个集合数量大小时知道先点数再比较，而不是根据物体的外表和摆放方式猜“多少”。

数字的用途：

1. 运用图画或其他符号表示 15 以内的数量。

2. 指出一排物体（15 以内）中任意一个物体是第几个。

3. 理解日常生活中常见的数字符号所表达的意义，如电话号码、门牌号码、星期几。

教学方案

一日生活环节

1. 来园环节。

➢ 点名环节渗透数概念学习（具体见本章案例）。

2. 生活环境。

➢ 值日生：班级创设值日生墙面，每天的劳动内容安排固定的人数，并在绳子上用点子表示，幼儿可以选择周一至周五任意一天担任值日生，将自己的名签夹子夹到绳子的点子上，满额为止。

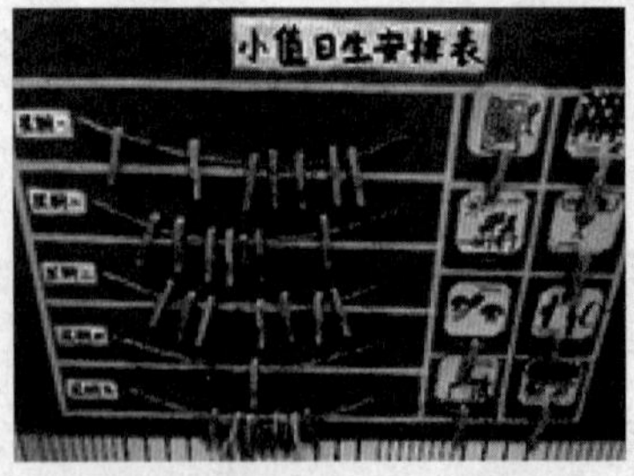

➢ 生日墙（具体见本章案例）。

3. 过渡环节。

➢ 我是几（具体见本章案例）。

➢ 扔扣子：准备一些扣子（5 ~ 15 个）、1 个中等大小硬纸盒、一条线。

将纸盒放在地板上，在地上画一条线，这条线离纸盒有适当的距离。幼儿站到这条线后面，一次扔一颗扣子，最后数数盒子里有多少扣子。

➢ 报数分组：分组的过程中规定几人一组，引导幼儿从 1 开始报数分组。

➢ 数字朋友：1 ~ 10 个数字头饰人手一个，幼儿带上数字头饰并相互观察，知道自己是几号，教师随机挑选出一个数字娃娃，如 5 号数字娃娃，请与 5 相邻的两个数字娃娃（4、6）出来成为他的好朋友，并说出我是 5 号的大（小）朋友。

➢ 数字蹲：幼儿自由选择一个数字代表自己，站成一排，然后依次念儿歌“数字蹲，数字蹲，1 号蹲完 2 号蹲……”被念到相应号码的幼儿需要迅速接上儿歌一边念一边蹲。

➢ 日常谈话：请幼儿说一说自己家人的电话号码，住小区的几单元几楼哪个房间等。

区域游戏渗透

1. 益智区。

➢ 小羊吃草（具体见本章案例）。

➢ 吃饼干（具体见本章案例）。

➢ 走迷宫，运水果（具体见本章案例）。

➢ 贴门牌，运蔬菜（具体见本章案例）。

➢ 益智玩具 PK：如《套圈》《企鹅破冰》需要分两组幼儿共同游戏，某一方幼儿获胜后在闯关本上标记数字，最后看谁获胜次数多。

➢ 电影院玩具：幼儿根据座位号（排号和列号），帮小动物找到座位。

➢ 数字连画：根据物品的造型结构，从数字 1 开始，通过顺序连线的方式，画到最后一个数字，最后画出一个物品的轮廓。

➢ 小蘑菇：（1）根据卡片上蘑菇的个数选取相应数量的小蘑菇。（2）根据卡片上数字与蘑菇的颜色，选择正确数量正确颜色的蘑菇。（3）根据卡片上数字，选取相应数量的蘑菇。

2. 图书区。

➢ 统计图书：幼儿每周推选出自己最喜欢的一本图书，并且推荐精彩页，标注页码。

共情类

图书序号	图书名称	日期	姓名	日期	姓名	[illegible]
1						
2						
3						

➢ 自己创编图书并在图书上标注页码。

3. 角色区。

➢ 小超市：在小超市中，幼儿了解数字代表钱、重量等不同的含义。

➢ 蛋糕屋：制作的蛋糕可以用蛋糕币购买带回家，每块蛋糕价格不同。将蛋糕币和好习惯相连接，如不迟到、主动喝水、帮助别人等都可以获得蛋糕币。

4. 表演区。

➢ 节目单：幼儿自主设置节目顺序，根据序号排好节目单，了解序数。

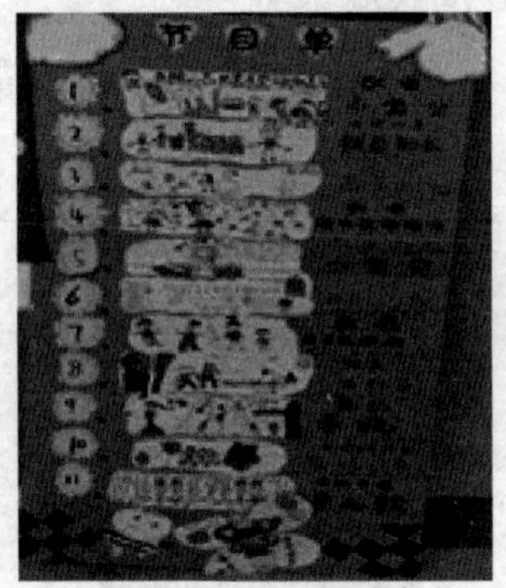

集体教学活动

1. 海底寻宝（具体见本章案例）。
2. 老狼老狼几点了（具体见本章案例）。
3. 比比大萝卜（具体见本章案例）。
4. 寻找宝星星（具体见本章案例）。

户外活动

1. “跳房子”活动中引导幼儿认识序数，如“跳到从右边数第二列，从下往上数第 3 行的格子里”。

2. 户外排队中渗透“序数”，带幼儿熟悉“从前往后数第 × 个，从后往前数第 × 个”。

3. 在户外观察建筑，用数序定位自己班的位置：从下往上第 2 层，从左往右数第 5 间。

大班

学习与发展目标

数数：

1. 进行 100 以内的唱数（1 个 1 个地往下数和 10 个 10 个地唱数到 100）。

2. 不受物体摆放形式的影响，通过点数说出 20 以内物体的数量。

3. 按群计数，如 2 个 2 个数或 5 个 5 个数的方式正确计数 20 以内的物体。

数的实际意义与守恒：

形成数的守恒概念。在比较两个集合中物体的数量时，知道先通过点数得出总数，再去比较。点数时不受物体外形特征和排列方式的影响。

数字的用途：

1. 用书面数字符号正确表示 10 以内的数量。

2. 认识 20 以内的单数、双数和相邻数。

3. 理解日常生活中数字符号所表达的不同意义，如年月日、钟表的时间、温度计、钱币等。

教学方案

一日生活环节

1. 来园环节。

➢ 点数人数。

➢ 每天使用签到表记录、统计出勤人数，月末记录本月出勤天数、缺勤天数，进行统计。

➢ 幼儿按男女排成两队，每队指定一名幼儿数人数，练习 2 个 2 个数、5 个 5 个数。

2. 过渡环节。

➢ 饮水墙：幼儿饮水后做好一次记录，每天离园前统计饮水次数。

3. 生活环境。

➢ 天气预报：提供统计表，幼儿每天记录当日最高气温及最低气温，月末观察、统计。

➢ 日期播报：幼儿在当天的日历上做标记，播报日期，说一说昨天的日期以及和明天的关系。

区域游戏渗透

1. 图书区。

➢ 投放数概念专题绘本，支持幼儿通过阅读学习数概念知识，如《10 个伙伴在床上》《5 只小猴子》《10 分钟就睡觉》等。

2. 益智区。

拼摆钟表：

➢ 幼儿按照钟表数字排列顺序进行拼摆。

➢ 认识钟表：幼儿自由结组，一个人抽时间题卡，一个人负责拨动时钟到对应时间。

➢ 虾兵蟹将：

游戏材料包括棋板、虾棋、蟹棋、不同长短的小棒若干。

两名幼儿轮流使用小棍分别“捉”（围合）棋盘格上的螃蟹和小虾，引导幼儿选择不同长度的小棒，通过数数、比较等选择一个最合适的位置，能够使自己赢得更多螃蟹或小虾。使用记分牌记录各自的输赢情况，最后根据记分牌总数来判定输赢。

3. 表演区。

➢ 根据音乐自主选择节目、表演人数及乐器数量。

➢ 观看表演的客人根据门票上的单双数标记寻找座位。

4. 数学区。

➢ 抓糖果：活动准备包括糖果、数字卡片、底板、记号笔、记录表。

玩法 1：幼儿从盒子里单手抓取糖果放在粘性底板上，数出总数后，贴上相应的数字卡片。可以两名幼儿进行比赛，看谁数得清楚数得快。

玩法 2：两名幼儿约定抓单数或双数糖果，然后抓糖果，把抓取的糖果按照两颗一组的方式摆放，确定自己抓到的糖果数量是单数还是双数，并把结果写在记录表上。也可以先猜一猜抓取的糖果数量是单数还是双数，然后再通过两个一组摆放的方式进行核验，比一比谁猜得准。

5. 小超市。

➢ 多彩礼品店记账单（具体见本章案例）。

集体教学活动

1. 认识年历（具体见本章案例）。

2. 数数紫竹币（具体见本章案例）。

户外活动

1. 用按群计数的方法点数皮球、树叶、蜗牛等大数量物体的数量。

2. 运动会上给幼儿编号码，并贴在幼儿身上，体验数字的不用用途。

（本方案设计者：北京市朝阳区光华路幼儿园彭雪洁、张思默、索思；北京市朝阳区望京新城幼儿园陈璐、孟惊涛、陶爽、高潼；北京市朝阳区奥园幼儿园王茜、吴俐晓；北京市朝阳区华洋紫竹幼儿园刘小飞、商丽雅、张丽莹、张越。）

（本方案整理者：华洋紫竹幼儿园刘小飞、张越；北京市朝阳区教师发展学院王艳云。）

第四章　数运算

板块一　学习价值

数运算是解决生活问题的主要工具，生活中经常会遇到集合中的物体数量发生变化（如增加了、减少了）的情况，需要解决“现在是多少、多多少、少多少”等问题。这些问题需要借助运算来解决。

对“数运算”原理的理解是未来进行“运算”学习的基础。因此，引导幼儿感知和理解数运算，是幼儿数学教育的重要内容。

板块二　相关概念

1. 运算

在数学上，运算是一种行为，指通过已知量的可能的组合，获得新的量。①

对于幼儿来说，有关数的运算主要是指 10 以内的加减运算。其关键是帮助幼儿理解加法和减法运算的意义，并在此基础上理解相关语言和符号所代表的含义。

2. 数的组成

数的组成指数的结构，包括组合和分解两个过程。②

3. 数的组合

往一个集合里添加物体而使集合变大的过程，从运算角度讲，数的组合是初级加法。

4. 数的分解

从一个集合里拿走物体而使集合变小的过程，从运算角度讲，数的分解是初级减法。

---

① 百度网站，https：//baike.baidu.com/item/%E8%BF%90%E7%AE%97/5866856？ fr=aladdin.

② 黄瑾编著 . 学前儿童数学教育 [M]. 上海：华东师范大学出版社，2007（1）：127.

板块三 核心概念及核心经验点

1. 往一个集合里添加物体能使集合变大，而拿走一些物体则使集合变小

对应的核心经验点：感知数量变化。

2. 集合之间可以根据数量的属性来进行比较，还可以根据多、少或相等来进行排序

对应的核心经验点：数的比较。

3. 一定数量的物体（整体）可以被分成几个相等或不等的部分，这几个部分又可以合成一个整体

对应的核心经验点：数的组合与分解。

板块四 儿童发展轨迹

1. 幼儿对加减运算的理解是在日常生活中通过实际操作进行的

2. 幼儿加减运算能力的发展，表现在两方面：抽象程度和运算方法

幼儿加减运算能力的发展是一个从具体到抽象、从外显到内隐、从逐一加减到按群加减的过程。

（1）幼儿运算抽象程度的发展历程：从动作水平到表象水平，再到概念水平。

①动作水平的加减。

在这个阶段，幼儿需要在具体的问题情境中，借助一些实际的物品，通过动手操作来完成运算任务。比如：幼儿正在吃花生，问他："你有 2 颗花生，老师再给你 3 颗，你现在有几颗花生啊？"

这时，幼儿会先拿 2 颗花生，再拿 3 颗，和前面的 2 颗放在一起，用手指点着从头数一遍 1、2、3、4、5，最后告诉老师"5 颗"。

相应地，如果给了幼儿 5 颗花生，可以问幼儿："你现在有 5 颗花生，吃掉 2 颗，还剩几颗呢？"这时，幼儿会把花生吃掉 2 颗，或者从 5 颗里拿掉 2 颗，然后把剩下的花生从头点数一遍，1、2、3，"3 颗"。

处于动作水平加减的幼儿，其运算过程离不开外显的动作。如果我们要求"不要碰花生，看着花生得出答案"，那么将幼儿难以完成任务。

②表象水平的加减。

这个阶段的幼儿，运算时可以不用借助手做合并、分开的动作，但仍然需要具体的形象做支撑。这些形象可以是眼前的实物、图片或者手指，也可以是头脑中想象出来的形象，比如，有的幼儿会伸出手指，通过数手指完成任务，有的会在头脑中想象出具体运算情境中提到的事物，比如问他“2+3 等于几”，他会在头脑中想象出 2 个物体，再想象出 3 个物体，然后通过在心里默默数数的方式，得出“5”的结果。

在运算过程中，幼儿没有外显地用手合并、分开物品从头点数的动作，但这些动作在大脑中依然存在。也就是说，合并、分开、点数的动作从外显变得隐蔽。

如果问幼儿：“你是怎么算的？”有的幼儿会告诉大人，“我用的是心里算数”“我在心里默默算的”“我在心里默默数的”。追问：“你在心里怎么默默算的呀？”幼儿会说：“我先拿出 2 个手指头，再拿出 3 个手指头，然后数一数，是 5 个手指头。”

处在动作水平和表象水平加减的幼儿，往往需要凭借对具体情境的理解来完成加减运算。这种情境，更像是一个故事，有数量，也有真实的关系，幼儿只要理解了数量之间的关系，通过真实的动作或者想象的动作就能完成。

③概念水平的加减。

处于这一阶段的幼儿，不需要借助具体的形象，直接运用抽象的数概念就能进行加减运算。问他“2+3 等于几”，他可以脱口而出“5”。

概念水平的加减是最高水平上的加减运算。虽然 2+3=5 这个算式中涉及的数量很小，但能够算出结果，需要具备的知识经验却相当复杂：

第一，幼儿要知道 2 代表 2 个物品，无论是 2 颗花生还是 2 块糖，还是 2 个小朋友，都用“2”这个数来表示。同样，3 代表 3 个物品。

第二，知道“加”的意思是把 2 个物品和 3 个物品合在一起，形成一个新的集合；“等于”的意思是问新的集合里一共有几个物品。如果是看算式回答，还要知道“+”和“=”两个抽象符号的含义。

（2）在生活中已经经历过大量的把 2 个物品和 3 个物品合在一起，经过点数得到答案 5 的情境，以至于“2+3=5”已经熟练到能够从头脑中直接提取答案的状态，也就是我们平时所说的“记住了，不用想”的状态。

从动作水平的加减到表象水平的加减，再到概念水平的加减，是每个幼儿运算能力发展必经的三个阶段，是不可逾越的。

（3）幼儿运算方法的发展：从逐一加减到按数群加减。

①逐一加减：用逐一计数的方式进行加减运算。这种运算方法有两种方式：点数全部、接着数。

点数全部：如进行加法运算时，先将两组物体合并在一起，再从“1”开始，逐一计数，得出总数；进行加法运算时，先将要减去的物体拿走，再从“1”开始，逐一计数剩下的物体，得出结果。

接着数：经过一段时间的“点数全部”方法之后，幼儿在进行加法运算时会记住一组物体的数目，以第一个加数的值为起点，再接着计数第二组物体，直到数完为止。例如，问幼儿：“你有 3 块糖，再给你 2 块，你一共有几块糖？”幼儿会以 3 为起点往上数：“4、5，5 块。”而在进行减法运算时，他们可能会采取倒着数的方法得到结果。例如，问幼儿：“你有 5 块糖，吃掉 2 块，还剩几块呢？”幼儿会从 5 倒着数：“4、3，还剩 3 块糖。”

②按数群加减：依靠抽象概念进行加减运算。表现：不需要计数，运算结果短时间内脱口而出。①

3. 幼儿运算能力随年龄的增长逐步提高，但不同幼儿之间存在差异

（1）幼儿运算能力随年龄增长逐步提高。

整体来看，幼儿加减运算能力的发展遵循以下规律：

4 岁以前：难以进行加减运算，但能解答一些与生活实际有密切联系的应用题，例如：幼儿正在吃橘子，让他数一数，现在有几瓣橘子，他点数后告诉大人“4 瓣”，问他吃掉 1 瓣还剩几瓣，他会真的吃掉 1 瓣（或者用手盖住 1 瓣，表示吃掉了），然后点数一下剩下的，告诉大人“3 瓣”。这个时候，幼儿不知道自己是在做“加减法”，但他理解“合并与分开”“多了与少了”的原理，并能通过动作、点数等方式解决问题。

4 岁以后：借助动作将实物合并或拿开进行加减运算，但不能脱离具体实物，而且运算的方法是逐一计数。随着运算经验的增加，特别是成人在幼儿解决生活问题的过程中不断渗透“加、减、等于”等概念和经验（如，当幼儿在 4 瓣橘子吃掉 1 瓣剩 3 瓣后，大人提示“哦，原来 4 减去 1 等于 3”）后，幼儿理解了“加”“减”“等于”等词的含义，于是当别人问“4 减 1 等于几”这样的问题时，幼儿知道借助实物进行运算。

5 岁以后：能够利用表象进行加减运算，在运算方法上出现了逐一加减。

5 岁半以后：随着数概念的发展，特别是学了数的分解组合之后，逐渐达到按数群运算的程度。

（2）不同幼儿之间存在差异。

受先天因素、后天环境等因素影响，不同幼儿在数运算的发展上存在差异。

4. 幼儿表现出的运算水平和运算方法受任务难易程度的影响

（1）算小数比算大数更容易采用较高水平的运算方式。

例如：问幼儿“2+2 等于几”，他会脱口而出“4”，再问“3+5 等于几”，他可能需要等一会儿，说出“8”的结果。问他：“怎么算的？”回答：“我数的，我心里默默地数手指头了。”还有的幼儿会出声数“1、2、3、4、5、6、7、8”或者“6、7、8”。也有的幼儿不出声，但是会借助点头、出示手指等方法完成运算。

（2）学习加法比减法容易。

幼儿对加法的理解和运算能力都强于减法，原因在于加法和减法的复杂程度不同：加

---

① 张慧和主编. 学前儿童数学教育 [M]. 重庆：西南师范大学出版社，2001（2）：187.

法的形式比较单一，主要是合并。减法运算相对复杂，有如下几种形式：

（1）分开或拿走，有一个总量，从中除去一部分后，还剩多少。如：筐里有 5 个球，小朋友拿走了 2 个，筐里还剩几个球？

（2）比较，即有两个集合，比较两个集合中物体数量的差异。如：红色球有 5 个，黄色球有 3 个，红球比黄球多几个？或黄球比红球少几个？

（3）整体与部分的关系，即知道一个总数和部分数，求另一部分的数量。如：筐里有 8 个球，其中有 5 个是红色的，其余的是黄色，黄色球有几个？

研究表明，对于幼儿来讲，“拿走”类型的减法情境最容易掌握。对“比较”“整体与部分关系”类型的减法不容易掌握。所以，在引导幼儿接触减法的过程中，应该先从“分开”或“拿走”的情境开始，慢慢再过渡到“比较”和“整体与部分的关系”类型。

板块五　核心目标

“数运算”部分的总目标是促进幼儿对数与数之间关系的理解，具体包括：

（1）通过日常生活、游戏、集体教学等活动，引导幼儿感受集合中因为添加或拿走物体而发生的数量变化。

（2）引导幼儿在日常生活中比较不同集合中物体数量的多、少、一样多。

（3）帮助幼儿建立整体与部分的关系：一定数量的物体（整体）可以分成几个相等或不等的部分，这几个部分又可以合成一个整体。

（4）结合具体情境帮助幼儿逐渐熟悉“加、减、等于”等术语及“+”“-”“=”等符号的含义，丰富加减运算经验。

（5）引导幼儿通过数运算解决生活中的问题，感悟数学与生活的联系，培养幼儿运用数学解决问题的意识和能力。

不同年龄段的幼儿，核心目标也有所区别。

小班

（1）引导幼儿在日常生活和游戏中感受集合中因添加或拿走物体而使物体的数量发生了变化。

（2）支持幼儿用自己的方法比较两组物体的多、少、一样多。

中班

（1）结合具体情境引导幼儿理解“加、减、等于”等概念的含义。

（2）引导幼儿在一日生活和游戏中感受整体与部分的关系：一定数量的物体（整体）

可以分成几个相等或不等的部分，这几个部分又可以合成一个整体。

大班

（1）引导幼儿在一日生活中理解整体与部分的关系。

（2）引导幼儿运用加减运算解决生活和游戏中的问题。

（3）引导幼儿认识“+、-、=”等符号，并能计算简单的加减法计算题。

板块六 教学策略

1. 利用或创设情境，支持幼儿进行运算学习

幼儿对加减运算的理解离不开具体的情境，它是一个逐渐积累、熟能生巧的过程。如果没有积累足够的具体经验，成人又急于让他们机械地记住答案，就剥夺了他们通过自己的方式探索寻找正确答案的权利，同时也阻挡了他们从低水平的运算向高水平运算前进的通道，最终的结果是延缓了幼儿运算能力的发展。

让运算始终处于问题情境中，是支持幼儿运算学习的最佳方法。我们可以抓住日常生活中蕴含运算关系的情境，发展幼儿的数运算能力。

例如：每天早晨点名环节，引导幼儿统计每个小组的应到人数、已到人数、未到人数，最后再用自己的方式得出全班未到人数、已到人数；吃橘子时先数一数，一共有几瓣橘子，每吃掉一瓣橘子数一数，“吃掉一瓣还剩几瓣”；加餐环节中，干果以小组为单位发放，小组成员再想办法公平分配；支持幼儿用自己的方法计算幼儿园里一共有多少棵树，可以把前院、后院的树分别数出数量再相加，也可以按照树的种类进行统计，最后把各种树加在一起；在美工区每天计算“原来有多少串手链，今天新做了多少串，原来的加上今天做的一共有多少串”。

又如：户外活动中，带幼儿做“冻冰棍”的游戏。每只落在地上的脚，算“一根冰棍”，教师说“冰棍冰棍冻”，幼儿问“冻几根”，教师回答“冻 × 根”。幼儿根据教师的指令自由组合，完成任务。比如，教师说“冻 5 根”，小朋友可以 5 个人组合在一起，每人出一只脚落地，另一只脚抬起来；也可以 3 个人组合在一起，其中 2 个人 2 只脚落地，1 个人 1 只脚落地；也可以 4 个人组合在一起，其中 3 个人 1 只脚落地，1 个人 2 只脚落地。在多次游戏中，体验数的不同分合方法，同时锻炼幼儿思维的灵活性、变通性。

2. 提供游戏材料，支持幼儿在游戏中通过实物操作理解、掌握数的分合关系

例如：提供骰子、不同颜色的糖果及与糖果颜色一致的盘子，玩“凑 4 赢糖”的游戏，骰子掷到几就拿几块糖，分别放在相同或不同颜色的盘子里，哪个盘子里的糖果满 4，就

能赢得这 4 颗糖果，用这个游戏来引导幼儿思考一个数如何分解、如何组合，以便赢取更多的糖果。

又如，为孩子们提供飞行棋，2 ~ 4 个幼儿一起玩，每人选择一种颜色的棋子，轮流掷骰子，掷几点就走几步，最先到达终点者胜出。在反复掷骰子、数点数、走棋子的过程中，幼儿学习点数、按数取物。当幼儿对点数、按数取物足够熟练之后，可以改变游戏规则。比如，可以用两个骰子，每次要走的步数，由两个骰子点数相加来定。这样，就把初级加法渗透到了游戏中。还可以两人同时掷骰子，点数大的走，点数小的不走，走的步数用大点数减去小点数来定，这样就把初级减法渗透到了游戏中。为了游戏，孩子们会想办法计算该走的步数，学习的主动性大大提高。除了飞行棋之外，还可以用桃核、石子、小棒等便于点数的小材料配合骰子游戏，玩法和飞行棋一样，根据骰子的点数赢物品，最后比较谁赢的多，同样能激发幼儿掷骰子、点数、计算的兴趣。

3. 利用故事引导幼儿理解加减运算

一些绘本故事当中蕴含着大量的运算情境，可以利用来丰富幼儿的运算经验。例如：传统故事《拔萝卜》，故事中人物的数量逐一变化；绘本《好饿好饿的毛毛虫》中，毛毛虫吃东西的数量一天比一天变大。阅读过程中，成人可以有意识地进行引导，让幼儿在欣赏故事的过程中感受集合数量的变化。

此外，有一些绘本是专门为儿童学习数学而编制的，可以选择其中关于“数运算”的内容，带孩子们阅读，在阅读中丰富数运算经验。

4. 创编数学游戏，用游戏包裹数学的方式发展幼儿的运算能力

例如，为了让幼儿体验 5 以内数的多种分合方法，为幼儿设计“种花生”的数学活动。活动以竞赛游戏的形式开展：幼儿分成两队，轮流掷骰子，根据骰子上的点子数（骰子的点数包括 2、3、5 共 3 种）取花生、种花生。有 12 块地（用一块板子分成 12 个格子表示），每块地里种满 4 颗花生就用圈把花生围起来，表示完成播种。最后比一比，哪一队种的花生地多，即为胜利。幼儿每次取的花生，可以全部种在一块地里，也可以将花生分别种在 2 块、3 块或者更多的地里，但每块地里的花生不能超过 4 颗。

游戏中，幼儿要考虑把自己手里数量有限的花生合理分配在不同的“地里”，以获得最多的“满 4 赢地”，同时还要考虑将“满 4”后剩下的花生合理分配，以便少给“对手”创造“满 4 赢地”的机会。每一次掷骰子前，教师都会带着幼儿进行预测：“从目前‘地里’花生的分布情况看，骰子掷到几，能够赢得更多的地？为什么？”当骰子掷完后，又带着幼儿一起讨论：“拿几颗花生？怎样种才能得到更多的地？怎么分配才能不给对手留更多的机会？”12 块地“种”下来，加上前期的“热身赛”和后面的总结部分，幼儿 30 多次讨论 5 以内数的分解与组合，并且亲自动手操作。在一次次掷骰子、取花生、分配花生，以及讨论、示范、分享的过程中，孩子们的游戏能力明显提升，“种地”的过程越来越谨慎，没有了开始游戏时随意抓起花生就“种”的现象，而是先考虑“有哪些种法”“各种

种法可能带来什么结果”。对5以内数的分解组合方法越来越熟悉，思维越来越活跃，游戏状态也越来越积极。

“种花生”是一个典型的游戏化的集体教学活动。巧妙的设计把游戏和数学学习有机整合在一起，实现了“游戏包裹数学”的效果。幼儿为了“更加智慧地种花生”、多“赢地”而始终处于积极的思维状态，获得了5以内数的多种分合经验。同时因为要小组合作，共同思考“怎样种才能给对手少留机会”而使活动更具挑战，因而也更能锻炼幼儿的思维，达到了高密度思维活动激发幼儿主动思考的效果，实现了数学“为思维而教”的理想。

5. 支持幼儿用自己的方式解决运算问题

幼儿在做加减运算时，会用到很多方法。比如，用手直接摆弄物品，掰手指头，看着物品远远地用手指点，用点头的动作辅助点数，在心里默默地数数，直接口算，等等。具体到某一名幼儿选择什么样的方法，是由他自己的运算水平决定的。当他能够通过口算直接得到答案时，自然不会浪费时间靠动作或者具体形象解决问题。相反，当成人急于让幼儿机械地记住类似于“3+3=6”这样的算术时，就剥夺了他们理解正确答案和为什么这是正确答案的权利。只有当幼儿积累了丰富的生活经验后，才能开始接受符号表征，如果有足够多解决问题和提升解决能力的机会，幼儿对符号的使用就会如期而至，并伴随着更好的理解。让数运算（包括集合的变化、比较、部分和整体的关系）始终处于问题情境中，是为幼儿日后学习算术做准备的最佳方法。①

在数运算教学上，要坚持“积极等待”的原则：积极为幼儿提供学习机会，丰富幼儿的数运算经验，同时要尊重幼儿的学习规律和发展阶段，允许幼儿用自己的方式解决问题，支持和引导幼儿从原有水平向更高水平发展，支持他们按照自身的速度和方式达到更高的阶梯。

① 美国埃里克森儿童发展研究生院早期数学教育项目.幼儿数学核心概念[M].张银娜，侯宇岚，田方译.南京：南京师范大学出版社，2015（6）：73-74.

板块七　教学案例

集体教学活动案例

活动 1　行棋乐

活动名称：行棋乐

班级：中班上

核心经验

一定数量的物体（整体）可以分成几个相等或不等的部分，这几个部分又可以合成一个整体。

活动目标

1. 能够正确确定骰子的点数，并按照点数走相应的步数。

2. 在游戏中，通过不同的行棋方法，体验 5 以内数的不同分合方法。

3. 积极动脑筋，想办法解决游戏中的问题，体验游戏的乐趣与成功感。

活动重难点

活动重点：在游戏中，通过不同的行棋方法，体验 5 以内数的不同分合方法。

活动难点：在固定步数的情况下，能够动脑筋、想办法，利用步数分解的方法，尝试朝不同方向行走到某个位置。

活动准备

经验准备：

1. 幼儿能够通过点数确定集合中物体的数量，能够目测小集合数量，也能够通过接着数等方法计数。

2. 比较熟练地掌握 10 以内数的按数取物。

3. 区域活动中，投放过类似于“掷骰子走步”的游戏棋，幼儿熟悉游戏规则并按照骰子点数走步。

物质准备：3 × 3 的格子、4 × 5 的格子、骰子 2 个（其中一个骰子上的点子数在 4 以内，另一个点子数在 2 以内；第一个骰子在第二轮游戏时将 4 换成 2）、帽子棋子、贴画（作为奖励物）、插片、数字卡片、四色脚印。

活动过程

一、活动导入，理解规则（介绍格子和游戏方法）

1. 出示小贴画、插片和格子。

引导语：今天老师给小朋友带来了很多的小贴画礼物。我们要用格子里面的插片换贴画，小朋友要想办法得到贴画，要先走格子得插片。

2. 出示骰子（4 以内点子）。

引导语：小朋友分成两队，掷骰子、走步，赢插片，最后用插片换小贴画。

两队小朋友轮流掷骰子、走步。骰子掷到几，就走几步。每一次走步，都要从帽子所在的格子开始走（帽子的位置就是起点），如果最后一步走到的位置里面有插片，就可以得到它，送回你们队的盘子里面，最后用插片换贴画。

提示：走步的方法有很多，可以横着走、竖着走、往前走、往后走、往左走、往右走，但是不能斜着走。

二、赢贴画游戏第一轮

1. 引导幼儿根据骰子的点数走步。

引导语：你扔到的是几？你想得到哪个插片？你怎么走可以得到插片？你还可以用什么方法走到这里呢？

2. 引导幼儿记录走步的方法。

引导语：他是怎么走的？可以怎样表示？

幼儿每走一个格子，教师将一个小脚印放入刚刚幼儿行走的格子中，帮助幼儿直观地记录和梳理走步方法。换一个方向时，用不同颜色的脚印记录，帮助幼儿区分。

3. 教师协助幼儿将走步的方法用数字记录在黑板上。

教师边操作边引导，如：骰子上的点子数是 4，你是往前走了 1 步，我们可以用数字 1 来表示；又往左走了 3 步，我们用数字 3 来表示；1 步和 3 步合起来是 4 步。

三、赢贴画游戏第二轮

1. 总结经验。

引导语：刚才我们都用什么方法赢得了小插片？小朋友有什么好的经验分享给大家吗？如果再走一轮的话，你认为可以怎样走得更好？

2. 发起第二轮游戏。

（1）介绍新的游戏材料（出示新的格子以及两个骰子）和游戏规则：本轮游戏用两个骰子，两个骰子的点数加一起是要走的步数。

（2）开展第二次游戏。

引导语：两个骰子的点数加一起是几？你想走到哪里？怎么走可以得到插片？还可以怎么走呢？

引导幼儿记录走步的方法，引导语：他是怎么走的？可以怎样表示？

幼儿每走一个格子，教师将一个小脚印放入刚刚幼儿行走的格子中，帮助幼儿直观地记录和梳理走步方法。换一个方向时，用不同颜色脚印记录，帮助幼儿区分。

3. 教师协助幼儿将走步的方法用数字记录在黑板上。

如：两个骰子上的数合起来是 5，先往前走了 2 步，可以用数字 2 来表示；又往左走了 1 步，可以用数字 1 来表示；又往后走了 2 步，可以用数字 2 来表示；2 步、1 步和 2 步合起来是 5 步。

四、确认游戏结果，总结游戏经验

1. 引导幼儿用自己的方法清点、比较插片数量。两个队各得了多少插片？谁多，多几个？

2. 总结游戏经验。走步的方法很多，要根据自己的需要不断变换走法；为了保证能拿到插片，走之前在脑子里先走一走、算一算，发现不对的话赶紧重新计划。

3. 兑换贴画。有多少个插片就拿多少个小贴画。

注意事项

材料准备方面：教师要对插片的位置有所设计，可以稍微多一些插片，让幼儿更多地体验到成功感，避免努力几次最后得不到插片的情况出现。

教师引导方面：

1. 幼儿容易因对游戏感兴趣而兴奋，教师要适当控制整个游戏节奏和气氛，让幼儿在相对冷静的状态下有意识地观察、思考。

2. 为了避免出现仅上场走步的幼儿思考，其他幼儿被动“旁观”的状态，一名幼儿走步时，教师可以通过提问引导全体幼儿思考：他能够得到雪花片吗？能得到哪一个啊？他可以怎么走呢？

3. 为了让幼儿积极思考，教师要注重引导幼儿关注到不同的行走方法及如何记录，而不是只在乎输赢。

数学教学语言

1. 我看到你的 3 步是往前走了 1 步，又横着往右走了 2 步。

2. 你的骰子一个是 1 点，一个是 4 点，组合起来就是 5 步。

3. 两个骰子上的数合起来是 5，先往前走了 2 步，可以用数字 2 来表示；又往左走了 1 步，可以用数字 1 来表示；又往后走了 2 步，可以用数字 2 来表示；2 步、1 步和 2 步合起来是 5 步。

（活动设计者为北京市泛海幼儿园王国旭 、叶红）

活动 2　找瓢虫

活动名称：找瓢虫

班级：中班上

核心经验

1. 数数可以用来确定一个集合中物体数量的“多少”。

2. 一定数量的物体（整体）可以分成几个相等或不等的部分，这几个部分又可以合成一个整体。

活动目标

1. 能用点数全部、目测、接数等方法得出瓢虫点子的总数。

2. 在游戏中体验 7 的多种分合方法。

3. 积极参与游戏，体验数学的有用和有趣。

活动重难点

活动重点：能用点数全部、目测、接着数等方法得到瓢虫点子的总数。

活动难点：能够运用接着数的方法得出瓢虫的点数。

活动准备

经验准备：幼儿能够用一一点数、目测等方法数数。

物质准备：

1. 大量对半小瓢虫，瓢虫身上的点子数量为 3、4、5（如图 1）；左半边瓢虫提前粘贴在幼儿座位下面，右半边瓢虫提前粘在黑板上。

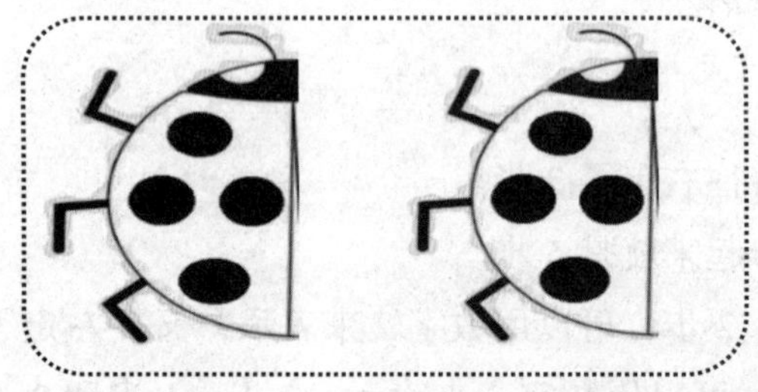

左半边提前贴在幼儿的椅子上

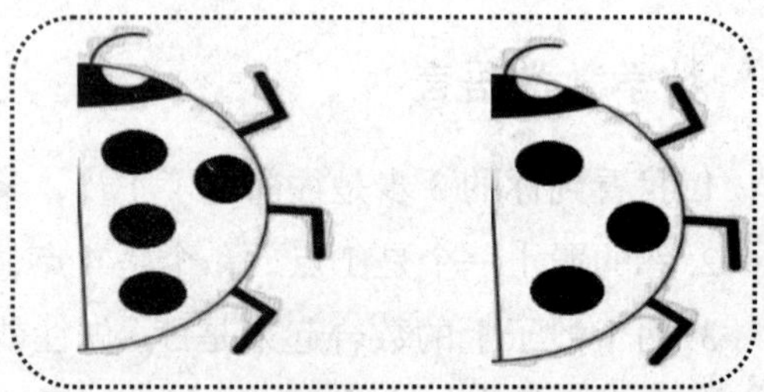

右半边提前贴在黑板上

图 1

2. 瓢虫的点点：剪裁大量即时贴圆点（图 2），提前贴在班级的各个地方，如桌子上、柜子上、玩具筐上等，方便幼儿拿取贴在身上。

图 2

3. 黑板 3 块、PPT 动画（创设一个森林情景，利用动画进行演示）。

4. 场景设置。

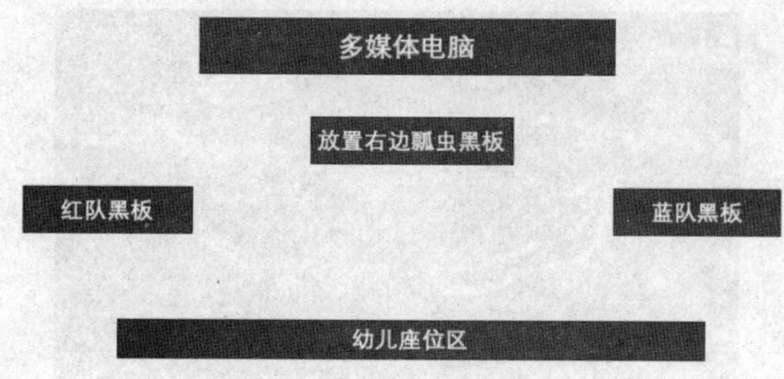

活动过程

环节一：变身7星瓢虫——情境导入，激发幼儿兴趣

1. 变身七星瓢虫。请幼儿拿取7个瓢虫点，把自己变成七星瓢虫。

引导语：孩子们，咱们今天一起去七星王国吧！但是，想进入七星王国，首先要把自己变成七星瓢虫。现在瓢虫点点散落在班级中，我们一起来变成七星瓢虫吧！

游戏过程中教师观察幼儿身上的点数和幼儿的数数方式，适时提问：你身上有几个点点？你是用什么方法知道的？

（1）观察幼儿都用什么方法数出7个点点（如拿一个数一个、全部贴完再从头数一遍、每拿一个都要从头数一遍）。

（2）发现完成又快又准确的幼儿，准备邀请他为全班小朋友分享自己的好方法。

2. 分享经验。

邀请幼儿分享如何快速、准确地贴上7个点子。

关键提问：要变成七星瓢虫，你身上要有几个点点？怎么能又快又准地贴上7个点点呢？

小结提升：肯定数出7个点点的多种方法，比较不同方法的完成速度，引起幼儿对计数策略的关注。

环节二：解救七星瓢虫——尝试运用接着数的方法数数

1. 游戏情景和玩法。

PPT播放游戏情景：欢迎来到七星王国，但是你们看这里怎么一个七星瓢虫都没有呢？女巫声音：哈哈哈，这里有这么多七星瓢虫，我把它们都关进我的城堡里了。我要先去休息一下，一会儿再来把它们吃掉！

播放PPT和女巫声音，营造紧张气氛。

游戏玩法：分成两队，轮流派代表解救七星瓢虫。

解救办法：轮到自己时，从椅子下面拿起半个七星瓢虫，到自己队的黑板前，找到七星瓢虫的另一半，把它们贴在一起，变成一个完整的七星瓢虫。比一比，看看哪队救出的七星瓢虫又多又准确。

2. 游戏示范。

示范一个七星瓢虫“解救”过程。

引导语：这有半个七星瓢虫，你有什么好方法快速解救它？

小结提升：我们可以先记住 4，接着往下数 5、6、7。这个方法好快呀！

3. 分组比赛游戏。

（1）请幼儿找到提前藏在椅子下的半个瓢虫，并记住点点数。

指导语：你们的椅子下面都有要解救的七星瓢虫，现在把它们找出来吧！给小朋友一点时间，把瓢虫身上有几个点点记在心里，上来接着数就更快。

现在我们就要正式比赛啦。我们分两队比赛，从队长开始，一个一个轮流上来解救七星瓢虫。一个小朋友上来的时候，其他小朋友要帮队友检查，看看救出来的是不是七星瓢虫。

（2）比赛开始，教师观察，及时给予指导。

核心提问：救出来的是几星瓢虫？

4. 游戏检验。

请两队小朋友相互检验救出的瓢虫是不是七星瓢虫。

遇到不是七星瓢虫的，两队都可以对瓢虫进行修改，找出错误并能改正的一方获得修改好的瓢虫，贴在自己队伍的黑板上。

核心提问：他救出来的是几星瓢虫？请你帮助它们变成七星瓢虫。

5. 核对结果。

引导语：比一比，红队和蓝队各救出了多少只七星瓢虫。红队救了几只？蓝队救了几只？哪个队救的瓢虫多？多几只？

6. 分享总结。

指导语：为什么 × 队能够这么快救出七星瓢虫呢？请 × 队小朋友介绍获胜经验。

小结提升：他们先记住了瓢虫身上有几个点点，来到黑板上接着数。接着数比从头把点子全部数一遍要节省时间，所以就可以救出更多的七星瓢虫。

注意事项

1. 幼儿操作前明确游戏规则，用“又快又准确”的要求督促、引发幼儿运用“接着数”的方法完成任务。

2. 在游戏前提示幼儿记住瓢虫身上有几个点点，为之后的接数做好准备。

数学教学语言

1. 要变成七星瓢虫，你身上要有几个点点？怎么能又快又准地贴上 7 个点点呢？

2. 你是用什么方法知道你身上有几个点点的？

3. 我们可以先记住 4，接着往下数 5、6、7 这个方法好快呀！

4. 比一比，红队和蓝队各救出了多少只七星瓢虫。红队救了几只？蓝队救了几只？哪个队救的瓢虫多？多几只？

（活动设计者为北京市朝阳区劲松第一幼儿园张田野）

活动3　都到我这里来

活动名称：都到我这里来

班级：大班上

核心经验

往一个集合里添加物体（组合）或者拿走物体（分解）会使集合发生变化。

活动目标

1. 进一步理解 10 以内数的分合关系。

2. 运用点数全部、接着数、抽象运算等方式得出动物宝宝的数量。

3. 体验运用多种方法进行运算，解决问题的乐趣。

活动重难点

活动重点：体验运用多种方法进行运算，解决问题的乐趣。

活动难点：尽量运用多种方法进行运算。

活动准备

经验准备：

1. 幼儿有运算经验，大部分幼儿能够利用点数全部的方式进行运算，小部分幼儿能够用“接着数”的方式进行运算，个别幼儿可以运用抽象的方法运算。

2. 前期阅读过绘本，初步了解绘本内容。

物质准备：绘本《都到我这里来》[（韩）罗恩熙著作 . 林春颖译 . 长春：长春出版社，2009.9], 部分图片、数字卡片即时贴、加减符号卡（+、-、=）即时贴、黑板、能够帮助幼儿运算的雪花片等小材料 。

活动过程

一、开始部分：情境导入

导入：今天猫头鹰爷爷又来做客了，可是呀，猫头鹰爷爷是带着问题来的，它想请小朋友帮忙算一算，家里有多少只动物宝宝。

二、基本部分：根据绘本情境进行运算

（一）观看图片，了解“今天猫头鹰爷爷家里来了哪些客人”（黄鹂、松鼠、狸猫）。

（二）逐一呈现图片，计算动物宝宝总数。

1.（出示绘本图片第 10 页）首先来到猫头鹰爷爷家的客人是黄鹂宝宝和松鼠宝宝。请小朋友帮猫头鹰爷爷算一算：现在猫头鹰爷爷家里一共有多少只动物宝宝，你是用什么方法算出来的？

请幼儿计算、分享方法。

小结提升：想知道有多少只动物宝宝，就要把黄鹂宝宝和松鼠宝宝加在一起，加的时候有很多的办法，可以从头数，可以接着数，可以直接用“3+2=5”。

2.（出示绘本图片 13、14 页）第二天，猫头鹰爷爷刚要睡觉，发现又有动物宝宝来做客了。到底几只呢？你是怎么知道的？

请幼儿计算、分享方法。

小结提升：要想知道一共有多少只动物宝宝，要先清楚有哪些动物来做客了，各来了几只。从猫头鹰爷爷的翅膀上看，知道左边有 5 只狸猫宝宝，右边有 3 只松鼠宝宝和 2 只黄鹂宝宝。计算一共有多少只宝宝，要把 3 种动物宝宝加在一起。

计算的时候有三种方法：第一种：可以先数狸猫宝宝，知道是 5，就把 5 这个数记在心里，要加上右边的松鼠宝宝和黄鹂宝宝时，从 6 开始往上数，6、7、8、9、10，得出 10 只。

第二种：先算一下松鼠宝宝和黄鹂宝宝一共是多少只，3 只加 2 只，是 5 只。左边 5 只狸猫宝宝，加上右边的 5 只宝宝，5+5=10（同时将算式展示在黑板上），直接就能算出来。

第三种：还有的小朋友是先算狸猫宝宝加上松鼠宝宝，5+3=8，再加上 2 只黄鹂宝宝，8+2=10（同时将两个算式展示在黑板上）。

这些方法都可以。只要你把 3 种动物宝宝都算上，算准确，就能得出正确的结果。

3. 口述（暂时不出现图片）：一天，下了很大的雨，栎树下狸猫的洞被冲垮啦，狸猫宝宝要去寻找新家了，猫头鹰爷爷非常舍不得，但是狸猫一家还是离开了。

提问：狸猫离开之后，还剩几只小动物了呢？你是怎么知道的？用了什么方法呢？桌上有雪花片，如果需要，你可以请雪花片来帮忙。

请幼儿计算、分享方法。出示绘本图片 15、16 页。验证答案。

小结提升：

（1）可以用倒着数的方法，刚才是 10 只，走了 5 只狸猫宝宝，就从 10 倒着往上数，9（1 只）、8（2 只）、7（3 只）、6（4 只）、5（5 只）。

（2）可以用雪花片帮忙。原来有 10 只宝宝，就拿来 10 个雪花片，走了 5 只狸猫宝宝，就从里面拿走 5 个雪花片，把剩下的雪花片数一数，就得到了 5。

（3）可以用点子来帮忙。原来有 10 只宝宝，就点 10 个点子表示，走了 5 只狸猫宝宝，就从点子里划掉 5 个，把剩下的点子数一数，就得到了 5。

（4）可以直接列算式（10-5=5）。

4. 口述（暂不出示图片）：紧接着，獾的一家搬到了狸猫的家里住下了，獾的家里有 3 只宝宝，现在一共有几只了呢？请幼儿计算、分享方法。

出示绘本图片 17、18 页，验证答案。

小结提升：又来了 3 只獾，想知道一共多少只动物宝宝，可以利用接着数的方法，本来有 5 只，可以接着数 6、7、8，所以一共是 8 只，可以用 5+3=8 表示。

5. 这时候，黄鼠狼出现了，黄鼠狼专吃动物宝宝。猫头鹰站立睡觉时黄鼠狼可以偷走暴露在外面的宝宝，但猫头鹰爷爷的翅膀张开时，黄鼠狼就会害怕地逃跑，不能吃动物宝宝；如果动物宝宝藏在窝里不把自己暴露出来，黄鼠狼也吃不到宝宝。

教师出示几张带有不同状态（暴露或隐藏）的动物宝宝、两种不同形态（站立睡觉 / 张开翅膀）的猫头鹰图片，引导幼儿观察、判断、运算。

引导语：现在还剩几只动物宝宝？你是怎么知道的？用了什么方法？

引导幼儿观察思考，如：原来有 8 只小动物，黄鼠狼来了，猫头鹰却在睡觉，两只黄鹂宝宝暴露在外面，就被黄鼠狼偷走了，剩下的动物宝宝就要从 8 只里减掉 2 只。可以用接着数的方式，8、7、6，剩 6 只，后者直接用 8-2=6。

注意事项

1. 每个幼儿的运算能力和发展阶段不同，所采用的运算方法也不一样。计算动物宝宝的过程中，要给幼儿足够的空间让幼儿选择适合自己的运算方法，不强求一致。

2. 每次运算后抓牢两个环节：幼儿分享环节、总结梳理环节。

幼儿分享：让幼儿充分展示自己的运算方法，锻炼表达能力，丰富运算经验，发挥集体教学在经验分享、带动方面的优势。

总结梳理：教师将幼儿用到的方法进行梳理、提炼，强化理解。

数学教学语言

1. 一共有多少只动物宝宝？你是怎么得来的？
2. 原来有几只动物宝宝？还剩几只小动物？你是怎么知道的？用了什么方法？
3. 计算结果的方法很多。可以从头数，可以接着数，也可以直接用 3+2=5。

特别说明

本活动来源于绘本《都到我这里来》（作者：罗恩熙（韩国），译者：林春颖，由长春出版社于 2009 年 9 月出版。），绘本通过树洞里每天有小动物不断住进来，也有小动物因为种种原因而离开的故事，带领孩子们理解加减运算。阅读中，可以通过故事学习运用点数全部、接着数、抽象运算等方式进行加减运算。

（活动设计者为北京市朝阳区朝花幼儿园孙河东园孙文慧）

活动 4　赢棋子

活动名称：赢棋子

班级：大班

核心经验

一定数量的物体（整体）可以分成几个相等或不等的部分，这几个部分又可以合成一个整体。

活动目标

1. 在赢棋子的游戏中熟悉 5 以内数的分解、组合。
2. 认真观察思考，掌握棋子的输赢规律，为自己的队赢得更多的棋子。
3. 主动参与数学探索游戏，体验与同伴共同游戏的快乐。

活动重难点

重点：在赢棋子的游戏中熟悉 5 以内数的分解、组合。

难点：认真观察思考，掌握棋子的输赢规律，为自己的队赢得更多的棋子。

活动准备

经验准备：玩过规则游戏，有一定的集体意识，有对数进行分解组合的经验。

物质准备：三色棋子若干、三色盘子各 1 个、六面骰子 1 个（6 个面分别呈现数字 2、3、3、4、4、4）。

活动过程

一、出示材料，引出游戏

1. 出示游戏材料，激发游戏兴趣。

2. 教师介绍游戏规则。

（1）幼儿分成两组进行 PK 赛。

（2）两组各派一人，通过猜拳的方式决定谁先投。

（3）掷骰子，拿棋子：骰子掷出数字几，就拿几个棋子（颜色不限）。

（4）按棋子颜色放在对应颜色的盘子中；摆棋子的过程中，队友可以帮忙出主意。

（5）哪组帮同色棋子凑到 5 个，哪组就可以拿走棋子。

（6）棋子多的队获胜。

二、开展游戏，探索方法

阶段一：熟悉规则。

教师带领幼儿共同游戏，熟悉规则。

小结：圈里的棋子凑满 5 颗，就可以拿走了。

阶段二：自主游戏，积累经验。

幼儿尝试自主游戏，教师根据情况支持引导。

思考：怎样用拆分的方式，拿不同颜色的棋子，放到不同颜色的盘子里，拿走最多的棋子。

阶段三：分组练习，巩固经验。

幼儿分组练习，比一比看谁用拆分的方式赢得最多的棋子。教师可根据前两轮幼儿的游戏情况进行调整。

三、结束环节，幼儿分享交流

1. 请幼儿说一说，用了什么方法能拿到最多的棋子。

2. 教师小结，帮助幼儿理解通过游戏中的拆分方法赢得棋子，同时感知 5 以内数的分解和组合。

四、延伸游戏

将材料投放在活动区，支持幼儿继续游戏。

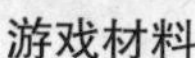
游戏材料

游戏过程

注意事项

1. 个别数学意识、竞赛意识不强的幼儿可能会出现不考虑“凑够”5颗棋子的目标，按照喜好的颜色拿棋子的现象。这会带来队友的不满，也不利于幼儿获得数学经验。针对这样的幼儿，可以去提醒，也可以在征得幼儿同意的情况下邀请他当裁判，熟悉游戏规则。

2. 为了避免一名幼儿掷骰子拿棋子的过程中其他幼儿消极等待的现象，教师要引导幼儿相互出主意，共同关注赛局，让所有的幼儿动脑思考。

3. 由于时间限制，游戏时间较短，孩子们虽然掌握了拆分棋子的方法，但表述起来有困难。后续可以将活动材料投放区域，支持幼儿继续游戏。

数学教学语言

1. 骰子掷的是几？你应该拿几颗棋子？
2. 你准备拿什么颜色的棋子？为什么这么拿？
3. × 颗棋子怎样组合才能得到更多的棋子？

（活动设计者为北京市朝阳区枣营幼儿园郭天晓）

活动 4　几只羊

活动名称：几只羊（系列活动之二）

班级：大班上

核心经验

往一个集合里添加物体（组合）或者拿走物体（分解）会使集合发生变化。

活动目标

1. 能够在游戏中运用自己的运算方式（如点数全部、接着数、目测数、按数群加减）得出羊的数量，并能清晰地表达自己的运算方法。

2. 能理解并运用新的游戏规则，认真观察，仔细推理，完成游戏活动。

活动重难点

活动重点：通过不同的方式算出羊的数量。

活动难点：理解新规则的意义，能运用新规则正确得出羊的数量，并能清晰地表达自己的运算方法。

活动准备

经验准备：

1. 有数运算经验，知道往一个集合里添加物体能使集合变大，拿走一些物体能使集合变小。

2. 参与过数几只羊（一）的活动，数过 2 个集合（也就是 2 张图片）里羊的总数。

物质准备：PPT（图片来自游戏材料“几只羊”，具体见本活动附录“几只羊”玩具及开发背景介绍）、羊、狼、牧羊犬、牧羊人图片，统计表，记分磁片，数字磁片。

活动过程

一、故事导入，理解规则

教师出示 PPT，讲故事“草地上的羊”，在原有规则的基础上增加新规则。

指导语：还记得上次的数羊游戏吗？今天的数羊规则有变化，请你仔细听。

故事带入情境：在一片草地上有一群羊在吃草，突然来了一只大灰狼，它要吃羊。还记得狼每次吃几只羊吗？（1 只）对，一只狼每次只吃一只羊。这次也一样，它只吃一只羊就饱了，吃饱了以后，狼满意地走了。

第二天，羊群还是在草地上吃草，突然又来了一只大灰狼，它刚要吃一只羊，这时候来了一只牧羊犬，上一次游戏中，牧羊犬会做什么呢？（把狼赶走，不让它吃羊）猜猜看，这次牧羊犬会做什么呢？这一次跟以前不一样啦，这次大灰狼变聪明了，牧羊犬赶狼的时候，狼会跑到下一片草地去吃羊。

第三天羊群还是在草地上吃草，这时又来了一只狼，它刚要饱餐一顿，这时候农夫来啦，你还记得农夫会做什么事情吗？对，农夫会赶狼。一名农夫能赶走几只狼？对，一名农夫只能赶走一只狼。

小结提升：出示图片，小结规则。

当牧羊犬和狼同时出现在同一张上图片时，狼被赶到下一张图片上去吃羊，羊的数量减一。

二、观察图片，规则初探

引导幼儿再次回忆狼的新规则，巩固狼到下一张卡牌上吃羊的技能。

指导语：图片上是谁？它的新本领是什么？

三、开始游戏，深入规则

指导语：我们再来玩一玩数羊的游戏，看看谁数得最清楚，说得最明白。

第一次"数羊"游戏。

游戏规则：用两组 PK 赛的形式数一数两张图片上合起来一共有几只羊，两队轮流派队员"数羊"，答对了，给自己的队加一分；答错了，机会自动转让给对手队回答。

核心提问：两张图片上一共有几只羊？说说看，你是怎么知道的？谁能用不一样的方法数羊？

注意事项

1. 激励所有的幼儿关注出示的图片，认真观察、推理、运算。

2. 题目的数量和幼儿人数相同，尽量每名幼儿都能有发言表达自己思路的过程，教师了解幼儿水平。

3. 教师及时将幼儿的思路梳理成方法。

第二次“数羊”游戏。

游戏规则：用两组 PK 赛的形式数一数三张图片上合起来一共有几只羊，两队轮流派队员“数羊”，答对了，给自己的队加一分；答错了，机会自动转让给对手队回答。

核心提问：三张卡片上一共有几只羊？你是怎么知道的？谁能用不一样的方法数羊？

注意事项

1. 激励所有的幼儿关注出示的图片，认真观察、推理、运算。

2. 重点关注两张卡牌出现问题的幼儿，及时用语言鼓励、支持幼儿得出羊的总数。

3. 题目的数量和幼儿人数相同，尽量每名幼儿都能有发言表达自己思路的过程，教师了解幼儿水平。

4. 教师将幼儿的思路及时梳理成方法。

四、统计结果，梳理经验

宣布比赛结果。

指导语：看看哪组获胜了？

教师与幼儿共同小结数羊的方法。

小结提升：原来数羊的方法有这么多种。今天在游戏过程中，小朋友们遇到问题都能不怕困难，沉着冷静，积极动脑筋，想办法，所以取得了非常好的成绩。

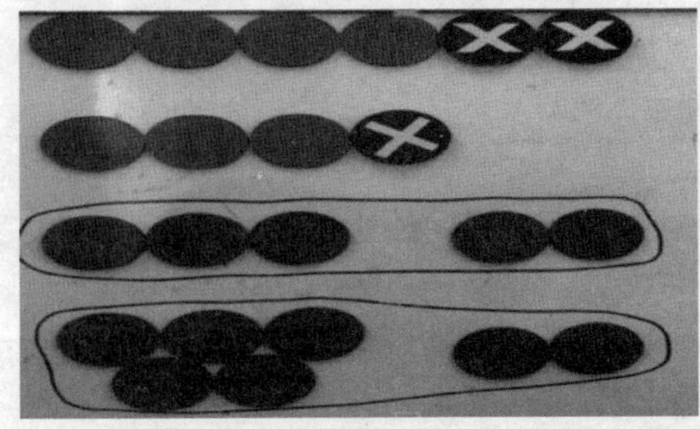

注意事项

1. 开始部分需要明确本次游戏和第一次游戏在规则上的变化，保证幼儿正确“数羊”。当牧羊犬出现时，狼会被赶到下一张图片上去吃羊。

2. 幼儿在运算水平和方法上存在很大的差异，要允许并鼓励幼儿用自己的方法“数羊”，教师要认真倾听每一位幼儿的回答，理解他们的运算方法，及时追问，帮助他们清晰思路，完整表达，促进每一位幼儿在原有水平上向更高水平发展，同时要注意引导幼儿关注其他幼儿“数羊”的方法，促进幼儿经验的扩展。

数学教学语言

1. 我们再来玩一玩数羊的游戏，看看谁数得最清楚，说得最明白？

2. 两张图片上的羊合起来一共有几只？你是怎么知道的？

3.3 张卡片上一共有几只羊？你是怎么知道的？

4. 谁能用不一样的方法“数羊”？

附："几只羊"玩具及开发背景介绍

一、玩具名称：几只羊

二、玩具构成：20 张农场卡、18 个记分标记

20 张农场卡：卡片上画有羊、狼、牧羊犬、猎人、栅栏等和游戏人物相关的角色，以及草地、鸡、牛等背景。农场卡中涉及的角色及功能如下：

狼

狗

农夫

每只狼会吃掉同一张农场卡上的 1 只羊。

狗追赶场上的 1 只狼至顺时针方向的下一张农场卡上。

农夫驱离 1 只在同一张农场卡上的野狼（移出游戏）。

封闭栅栏

开放栅栏

封闭栅栏：隔绝所有角色的功能，如在栅栏里的牧场主人无法驱离在栅栏外面的野狼，栅栏外面的狼无法吃掉栅栏里面的羊。

开放的栅栏：不影响任何角色的功能。

18 个记分标记：玩家每完成一次任务，奖励一个记分标记。

三、玩具玩法

根据图卡上的角色功能及游戏规则，正确说出眼前图卡上羊的数量。

指导语：草地上的羊在农夫的照顾下长得胖嘟嘟的，但是在大灰狼的眼中，他们是美味可口的大餐。驱赶野狼，清点羊的数量，你能胜任吗？根据各个角色功能分析羊的数量，迅速说出正确数量的玩家获胜。

四、玩具图卡的任务难度

因为图卡上的角色数量不同，干扰因素不同，20 张图卡的任务难度也不相同。

1. 从角色数量来看。

图卡上的角色功能各不相同，幼儿在点数或者计算羊的总数的过程中需要记住角色功能，考虑角色功能计算羊的总数，所以角色越多需要考虑的因素越多，任务难度也就越大。如：有狼和无狼、有牧羊犬和无牧羊犬、有农夫和无农夫、封闭栅栏和开放栅栏，卡片上呈现的任务难度存在不同。

2. 从干扰因素来看。

除了羊、狼、牧羊犬等角色以外，图卡上还有牛、鸡等其他与“数羊”无关的角色干扰幼儿的注意力，因此干扰因素越多，难度越大。

五、玩具的教育价值与应用

1. 玩具的教育价值。

本套玩具具有丰富的教育价值，能实现多种培养目的。

（1）观察能力：幼儿需要认真观察、考虑和“数羊”相关的信息，忽略无关信息，才能确定农场卡上羊的总数，对观察力是一种锻炼。

（2）逻辑思维能力：幼儿需要依据规则（角色功能），综合各种因素进行分析、判断、推理，确定羊的总数，从而提升逻辑思维能力。

（3）反应能力：游戏总体上属于竞赛式规则游戏，需要快速识别、反应，从而锻炼幼儿的反应能力。

（4）数运算能力：幼儿需要在不同集合之间通过自己的方式得出羊的总数，从而发展数运算能力。

2.“几只羊”玩具在教学中的应用。

（1）投放到区域游戏中，供幼儿自由游戏。在游戏中熟悉玩法及规则，积累游戏经验，锻炼数运算能力。

（2）利用玩具开发集体游戏。

玩具投放一段时间后，幼儿对玩具的兴趣有所降低。同时，我们发现，在游戏过程中幼儿计算羊的总数用的方法各不相同，有的是一个一个点数，有的是用抽象运算直接得出结果。由于区域游戏一般是两三名幼儿一起游戏，幼儿在游戏过程中只注重游戏结果，很难对所用的方法进行及时梳理，一些好的方法也不能被广泛学习。为了激发幼儿对益智玩具的持续兴趣，同时让好的运算经验得以推广，我们决定将其开发成小组竞赛式的集体游戏，由两人轮流游戏到两组 PK 游戏，由区域两组 PK 游戏到集体教学 PK 游戏。以上活动即是其中一次集体教学活动。

（活动设计者为北京市朝阳区望京新城幼儿园孟惊涛、北京市朝阳区垡头幼儿园张佳）

活动 5　小小投镖手

活动名称：小小投镖手

班级：大班下

核心经验

往一个集合里添加物体（组合）或者拿走物体（分解），会使集合发生变化。

活动目标

1. 用自己的方法计算、比较、记录各队投飞镖的分数和结果。
2. 运用已有经验优化方法，解决游戏中的问题并大胆表达。
3. 在积极动手动脑，和同伴合作解决游戏问题的过程中感受数学的有用和有趣。

活动重难点

活动重点：用自己的方法计算、比较、记录各队投飞镖的总分。

活动难点：运用已有经验优化方法，解决游戏中的问题并大胆表达。

活动准备

经验准备：

1. 知道玩飞镖游戏的基本规则。
2. 有观看或参加比赛的生活经验。

物质准备：

飞镖每组一个，黑板，小棍、瓶盖、雪花片等可以帮助幼儿点数计算分数的小物件若干，以及纸、笔、桌椅。

活动过程

一、导入部分

1. 再现情景（录像）——玩飞镖游戏中出现了争执：游戏结果没记录清楚，分数计算产生怀疑。

2. 启发幼儿集体思考并分享：怎么能把分数计算准确？怎么能把每一局的分数记录下来？

3. 小结提升。计算分数的时候，可以借助很多办法来帮忙：口算、一根一根数小棍、两根两根数小棍、掰手指。

二、基本部分

（一）两人游戏，探索方法

1. 明确游戏规则。

（1）两人一组 PK，每人投四镖。

（2）固定起点线投掷飞镖。

（3）游戏时间 6 分钟，听到游戏结束的口令，收整材料，回到座位上。

2. 两人游戏：两名幼儿比赛，自主寻找材料、商量办法，探索计数方法。

3. 交流分享。

核心提问：刚刚的游戏，哪一组得出输赢结果了，并且双方小朋友都认可这个结果？你们是怎样计算和记录分数的？请把你们的方法介绍给大家。

4. 梳理总结

梳理分出输赢的方法并归类。

5. 小结提升

计算总分的时候，可以用口算、一个一个数瓶盖、掰手指、大数上面接着数等很多方法。这些数一数、算一算的方法用来计算一局下来每个人的总分。

（2）最后看谁赢，比的是赢的局数，比如四局三胜。

（3）每一次比出多几个的方法是比差数的方法，如将黑、白两色围棋子一一对应地比较，多出来的棋子摆在右边，记录多多少。

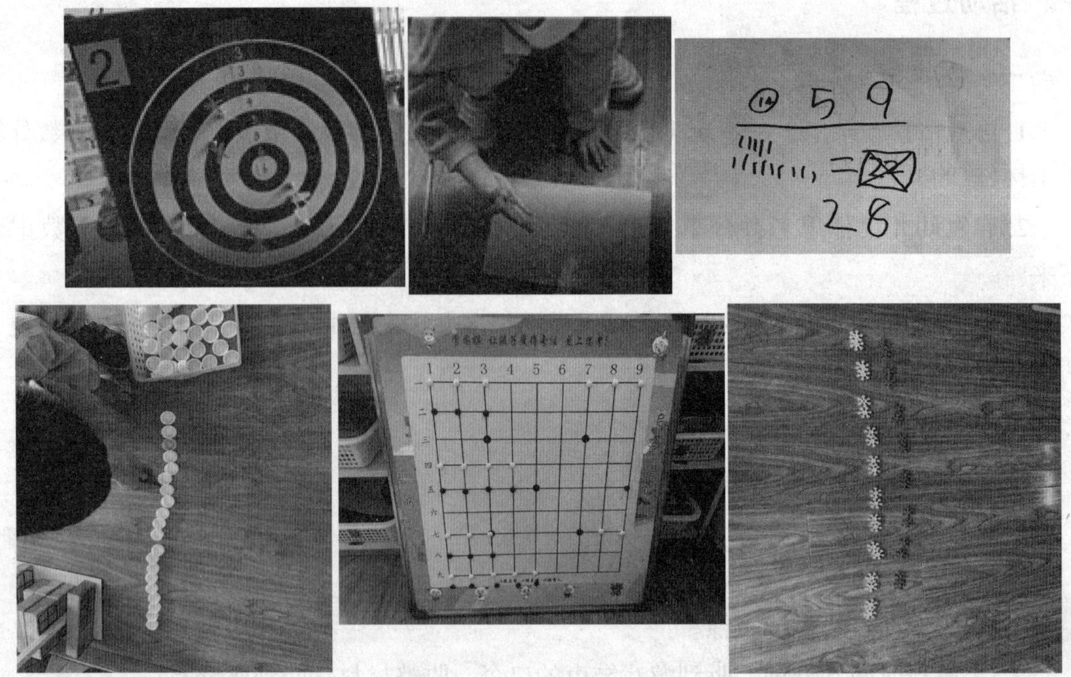

注意事项：

第一，允许幼儿用自己的方法计算、记录分数。

第二，游戏过程中，教师注意观察幼儿使用的计算方法和记录方法，选择典型方法进行分享。

（二）结组对抗，找到适宜的计数方法解决问题。

1. 明确游戏规则。

（1）自由结组，3 人一组，每人投 3 镖。

（2）以小组为单位进行两队 PK，红 1 队 PK 绿 1 队，红 2 队 PK 绿 2 队。

（3）游戏时间 10 分钟。

指导语：我们玩一玩小组对抗赛，玩的时候小朋友们可以用我们刚刚探索出来的计数方法判断输赢，也可以用新的方法，看一看、想一想哪种方法更好用？

2. 操作探索：小组对抗游戏。

（1）幼儿自主寻找材料、商量办法，探索适宜的计数方法。

（2）比出结果的小组到黑板前做相应记录。

3. 交流分享。

核心提问：大家都看到各个小组的结果了，这个结果你们都认可吗？现在哪一组愿意分享一下，你们组用的什么计数方法？为什么选择这个方法？

4. 小结提升。

（1）小组对抗赛中用比总数的方法比较适宜。

（2）计算总数的方法有很多，如凑十、统计、借助雪花片点数等，可以根据不同的情况选择合适的方法。

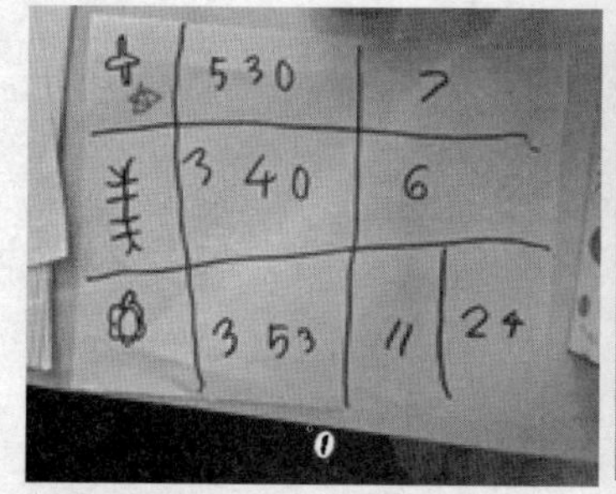

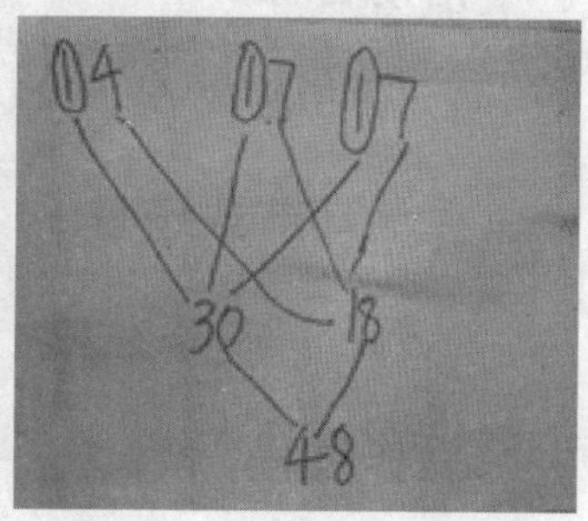

注意事项：

第一，强调本次游戏规则有变化的部分，明确本轮游戏是以小组的形式进行，发挥小组力量，选择适宜的方法。

第二，幼儿运用的方法各有不同，常见的方法幼儿相对熟悉，使用起来比较普遍，请幼儿详细讲解。个别方法难度较大，请幼儿简单介绍，鼓励幼儿在游戏结束后再做讨论。

三、结束部分

请幼儿回忆其他比赛的计分方法。建议幼儿回家后和爸爸妈妈一起看一看这些比赛判断输赢的方法。

数学教学语言

1. 怎么能分出谁赢呢，你们有什么好的方式来解决这个问题吗？
2. 你们在玩游戏的时候，是怎样进行计数的？
3. 现在哪一组来说说你们选择的计数方法，并说说为什么选择这个方法。

（活动设计者为北京市顺义区裕龙幼儿园韩佳齐、郭佳）

日常生活渗透案例

活动1　5只猴子荡秋千

活动名称：5只猴子荡秋千

班级：小班

核心经验

往一个集合里添加物体（组合）或者拿走物体（分解）会使集合发生变化。

活动目标

通过手指游戏感知 5 以内集合的数量变化。

生活环节或场景

过渡环节。

操作过程

1. 教师带领幼儿边说儿歌边做手指游戏。

儿歌内容：五（四、三、二、一）只小猴荡秋千，嘲笑鳄鱼被水淹，一条鳄鱼游过来，“啊呜”地一口吃掉它，鳄鱼开心地游走了。

动作：张开一只手的五个手指模仿荡秋千左右摇晃，另一只手大拇指指肚并拢其他四个手指模仿鳄鱼的大嘴巴一张一合；当说到“一条鳄鱼游过来，‘啊呜’地一口吃掉它”时，减少一根手指。每一次说儿歌重复 5 遍，每一遍中的数字从 5 至 1 依次减少，手指也从 5 至 1 依次减少。

2. 语言和动作同步，教师在引导幼儿说儿歌、做动作的同时，适当引导幼儿关注数词和手指的变化。

关键教学语言

1. 现在有几只小猴子在荡秋千呀？

2. 鳄鱼吃掉了一只猴子，现在还剩几只猴子呀？

3. 鳄鱼又吃掉了一只猴子，现在还有几只猴子？

附儿歌：

五（四、三、二、一）只小猴荡秋千，嘲笑鳄鱼被水淹，一条鳄鱼游过来，“啊呜”地一口吃掉它，鳄鱼开心地游走了……没有小猴荡秋千，鳄鱼难过地游走了。

（活动设计者为北京市朝阳区劲松第一幼儿园葛旭）

活动 2 老猫睡觉醒不了

活动名称：老猫睡觉醒不了

班级：中班

核心经验

一定数量的物体（整体）可以分成几个相等或不等的部分，这几个部分又可以合成一个整体。

活动目标

1. 根据小猫的总数和藏身处数量，猜测每处藏了几只小猫，体验5以内数的分解、组合。
2. 在猜想、验证、藏和找的过程中体验游戏的快乐。

生活环节及场景

户外活动。

物质准备

小型滑梯 2 个或者 3 个（分开摆放）、小猫头饰 5 个。

操作过程

1. 幼儿分成两部分：5 名幼儿扮演小猫，其余幼儿扮演老猫。
2. 老猫背对小猫说《老猫睡觉醒不了》的儿歌，5 只小猫任选其中一个滑梯，悄悄地躲藏。
3. 儿歌结束，教师带领老猫猜想每个房间里小猫的数量（最多给 3 次机会）。
4. 老猫跑到滑梯前验证每个滑梯里小猫的数量。
5. 换另外 5 名幼儿扮演小猫，游戏重新开始。

关键教学语言

1. 猜猜看，这个滑梯里藏了几只小猫？另一个滑梯里藏了几只小猫？两个滑梯里一共藏了几只小猫？你是怎么算出来的？

2.5 只小猫藏在 2 个房间里，除了这样藏，还可以怎样藏，你们还有不同的藏法吗？

3.5 只小猫藏在 3 个滑梯里，可以怎样藏呢？我们一起来试一试。

附儿歌：

老猫睡觉醒不了，小猫偷偷往外瞧，小猫小猫爱游戏，偷偷跑到外面去。

（活动设计者为北京市朝阳区翠成幼儿园韩红梅）

活动3　老鼠拉香肠

活动名称：老鼠拉香肠

班级：中班上

核心经验

往一个集合里添加物体（组合）或者拿走物体（分解），会使集合发生变化。

生活环节或场景

过渡环节、户外活动。

活动目标

1. 在游戏中感受集合数量的变化。
2. 认真倾听、观察、判断，根据儿歌要求“变出”数量相等的香肠。
2. 理解并遵守游戏规则。

活动准备

学会儿歌《老鼠拉香肠》。

操作过程

1. 复习儿歌内容

房顶上面挂着五根肉香肠，摇来摇去呀香味飘。老鼠爬上房顶抱住一根肉香肠，拖走一根还剩几根肠？老鼠爬上房顶抱住一根肠，拖走一根还剩四根肠。

房顶上面挂着四根肉香肠，摇来摇去呀香味飘。老鼠爬上房顶抱住一根肉香肠，拖走一根还剩几根肠？老鼠爬上房顶抱住一根肠，拖走一根还剩三根肠。

房顶上面挂着三根肉香肠，摇来摇去呀香味飘。老鼠爬上房顶抱住一根肉香肠，拖走一根还剩几根肠？老鼠爬上房顶抱住一根肠，拖走一根还剩二根肠。

房顶上面挂着二根肉香肠，摇来摇去呀香味飘。老鼠爬上房顶抱住一根肉香肠，拖走一根还剩几根肠？老鼠爬上房顶抱住一根肠，拖走一根还剩一根肠。

房顶上面挂着一根肉香肠，摇来摇去呀香味飘。老鼠爬上房顶抱住一根肉香肠，拖走一根还剩几根肠？老鼠爬上房顶抱住一根肠，拖走一根还剩零根肠。

2. 游戏：老鼠拉香肠

游戏规则：

请 5 名幼儿扮演香肠，双手举高挂在杆上，请 1 名幼儿扮演老鼠。

其他幼儿一起说儿歌，第一句幼儿（香肠）不动，第二句双脚按节奏左右摇摆，第三句幼儿（老鼠）抱住一根“肉香肠”，第四句香肠和老鼠一起摇摆，最后两句老鼠把香肠拖走。游戏继续。

3. 游戏结束后，可换人交换角色进行游戏

4. 增加难度：第三句变成抱住两根肉香肠，拖走两根还剩几根肠

5. 难度提升：由 5 根肉香肠增加至 10 根肉香肠，拖走两根还剩几根肠

注意事项

1. 中班幼儿越来越喜欢带有情境和角色扮演的游戏。老鼠和香肠角色的扮演激发了幼儿参与游戏、在游戏中感知数量变化的乐趣。

2. “香肠”的总数和抱住香肠的数量要根据班级幼儿的发展水平进行调整，以支持幼儿在游戏中学习。

关键教学语言

1. 房顶上面挂着五（四、三、二、一）根肉香肠。

2. 拖走一根还剩几根肠？

（活动设计者为北京市朝阳区清友实验幼儿园焦赛男）

活动 4 冻冰棍

活动名称：冻冰棍

班级：中、大班

核心经验

一定数量的物体（整体）可以分成几个相等或不等的部分，这几个部分又可以合成一个整体。

活动目标

1. 积极动脑筋想办法，灵活凑齐目标数。

2. 体验 8 以内数的多种分合方法。

生活环节或场景

户外活动。

物质准备

无须准备特殊材料。

操作过程

1. 明确游戏规则：踩到地上的小脚丫代表一根冰棍，如果脚离开地面，就不算冰棍。

2.4 个小朋友一组合作游戏。

3. 老师说“冻，冻冰棍”，小朋友问“冰棍有几根”，老师回答“有 × 根”，老师说到几，4 个小朋友就要合作冻出几根冰棍。能完成任务的继续游戏，完不能任务的组要暂时停玩一次。

4. 试玩 2 次，帮助幼儿理解规则。

5. 正式游戏。

游戏中注意：给出的数要由易到难；游戏过程中有意识地引导幼儿分享经验，拓展思路。

关键教学语言

1. 你们是怎样冻出 7（4、5、6、8）根冰棍的，每个小朋友踩在地上的小脚丫分别是几只？

还有别的冻法吗？

2. 刚才是几根冰棍？想变成 3 根应该怎样变？是增加还是减少，减少几根？

（活动设计者为北京市朝阳区丽景幼儿园任颖）

活动 5　今天我来了

活动名称：今天我来了

班级：大班

核心经验

1. 数数可以用来确定一个集合中物体数量的“多少”。

2. 一定数量的物体（整体）可以分成几个相等或不等的部分，这几个部分又可以合成一个整体。

活动目标

认识数的分解、组合，理解数的等量、互换和互补关系。

生活环节或场景

点名环节。

活动准备

经验准备：能手口一致地点数并说出总数，熟悉点名环节流程。

物质准备：点名牌环境板块（如图 1、图 2）

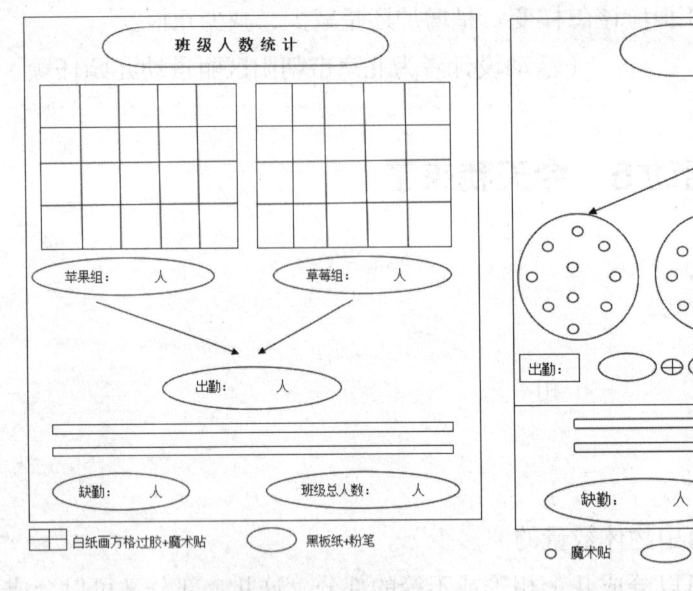

图 1

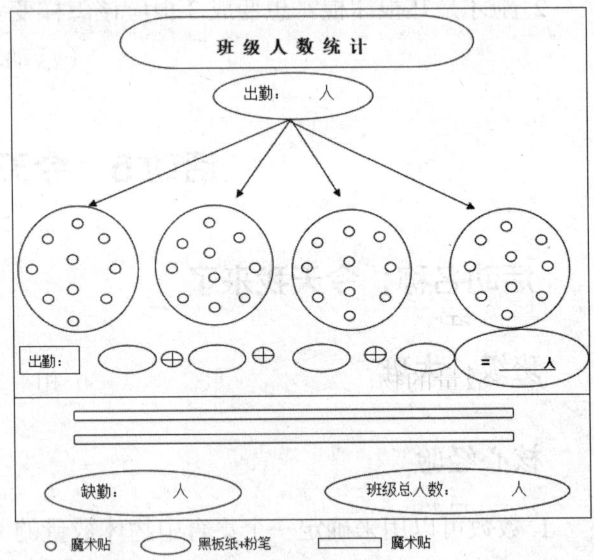

图 2

操作过程

1. 师幼共同设计底板，制作造型，讨论班级分组名称。

2. 教师引导幼儿设计属于自己的点名牌。

3. 晨间入园，幼儿进班后到点名板区域，操作自己的点名牌。

4. 幼儿根据大家操作点名牌的结果，统计每个分组出勤人数，感知数的分解、组合，运用“合”或“加”、“分”或“减”统计出当天的出勤、缺勤、总人数。

5. 师幼共同核验：班级一共 × 人，今天第一小组出勤 × 人，第二小组出勤 × 人，那么今天一共出勤 × 人，缺勤 × 人。

6. 点名牌可与其他领域相融合，两个月可更换一次。

注意事项

1. 点名牌要根据底板来设计大小、形状，制作要方便幼儿操作，可使用粘、夹、插、贴等多种方式。

2. 幼儿熟悉操作后，可以在教师的指导下由幼儿尝试播报人数。

关键教学语言

1. 我们班一共有多少人？一起来看一看今天出勤多少人。

2. 第一组出勤多少人？第二组出勤多少人？一共出勤多少人？

（活动设计者为深圳市罗湖区嘉宝田幼儿园周佩林）

活动 6　摘星人

活动名称：摘星人

班级：大班

核心经验

一定数量的物体（整体）可以分成几个相等或不等的部分，这几个部分又可以合成一个整体。

活动目标

1. 能根据星星的总数和“摘到”的星星数，计算藏在“安全星球”的星星数，体验 10 以内数的分解、组合与加减运算。

2. 在藏和找以及运算的过程中体验游戏的快乐。

生活环节或场景

户外活动。

活动准备

2 ~ 3 个呼啦圈作为“安全星球”摆放在互相看不到的位置，另准备星星头饰 10 个。

操作过程

1. 幼儿分成两部分，一部分为摘星人，一部分为小星星。

2. 摘星人和小星星一边说摘星星儿歌，一边做星星眨眼的动作。

3. 说完儿歌最后一句“飞到天空摘星星”后，小星星开始躲藏到远处的安全星球中，摘星人接着说“我要摘星星啦”，说完这句话摘星人才可以四散追逐摘星星。

4. 教师带领幼儿观察躲藏在安全星球中星星的数量，推测藏在其他安全星球的星星数量。

5. 更换另外一组幼儿，游戏重新开始。

关键教学语言

这个星球里藏了几颗小星星？谁知道另外一个星球藏了几颗小星星？你是怎么知道的？

附儿歌：

小星星，眨眼睛，一闪一闪亮晶晶，我做宇宙小飞船，飞到天空摘星星。

（活动设计者为北京市朝阳区翠成幼儿园韩红梅）

活动 7 分干果

活动名称：分干果

班级：大班

核心经验

一定数量的物体（整体）可以分成几个相等或者不等的部分，这几个部分又可以合成一个整体。

活动目标

1. 积极动脑筋想办法，将干果公平（平均）地分给小朋友。
2. 运用数学的方法解决生活中的问题，体验数学的有用和有趣。

生活环节或场景

加餐环节。

活动准备

1. 借助加餐分干果的环节进行，无须特殊准备材料。
2. 加餐前教师将干果按照小组数分成几份（每个小组一份）。

操作过程

1. 将事先分好的干果交给每个小组。
2. 引导小组集体协商如何将干果公平地分给每一个人。
3. 小组实际操作，教师观察引导。

重点观察

1. 小组通过什么方式分干果？是指定一个人来分，还是集体操作？是轮流从干果堆里先拿第一颗干果，然后轮流拿第二颗干果，直至拿完，还是先估算一个数，每人先拿到某个数量的干果，如果有剩余再接着分？

2. 分享每个小组的做法，教师提炼、引导。

关键教学语言

1. 小朋友们自己来分干果，要保证公平分配，每个人分到的数量一样。

2. 分干果有很多种方法，可以一颗一颗轮流拿，也可以一下分清楚。

（活动设计者为北京市朝阳区教师发展学院唐宾客）

活动 8　跳蚤市场

活动名称：跳蚤市场

班级：大班下

核心经验

1. 往一个集合里添加物体（组合）或者拿走物体（分解），会使集合发生变化。

2. 一定数量的物体（整体）可以分成几个相等或者不等的部分，这几个部分又可以合成一个整体。

活动目标

1. 能够运用自己的方式计算钱数。

2. 在运用数运算知识解决问题的过程中体验数学的有用和有趣。

生活环节或场景

户外小主题活动。

活动准备

活动摊位 30 个；摊位品种包括玩具、图书等物品，数量控制在 3 ~ 5 件；商品价格标签卡若干；幼儿每人 10 元钱玩具币（面额不同的 1 元、2 元、5 元、10 元）；幼儿也可设计商品海报；投放纸笔、小棋子、小棍等小物品。

操作过程

（一）明确游戏玩法。

1. 每名幼儿 10 元钱。

2. 班级幼儿分为两组：第一组幼儿先摆出自己的物品，当卖家，第二组幼儿当买家，音乐后交换角色。

（二）幼儿游戏——购买交易。

幼儿进行购买交易，教师重点观察、引导幼儿计算钱数、正确找赎、做好记录。支持引导不能抽象运算的幼儿借助掰手指、摆弄小棍等方式进行计算。

（三）活动总结。

1. 根据记录表梳理自己购买的物品，一共花了多少钱（挣了多少钱）。

2. 幼儿分享买卖活动的感受。

关键教学语言

1. 一共多少钱？你是怎么算出来的？

2. 应该找她多少钱？

其他说明

1. 活动前教师可根据本班幼儿的数运算水平和实际教学情况，灵活地准备材料，以多种形式支持幼儿进行运算。如：提前准备小棋子、雪花片等小物件，引导幼儿通过操作实物、纸上做记号等方式进行运算。

2. 在情境中引导幼儿借助数运算解决问题。

3. 关键教学语言：一共多少钱？找多少钱？

<table>
<tr><td colspan="4">购物清单
幼儿姓名：</td></tr>
<tr><td rowspan="4">购买物品</td><td></td><td rowspan="4">价格</td><td></td></tr>
<tr><td></td><td></td></tr>
<tr><td></td><td></td></tr>
<tr><td></td><td></td></tr>
<tr><td>小计</td><td colspan="3"></td></tr>
</table>

<table>
<tr><td colspan="4">交易清单
幼儿姓名：</td></tr>
<tr><td rowspan="4">卖出物品</td><td></td><td rowspan="4">价格</td><td></td></tr>
<tr><td></td><td></td></tr>
<tr><td></td><td></td></tr>
<tr><td></td><td></td></tr>
<tr><td>小计</td><td colspan="3"></td></tr>
</table>

（活动设计者为北京市朝阳区福怡苑幼儿园姜蕾）

活动 9　10 只兔子去野餐

活动名称：10 只兔子去野餐

班级：大班下

核心经验

一定数量的物体（整体）可以分成几个相等或不等的部分，这几个部分又可以合成一个整体。

活动目标

1. 在绘画中体验 10 的多种分合方法。
2. 乐于想象，并通过绘画的方式表现 10 只兔子不同的活动。
3. 体验想象画以及用数学解决问题的快乐。

生活环节或场景

阅读完绘本《10 只兔子去野餐》之后的拓展活动，可以在区域中进行，也可以作为家庭亲子活动。

活动准备

图画纸、水彩笔。

活动过程

1. 绘画。

请幼儿用水彩笔在图画纸上画出 10 只兔子去野餐的情景。

引导语：10 只小兔子要去森林里野餐，他们都会做些什么事情呢？请你画出来。

2. 谈论画面。

绘画完成后，请幼儿说一说：

你一共画了几只兔子？它们都在做什么？几只兔子在荡秋千、踢球，还是拔萝卜？

注意事项

1. 幼儿可能一时想不起画什么，教师可以引导幼儿联系自己的生活经验，回忆自己和爸爸妈妈去野餐时都会做些什么事情，再迁移到小兔子去野餐会做哪些事情。

2. 在绘画的过程中，引导幼儿关注画面中的小兔子总数为 10 只，且有的小兔子在做一些事情，有的小兔子在做另一些事情，从而更好地理解整体与部分的关系。

数学教学语言

一共有几只兔子？有几只兔子在荡秋千？有几只兔子在搭帐篷……

一共有几只兔子？有几只兔子在拔萝卜？有几只兔子在做饭……

（活动设计者为中国人民大学朝阳幼儿园陈丽娟）

区域游戏案例

游戏 1　吃饼干

游戏名称：吃饼干

班级：中班上

核心经验

1. 数数可以用来确定一个集合中数量的“多少”。
2. 往一个集合里添加物体（组合）或者拿走物体（分解）会使集合发生变化。

游戏目标

1. 能够根据骰子的数走出相应的步数。
2. 通过棋盘上的方位提示符号走对相应的位置。
3. 理解并遵守游戏规则，体验游戏活动的乐趣。

游戏准备

1. 经验准备：幼儿玩过骰子类桌面玩具，能够根据骰子上的点数走出相应的步数。
2. 物质准备：创设桌面吃饼干玩具棋、骰子、“？”号牌 8 张、饼干牌若干、棋子 4 枚。

游戏玩法

1.2 ~ 4 名幼儿，每人选择 1 枚棋子，掷骰子跳格子吃饼干。

2. 幼儿将选好的棋子放在起始位置，然后将“？”牌的“？”面向上打乱顺序放好。

3. 骰子掷到几，根据棋盘上箭头提示的方位走出相应的步数。

4. 棋子走到黄格子里得到一块饼干，走到“？”格子中，随意抽取一个问号牌，问号牌中分别有 2、3、4 和大嘴巴，抽到数字牌就可以得到相应数量的饼干，抽到大嘴巴就被减去一块。

5.“？”牌没有后游戏结束，饼干数量多的玩家获胜。

注意事项

1. 游戏过程中引导幼儿按照方位提示符号行走棋盘。

2. 当幼儿游戏时，提示幼儿棋子前的第一个格子为第一步。

数学教学语言

1. 骰子掷到几就走几步。

2. 骰子停到了“？”格，你可以选一个“？”牌。

4. 现在一共有多少块饼干？

5. 谁的饼干多谁取得胜利。

（活动设计者为北京市朝阳区丽景幼儿园李莹）

游戏 2　翻牌游戏

游戏名称：翻牌游戏

班级：中班

核心经验

1. 可以根据数量的属性来进行集合比较，还可以根据多、少、相等等进行排序。

2. 一定数量的物体（整体）可以分成几个相等或不相等的部分，这几个部分又可以合成一个整体。

游戏目标

在游戏中通过操作材料进行集合比较，感受集合的分解组合。

物质准备

数字卡 1 ~ 6 两套、雪花片、徽章。

游戏玩法

1. 两名幼儿各有一套 1 ~ 6 的数字卡，共持有一筐雪花片。

2. 两名幼儿将手中的数字卡扣放在桌面上，用“剪刀、石头、布”的方法开始游戏，赢的人先翻牌（数字卡），输的人后翻牌（数字卡）。

3. 玩法一：两名幼儿根据数字卡的数字从筐中取出对应数量的雪花片，两人抢答说出共有几个雪花片，第一个说对的人获得一枚徽章。游戏共玩五局，徽章多的一方获胜。

4. 玩法二：两名幼儿根据数字卡的数字从筐中取出对应数量的雪花片，然后分别用不同的方式（一一对应、说出总数）比较谁多谁少，并说出多几个或者少几个，操作且判断正确的可得到一枚徽章，游戏共玩五局，徽章多的一方获胜。

数学教学语言

1. 请你根据数字卡取雪花片，数字卡上是几，就取几片。

2. 两人一共有多少雪花片？

3. 比一比谁的雪花片多？谁的雪花片少？多几个？少几个？

（活动设计者为北京市朝阳区劲松第一幼儿园李欣）

游戏 3 种豆赢地

游戏名称：种豆赢地

班级：大班上

核心经验

一定数量的物体（整体）可以分成几个相等或不相等的部分，这几个部分又可以合成一个整体。

游戏目标

1. 在游戏中体验 5 以内数的多种分合方法。
2. 尝试目测 5 以内物体的数量。
3. 动脑筋想办法，让自己赢得更多的地。

游戏准备

1. 经验准备：幼儿玩过“骰子”游戏，能目测 5 以内物体的数量。

2. 物质准备：A4 纸一张平均分成 16 个方格代表 16 块地，六面骰子呈现 2、3、3、4、4、5 数字点，豆子、两种不同颜色的小玩具若干。

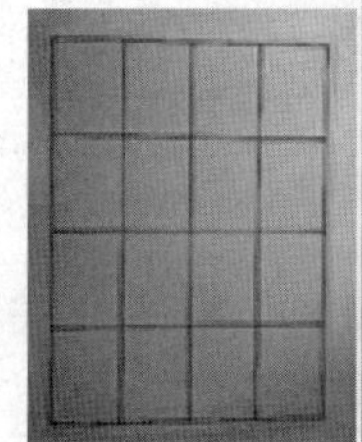

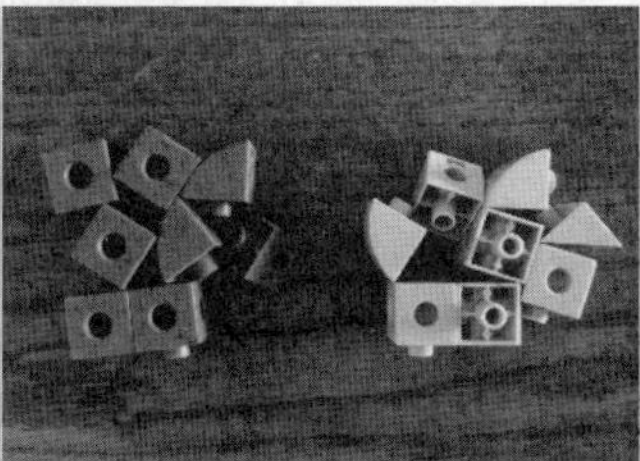

游戏玩法

1.2 名幼儿，每人选择一种颜色的玩具。猜拳，谁赢了谁先掷骰子。骰子掷到几，就选几个豆，任意选择，种在哪块（或哪几块）地里都可以。

2. 下一个人继续掷骰子，种地（种到任意一块或几块不满 5 颗豆子的地里都可以），谁先将一块地的豆子凑够 5 颗，就将豆子取出来，拿一块代表自己颜色的玩具放在这块地里，这块地就属于自己了。

3. 两人继续掷骰子玩游戏，最后数一数 16 块地里谁的玩具多，谁就获胜。

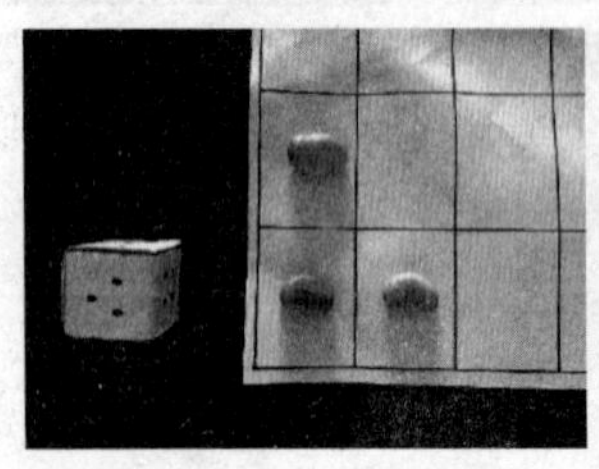
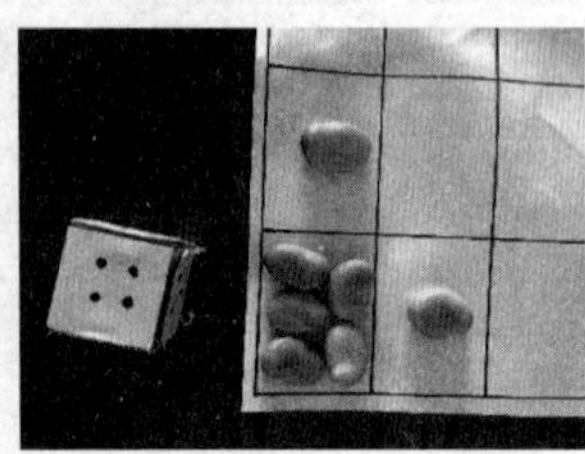
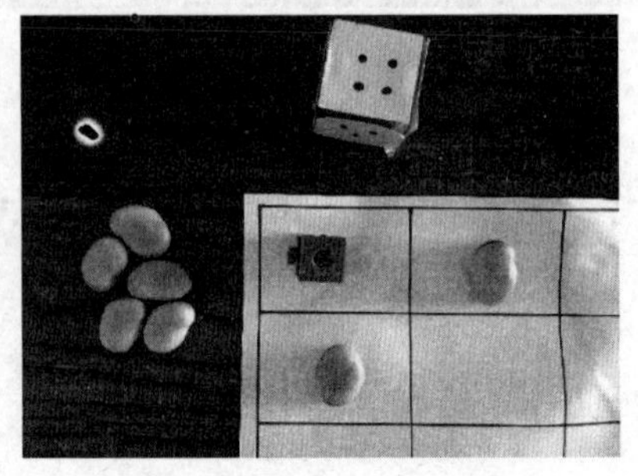

注意事项

游戏过程中适时引导幼儿思考：豆子怎样种才能有利于自己赢得更多的地？

数学教学语言

1. 骰子掷的是几点？你应该选几颗豆子？

2. 你打算怎样种豆子？种在几块地里？为什么这么种？还可以怎样种？哪种种法更有利于自己赢得地？

3. 原来地里有几颗豆子？加上新种的几颗，一共是多少颗豆子呢？

4. 数一数你种了几块地，他种了几块地，两个人谁的地多？多几块？

（活动设计者为北京市朝阳区劲松第二幼儿园孙宁）

游戏 4　猴子摘香蕉

游戏名称：猴子摘香蕉

班级：大班

核心经验

一定数量的物体（整体）可以分成几个相等或不等的部分，这几个部分又可以合成一个整体。

游戏目标

1. 感知 10 以内数的多种分解与组合的方法。

2. 尝试进行 10 以内数的加减运算。

游戏准备

猴子天平、香蕉串、游戏牌（蓝色卡片：数字 5 ～ 10；红色卡片：数字 2 ～ 4 和问号卡片若干）

游戏玩法

玩法一（常规玩法）：在小猴子的两只手臂上挂香蕉，使手臂平衡。

玩法二（挑战玩法）：幼儿抽取游戏牌，按照数字要求挂香蕉，使手臂平衡。

规则：蓝色数字卡片代表要组合的数，红色数字卡片代表要分解成几个部分，问号卡片代表万能数字卡（幼儿可以用它代替任何数字）。可以几个人一起游戏，先完成任务者为胜。

举例：蓝色卡片抽取了数字 6，红色卡片抽取了数字 3，那就是要将 6 分成三个部分，可以怎么分？可以挂 3 个 2 根的香蕉，也可以挂 1 个 4、2 个 1。

注意事项

1. 游戏活动中教师应支持幼儿进行自发的探索、尝试。

2. 游戏活动可以先易后难，可以让幼儿先感知将一个数分成两个部分，进而再尝试分成 3 个以上的部分。

3. 游戏结束后可以询问幼儿还想怎么玩这个玩具，收集幼儿喜欢的玩法。

数学教学语言

1. 左边是 5 根香蕉，右边需要几根才能平衡？怎么能挂 5 根？

2. 原来 6 可以分成 2 和 4，还可以分成 5 和 1，还可以分成一个 2、1、3。

3. 原来 3 和 4 合起来是 7。

（活动设计者为北京市朝阳区劲松第一幼儿园张茜）

游戏 5　多彩礼品店记账单

游戏名称：多彩礼品店记账单

班级：大班下

核心经验

1. 数量是物体集合的一个属性，我们用数字来命名具体的数量。
2. 收集数据的目的是回答那些答案不明显、不直接的问题。
3. 对局部数据进行比较，有助于预测整体情况。

游戏目标

1. 理解数字、数据分析在生活中的运用及作用。
2. 体验用数学解决问题的过程及乐趣。

游戏准备

每日记账单、每周记账单、白纸、笔。

游戏玩法

多彩礼品店记录单

售出商品		数量	1	价格	2
售出商品		数量	1	价格	2
售出商品		数量	1	价格	10
售出商品		数量	1	价格	4元
售出商品		数量	1	价格	5元
售出商品		数量		价格	
售出商品		数量		价格	
售出商品		数量		价格	
签字：[illegible]		总计：5		总价：23元	

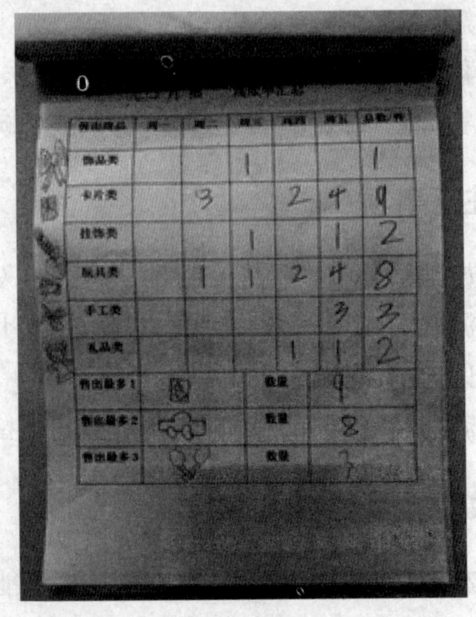

售出商品	周一	周二	周三	周四	周五	总数/件
饰品类			1			1
卡片类		3		2	4	9
挂饰类			1		1	2
玩具类		1	1	2	4	8
手工类					3	3
礼品类				1	1	2

售出最多 1		数量	9
售出最多 2		数量	8
售出最多 3		数量	[illegible]

1. 每日记账单。

请在多彩礼品店的服务人员售卖出每件商品的时候，在每日记账单上进行记录，通过绘画的方式记录售出的商品，并用数字写下卖出的数量以及商品的价格。在每天游戏结束时，记录下当天卖出的商品总数以及商品总价。

2. 每周记账单。

每周五请多彩礼品店的服务人员汇总记录每周记账单。写下每天售卖出每种商品的总数、每周售卖出每种商品的总数，同时记录下本周售出商品最多的种类以及数量。

3. 绘制统计图表。

依据每周记账单请幼儿将每周卖出去的商品（种类及数量）绘制成统计图表，帮助幼儿更清晰地分析出商品的售卖情况，如哪种商品售出的数量最多，哪种商品售出的数量最少。

注意事项

1. 幼儿在计算每天的商品总价时，如遇到数额较大不易进行运算时，教师及时提供帮助，或提供辅助运算的材料，如雪花片、棋子等可以供幼儿点数的小物件。

2. 请多彩礼品店的服务人员在每日区域结束时或区域分享时结合每日记账单说一说当天的售卖情况，在周五的时候结合每周记账单说一说当周的售卖情况。

3. 鼓励幼儿运用多种方式根据每周记账单绘制统计图表，同时结合图表分析当周的商品售卖情况，并鼓励幼儿思考相应的售卖策略。如，售出数量多的商品可以多进货，售出数量少的商品可以运用降价、满减、送赠品等促销方法。

数学教学语言

1. 手链卖出了几个？价格是多少……

2. 今天一共卖出了几件商品？总价是多少？

3. 周一饰品一共卖出了几件？本周一共卖出了几件？

4. 本周卖出数量最多的商品是什么？数量是多少？

（活动设计者为中国人民大学朝阳幼儿园陈丽娟）

数运算学习目标与教学方案示例

小班

学习与发展目标

借助实物或情境中的材料理解5以内集合的数量变化。

教学方案

一日生活环节

1. 加餐环节。

➢ 在加餐环节的生活情境中真实地感知水果数量的变化。

➢ 数学语言：请你数一数盘子里有几块水果？吃掉一块以后还有几块？

2. 过渡环节。

➢ 游戏名称：5只小猴荡秋千。

➢ 游戏玩法（具体见本章案例）。

3. 签到环节。

➢ 为幼儿布置“集星星”签到墙，集齐5颗星星就放假（过周末），让幼儿在集星星的过程中感知集合数量的变化，感知还差几天就能放假。

➢ 数学语言：你一共要集齐几颗星星？你已经有几颗星星？你还要再收集几颗星星？

4. 喝水环节。

➢ 创设喝水墙，每喝一杯水给自己加一个小水滴，感受水滴数量的变化。

➢ 数学语言：你已经喝了几杯水了？喝完一杯再次确定，现在是喝了几杯水了？

区域游戏渗透

1. 数学区。

➢ 游戏活动：数字拼摆。

➢ 游戏玩法：幼儿通过观察尝试数字板的长度感知5的组成。

2. 娃娃家。

➢ 提供有扣子的娃娃衣服，请小朋友们为娃娃的衣服系扣子。

➢ 数学语言：一共要系多少粒扣子？系了几粒扣子了？还差几粒没系上？

2. 图书区。

➢ 在阅读绘本中感受数量变化，如：《好饿好饿的毛毛虫》《1是蜗牛10是螃蟹》《哪个多哪个少》。

中班

学习与发展目标

1. 进行5以内数的分解与组合。

2. 借助实物或情境理解10以内集合的数量变化。

教学方案

一日生活环节

1. 点名环节。

➢ 通过点数、报数等方式确定男女生人数各是多少，并用一一对应、直接比较等方法比较男生多还是女生多，多多少。

2. 过渡环节。

➢ 游戏：神奇的小球。

➢ 游戏材料：塑料小球。

➢ 游戏玩法及规则：教师先取几个小球放在手里，双手合十，小球包裹在教师手中。然后教师搓动双手，将小球分开，让幼儿猜猜左右手里的小球各有几个。

➢ 数学语言：请你来猜猜我的左手有几只小球？我的右手有几只小球？两只手一共有几只小球？

3. 墙面环境。

➢ 饮水墙面：加入数字，引导幼儿说一说距离8杯还差几杯水。或将上午和下午水滴用颜色区分，计算“上午喝了多少杯，下午喝了多少杯，全天一共喝了多少杯”，并用数字表示。

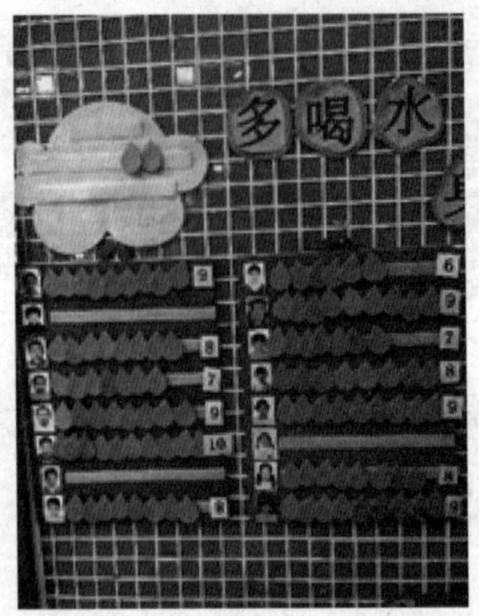

区域游戏渗透

1. 数学区。

（1）翻牌游戏（具体见本章案例）。

（2）七星瓢虫的翅膀。

➢ 游戏玩法：将瓢虫的两半翅膀按照瓢虫身体上的数字组合出正确的两半翅膀。

（3）游戏名称："吃饼干"（具体见本章案例）。

2. 棋区。

幼儿记录下棋游戏输赢情况，最后计算自己一共赢了多少局？输了多少局？输的多还是赢的多？

3. 图书区。

投放数运算专题绘本，支持幼儿通过阅读学习数运算知识，如《鼓鼓和蛋蛋的梦想》《世界上最帅的猪》《都到我这里来》《插岘岭》《汪汪的生日派对》《鸟儿鸟儿飞进来》《有想除掉的东西》。

集体教学活动

1. 行棋乐（具体见本章案例）。

2. 找瓢虫（具体见本章案例）。

户外活动

1. 老猫睡觉醒不了（具体见本章案例）。

2. 老鼠拉香肠（具体见本章案例）。

3. 冻冰棍（具体见本章案例）。

4. 马兰花开。

游戏玩法：一名幼儿代表一朵马兰花。师幼一起说儿歌："马兰花呀马兰花，风吹雨打都不怕，勤劳的人们在说话，请你马上就开花。"幼儿问："开几朵花啊？"教师答："开3朵、5朵、开×朵……"幼儿根据提示找同伴开相应数量的花。

大班：

学习与发展目标

1. 进行10以内数的分解与组合。

2. 用算式来表示生活中遇到的数量变化和加减问题，如用"2+3=5"来表示2颗糖果和3颗糖果放在一起的事情。

3. 借助实物或情境对一定数量的物体进行等分，如将干果平均分给小伙伴。

教学方案

一日生活环节

1. 点名环节。

➢ 制作点名板，渗透数运算学习（具体见本章案例）。

2. 生活活动。

➢ 喝水记录：幼儿每天喝一杯水贴一个小贴纸，上午记录一共喝几杯水，写上相应的数字，下午和上午一样，将一天的喝水次数加在一起，记录在最下面的记录纸上。

➢ 光盘请亮灯：提供统计表，幼儿吃完饭自行检查自己的食物是否吃光，碗盘是否干净，进行亮灯，每天都光盘的幼儿能亮3次灯。一周结束后，请幼儿数一数自己一共亮了几次灯，做到15次光盘亮灯的幼儿可以获得一个小礼物。

➢ 值日生：在收放玩具环节，幼儿根据当天值日生总人数进行分配。如：值日生共有6人，2人负责取户外材料，4人负责摆户外材料。

➢ 午点环节：分干果（具体见本章案例）。

3. 过渡环节。

➢ 好玩的扑克牌：幼儿根据扑克牌框上的数字，分析可以分成哪两个数字，在对应的口袋里放入扑克牌。

区域游戏渗透

1. 数学区。

（1）种花。

➢ 游戏目标：感知 10 以内的多种分解与组合的方法。

➢ 游戏规则：两个花坛都要种花，共种 10 朵，同一个花坛种的花颜色必须相同，不同花坛种的花颜色不能相同。记录红花与黄花各自的数量，观察、总结分解组合关系。

（2）种豆赢地（具体见本章案例）。

（3）猴子摘香蕉（具体见本章案例）。

（4）计数盒子。

➢ 游戏玩法：盒子内有 1 ~ 10 的数字和“+”“–”“=”“？”等符号，一名幼儿出题目，如“3+4=？”，另一名幼儿进行运算并填充，成功后两人交换。

2. 科学区。

在科学小实验中引导幼儿关注实验材料的数量，如一个实验如要 10 毫升水、10 毫升柠檬酸水、10 毫升苏打水，请幼儿运算本次实验共用了多少“水”，并通过量杯上的刻度进行验证。

3. 美工区。

（1）10 只兔子去野餐（具体见本章案例）。

（2）串珠。

➢ 游戏玩法：提供不同类型的串珠，在穿编过程中引导幼儿关注不同珠子的数量。各种珠子用了多少颗？哪种用得多，哪种用得少？多几颗？

4. 表演区。

引导幼儿在规划演出的过程中体验数运算的过程和方法。如：总共有 30 分钟的演出时间，想演哪几个节目？几个节目各需要多长时间？ 30 分钟是否够用？需要把哪些节目减掉？

5. 角色区。

（1）火锅店。

➢ 游戏玩法：给菜品定价，制作菜单。服务员根据顾客的点餐进行记录和清算。

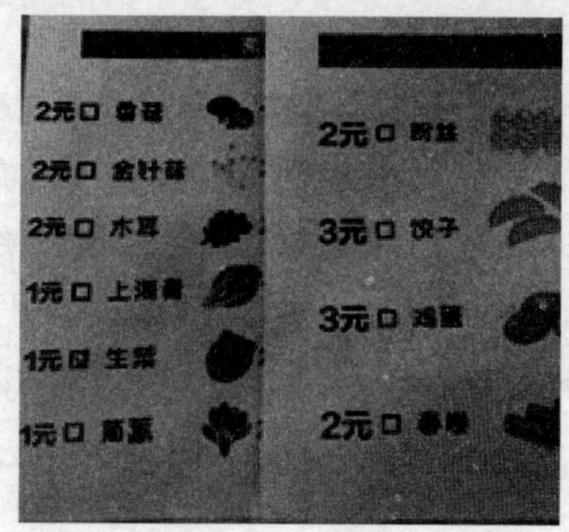

（2）小银行。

➢ 游戏玩法：幼儿取几元钱就要画几个小圈圈或者数字。用自己的零花钱购买商品，并进行记录。每天清算“今天花了多少钱，还剩几块钱没花出去”。

6. 图书区。

绘本《蜗牛岛》：用自己的方法了解蜗牛岛和石头山中，哪里的蜗牛多，哪里的蜗牛少。

7. 建筑区。

根据小组计划，对搭建的主题需要的材料进行分工合作，如：我计划搭三角形的屋顶，需要6个三角形和6个正方形才能完成，一共需要12个积木。

8. 拼插区。

➢ 作品登记表：幼儿按日期记录自己的作品，在月末算出总和，了解自己在这个区域里的作品数量。

集体教学活动

1. 都到我这里来（具体见本章案例）。

2. 赢棋子（具体见本章案例）。

3. 几只羊（具体见本章案例）。

4. 小小投镖手（具体见本章案例）。

户外活动

1. 冻冰棍（具体见本章案例）。

2. 马兰花开。

➢ 游戏玩法：具体见本方案中班户外活动案例介绍。随着游戏次数的增多，教师给出的数可以逐渐变化，还可以加入简单的口算题，如开“1+2”朵、“3+4”朵、“5+3”朵等。

3. 数字撕名牌。

➢ 游戏玩法：两名幼儿身上贴数字10，其余幼儿贴10以内的数字。游戏开始，两名幼儿去撕加起来能凑成10的数字，凑10成功即为胜利，更换角色继续游戏。

4. 跳蚤市场（具体见本章案例）。

（本方案设计者：北京市朝阳区劲松第一幼儿园李真、刘洁红、李欣、张茜、张天野、葛旭、任慧敏；北京市朝阳区水碓北里幼儿园郭萌；北京市朝阳区北辰福第幼儿园张嘉楠；中国人民大学朝阳幼儿园陈丽娟、舒静、王旭、王叶、孙思允；北京市朝阳区朝花（孙河）幼儿园孙文慧；北京市朝阳区群星幼儿园马建芳；北京市朝阳区枣营幼儿园逯宇婷；北京市朝阳区新源里第二幼儿园温雪；中国科学院第六幼儿园王娜。）

（本方案整理者：北京市朝阳区劲松第一幼儿园刘洁红、李欣；北京市朝阳区教师发展学院王艳云。）

第五章　数据分析

板块一　学习价值

幼儿园“数据分析”教学，即通过引导幼儿对数据进行收集、整理、分析与描述，来获得一些规律性的认识，从而帮助幼儿对某些事件做出合理的推断与预测的教学。

随着信息技术的飞速发展，大数据已融入我们的生活。利用大数据进行分析，获得需要的信息，已经成为现代人的日常，形成良好的数据分析能力也成为每一个现代公民所必备的素养。“数据分析”教学能够培养幼儿“用数据说话”的意识和能力，为幼儿成为现代社会公民提供支持。

从数学学习本身来讲，数据分析将“分类”和“数概念与运算”联系起来，使得分类更加深入，同时支持幼儿数概念与运算能力的持续发展。此外，“数据分析”是我国数学教育提出的六大核心素养之一，数据的收集、整理与分析是义务教育阶段统计领域的重要内容。“数据分析”教学，也是幼儿未来学业准备的重要内容。

板块二　相关概念

1. 数据

数据是信息的载体，这个载体包括数，也包括语言、信号和图像。①

2. 数据分析

数据分析是指用适当的统计分析方法对收集来的大量数据进行详细研究和概括，提取有用信息，形成结论的过程。②

① 史宁中，张丹，赵迪．“数据分析观念”的内涵及教学建议：数学教育特点问题系列访谈之五[J]. 课程，教材，教法，2008（6）：40-44.

② 袁晓萍．让数据分析成为一种思维习惯：“统计里的秘密”教学实践与思考[J]. 小学数学教育，2018（12）：70-72.

3. 数据分析教学

幼儿园“数据分析”教学，即通过引导幼儿对数据进行收集、整理、分析与描述，来获得一些规律性的认识，从而帮助幼儿对某些事件做出合理的推断与预测的教学。其主要目标是初步培养幼儿“用数据说话”的意识和能力。具体而言，就是让幼儿知道数据能够帮助人们做事，通过数据分析与判断能更好地解决一些问题，提高幼儿提出问题并根据问题收集数据，对数据进行描述和分析，得出结论的能力。

4. 数据表征

数据表征是根据需要将数据用图、表等直观化的方式呈现出来，使抽象的数据可视化的过程。

板块三　核心概念及核心经验点

1. 收集数据的目的是回答那些答案不明显、不直接的问题。

对应的核心经验点：通过收集和分析数据，解决实践中不能直接回答的问题。

2. 数据表征的目的在于说明问题，而如何收集和整理数据则取决于问题本身。

对应的核心经验点：根据需要收集数据，并用直观的方式（如实物图表、图画图表、按群记符）来呈现数据。

3. 对局部数据进行比较，有助于预测整体情况。

对应的核心经验点：概率分析。

板块四　儿童发展轨迹

幼儿数据分析能力的发展主要体现在两个方面。一是数据表征能力的发展，二是利用数据分析法找到规律、解决问题的意识和能力的发展。

（一）幼儿数据表征能力发展轨迹

在数据表征上，幼儿的理解能力经历了从具体到抽象的发展过程，大致经历五个阶段。

阶段一：实物图表——幼儿运用真实物品制作（摆出）图表。例如：秋季在户外捡拾落叶，想比较捡拾的掌形树叶多还是卵形树叶多，可以把两种树叶分别摆成一排或者摆在事先画好的格子里，让树叶的数量可视化，通过比较两排树叶队伍的长短或者高矮来判断哪种树叶多，从而找到答案。

阶段二：图画图表——幼儿运用图画的方式表征数据，即幼儿先把具体的物品画下来，再把画贴在表格里，通过比较图画的数量来比较物品的多少。比如，把自己最喜欢吃的水果画下来，再把图画按水果种类分类粘贴在表格里，使各种水果图片的数量可视化，一眼看上去就知道哪种水果多，哪种水果少，方便比较。

阶段三：正方形纸图表——幼儿不用把真实的物品画下来，而是直接用正方形的纸片代替实物，把正方形的纸贴到表格里进行比较。

阶段四：条形统计表——不再借助实物、图画或者正方形，而是用条形统计图中的一"条"（可以加上数字）来表征数量。

阶段五：按群记符——选择一个数（如5）作为标记符，把较大的数量按照几个（如5）一组的方式分成若干组，进行比较。我们在各种评选中用画"正"字的方式计票，就是这个原理。

（二）运用数据解决问题的意识和能力的发展

在运用数据解决问题时，幼儿沿着从单纯计数到分类统计，从教师提出问题到自己提出问题的路径发展。

运用数据解决问题的意识和能力需要外界的引导。在外界的引导下，这一能力随年龄的增长逐渐提高。小班幼儿会自发地点数物品的数量，还会用一一对应的方法比较数量的多少。中班幼儿经常会有比较数量的想法，但要想得出精确的结论，需要教师有意识的引导。比如，看到记录喝水数量的水滴，茜茜说："我的水滴多，月月的水滴少。"教师问："你的水滴是几滴？月月的水滴又是几滴？"茜茜分别点数了两个人的水滴，告诉老师："我的水滴是8，月月的水滴是6。"老师接着问："你的是8滴，月月的是6滴，那你比月月多几滴？"这时茜茜把两个人的水滴都排成一排，用一一对应的方式比较，然后指着月月和自己比空出来的一段长度，说："我比月月多这么多。"教师继续追问："那么多几滴？"在教师的追问下，茜茜根据水滴的大小，在茜茜与自己比是空白的一段点数，说出"1、2"。这是数据分析的简单形式，教师用提问的方式引发幼儿对两组数据进行"精确比较"的需求，通过实物表征和点数的方式得出了答案。随着经验的增长，幼儿逐渐能自己提出问题。例如，看到喝水记录，大班鑫鑫小朋友提议："今天谁得的水滴最多呀？咱们来数数吧。"于是，几个孩子一起数每个人都得了几滴水滴，谁的水滴最多。早晨入园环节，元宝自言自语："我猜牛牛今天不会来，因为他最近经常不来幼儿园。"显然，元宝已经关注到了牛牛最近来园情况的数据，并且发现了牛牛来园的概率（经常不来幼儿园），并将其作为判断牛牛今天是否来幼儿园的依据。

板块五　核心目标

“数据分析”的核心目标，在于培养幼儿“用数据说话”的意识和能力，即通过收集数据、分析数据得出结论的过程，培养幼儿客观、全面地观察、判断、分析、综合、推理解决问题的习惯和数学思维方式。具体包括：

1. 根据要解决的问题收集数据。

2. 根据需要对数据进行描述、分析。

3. 根据数据得出结论，解决问题。

不同年龄段的幼儿，核心目标也有所区别。

小班：（1）初步感知统计活动；（2）在对事物进行分类的基础上，尝试利用实物（或图画）统计的方法感知不同集合元素数量的多与少，并对集合间元素的数量进行比较。

中班：（1）利用简单的图示、符号等替代性标记对数据进行表征，制作简单的条形图；（2）对条形图里呈现的数据进行简单描述并得出初步结论。

大班：（1）利用按群记符等方式进行统计；（2）用条形图、折线图、饼形图等方式表征数据，对统计图中呈现的数据进行描述并发现明显规律；（3）尝试自主提出问题，在教师的指导下设计简单的问题解决方案，通过收集、表征、分析数据，发现规律，解决问题。

板块六　教学策略

1. 挖掘幼儿一日生活中可以利用的教育主题，开发成正式的数学活动

例如：利用选择自助餐的机会，开展小班“数据分析”教学活动。利用幼儿园每月一次自助餐的时机，教师带小班幼儿通过投票的方法选择喜欢的自助餐。将厨房可以做的菜谱做成“素菜”“荤菜”两个统计图表，横坐标为菜名，纵坐标为人数，每个幼儿分别从素菜、荤菜中选出自己最喜欢吃的荤菜、素菜各一个，将自己的照片贴在喜欢的菜名上。将贴照片最多的两个素菜、两个荤菜，作为本月自助餐的菜谱。

2. 挖掘一日生活中的教育契机，培养幼儿运用“数据分析”解决问题的意识和能力

例如：面对大班幼儿经常有来园迟到的现象，教师设计了“早来园小榜样”记录表，让幼儿每天在上面记录来园情况（早来园的用红色笔画“√”，迟到的用黑色笔画“√”），每周用条形统计图将结果进行整理，统计5天都能不迟到的“早来园小榜样”，给予表扬。

这项活动既鼓励了幼儿按时入园，又让他们体验到了数量的增加及数据表征和分析的方法与过程。

又如，大班益智区闯关类益智玩具因为幼儿认为“太难”而不愿意玩。为了激发幼儿玩益智类闯关游戏的兴趣，教师带领他们将玩具按照难易程度将游戏步骤分为不同星级，每完成一步，就在条形统计图上涂满一格。这一设计起到了多种效果：难度的分级让孩子们不再担心完不成最终作品而“前功尽弃”，增强了他们挑战的勇气；条形统计图的记录方式让孩子们直观地看到自己每天都在一格一格的进步，同时也体会到统计图表这种数据表征方式的做法与“直观化”的好处。

3. 挖掘其他领域教育活动中的教育契机，丰富幼儿“数据分析”的学习

例如：在大班主题活动“有趣的成语故事”中，老师发动孩子们收集成语。随着收集的成语数量越来越多，孩子们发现，很多成语都和动物有关。于是，老师设计了一个“动物成语大比拼”的活动：为孩子们准备了形状、大小一致的卡片，让孩子们把自己知道的成语写或者画在卡片上。每完成一个成语，就把它按照鸡、狗、猴、兔、马、龙、鼠等动物贴在事先设计好的“动物成语”大表上，形成由成语卡片组成的柱状图，最后通过观察发现含有各种动物的成语各是多少，含有什么动物的成语最多、最少。这一活动既让孩子们体验了中国成语的构成特点，又感受了数量变化的过程及对数据进行直观比较的方法。

板块七　教学案例

集体教学活动案例

活动 1　我喜欢吃的菜

活动名称：我喜欢吃的菜

班级：小班上

核心经验

1. 收集和分析数据能够帮助我们解决一些不明显、不能直接回答的问题。
2. 可以用实际的物体（或者图片）来表征数据。

活动目标

1. 投票选出自己喜欢吃的菜，体验通过投票集体决策的过程。

2. 通过实物表征的方式，完成柱状统计图，体验数据表征的过程。

3. 观察柱状统计图，发现并选出最受本班小朋友欢迎的菜。

活动重难点

活动重点：用实物表征的方式完成柱状图，观察柱状图，发现并选出最受本班小朋友欢迎的菜。

活动难点：理解投票选择的过程，能根据自己的意愿投票选择自己喜欢吃的菜。

活动准备

经验准备：

1. 有通过举手表决进行决策的经历，对数据分析活动有初步的感知和了解。

2. 有吃自助餐的经验，能区分荤菜、素菜。

物质准备：

幼儿自助餐图片（本月吃过的菜的图片）、格子统计表2张、幼儿头像照片（每人2张）、小星星贴纸、PPT（介绍可供选择的菜谱）。

活动过程

一、活动导入

1. 播放PPT回忆自助餐。

主要引导语：

（1）记得这些照片是什么时候拍的吗？（吃自助餐时拍的）

（2）每个月自助餐的菜谱都是保健医生刘大夫为小朋友定制的。这个月的自助餐，刘大夫邀请咱们班的小朋友和她一起定菜谱。

2. 介绍自助餐的选择及要求。

教师介绍选择菜谱的要求：全班小朋友一起，从这些菜谱里选择 4 个菜，包括 2 个荤菜、2 个素菜。

二、菜品分类

1. 强调选择要求：全班小朋友一起选出 2 个荤菜、2 个素菜。

2. 播放 PPT，熟悉可供选择的菜，按荤素分类。

主要引导语：

（1）这个是什么菜？它是荤菜还是素菜？

（2）你喜欢吃这个吗？

（3）你一会儿会把票投给它吗？

三、投票选择自己喜欢吃的菜

（一）介绍统计表以及投票方法。

1. 观察统计表，了解统计表的构成及用法。

主要引导语：这是什么呢？ 你看到了什么？你知道它的意思吗？ 这个上面写着……下面的图片，是食堂的叔叔阿姨会做的菜。

2. 教师介绍投票方法。

（1）小格子是做标记用的，你最喜欢吃哪个菜，一会儿就把你的照片贴上去，一个挨着一个地往上贴。

（2）数字表示有几个小朋友喜欢吃这个菜。

（二）投票。

1. 引导幼儿分别选出喜欢吃的荤菜和素菜。

（1）为了避免混淆，分荤菜、素菜两次投票，男孩、女孩分开投。

（2）教师引导幼儿投票：一定要把票投给你最喜欢吃的菜哦！

2. 根据需要对幼儿投票的过程进行引导。

投票过程中注意观察幼儿是否理解了投票的方法及要求，并根据情况给予及时的引导。

四、分析统计结果

1. 引导幼儿观察统计图，描述统计结果。

分别观察荤菜、素菜统计表，提问：你发现了什么？

2. 根据统计结果选出最受欢迎的 2 道荤菜和 2 道素菜。

（1）引导回忆，再次明确要求：还记得吗？我们要选出几道荤菜、几道素菜？

（2）观察图表，进行选择：请小朋友仔细看一看我们的投票结果，哪两道荤菜或素菜胜出了？为胜出的菜贴上小星星贴纸。

五、总结环节

“我们今天用投票的方法，选出了最受小朋友欢迎的 2 道荤菜、2 道素菜。一会儿，我们就把这个结果告诉刘大夫。周五的时候，我们就可以吃到这些菜啦，让我们一起期待吧！”

注意事项

1. 每道菜留出的可供投票的格子数要和幼儿人数相等，以备所有幼儿都喜欢某个菜时，有足够的格子供幼儿投票（贴照片）。

2. 在统计表上，可以把数字写在格子旁边，方便观察结果。

数学教学语言

1. 贴照片时，一个挨着一个往上贴。

2. 喜欢这个菜的小朋友最多，哪个菜的票数第二多?

3. 因为它这列的照片最多（照片队伍最长或最高），所以它的票数最多。

4. ×× 菜胜出了。你怎么知道它胜出了？因为它这列的照片最多（照片队伍最长或最高），所以它的票数最多。有多少票呢?

5. 哪个菜的票数第二多？有多少票?

6. 有没有哪几个菜的票数是一样多的呢?

7. 用这样的方法非常方便，我们不用数数，看旁边的数字，一下就能知道有几个小朋友把票投给了这个菜。

（活动设计者为北京市朝阳区泛海幼儿园王国旭、叶红）

活动 2　体能测试成绩统计

活动名称：体能测试成绩统计

班级：中班下

核心经验

1. 收集数据的目的是回答那些答案不明显、不直接的问题。

2. 数据表征的目的在于说明问题，而如何收集和整理数据则取决于问题本身。

活动目标

1. 尝试用贴纸的方法表征数据，绘制体能测试成绩柱状图。

2. 学习观察柱状图，从中发现体能测试成绩的强项和弱项，积极想办法提升弱项成绩。

活动重难点

活动重点：用贴纸的方法表征数据，绘制体能测试成绩柱状图。

活动难点：理解个人体能测试成绩图和集体成绩统计图在竖轴上的区别（一个表示分数，一个表示人数）。

活动准备

经验准备：

1. 参加过数据分析活动，知道借助柱状图里的数据分析问题、解决问题。
2. 有过用涂色方式表征自己体能成绩、制作柱状图的经历。

物质准备：

1. 个人体能测试成绩柱状图。
2. 集体：体能测试 5 分人数统计表。
3. 表征数据用的贴纸（统一规格）若干。

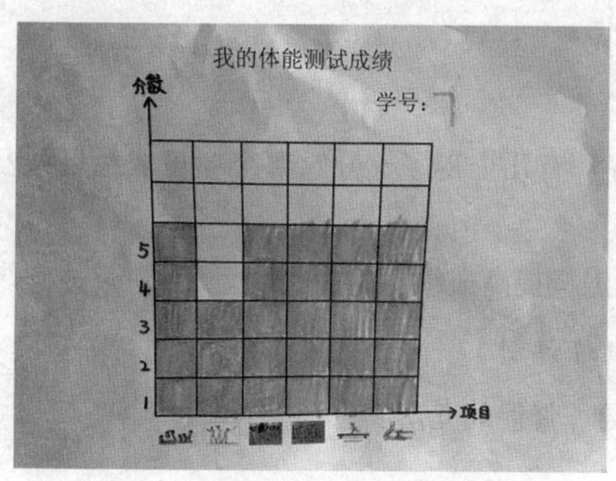

个人体能测试成绩柱状图

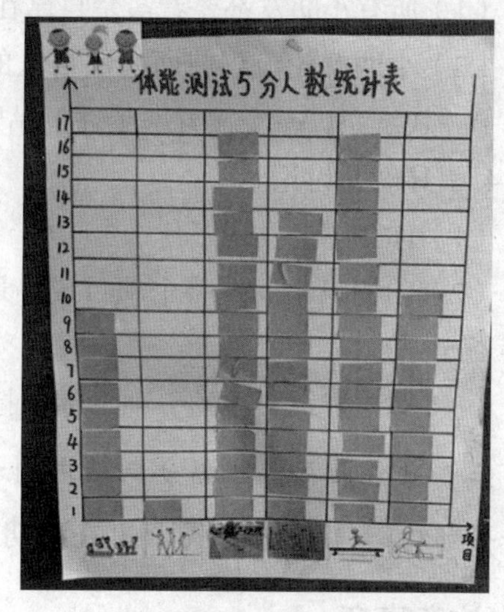

集体成绩统计表

活动过程

一、活动引入

1. 观察、熟悉个人体能测试柱状图。

主要引导语：

（1）还记得这个图统计的是什么吗？

（2）你还记得你哪一项分数最好，哪一项分数最低吗？

（3）横着的每一列代表什么？（体能测试项目）竖着的格子表示什么？（分数，一个格子表示 1 分）

2. 教师引导幼儿讨论并小结。

3. 引出集体成绩统计表。

引导语：刚才你们都和同伴分享了自己的测试成绩，那你们想不想知道我们班哪个项目成绩得 5 分的最多，哪个项目得 5 分的最少吗？你们有什么好主意一下就能知道全班哪个项目得 5 分的人数最多，哪个项目得 5 分的最少呢？

二、统计分析班级体能测试结果

1. 出示班级成绩统计表，引导幼儿通过统计图来寻找答案。

2. 认识统计表。

主要引导语：

（1）横着的每一列代表什么？（体能测试项目）

（2）竖着的格子表示的是什么？（××项目得 5 分的人数）

（3）每一个格子表示什么？（一个得了 5 分的人数）

3. 统计班级测试成绩。

（1）所有小朋友都要看清楚自己在哪些项目上得了 5 分。

（2）小朋友轮流到前面来贴自己的成绩：哪一项得了 5 分，就在哪一项对应的格子里贴上一块纸条，一个挨着一个往上粘贴。

4. 引导幼儿讨论。

（1）你在图上发现了什么？

（2）咱们班小朋友哪个项目成绩最好？有几个得了 5 分？哪个项目成绩最差？有几个得了 5 分？

（3）对于成绩最差的一项，你们打算怎样提高成绩？

三、延伸活动：根据分析结果制订锻炼计划

指导幼儿制订锻炼计划，并在后期引导、督促幼儿落实。

注意事项

从个人统计表到集体统计表，涉及数轴及数据类型的转换，需要注意引导幼儿观察理解。

数学教学语言

1. 横着的每一列代表什么？竖着的格子表示的是什么？每一个格子表示什么？

2. 哪一项分数最好，哪一项分数最低？你是怎么看出来的？

3. 哪一项得了 5 分，就在哪一项对应的格子里贴上一个纸条，一个挨着一个往上贴。

4. 你在图上发现了什么？

5. 咱们班小朋友哪个项目成绩最好？有几个得了 5 分？哪个项目成绩最差？有几个得了 5 分？

（活动设计者为北京市朝阳区劲松第一幼儿园晏晓清）

活动 3 蜘蛛和糖果店

活动名称：蜘蛛和糖果店

班级：大班下

核心经验

1. 收集数据的目的是回答那些答案不明显、不直接的问题。

2. 对局部数据进行比较，有助于预测整体情况。

活动目标

1. 结合小蜘蛛记录的以往客人买糖果的数据，理解数据与小蜘蛛猜测结果之间的关系。

2. 在故事情景中尝试结合小蜘蛛记录的以往客人买糖果的数据，提出合理猜测并说明理由。

3. 理解收集数据，根据数据寻找规律、预测未来的有用和有趣。

活动准备

经验准备：幼儿具有较为丰富的分类学习经验。物质准备：绘本《蜘蛛和糖果店》[（韩）刘永昭著作 . 林春颖译 . 长春：长春出版社，2009.9]，制作成 PPT 课件。

活动过程

一、开始部分

教师播放 PPT（出示绘本第 1-2 页，糖果店阿姨拿着扫帚要把小蜘蛛赶出糖果店；出示绘本第 3-4 页，小蜘蛛表示自己可以帮助糖果店阿姨），创设故事情境，介绍小蜘蛛拥有预测客人买什么糖果的“神奇能力”，提出疑问，引发好奇：小蜘蛛真的有预测的本领吗？他是怎么做到的？糖果店的阿姨最后能留下小蜘蛛吗？

二、过程部分

1. 展示第一位小客人咪咪购物（出示绘本第 5-6 页，咪咪来买糖，小蜘蛛猜测咪咪的选择；出示绘本第 7 页，咪咪选择了棒棒糖）：“哇，小蜘蛛真的猜对了！”进一步激发幼儿的好奇心和学习兴趣，请幼儿猜一猜：小蜘蛛是怎么做到的？

2.（出示绘本第 8 页，小蜘蛛列出了咪咪经常买的糖果）介绍小蜘蛛的做法：“原来，咪咪来过四次糖果店，买过四次糖果，小蜘蛛把咪咪买过什么糖，都给记下来了。”

带领幼儿一起观察小蜘蛛的记录：“第一次是什么糖？（昨天买的紫色棒棒糖）第二

次是什么糖？（星期日和爸爸一起买的绿色棒棒糖）第三次是什么糖？（送给好朋友的生日礼物红色棒棒糖）第四次是什么糖？（黄色棒棒糖）”引导幼儿明确糖果种类，再次确认糖果数量：“它们都是棒棒糖。咪咪来了四次糖果店，每次都买了棒棒糖。”

3. 理解图表信息与小蜘蛛猜测的关系：小蜘蛛为什么猜测咪咪这次也会买棒棒糖？

4. 第二位小客人菲菲、第三位小客人东东、第四位小客人嘟嘟的情节，带领幼儿一起参与到小蜘蛛记录的过程中，与小蜘蛛一起记录、猜测并说出理由、验证答案（需要依次向幼儿展示：菲菲买糖情节，绘本第 10 页，菲菲来买糖，绘本第 12 页，小蜘蛛统计菲菲买过的糖，绘本 13 页，菲菲选择了花生巧克力糖；东东买糖情节，绘本第 16 页，东东来买糖，绘本第 19 页，小蜘蛛统计东东买过的糖，绘本第 18 页，东东选择了果冻；嘟嘟买糖情节，绘本第 22 页，嘟嘟来买糖，绘本第 24 页，小蜘蛛统计嘟嘟买的糖果类型，绘本第 23 页，嘟嘟选择了跳跳糖）。

5. 第五位客人奶奶的情节（出示绘本第 25-26 页），带领幼儿一起记录（绘本第 29-30，只显示老奶奶买糖的统计内容），发现并不是每一次都能预测正确，初步感知概率的“不确定性”（出示绘本第 28 页）。

概率是依据已收集的材料推测未来，概率显然能够判断某件事情发生的可能性大小，却不能保证 100% 正确。

6. 应用延伸。结合故事情节，向幼儿介绍数据收集与分析的其他应用场景（出示绘本第 37-38 页）：“糖果店阿姨和小蜘蛛成了好朋友。现在，糖果店阿姨一点儿都离不开小蜘蛛啦，因为小蜘蛛的神奇能力，还能够帮她管理糖果店。”简单介绍客人购买越多的糖果越要多准备一些。

糖果店阿姨发现有的糖不够卖，而有的糖卖不掉，她想再做一些糖，不过，做哪种糖好呢？

小蜘蛛说：“阿姨，把受欢迎的糖记录下来的话，可以推测以后哪种糖会比较好卖。这是一周内糖果店的销售记录。”

受欢迎的糖：

星期一——棒棒糖和花生巧克力；

星期二——棒棒糖和花生巧克力；

星期三——棒棒糖和果冻；

星期四——果冻和薄荷糖；

星期五——棒棒糖和花生巧克力；

星期六——花生巧克力和薄荷糖；

星期日——棒棒糖和果冻。

那么，最受欢迎的糖是哪种呢？

总结：最受欢迎的糖是棒棒糖，因为星期一、二、三、五、日，5 天，都有棒棒糖。第二受欢迎的是花生巧克力糖，星期一、二、五、六，4 天，都有花生巧克力糖。

三、结束部分

联系生活实际和幼儿已有经验，鼓励幼儿在蛋糕房（有货品陈列的角色区，如百货商店、披萨店、火锅店等）尝试进行数据收集与分析，找到小顾客们最喜欢的商品，并将结果应用在“进货”（材料准备）当中。

注意事项

1. 幼儿观察图表信息后提出的猜测是多种多样的，教师可以允许幼儿大胆表达自己的猜测。在幼儿表达猜测后，教师应及时追问：“你为什么这样猜测？你是根据什么这样猜的？”引导幼儿形成根据已有信息和数据进行推测的思维习惯。

2. 在生活活动中引导幼儿多用数据收集与分析的方式来思考与解答问题，如：全班小朋友的生日在哪一个月的多？图书区的哪些书最受欢迎？什么玩具最受欢迎？自然角的哪一种植物长得最快？

数学教学语言

1. 他来过几次糖果店？都买过哪几种糖果？每种糖果买了几次？这一次可能买哪种糖果？

2. 他买 ×× 糖的次数最多，所以这次可能会买 ×× 糖；他买 ×× 糖的次数很多了，也许已经吃腻了，所以这次可能不会买 ×× 糖了。

活动设计背景

本活动源于绘本《蜘蛛和糖果店》（刘永昭著，林春颖译，长春出版社于 2009 年 9 月出版）。这是一本典型的“数学绘本”。绘本通过情节简单、生动有趣的小故事，将数学中的统计与概率，以幼儿能够理解的方式表达出来。绘本以小蜘蛛为主角，将数据的统计融入故事情景中，通过图表的方式呈现出来，并展示了数据收集、数据分析活动；将概率问题设计成充满趣味和游戏性的故事情节，能够引发幼儿的学习兴趣，让幼儿参与到“猜一猜”“怎么猜”的游戏中来。

《蜘蛛与糖果店》是一本设计非常巧妙的绘本。作者将数据收集、绘制图表、根据图表做出预测的统计步骤与故事情节相结合，增加了绘本的层次性。对于初次接触数据收集与分析的幼儿，教师可以如本次活动设计所示，将重点放在观察图表、参与猜测、感知数据收集与分析的乐趣上。对于已经具有一定数据收集与分析经验的幼儿，则可以将重点放在绘制图表的活动上，如使用实物表示统计图表、使用纸片贴画表示统计图表、使用纸笔记录表示统计图表。对于已经熟悉数据收集与记录、绘制图表、数据分析等活动的幼儿，教师则可以进一步拓展概率相关的内容，结合绘本故事后的“下次是哪种糖”小活动，继续探索概率的内涵。

（活动设计者为北京市朝阳区丽景幼儿园盛朝琪）

活动 4　幼儿园的自助餐

活动名称：幼儿园的自助餐

班级：大班下

核心经验

1. 收集数据的目的是回答那些答案不明显、不直接的问题。
2. 数据表征的目的在于说明问题，而如何收集和整理数据则取决于问题本身。

活动目标

1. 能自主选择数据表征方法，对最受欢迎的自助餐进行统计。
2. 通过对数据结果进行简单的分析，进一步理解统计分析的意义。
3. 在实际应用和欣赏中了解数据表征方式的多样性。

活动准备

经验准备：
1. 吃过“六一”儿童节的自助餐，并为其投过票。
2. 有记录天气温度统计图的经验。
3. 读过数学绘本《避开恶猫的办法》。

物质准备：
1. 幼儿对自助餐投票后的记录（见图 1）。

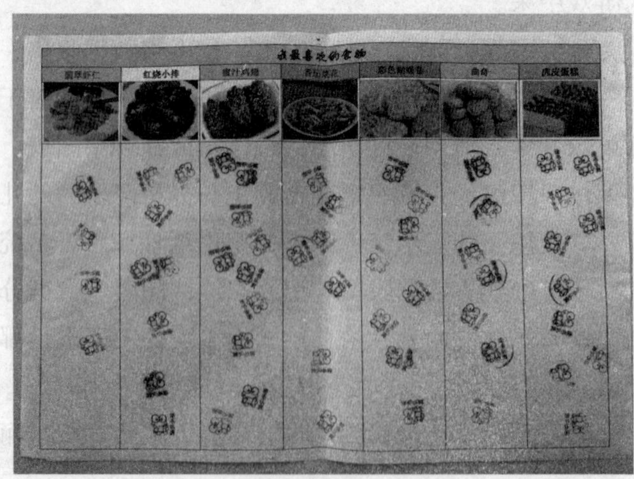

图 1　自助餐投票结果记录图

2. 白纸、水彩笔。

3. 教师提前做好的柱状图、曲线图、饼状图 PPT。

活动重难点

活动重点：选择和运用适当的统计方法来分析数据。

活动难点：用清晰、连贯的语言描述统计结果。

活动过程

一、谈话导入

小朋友们，你们还记得“六一”儿童节在幼儿园吃的自助餐吗？有哪些菜？有哪些主食？

二、分组统计

1. 提出问题：保健医生和厨房的叔叔阿姨想知道哪道菜最受小朋友们喜欢，哪道主食最受小朋友们喜欢。上次我们一起进行了投票（出示投票结果记录图），但是有些看不出来结果，有什么办法能让我们一下就能看出结果呢？

鼓励幼儿说说自己的方法，并简单描述。

教师归纳小结：数数比大小、做图表等方法。

2. 幼儿分小组进行统计：这么多的方法，怎么能让别人很清楚地看出来哪道菜最受小朋友们喜欢？哪个主食最受小朋友们喜欢呢？请小朋友们想想办法。

请小朋友们自愿分组（每组 4 ~ 5 人），进行操作。

教师巡回指导，对有需求的幼儿进行关注和支持。

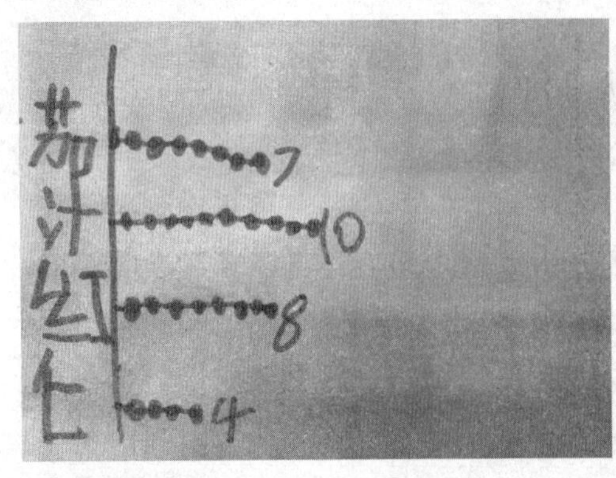

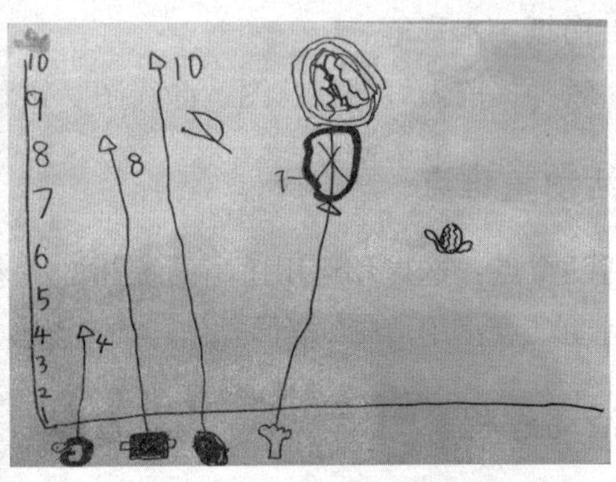

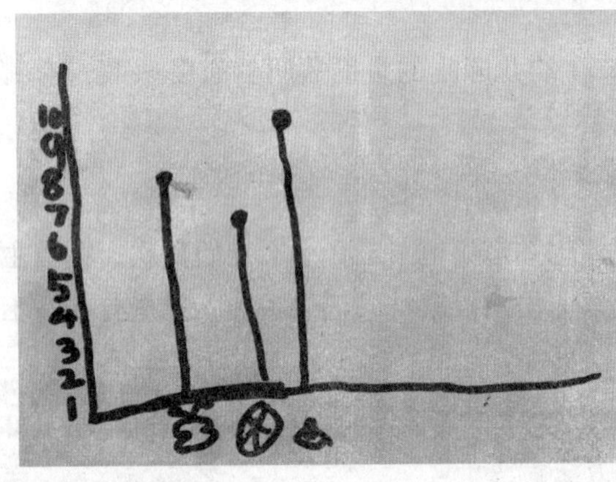

三、分析结果

每组请一名小朋友进行分享，说一说“你们小组用了什么方法”。

如幼儿做了条状统计图，可提问：横线是什么？竖线是什么？你们发现了什么？为什么高（长）？为什么矮（短）？高（长）代表什么？矮（短）代表什么？

四、经验提升

1. 欣赏了解多种统计图表：有小朋友运用了统计图表的方式，老师也做了一些统计图表，我们一起来看看都有哪些？出示柱状图、曲线图、饼状图。

2. 统计图表在生活中的应用：我们认识了这么多的统计图表，在生活中你在哪里见过统计图表？还有什么地方可以用统计图表？

注意事项

在活动过程中，鼓励幼儿运用多种方法进行统计分析，如数数比大小、通过画小方块垒高的方式做柱状图、画线段做柱状图、按规律画点阵图等。

数学教学语言

1. 哪道菜最受小朋友们喜欢？哪道主食最受小朋友们喜欢？

2. 横线是什么？竖线是什么？为什么高（长）？为什么矮（短）？高（长）代表什么？

矮（短）代表什么？

（活动设计者为中国人民大学朝阳幼儿园陈丽娟）

活动 5 我的本领小年谱

活动名称：我的本领小年谱

班级：大班下

核心经验

1. 收集数据的目的是回答那些答案不明显、不直接的问题。
2. 数据表征的目的在于说明问题，而如何收集和整理数据则取决于问题本身。

活动目标

1. 通过回忆、记录与分享，感受成长的意义，激发对成长的向往。
2. 初步感受柱状图统计，能够在统计中发现成长的规律，感受统计的有用。

活动重难点

活动重点：回忆不同年龄学会的本领并能将其记录下来，感受自己的成长。

活动难点：通过观察数据，发现成长规律。

活动准备

经验准备：幼儿读过《时间的故事》，对年、岁有初步的概念。

物质准备：每人一张“我的本领小年谱”记录表、黑水笔、“我们的本领统计”分享记录表一张、PPT、投影电脑、相机。

活动过程

1. 回顾绘本阅读关键页，导入活动

师：前些天，老师带小朋友们读了一本书，叫《时间的故事》，你们还记得吗？书中讲到了“年”，一年就是地球围绕着太阳转了一圈儿，也就是我们小朋友的一岁。（出示相应的 PPT）

师：地球的一岁，绕着太阳转一圈儿，那小朋友们的一岁会长什么本领呢？你们还记得吗？谁能说给小朋友们听一听？

用 1 岁、3 岁、5 岁互动，在互动中与幼儿明确哪些是本领，哪些不是本领。

2. 绘制自己的本领小年谱

（1）说明任务和要求。

师：今天啊，我给小朋友们准备了《我的本领小年谱》，我们把自己不同年龄的本领画下来，看看我们长这么大，都学会了哪些本领。关于记录，小朋友们要仔细听（出示记录纸并说明）：

第一，本领一定要和年龄对应上，几岁的本领就画在数字几的后面。

第二，每个框里可以画不同数量的本领，回忆起几项就画几个。

引领幼儿一起示范两个年龄的本领，确保幼儿理解“本领与年龄一定要对应”。

（2）幼儿完成自己的本领年谱，教师巡回指导，并用相机记录有代表性的作品，为分享做准备。

3. 集体分享，发现规律

（1）记录结果。

选择 4 个小朋友逐一分享，并在记录纸上用画“正”字的方式记录小朋友们的结果。

（2）发现规律。

引导幼儿观察第一步记录的 4 个小朋友的本领有什么规律：年龄越大，同一年内学到的本领越多，本领也越复杂。

（3）活动延伸。

请小朋友寻找生活中哪里用到统计，体验统计的用处。

注意事项

关于什么是本领，要带小朋友讨论、明确：只有通过学习才会做的事情才叫本领。

数学教学语言

1. 本领一定要和年龄对应上，几岁的本领就画在数字几的后面。

2. 每个框里可以画不同数量的本领，回忆起几项就画几个。

3. 仔细观察老师帮助小朋友记录的本领，你们发现了什么？小朋友们在不同年龄学习的本领有什么规律？

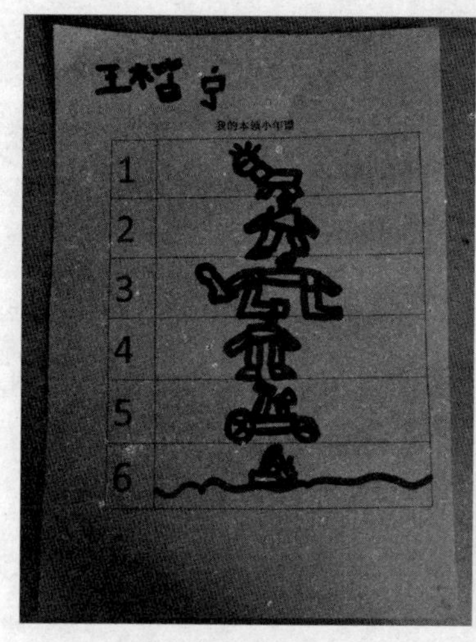

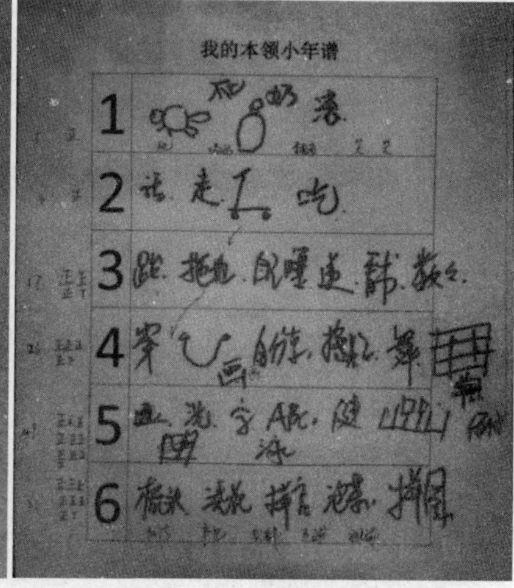

在活动中孩子们画下的自己不同年龄学到的本领，教师也记录下孩子们在不同年龄学习到的本领。

（活动设计者为北京市朝阳区福怡苑幼儿园常燕玲）

日常生活渗透案例

活动 1　小碗真干净

活动名称：小碗真干净

班级：小班下

核心经验

1. 收集数据的目的是回答那些答案不明显、不直接的问题。
2. 数据表征的目的在于说明问题，而如何收集和整理数据则取决于问题本身。

活动目标

1. 体验利用数据统计图记录不喜欢吃的菜以及“光盘”的结果，感受数据表征的过程。
2. 通过观察统计图发现有谁能把饭菜全部吃完。
3. 利用激励墙使数据形象化，鼓励幼儿改善挑食的问题，逐步养成良好的进餐习惯。

生活环节或者场景

午饭后散步环节。

活动准备

调查问卷、统计图1（记录全班幼儿不爱吃的蔬菜有哪些、有多少人不喜欢吃）、统计图2（每天记录不剩饭菜的幼儿）、代表幼儿的动物标记5套、相关书籍（介绍营养知识）。

操作过程

1. 幼儿和家长一同完成调研“幼儿园里我不爱吃的食物”，记录清楚不爱吃的食物有哪些、为什么不爱吃。

2. 教师带领幼儿对不爱吃的食物进行统计（统计图1），找到全班都比较不喜欢的食物，并请小朋友说一说为什么不爱吃。

3. 解决“挑食”问题。

（1）对于因口感（如小白菜不烂、肉太硬）问题引起的挑食，邀请厨师叔叔了解孩子们的想法，建议食堂改变食物的做法。

（2）对于单纯因为气味和味道问题引起的挑食，请来家长助教，通过绘本故事的讲述帮助幼儿了解不同食物对我们身体的作用，引导小朋友不挑食。

4. 发起“小碗真干净”的活动，每天统计幼儿进餐情况，三餐都能不剩饭菜的幼儿可以在墙面（统计图2）贴一个代表自己的小动物贴画，引导幼儿在记录的过程中感受自己及同伴的变化，激励幼儿不挑食。

关键教学语言

1. 咱们班有多少小朋友不喜欢吃小白菜、芹菜或排骨？

2. 如果你把饭菜全都吃干净了，就可以在墙上贴一个代表自己的小动物。

3. 今天一共有多少小朋友把饭吃光了？比昨天的多还是少？你是怎么知道的？

关键图片

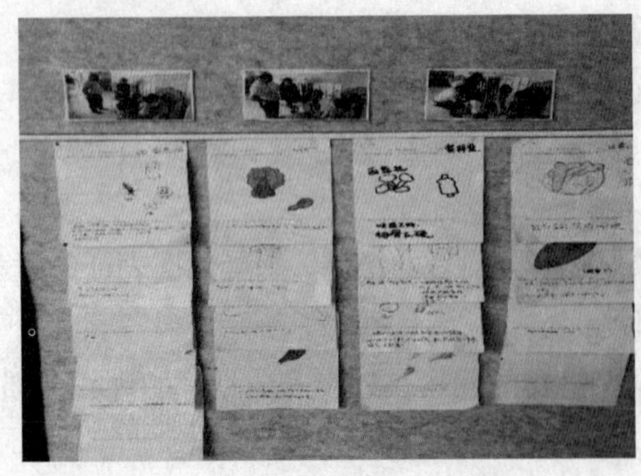

“我不爱吃的菜”统计

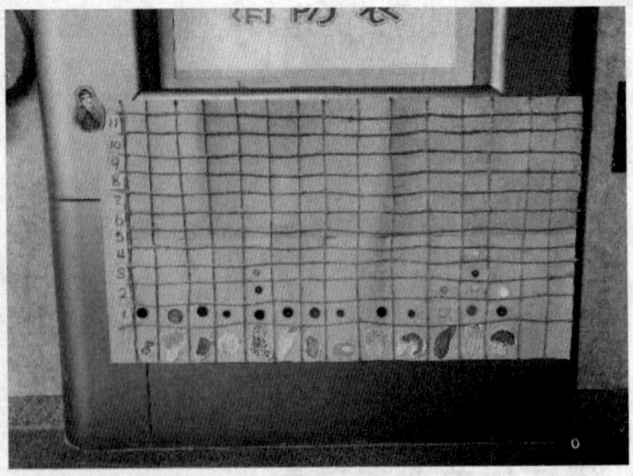

统计图 1

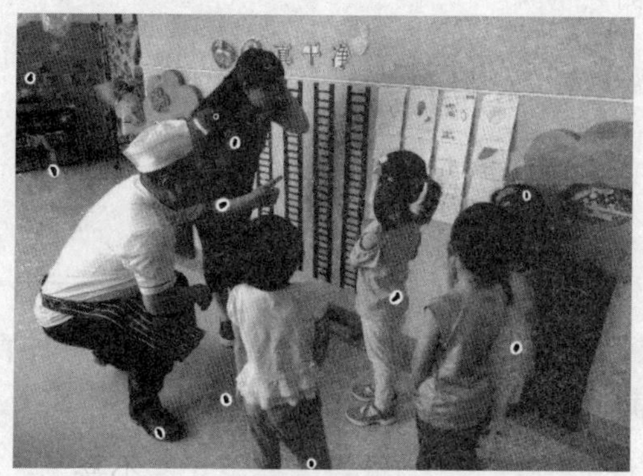

和厨师叔叔交流

邀请家长讲解平衡膳食的重要性

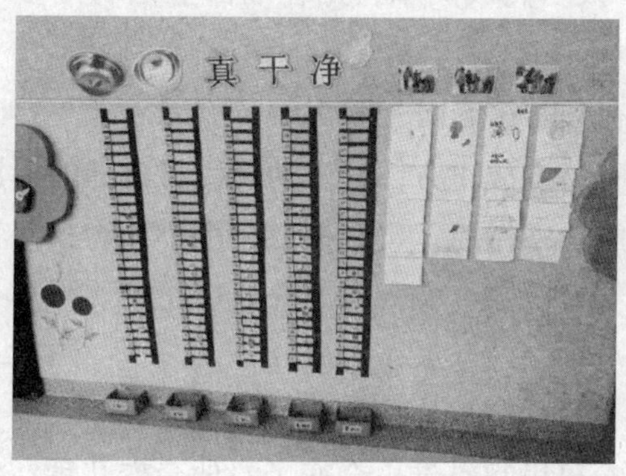

统计图 2

小朋友每天观察、比较谁的小碗最干净

（活动设计者为北京市朝阳区翠成幼儿园邢超）

活动 2　看我变变变

活动名称：看我变变变

班级：小班下

核心经验

1. 收集数据的目的是回答那些不明显、不直接的问题。
2. 数据表征的目的在于说明问题，而如何收集和整理数据则取决于问题本身。

活动目标

1. 在贴照片、观察统计表的过程中体验数据收集与记录过程。
2. 感受数据分析在生活中的应用。

3. 利用数据表征图培养幼儿收放魔尺的好习惯。

生活环节或场景

过渡环节。

物质准备

魔尺、统计表（用细绳隔出小格子用来贴代表幼儿的小贴画，见图 2）、两种百变魔尺变成正方形的方法步骤图示（见图 1）、两套代表幼儿的动物标记。

操作过程

1. 将两种百变魔尺变成正方形的方法步骤图做成图示，贴在墙面上供幼儿参考学习（图 1）。

2. 制作记录幼儿收魔尺的变换方法统计表并贴在墙面（图 2）。

3. 幼儿在过渡环节尝试通过两种方法将魔尺变成正方体，成功后可将自己的标记贴到相应的魔尺变换方法统计表内。两种方法都成功掌握后，可以换取一个小礼物，并将成功者的照片展示在统计图附近。

关键教学语言

你学会了几种把魔尺变成正方形的方法？班里都有谁也会变了？他会变几种？你是怎么知道的？

关键图片

图 1 两种百变魔尺变成正方形的方法步骤图

图 2 记录幼儿收魔尺的统计表

幼儿分享收魔尺的方法

收魔尺成功者照片记录

（活动设计者为北京市朝阳区翠成幼儿园邢超）

活动 3 小小植物比一比

活动名称：小小植物比一比

班级：中班上

核心经验

1. 收集数据的目的是回答那些不明显、不直接的问题。
2. 数据表征的目的在于说明问题，而如何收集和整理数据则取决于问题本身。

活动目标

1. 利用图表帮助幼儿记录不同植物发芽所用的天数，增加观察结果的可视性。
2. 感受统计图表在比较数据方面的方便、有用。

生活环节或场景

自然角种植区。

操作过程

1. 选择想要种植的蔬菜种子，并在同一时间、同一条件下种植。

2. 建立柱形统计图（见图 1），横坐标是植物，纵坐标是天数。每日观察种子是否发芽，每观察一天，贴一张卡纸，直至发现种子发芽为止。

3. 和幼儿一起观察图，一起发现：每一种蔬菜的种子都用了几天发芽？谁最先发芽？谁最后发芽？

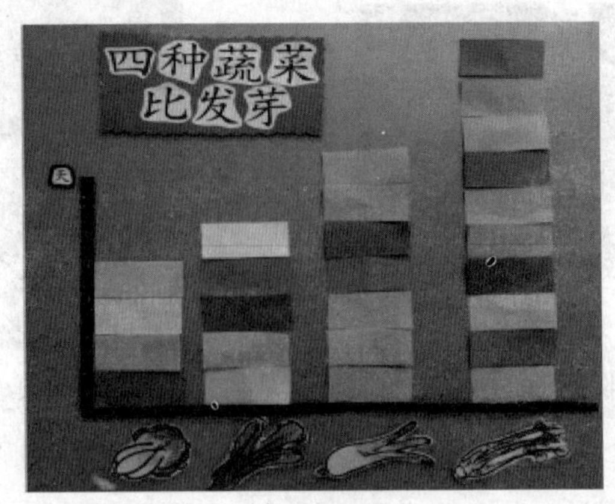

植物发芽所用天数统计图

物质准备

蔬菜种子、在墙面建立一个坐标轴（见图 1）、纸卡若干（用来表征天数）。

关键教学语言

1. 白菜发芽用了几天？用几个纸卡表示？
2. 白菜、菠菜、大葱、芹菜四种植物发芽，各用了几天？谁发芽最快？谁发芽最慢？

（活动设计者为北京市朝阳区丽景幼儿园耿京金、李俊）

活动 4　夸夸我的好朋友

活动名称：夸夸我的好朋友

班级：中班上

核心经验

1. 收集数据的目的是回答那些答案不明显、不直接的问题。
2. 数据表征的目的在于说明问题，而如何收集和整理数据则取决于问题本身。

活动目标

1. 引导幼儿关注他人优点，善于向他人学习。
2. 在观察、记录他人优点的过程中感受收集、表征数据的过程和意义。

物质准备

统计互动墙、夸赞卡（绿色、棕色各若干）、幼儿名牌卡（供幼儿画自画像用）。

操作过程

1. 绘制自己的名牌，放在“夸赞墙”中坐标的最下面，让幼儿清楚最下面一行（横坐标）代表所有小朋友。

2. 发现同伴（或者老师）的优点时，用夸赞卡随时绘画下来，贴在自己的名牌上面。

3. 同伴可以询问绘画者，让绘画者介绍自己的绘画内容，促进幼儿间相互学习。

4. 当记录到一定数量时，引导幼儿发现纵坐标表示夸奖的数量。

生活环节（或场景）

过渡松散时间。

关键图片

幼儿向同伴介绍自己夸奖的内容

将夸赞卡贴到夸赞墙上

绘画夸赞卡

注意事项

提示幼儿粘贴夸赞卡的时候从起点开始贴，贴的时候一个挨着一个贴，不重叠也不留太大缝隙。

关键教学语言

1. 你发现谁的优点啦？
2. 你夸赞了别人几次？咱们班谁夸赞别人的次数最多？

（活动设计者为北京市朝阳区翠成幼儿园田莹）

活动 5　加加油

游戏名称：加加油

班级：中班下

核心经验

1. 收集数据的目的是回答那些答案不明显、不直接的问题。
2. 数据表征的目的在于说明问题，而如何收集和整理数据则取决于问题本身。

活动目标

1. 引导幼儿关注他人优点，愿意向他人学习。
2. 在用记录、比较小朋友“优点”的过程中体验用图片表征数据的方法，感受图表在数据直观化方面的方便、有用。

生活环节或场景

区域环境。

物质准备

创设“小汽车加油站”的环境墙、车的外形、加油贴若干。

操作过程

1. 情景设置。

设置“小汽车加油站”的环境墙。

"小汽车加油站"环境墙

2. 为幼儿准备"加油贴"，当在班级里发现其他小朋友的优点并且能够主动表扬小朋友的时候，被表扬的小朋友和发现他人优点的小朋友都可以给自己的小汽车上加一个"加油贴"。

3. 每周五进行统计：谁的小车加的油最多，谁就可以把小汽车开回家。

注意事项

1. 引导幼儿贴"加油贴"的时候从起点开始贴。

2. 在统计"加油贴"个数的时候引导幼儿注意观察最左侧的数据。

关键教学语言

1. 看一看，你得了几个"加油贴"？

2. 你是怎么看出来的？

3. 你和旁边的小朋友差几个？

4. 这个星期，哪位小朋友加的油最多？

（活动设计者为北京市朝阳区清友实验幼儿园苏雪）

活动 6　天气播报台

活动名称：天气播报台

班级：大班下

核心经验

1. 收集数据的目的是回答那些答案不明显、不直接的问题。

2. 数据表征的目的在于说明问题，而如何收集数据和整理数据则取决于问题本身。

3. 对局部数据进行比较，有助于预测整体情况。

活动目标

1. 能够在气温统计表中通过点、画记录当日气温。

2. 能够从图表中找出最高温度、最低温度，并发现天气规律（如温度越来越高，越来越热）。

活动准备

创设气温统计墙，准备笔若干。

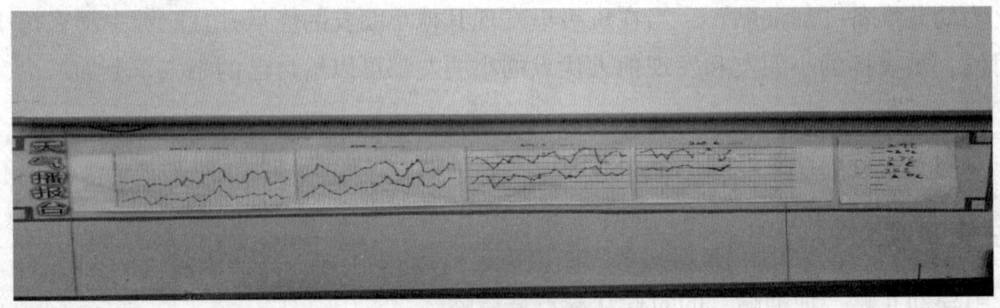

气温统计墙

操作过程

1. 幼儿了解当日的气温，将其记录在气温统计图中（红笔、蓝笔分别画一天中的最高、最低气温），将每日最低、最高气温分别连成折线图。

2. 每个月观察当月的气温统计表，找出当月的最高温度和最低温度并记录在统计表中。

3. 观察气温统计表，发现温度的变化规律（如气温越来越高，天气越来越热）。

注意事项

1. 在制作气温统计表时可以每 5℃加粗，方便幼儿查找。

2. 气温统计表也可制作 12 个月，幼儿可以观察一整年的温度和天气变化。

关键教学语言

1. 今天最高气温是多少度？最低气温是多少度？

2. 这个月最高气温是多少度？最低气温是多少度？

3. 仔细观察一下这张图，你发现了什么？这个月的气温变化有什么规律？

（活动设计者为北京市朝阳区清友实验幼儿园焦赛男）

活动 7　跳绳大赛

活动名称：跳绳大赛

班级：大班下

核心经验

1. 收集数据的目的是回答那些答案不明显、不直接的问题。
2. 数据表征的目的在于说明问题，而如何收集数据和整理数据则取决于问题本身。

活动目标

1. 在记录、观察跳绳成绩的过程中感受数据分析的过程和有用。
2. 在记录跳绳成绩的过程中感受自己的进步。

活动准备

跳绳、笔、统计表（横轴是幼儿姓名、纵轴是跳绳个数，见图 1）。

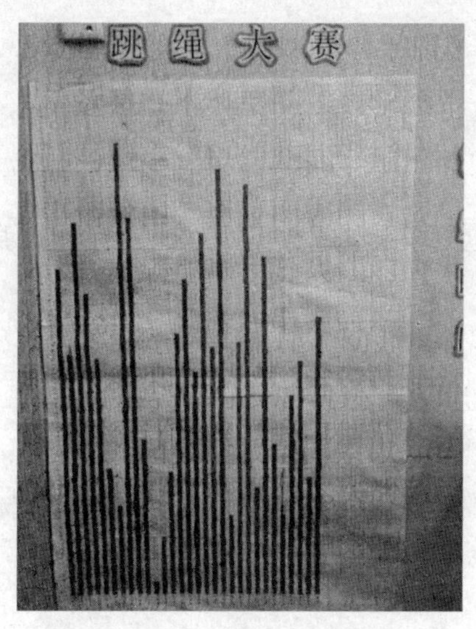

图 1　跳绳统计表

图 2　统计跳绳个数

操作过程

1. 班级举行 1 分钟跳绳大赛。

2. 每次跳绳结束，幼儿将自己跳绳的个数记录在统计表（见图 1）中，幼儿通过观察统计表知道每个小朋友跳绳的个数。

3. 每一次跳绳结束后，根据进步情况决定是否在统计表上记录：比上次跳绳有进步的，用与上次不同颜色的笔进行记录；如果本次跳绳数没有上一次多，则本次不做记录。

注意事项

1. 为了便于操作，统计表上尽量画出格子，一个格子代表“1”。
2. 直观化的数据能够起到很好的激励作用，但初期需要在教师指导下应用。

关键教学语言

1. 你今天跳了多少个？把它标记下来吧。
2. 今天比昨天多了几个？
3. 看一看，谁跳的最多？跳了多少个？

（活动设计者为北京市朝阳区清友实验幼儿园焦赛男）

活动 8　争当优秀小学生

活动名称：争当优秀小学生

班级：大班下

核心经验

1. 收集数据的目的是回答那些答案不明显、不直接的问题。
2. 数据表征的目的在于说明问题，而如何收集数据和整理数据则取决于问题本身。

活动目标

1. 能够利用数据统计图记录自己做到的好习惯。
2. 通过观察统计图发现谁坚持了什么好习惯、全班集中坚持哪个好习惯的人多。
3. 通过“优秀小学生”标准讨论、个人自我评价、班级“好行为”统计等方式，形成坚持做事的好习惯，为未来入小学做准备。

生活环节或场景

每天离园前。

活动准备

统计图（墙面，横坐标是各种好习惯，如主动问好、端正坐姿、举手问问题、认真倾听、眼睛看老师，纵坐标是人数）、水彩笔、个人记录单。

操作过程

1. 引导幼儿讨论“优秀小学生”的标准。

2. 每天离园前自我评价，将自己已经做到的好习惯记录（画）下来，幼儿之间相互观察评价“他是否做到”。

3. 如果某幼儿一周 5 天都能坚持了好习惯，可以把自己的学号写在对应的好习惯统计图中。

4. 观察同伴好习惯养成情况，相互鼓励，提醒同伴养成好习惯。

关键教学语言

1. 哪个好习惯小朋友们做到的多？
2. 哪个好习惯还需要我们继续努力养成？
3. ××× 这周做到了哪些好习惯？
4. 你想向谁学习？学习他什么？

关键图片

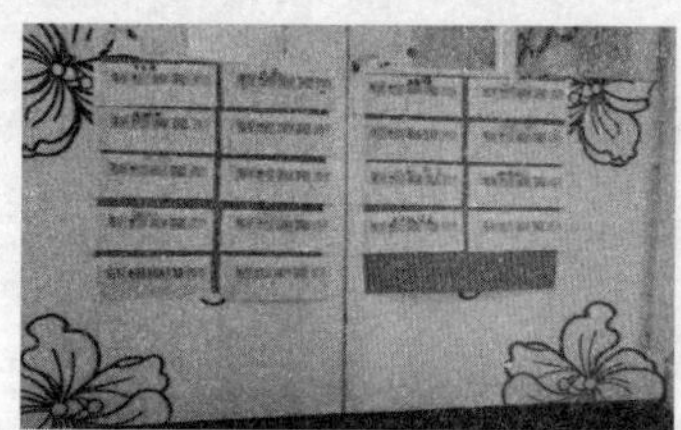
个人记录单，每天做记录

幼儿讨论出的优秀小学生标准

争当优秀小学生墙面

（活动设计者为北京市朝阳区翠成幼儿园石蕊）

区域游戏案例

游戏1 闯关恐龙岛

游戏名称：闯关恐龙岛

班级：大班

核心经验

1. 收集数据的目的是回答那些答案不明显、不直接的问题。
2. 数据表征的目的在于说明问题，而如何收集数据和整理数据取决于问题本身。

游戏目标

1. 在挑战游戏的过程中，增强自信心。
2. 体验利用统计图表进行数据分析的过程，感受统计图表的便利。
3. 大胆向同伴发出挑战，萌发游戏兴趣。

游戏准备

每10关一张闯关统计图（见图1）、两套恐龙岛玩具、油画棒或水彩笔。

游戏玩法

1. 两套恐龙岛玩具，根据游戏步骤划分成不同的“关”，配上闯关统计图。
2. 幼儿可单独游戏闯关，也可以两人比拼谁先闯过关卡。
3. 幼儿从“恐龙岛”第一关开始挑战，并记录挑战结果。
4. 可连续挑战并记录，从统计图中关注自己成绩的变化。
5. 幼儿可以关注同伴挑战的结果，并向同伴发起挑战。

数学教学语言

1. 你闯到第几关了？
2. 你的闯关图有什么变化？
3. ××× 小朋友闯到第几关了？
4. 你想向谁发起挑战？挑战第几关？

关键图片

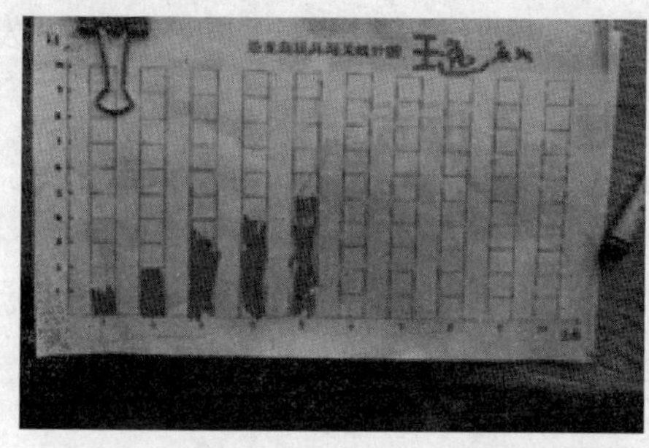

图 1　恐龙岛玩具闯关统计图

图 2　幼儿在专注闯关

（活动设计者为北京市朝阳区翠成幼儿园石蕊）

游戏 2　记忆大比拼

游戏名称：记忆大比拼

班级：大班

核心经验

1. 收集数据的目的是回答那些答案不明显、不直接的问题。
2. 数据表征的目的在于说明问题，而如何收集数据和整理数据取决于问题本身。

游戏目标

1. 能够利用数据统计图记录赢取的小花数量。
2. 通过观察数据统计图了解同伴赢取的小花数量。
3. 大胆向同伴发起挑战，激发幼儿游戏兴趣。

游戏准备

自制统计图（见图 1）、记忆棋、油画棒或水彩笔。

操作过程

1. 两个小朋友一起游戏，轮流翻小花、赢小花。
2. 先记忆棋面的图案内容，图案盖上小花后开始比赛。
3. 一次翻开两个相同的图案即可成功赢走 2 朵小花，反之，盖上小花，另一名幼儿继续游戏。

4. 棋面所有小花都赢走后，两名幼儿分别点数自己赢取的花朵数并记录。

5. 通过统计图了解班级小朋友的挑战结果，也可以选择想挑战的小朋友，发出挑战邀请。

关键教学语言

1. 你们两个谁赢的小花多？
2. 你发现咱们班哪个小朋友赢的小花多？
3. 你要向谁发起挑战？

关键图片

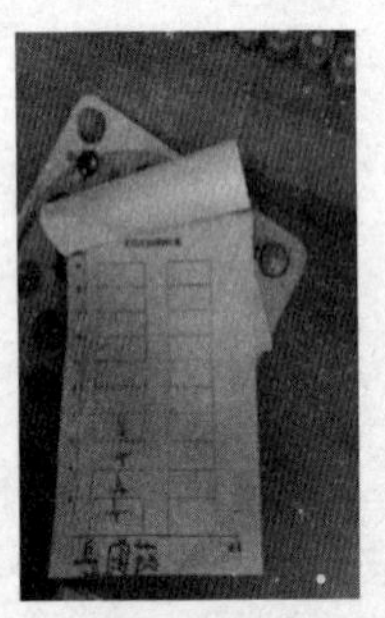

图 1　记忆大比拼统计图

图 2　幼儿点数赢取的小花数量

图 3　幼儿正在做记录

（活动设计者为北京市朝阳区翠成幼儿园石蕊）

游戏 3　纸牌挑战赛

游戏名称：纸牌挑战赛

班级：大班

核心经验

1. 收集数据的目的是回答那些答案不明显、不直接的问题。
2. 数据表征的目的在于说明问题，而如何收集数据和整理数据取决于问题本身。

游戏目标

1. 能够利用数据统计图记录搭建层数。
2. 能够通过观察挑战墙（挑战成绩统计图）知道每日、周、月冠军及其搭建层数。
3. 激发游戏兴趣，感受数据统计图的方便、有用。

游戏准备

创设挑战墙（见图 1）、水彩笔、点赞贴画、奖品

游戏玩法

1. 每日玩纸牌搭建的幼儿及时在统计图（挑战墙）上记录搭建层数，活动区结束时选出日冠军，并在日冠军对应的条形统计图上贴上点赞贴画。

2. 周五，由每日冠军进行比赛，记录搭建层数，选出周冠军，在周冠军对应的条形统计图上贴上点赞贴画。

3. 月底，由周冠军进行比赛，记录搭建层数，选出月冠军，获得奖品。

关键教学语言

1. 谁是日（周、月）冠军？

2. 他搭了多少层？

关键图片

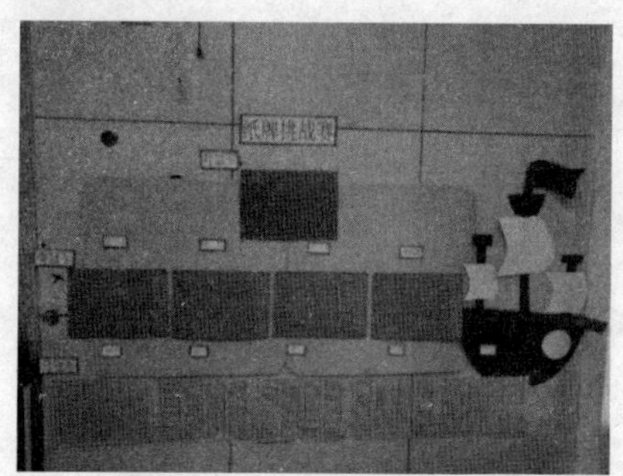

图 1 纸牌挑战赛记录墙

图 2 幼儿玩纸牌游戏

（活动设计者为北京市朝阳区翠成幼儿园石蕊）

游戏 4 瓶子大挑战

游戏名称：瓶子大挑战

班级：大班

核心经验：

1. 收集数据的目的是回答那些答案不明显、不直接的问题。

2. 数据表征的目的在于说明问题，而如何收集数据和整理数据取决于问题本身。

游戏目标

1. 在记录、表征数据的过程中体验统计图表的制作过程。
2. 能够通过观察柱状图找出谁是周冠军、谁是月冠军。
3. 激发游戏兴趣，感受数据统计图的方便、有用。

游戏准备

自制统计图、创设活动墙、瓶盖玩具、笔。

游戏玩法

1. 两名或多名幼儿进行瓶子大挑战游戏，比赛谁单次摞的瓶盖多。

2. 每个人分别往瓶子上面摞瓶盖，瓶盖掉落，挑战结束，数一数瓶盖的个数，记录在统计图中。

3. 一周统计一次谁（单次）摞的瓶盖数最多，在周冠军中写上自己的名字和个数，并展示在活动墙上面。

4. 一个月统计一次本月谁摞的瓶盖数最多，在月冠军中写上自己的名字和个数，并展示在活动墙上面。

注意事项

1. 游戏到瓶盖开始掉落即停止。
2. 点数瓶盖个数的时候可以按群数。

关键数学语言

1. 数一数一共摞了多少个瓶盖？
2. 本周谁摞的瓶盖最多？
3. 本月谁摞的瓶盖最多？

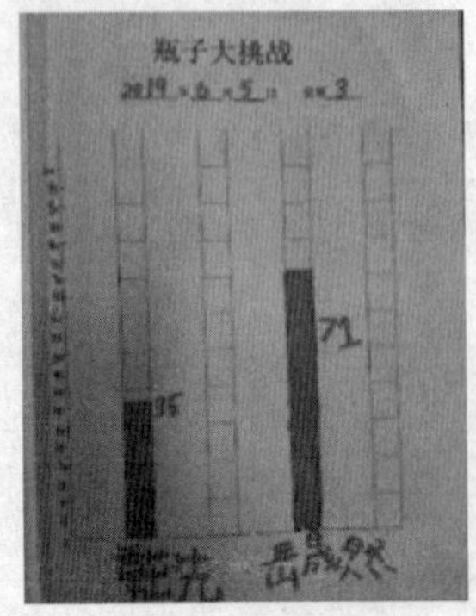

图 1　统计图

图 2　幼儿进行摞瓶盖比赛

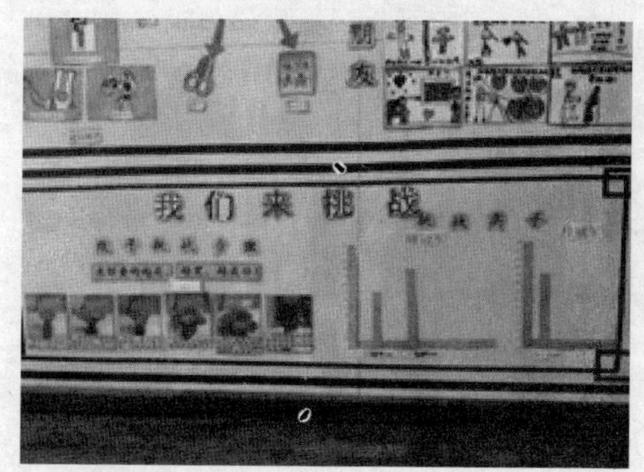

图3 活动墙面（记录游戏规则和周冠军、月冠军）

图4 统计图册

（活动设计者为北京市朝阳区清友实验幼儿园焦赛男）

幼儿园“数据分析”教学实施方案

小班

学习与发展目标

1. 初步感知统计活动。

2. 在对事物进行分类的基础上，尝试利用实物（或图画）统计的方法，感知不同集合中元素数量的多与少，并对集合间元素的数量进行比较。

教学方案

一日生活环节

1. 小碗真干净——食物统计（具体见本章案例）。

2. 来园统计。

创建“全勤小明星”墙面，每天来园的幼儿可在自己的头像上方贴一个小笑脸。每周或每月的最后一天带幼儿观察表格，比一比谁得的笑脸多，谁就是“全勤小明星”。

3. 看我变变变——魔尺（具体见本章案例）。

区域游戏渗透

1. 表演区。

评选“我喜欢的节目”：创设“我喜欢的节目”评比墙，来表演区游戏的幼儿给自己喜欢的节目“投票”（自制能粘贴的圆片），教师根据幼儿投票情况确定哪些音乐保留、哪些音乐需要更换。

2. 图书区。

开展“我是故事大王”评比活动。每天安排讲故事环节，小朋友报名讲故事，创设“故事大王”评比墙面，每周由小朋友投票选出自己心目中的“故事大王”，引导幼儿养成爱读书、尝试讲述故事的阅读习惯。

集体教学活动

1. 我喜欢吃的菜（具体见本章案例）。

户外活动

1. 哪种树叶多。

秋季落叶季节，教师带幼儿在户外捡拾树叶，并将捡到的树叶进行分类（如按照树叶的颜色分成绿色、黄色、褐色），再将树叶摆在画好的格子里，或者按照不同类别一一对应的方式进行摆放，摆成实物柱状图，再对比观察哪种树叶多，哪种树叶少。

2. 小小快递员

往返跑练习中创设“快递员送快递”的情境。将幼儿分成数量相等的两队，比赛“送快递”，在相同的时间内，看哪组快递员送的“快递”多。“快递”送到指定地点后，一个挨一个摆在事先画好的格子里，最后形成两个实物柱状图，观察并比较多少。

中班

学习与发展目标

1. 利用简单的图示、符号等替代性标记对数据进行表征，制作简单的条形图。

2. 对条形图里呈现的数据进行简单描述，并得出初步结论。

教学方案

一日生活环节

1. 小小植物比一比（具体见本章案例）。

2. 夸夸我的好朋友（具体见本章案例）。

3. 加加油（具体见本章案例）。

4. 读书统计

创建“我和图书做朋友”墙面，小朋友每天将自己读书的册数记录在自己名牌对应的格子里，周五离园前观察分析：每个人读了几本书？本周谁阅读的图书最多？读了几本？

5. 日常活动——幼儿园购买衣服环节。

在购买衣服的环节，教师会根据幼儿身高体重选号码。那我们怎样才能知道班里需要多少件尺码是 120 的衣服、多少件 130 的衣服呢？教师可以鼓励幼儿利用数据分析进行统计，带幼儿一起制作一个统计表，标注好不同型号，引导幼儿根据自己试好的服装号码，在号码相对应的位置“投票”（如贴纸、涂格子等），最后形成柱状统计图，并引导幼儿进行观察：穿 120 尺码的有多少人、穿 130 尺码的有多少人。

区域游戏渗透

1. 建筑区：投票选出搭建主题。

2. 角色区：星级服务员。

在“餐厅”游戏中，为了增强服务员的角色意识，教师引导幼儿讨论出符合“星级服务员”的 5 条标准。教师制作“星级服务员评比表”，来餐厅游戏的“小客人”根据“星级服务员”的标准给服务员打分（能做到哪一条，即在对应的格子里做记号）。

“服务员”通过观察小客人评星表格，发现自己哪项标准做得好、哪项标准未达成，在日后的游戏中努力改进，从而提高服务意识与交往能力。

3. 角色区“中医馆”。

医生做好病人看病记录，统计本周病人患病的类型及每种病的患者人数，作为准备下周药品的依据。

4. 自然角。

制作喂食记录表，喂给小乌龟不同的食物，记录小乌龟对不同食物的喜爱程度，最后分析得出结论：小乌龟喜欢吃哪些食物。

集体教学活动

1. 体能测试成绩统计（具体见本章案例）。

户外活动

1. 蚂蚁运粮食。

在跑、跳等不同动作练习的过程中加入“运粮食”的情境，将不同颜色的粮食（用沙包、无纺布包等替代）送入对应颜色的筐里，引导幼儿利用“粮食”制作实物图表，比较每种颜色粮食的多少。

大班

学习与发展目标

1. 利用按群记符等方式进行统计。

2. 用条形图、折线图、饼形图等方式表征数据，对统计图中呈现的数据进行描述并发现明显规律。

3. 尝试自主提出问题，在教师的指导下设计简单的问题解决方案，通过收集、表征、分析数据，发现规律，解决问题。

教学方案

一日生活环节

1.“早来园小榜样”活动。

创设“早来园小榜样”墙面。每天早来园的小朋友在统计表上画红色的“√”，未能早来园的画蓝色的“√”，每天统计：谁早来园的次数多，谁是“早来园小榜样”。激励幼儿每天来园，养成科学的作息习惯。

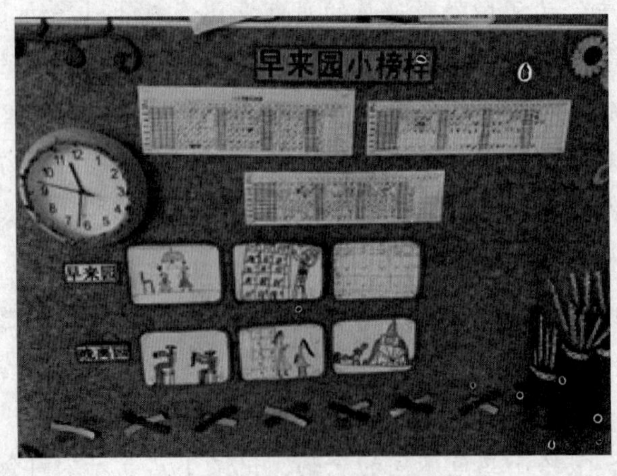

2. 天气播报台（具体见本章案例）。

3. 跳绳大赛（具体见本章案例）。

4. 争当优秀小学生（具体见本章案例）。

5. 在离园前的过渡环节与幼儿讨论“这周都乘坐什么交通工具来的幼儿园”，猜一猜，某个小朋友明天会乘坐什么交通工具来幼儿园。第二天和幼儿一起验证自己的猜想。

6. “我想了解的问题”。

在“我要上小学”了的主题活动中，请幼儿提出“我想了解的问题”，收集完问题后，将幼儿关注的主要问题列出来，让幼儿将写有自己名字的长方形纸条贴在自己关注的问题上方，形成以“问题”为横坐标、人数为纵坐标的直方图，引导幼儿观察哪些问题最受小朋友关注，并重点予以解答。

7. 属相统计：组织幼儿统计“属相”。先将名字或者代表自己的标记记录在对应的属相栏里，接着在“属相统计表”里将数据表征上去。

8. “我的家乡在哪里”：组织幼儿统计“我的家乡在哪里”。列出全国的省份，幼儿将自己的名字写在或贴在对应的省份里。还可以绘制饼形图，有多少名幼儿，便将圆形分成多少份。再根据某一省份的人数数出格子数，涂上代表本省份的颜色。

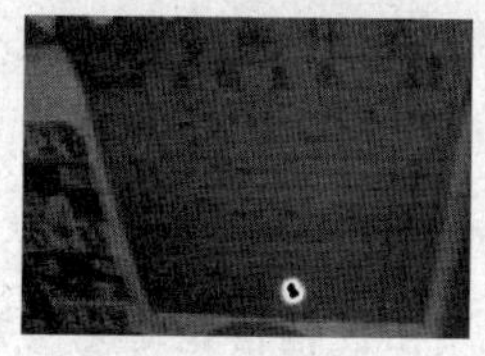 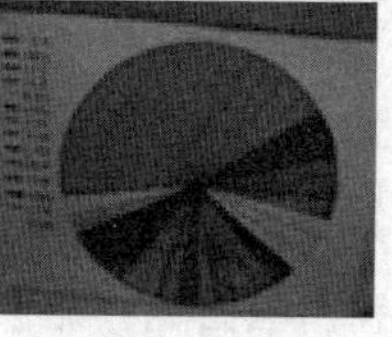

9. 天气统计（帮助幼儿统计本月不同天气的数量）。

（1）提供记录不同天气的记录纸，引导幼儿分类记录每天的天气。例如，遇到晴天就在记录纸上画一个太阳，雨天就在纸上画一个雨滴。月末带领幼儿用画“正”字或者5个一组（如 或者 ），或者画柱状图的方式进行统计，大胆预测下个月是晴天多还是雨天多。

（2）温度统计。提供温度统计表，引导幼儿在过渡环节记录当天的气温，最终形成本月温度折线图，月末引导幼儿根据统计图进行分析、预测：本月的温度从月初到月末有什么变化？预测下个月是越来越热还是越来越冷？我们应该做哪些生活准备（如越来越热，需要做好防暑准备）？

区域游戏渗透

1. 图书区。

投放有关统计和概率的绘本（如《猜猜看》《统计》《蜘蛛和糖果店》），支持幼儿通过阅读积累相关知识。

2. 自然角。

引导幼儿观察、记录小乌龟的食量，了解一次喂几粒龟食合适。

操作：制作小乌龟喂食记录表。每天投喂一次，记录下喂了几粒龟食，小乌龟是否能在一天把龟食吃完。如果吃不完，第二天减少龟食的数量，并继续记录。第三天根据第一、二天的情况继续调整。最终，幼儿找到规律：一天投喂一次的话，喂食几粒龟食合适（能吃完，又不饿着）。

3. 闯关恐龙岛（具体见本章案例）。

4. 记忆大比拼（具体见本章案例）。

5. 纸牌挑战赛（具体见本章案例）。

6. 瓶子大挑战（具体见本章案例）。

集体教学活动

1. 蜘蛛和糖果店（具体见本章案例）。

2. 幼儿园的自助餐（具体见本章案例）。

3. 我的本领小年谱（具体见本章案例）。

户外活动

1. 蚂蚁运粮食。

在跑、跳等不同动作练习的过程中加入“运粮食”的情境，将不同颜色的粮食（用沙包、无纺布包等替代）送入对应颜色的筐里，引导幼儿利用“粮食”制作实物图表，比较每种颜色粮食的多少。

（本方案设计者：北京市朝阳区翠成幼儿园石蕊、田莹、邢超、曹纯、娄鹏仙、韩红梅；北京市朝阳区泛海幼儿园叶红、刘岩、王国旭；北京市朝阳区福怡苑幼儿园常燕玲、张耿、王淼、姜蕾、张朋艳。）

（本方案整理者：北京市朝阳区丽景幼儿园崔悦、盛朝琪；北京市朝阳区教师发展学院王艳云。）

第六章　模　式

板块一　学习价值

模式的学习对幼儿来讲意义重大，每个人都生活在模式的世界里，从出生后，就在周围的世界里感受与适应各种模式，如白天、黑夜的时间变化；家人在喂养过程中的定时哺乳；房间中的各种含有模式的装饰；玩具材料中的颜色、形状的规则变化，等等。

模式能在心理上帮助幼儿建立秩序感，有助于幼儿情绪稳定，所以一般情况下，在入园适应阶段，教师会把一个个生活习惯编成“程序”。例如，餐前便后及户外活动后的七步洗手法。再如用餐后擦嘴的程序：三次对折纸巾擦嘴、揉球入垃圾桶；每日生活中的三餐两点一午睡等一日作息安排等。这样的一日流程或学期安排以及一个个小的生活操作程序，能让幼儿在固定环节的重复中预知未来、建立秩序，这样就可以建立安全感、稳定情绪，从而适应幼儿园生活。

人的大脑能够感知模式，寻找看似无关的信息的相似之处，把它们整合成一个整体，这个整合的过程就是思维的过程，所以，感知模式本身对思维的发展有促进意义。而且，幼儿模式的学习也是不断预测、归纳的过程，这样的思维过程能发展幼儿的推理能力与想象力，帮助幼儿梳理已有经验，提升幼儿的理解能力与表达能力。

模式是幼儿进行数学学习的基础，因为模式是数学本身最重要的特质[①]，数学的意义在于识别、建立模式，举一反三，而模式的学习对于这一价值的实现有促进意义。在游戏与生活中开展模式的识别、复制、创造等的经验积累，可以让幼儿体会数学的有用与有趣，也有助于幼儿理解数概念、数运算、图形和空间等其他模块的数学经验。

基于上述四方面的价值，引导幼儿在游戏与生活中感知、理解与创造模式，对于促进幼儿发展具有重要的意义，所以模式是幼儿数学教育的重要内容。

① 美国埃里克森儿童发展研究生院早期数学教育项目 . 幼儿数学核心概念[M]. 张银娜，侯宇兰，田方译 . 南京师范大学出版社，2015.

板块二　相关概念

1. 模式

模式是按照一定的规则排列成的具有预见性的序列，可以多种形式（如视觉模式、听觉模式、运动模式、时间模式、数值模式、语言模式等）存在于生活、艺术、语言、科学等方方面面，模式认知就是对事物和对象的具有隐蔽性、抽象性的规律特征的认识。

2. 结构

结构是指一个模式中的不同元素组织和相互联系的方式，即隐藏在表面形式下的内在关系。对模式结构的感知、理解、创造本身就是认知世界的高级方式。

3. 排序

排序是高水平的比较，指涉及两个或两个以上物品或物群的比较，然后将物品或物群从第一个到最后一个，按照一定结构排好。

4. 识别、复制、填充、扩展、描述、转换、创造

这些相关概念是由易到难幼儿学习模式的最基本的操作。

模式的识别指幼儿具备发现已有模式的排列规律。例如可以看到不同颜色玩具的排列规律，可以回答诸如“你看到在这个排列中有什么重复的地方”“这些积木是怎么重复的”等问题。

模式的复制指幼儿可以用相同的材料做出与已有模式相同的排列。可以完成诸如“你可以排一个和它一样的吗”之类的操作。

模式的填充是指幼儿可以在识别的基础上填补现有模式中缺少的元素。在游戏中可以回答“你知道这里缺少了什么吗”等诸如此类的问题。

模式的扩展是指幼儿可以在识别的基础上，继续在现有模式后增加一组或多组模式，可以完成老师“接下来是什么”这样的提问。

模式的描述是指幼儿用语言表达模式的排列规则，可以回答诸如“你能说出这个模式的排列规则吗”“你能告诉大家这是怎么排列的吗”的问题。

模式的转换是指幼儿可以利用新的材料甚至完全不同的形式来表达已有的模式，利用动作、声音、绘画来表达老师用积木排列的模式。能够回答“这个用动作怎么表达”“你可以编一个和这种排列结构一样的小故事吗”等问题。

模式的创造指幼儿在没有参考的情况下，自己排列出新的模式，幼儿可以在游戏中自主创作。例如在老师的引导下，可以完成“能不能帮小熊铺一条完全不同的路”的游戏操作。

板块三　核心概念及核心经验点

1. 模式是按照一定的规则排成的重复或递增的序列，它们存在于真实的世界和数学中

模式分为重复性模式与发展性模式两种。重复性模式包含着一个不断重复的片段，通常叫作重复单元，发展性模式也有重复单元，只不过它的重复单元是某个或某几个要素不断变化，如递增、递减、变异等，一个重复单元可能会有不同的复杂程度，但它作为最小的重复元素，是模式的规则。

一般情况下，构建一个模式需要重复单元至少 3 次，幼儿对模式的识别、复制、补充等都以现有的 3 个重复单元为基础。

对应的核心经验点：（1）对模式的操作（识别、重复、填充、延展、描述、转换、创造等）；（2）寻找生活中的模式。

2. 识别模式的规律可以帮助我们进行预测和归纳

幼儿数学教育重要目的之一是让幼儿感受到数学的有用和有趣，在模式学习中，这一目的可以通过运用模式预测和归纳来实现，让幼儿切实感受到模式对于日常生活与学习的价值。比如，引导幼儿发现幼儿园每天的活动顺序都是“入园、早餐、区域游戏……”当幼儿掌握了这个规律，就知道一个环节接着一个环节的内容，例如吃完早餐就进入活动区游戏，既不会因为无所事事而浪费时间，也不会因手足无措而困惑茫然，增加了幼儿对生活的掌控感，提高了活动效率，也有助于幼儿建立安全感。

对应的核心经验点：模式在生活中的运用。

3. 在不同的形式中可以发现相同的模式

同一种模式结构可以有不同的表现形式，例如可以用汉字、字母、数字、图形甚至声音、动作等来表现，这也是模式的多样性。通过模式学习，幼儿能够把两种及以上的类似模式转化为一种抽象的、共同的模式结构，进行表述、操作和交流，这一学习过程，能让幼儿明白数学就是对模式、结构和关系的研究，促进幼儿逐渐形成建模的思维方式。

对应的核心经验点：模式的比较与转化。

板块四 儿童发展轨迹

模式，是儿童对物体或物群，在观察与比较的基础上发现规律或创造规律的过程，在此基础上，将物品或物群从第一个到最后一个进行排序，形成重复或递增的序列。

儿童对事物的观察和认识与其思维发展密切相关，经历了一个从直觉行动思维到具体形象思维再到抽象思维的过程。儿童对模式的感知、理解与创造也经历了这样一个过程，认知对象从实物、动作、声音、图片到数字、语言不断抽象，对模式的操作从简单的识别、复制，到稍需推理的填充、扩展、描述，最后实现模式的转换与创造，不断脱离支持，成为思维的推理、演绎与创造。

板块五 核心目标

第一，引导幼儿发现周围事物是有规律的，模式存在于日常生活与学习中。

第二，对模式进行简单的操作，包括识别、重复、填充、延展、描述、转换、创造等，在模式认知中促进观察、推理、预测等能力的发展。

第三，感受运用模式的意义与价值，体会模式为生活服务。

不同年龄段的幼儿，核心目标也有所区别。

1. 小班

（1）能够发现日常生活、游戏中的规律，并用语言或动作表达出来。

（2）在有示范的情况下，能够用直观的游戏材料复制简单的模式。

（3）体会在园一日生活作息，感受模式让生活有序。

2. 中班

（1）能够通过观察发现序列的排列结构，填充一个序列中缺失的物体或物群。

（2）能在原有基础上继续完成模式的后续排列，实现模式的扩展。

（3）通过月历、红绿灯等日常生活中的模式，感受模式的价值。

3. 大班

（1）通过命名的方式，抽象表达模式的结构。

（2）能利用不同的模式语言转换模式，如用声音表达原来的视觉模式。

（3）能根据要求自由表达创造简单的模式。

（4）能在参观博物馆、陈列馆等社会实践的学习过程中，感受模式带来的美感。

板块六　教学策略

1. 日常生活和游戏渗透

游戏和日常生活对幼儿发展有着独特的价值，模式的学习与幼儿生活紧密相连，教师要注重挖掘模式在游戏与日常生活中的教育契机，自然地开展教育活动。例如，可以引导幼儿发现生活中常见的模式排列，比如斑马线、长城等熟悉的事物里面的模式，衣服、窗帘、玩具中的模式排列，以及大自然中植物、动物、时间中的模式排列规律，绘本、音乐、绘画等文艺作品中的规律，等等。教师还可以有目的地提供支持，和幼儿一起，开展与模式相关的创作。

2. 集体教学

根据幼儿年龄特点和已有经验设计教学活动，引导幼儿关注并积累对模式的认知，促进幼儿在共同解决问题中，发展对模式的识别、扩充、复制、描述、创造等意识和能力。

板块七　教学案例

集体教学活动案例

活动 1　漂亮的门帘

活动名称：漂亮的门帘

班级：小班上

核心经验

模式是按照一定的规则排成的重复或递增的序列，它们存在于真实世界和数学中。

活动目标

1. 能够按颜色的规律进行间隔排序。
2. 在游戏中锻炼幼儿的思维能力及动手操作能力。
3. 幼儿积极参与游戏活动，体验数学活动的乐趣。

活动重难点

活动重点：按颜色规律进行间隔排序。
活动难点：探索不同规律排序的方法，如 ABBABBABB、AABBAABBAABB……

活动准备

经验准备：幼儿已有关于 ABABAB 规律排序的感受和体验。
物质准备：自制 PPT、颜色各异的小花卡片、绳子若干等。

活动过程

一、热身环节，律动改编《高兴拍手歌》

1. 幼儿跟着音乐节奏和教师做律动操，先拍手再跺脚，重复一段结束。

指导语：刚才我们听到的歌里面都做了什么动作呀？怎么做的呢？

2. 原来小手小脚在排队呢。

指导语：小朋友们我们来看看，它们是怎么排队的呢？

3. 教师出示小手和小脚的卡片，贴出律动动作的规律。

二、创设故事情景，播放 PPT

指导语：小朋友们都很高兴，但是王老师的好朋友小兔不高兴了，我们来问问它为什么吧！

1. 出示 PPT 播放录音。

指导语：小朋友们，你们说怎么办呀？怎么帮助它呀？

2. 帮助小兔子完成门帘。

核心提问：怎么帮它呢？我们来看看小兔子的门帘是什么样的。

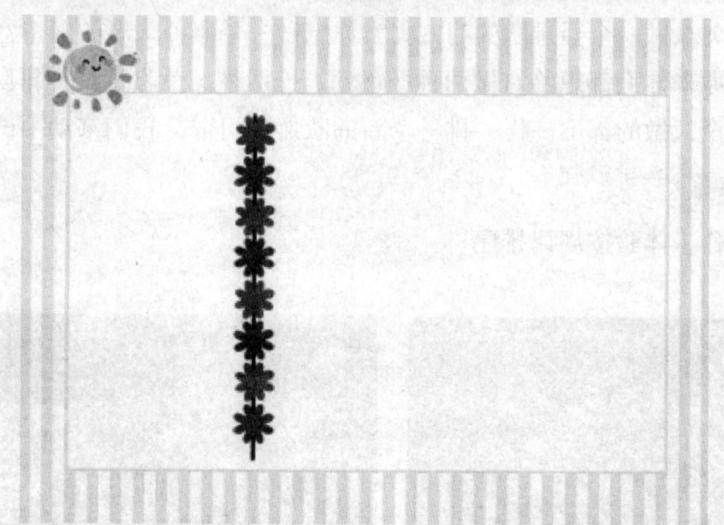

小结提升：原来小兔子的门帘也是在排队，是谁和谁在排队呢？

指导语：小兔子还差一条门帘没有做完，它想请小朋友帮帮它，我们来看看，是怎么做的呢？后面没有做完的谁来帮它补上？

3. 播放录音。

指导语：小兔子要来咱们班做客，我们怎么欢迎它，才能让她感觉咱们班跟它的家一样温暖呢？

核心提问：刚才小兔子说最喜欢它们家的什么呀？原来它最喜欢自己家里会排队的门帘呀，那我们也做一个会排队的门帘来欢迎它吧。

核心提问：怎么做一个会排队的门帘呢？你想做一个哪种队形的门帘？

核心提问：原来你们都想给它做两种颜色的，这两种颜色除了这样排队，还有没有别的办法？最好每个人做的都不一样，排一个新的队形的门帘，我们来动手试一试。

三、幼儿操作

幼儿亲自操作，体验按规律排序。

四、展示门帘

指导语：王老师发现有好多种排队的方法，小朋友们把小门帘贴到黑板上，我们一起来看看吧。

五、结束

指导语：小朋友们都会给小兔子做会排队的小门帘了，王老师这儿还有其他颜色的小花，我把它们放在美工区，等你们再制作的时候多了一个颜色，看看你们能不能也将它们做成会排队的小门帘。

现在王老师带你们先把刚刚做好的小门帘轻轻挂在娃娃家吧，小兔子来了以后就可以看到了，准备迎接我们的好朋友小兔子来做客吧。

指导语（小兔子由教师扮演）：小朋友们，我来啦，听说你们今天给我做了我最喜欢的漂亮门帘，我感觉就像回到了自己家一样，谢谢你们。

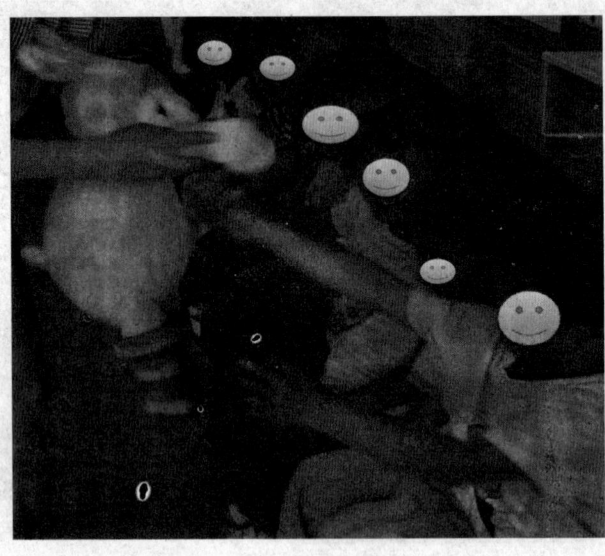

数学教学语言

1. 原来小兔子的门帘也是在排队，是谁和谁在排队呀？

2. 它最喜欢自己家里会排队的门帘呀，那我们也做一个会排队的门帘来欢迎它吧。

3. 怎么做一个会排队的门帘呢？小朋友们想一想你想做一个哪种队形的门帘？

4. 你们都想给它做两种颜色的，这两种颜色除了这样排队，还有没有别的办法？最好每个人做的都不一样，排一个新的队形的门帘，我们来动手试一试。

（活动设计者为中国人民大学朝阳幼儿园王叶）

活动2　小丑叔叔的商店

活动名称：小丑叔叔的商店

班级：小班下

核心经验

模式是按照一定规律排成的重复或递增的序列。

活动目标

1. 能识别物体排列的ABABAB模式。

2. 能够对所提供的ABABAB模式进行复制，并在此基础上进行简单创造。

3. 喜欢参加数学活动，在活动中感受模式带来的美。

活动重难点

活动重点：对所提供的 ABABAB 模式进行复制。

活动难点：对所提供的 ABABAB 模式进行简单的创造。

活动准备

经验准备：日常生活中接触过一些按规律排序的游戏。

物质准备：串珠（每桌两种颜色的珠子）、绳子（够 3 组排序即可）、托盘、PPT、拼插玩具（适合孩子进行排序的玩具）、画有商店的卡纸（贴上双面胶撕下）。

活动过程

环节一：播放小丑商店 PPT（熟悉 ABABAB 模式）

师：这是小丑叔叔开的商店，他总是喜欢用很有意思的方法来摆放他的东西，我们一起去看看吧！

师: 他是怎么摆放这些珠子的呢?（幼儿看 PPT 回答）哦, 原来他是一个蓝色一个红色、一个蓝色一个红色，总是一个蓝色一个红色这样摆好的。小丑叔叔告诉我们蓝色和红色是好朋友，它们总是要在一起。

师：看看商店里还有什么（玩具），玩具是怎么摆的呢？一个正方形一个圆形、一个正方形一个圆形，总是一个正方形一个圆形这样排列的。正方形和圆形是好朋友，它们总是要在一起。

教师引导幼儿发现问题，幼儿按物品摆放的规律告知教师如何摆放物品，期间，教师故意摆错两组物品，引导幼儿发现问题。

教师出示正确的排序方法。

环节二：小朋友尝试帮助小丑叔叔整理物品（尝试 ABABAB 模式排序）

师：小丑叔叔今天有事要出门，需要小朋友来帮助他摆一摆他的物品，你们愿意吗？

出示材料，请小朋友按照小丑叔叔的方法把物品摆好或串好（教师巡视）。

一是引导能力较弱的幼儿按照颜色进行直观简单的排序。

二是引导能力较强的幼儿尝试更多摆放物品的方法。

分享幼儿摆放物品的方法：鼓励幼儿把自己的方法表述清楚（相同方法和不同方法）。

环节三：继续来帮小丑叔叔，大胆尝试不同方法（出示更多的玩具让幼儿自选材料操作）

师：小丑叔叔商店里又进了很多东西，你们还有没有其他摆放物品的方法？

教师巡回指导：鼓励幼儿尝试用不同的模式排列（如 AABBAABBAABB 或 ABBABBABB）。

分享：带幼儿一起分享自己的方法。

环节四：结束

小丑叔叔说今天特别感谢小四班的小朋友，帮助他把商店整理整齐，我们一起排着队去喝点水休息一下，再帮助小丑叔叔整理他的其他物品吧！我们可以用一个男孩一个女孩这样的方法排队吗？要不要试一试呀？

注意事项

玩具和串珠提前准备好，保证每组幼儿够用，尝试除了平着摆放还有什么其他排序的办法（拼插、搭高）。

数学教学语言

1. 一个蓝色一个红色、一个蓝色一个红色，总是一个蓝色一个红色这样摆好。
2. 一个正方形一个圆形、一个正方形一个圆形，总是一个正方形一个圆形这样排列的。
3. 还有没有其他摆放物品的方法？

（活动设计者为北京市朝阳区翠成幼儿园田莹）

活动3　小动物去旅行

活动名称：小动物去旅行

班级：小班下

核心经验

识别模式的规律可以帮助我们进行预测和归纳。

活动目标

1. 观察、发现并说出物体 ABABAB 模式排列的规律并能进行扩展。
2. 尝试将物体按 ABABAB 模式进行排序，初步体验按规律排列物体的美。

活动重难点

活动重点：幼儿发现与认识物体排序规律。

活动难点：尝试将物体按 ABABAB 规律进行排序。

活动准备

1. 背景图（火车钻山洞、鱼儿水里游、蝴蝶丛中飞）。

2. 小动物坐火车图片、鱼儿图片、蝴蝶图片。

3. 分组操作材料：毛毛虫穿衣服组、串项链组、串糖葫芦组。

活动过程

环节一：导入游戏情境，引发兴趣

哇！今天天气真好！森林里的小动物们要去旅行啦！

环节二：发现排序规律，大胆猜想

1. 请幼儿观察小动物坐火车，发现 ABABAB 规律的排序。

主要提问：小朋友们看一看，小动物们是怎样排队坐火车的？后面应该坐着谁呢？

2. 请幼儿观察河里的鱼儿，发现 ABABAB 规律的排序。

主要提问：河里的鱼儿是怎样排队的呢？后面应该是谁呢？

3. 请幼儿观察飞来的蝴蝶，发现 ABABAB 规律的排序。

主要提问：有两只蝴蝶掉队了，你们能帮助它们回到队伍里面吗？ 蝴蝶是怎么排队的呢？

环节三：分组操作，尝试进行排序

1. 教师介绍分组游戏的玩法：毛毛虫穿衣服、串项链、串糖葫芦。

2. 幼儿游戏，教师引导幼儿发现事物的排序规律并按排序规律进行排序。

延伸活动

提供毛毛虫穿衣服、串项链、串糖葫芦材料，幼儿尝试创造新的排序规律。

注意事项

在幼儿说出花、鱼及蝴蝶的排序时，要引导幼儿说出它们的排列规律而非念出模式内容，如出示蝴蝶颜色模式时，要引导幼儿说出“一个蓝一个粉”而非“蓝粉蓝粉蓝粉……”

让幼儿通过语言描述感受排序的规律。

数学教学语言

1. 小动物们是怎样排队坐火车的？后面应该坐着谁呢？
2. 河里的鱼儿是怎样排队的呢？后面应该是谁呢？
3. 蝴蝶是怎么排队的呢？

（活动设计者为北京市朝阳区中国人民大学朝阳幼儿园陈丽娟）

活动4　清明前后，种瓜种豆

活动名称：清明前后，种瓜种豆

班级：小班下

核心经验

模式是按照一定的规则排成重复的序列，它们存在于真实的世界和数学中。

活动目标

1. 根据种类和高矮属性，对物体排列的ABABAB模式和ABCABCABC模式进行识别、复制和拓展。

2. 通过播种形式感受模式的乐趣。

活动重难点

活动重点：根据种类和高矮属性，识别、复制、拓展简单模式。

活动难点：幼儿能够克服土地的影响，根据高矮的属性，正确摆出ABABAB模式或ABCABCABC模式。

活动准备

经验准备：清明前后，天气变暖，孩子们在植物角和田地中播撒各种种子，给种子浇水，观察发芽。

物质准备：长方形褐色卡纸（30cm × 2cm）；黑板、小动物玩偶、种子（玉米、豌豆、大米、红豆、绿豆等）、图片（胡萝卜4张、青菜4张）、小树枝若干。

活动过程

一、来到田地里

清明时节天气变暖、雨水增多，适合种植。我们班小朋友在植物角种了玉米、西红柿、草莓等。

（一）小兔的田地。

出示贴有胡萝卜、青菜，胡萝卜、青菜，胡萝卜、青菜的黑板。

提问：

1. 这是哪只小动物的地？你怎么知道的？（请幼儿大声说出蔬菜的种类）

2. 小白兔田地里种的蔬菜有什么规律？

3. 小白兔想请小灰兔和小花兔来家里做客，可是田地里长的蔬菜太少啦，不够吃怎么办呢？（请一名幼儿到前面来做）

小结：这是小兔子的地，因为小兔子爱吃胡萝卜和青菜。小兔的地长的是胡萝卜、青菜，胡萝卜、青菜，1 个胡萝卜 1 个青菜、1 个胡萝卜 1 个青菜。

（二）小猪哥哥来播种。

小猪哥哥也开始播种了，看一看，小猪哥哥播撒的是什么种子？

小猪哥哥的种子是按照什么规律播种的？你能帮助它继续播种吗？

二、我来种一种

现在有好多的种子，动物朋友们说种地好辛苦，想请小朋友们都来帮忙，你们愿意帮忙吗？

听一听，小猪哥哥说了，请将种子按照一种规律进行播种，要把种子播种在田地上，不能撒在田地外面。

为每一桌提供材料，请小朋友们进行操作。请个别幼儿进行分享

三、插上小栅栏

种子种好了，需要插上小栅栏保护我们的种子。请你看一看，小猪哥哥的栅栏有什么规律。（ABABAB 模式，教师在花盆土上演示）

请个别幼儿继续拼栅栏。

※ 教师与幼儿讨论怎样用小树枝摆出高低不同的模式。

四、延伸

最近我们为小象班的地播种了种子，需要插上小栅栏保护种子，请你用小树枝按照一种规律插上吧。

教师提前进行示范，在田地中摆出“高低高低高低”模式的树枝栅栏。

数学教学语言

1. 田地里长的蔬菜有什么规律？
2. 它播种的有什么规律？你能帮助它继续播种吗？

（活动设计者为北京市朝阳区华洋紫竹幼儿园张越）

活动 5 小熊聚会

活动名称：小熊聚会

班级：中班上

核心经验

模式是按照一定的规律排成的序列，如重复或者递增模式。

活动目标

1. 能够识别 ABABAB、AABBAABBAABB 模式排列规律。
2. 能够对所提供的 ABABAB、AABBAABBAABB 模式进行复制和拓展。
3. 在小熊聚会的游戏中感受模式操作活动的乐趣。

活动重难点

活动重点：在游戏中识别和复制模式。
活动难点：利用游戏材料对模式进行拓展。

活动准备

经验准备：幼儿在游戏中有过规律排序的经验。
物质准备：红黄两色的圆纸若干、安全的签子若干。

活动过程

环节一：情境导入，激发幼儿参与兴趣

师：今天小熊要去参加朋友的聚会，它想带一些小礼物给小伙伴们，你们猜一猜它带了什么？

环节二：准备串糖葫芦

1. 出示教师已经串好的糖葫芦，让幼儿观察。

师：小熊给小伙伴们准备了好吃的糖葫芦，但是它还有很多没做完，你们愿意帮助他完成吗？

师：你们来看一看小熊是怎么串糖葫芦的？这些糖葫芦有什么规律？

师：为了让糖葫芦更加的漂亮，你们来说一说小熊是怎么串的吧。

鼓励幼儿自己观察、思考，在老师的引导下用较完整清晰的语言表达出来。

2. 幼儿操作串糖葫芦。

师：请你们动手快快帮助小熊吧。这个是送给小伙伴的礼物，一定要串得漂亮一些哦！（两个红色、两个黄色，两个红色、两个黄色）

师：谁想和我们分享一下怎么串会更加省力和安全呢？（注意安全）

师：我们把做好的糖葫芦快去送给小熊，让他去参加聚会吧，他一定会很开心的！

环节三：准备参加聚会

展示分享，鼓励幼儿大胆展示自己做的糖葫芦，说一说自己是按什么方法（规律）串的糖葫芦，并按照规律念出来。

注意事项

幼儿串好糖葫芦时，要引导幼儿观察其中的规律，并敢于创作与其他小朋友不一样的糖葫芦。

数学教学语言

1. 你是怎么串的?
2. 你发现了什么?

（活动设计者为北京市朝阳区清友实验幼儿园苏雪）

活动6　魔法模式

活动名称：魔法模式

班级：中班下

核心经验

模式是按照一定的规则排成重复的序列，它们存在于真实的世界和数学中。

活动目标

1. 对模式与规律抱有持续探索的兴趣。
2. 知道方向也可以形成规律。
3. 能通过改变魔法棒的方向形成 ABCABCABC 模式。

活动重难点

活动重点：知道方向也可以形成规律，能通过改变魔法棒的方向形成特定模式。

活动难点：能够根据模式的规律进行判断。

活动准备

经验准备：幼儿有用颜色、形状拼摆 ABCABCABC 模式的经验。

物质准备：魔法棒图片、火柴棍若干、黑色操作板、操作盒、多米诺骨牌、胶钉等。

活动过程

一、导入

引导幼儿将 3 张形状相同、颜色也相同的魔法棒摆成 3 种不同的样子。

要求：摆成 3 种不同的样子，不可以折叠。

二、判断 ABCABCABC 规律

在摆好的 3 张魔法棒后，继续摆下去，要摆一样。教师故意摆错，引导幼儿判断摆得有规律吗？可以怎么改？

第一次：教师故意少摆一个。

第二次：教师故意摆得方向不对。

第三次：教师故意多摆一个。

小结：数量多一个、少一个，方向稍微和前面有一点点不同的时候，都是失败的魔法。

三、进行操作

出示道具，给每名幼儿分发 3 根火柴棍和黑色操作板。

师：欢迎你们来到魔法世界，黑色纸板是没有魔法的，教师给你们 3 个形状、颜色相同的魔法棒，这是有魔法的，你需要将这 3 个魔法棒摆得不一样。

师：你摆的 3 个是什么样子，继续摆下去。

为幼儿分发火柴棍，幼儿继续摆下去。

幼儿进行拼摆，随后请所有小朋友插椅子，看一看。

小结：除了形状、颜色之外，多了一种方向。方向也可以形成模式。

四、出示多米诺骨牌的方向模式

小朋友们，你们看一看这个有什么模式吗？

是按照方向摆的，原来方向也可以形成模式。咱们带着这个问题结束今天的活动，有机会咱们再一起探讨，还有什么可以形成规律。

活动延伸

与幼儿讨论：

生活中是不是所有东西都可以按照方向创造一种重复的规律？

除了颜色和形状，方向也可以形成一种规律，想想还有什么可以形成规律？

注意事项

1. 为方便幼儿分享，可将每根火柴粘上胶钉。

2. 邀请个别幼儿上前分享，避免使用“对不对”“哪里不对”的方式直接给幼儿对与错的判定，不利于幼儿良好的成就感与自信心。应换一种表达方式，如“你们看这个有规律吗”“可以怎么改”。

3. 个别幼儿的作品点评，如个别作品是按照叠加垒高的方式排成的，这是一个很好的机会引导幼儿发现用叠加的方式也可表现模式。

4. 个别幼儿提出摆放间隔距离不一样，教师要指出方向规律不受间隔影响。

数学教学语言

1. 你摆的是什么样子，继续摆下去。

2. 方向也可以形成模式。

（活动设计者为北京市朝阳区华洋紫竹幼儿园张丽莹）

活动 7　破译城堡密码

活动名称：破译城堡密码

班级：大班上

核心经验

模式是按照一定的规则排列的序列，如重复或递增模式。

活动目标

1. 发现生活中有规律排序的现象，感知规律排序的趣味和作用。

2. 在操作活动中学习并运用规律，发现新的排列规律。

3. 体验小组合作及成功的快乐。

活动重难点

活动重点：对已有的规律排序进行识别、复制和拓展。

活动难点：创造新的排列规律。

活动准备

经验准备：幼儿有按简单规律排序的生活经验。

物质准备：城堡 PPT、电脑、大小脚印图片若干、红绿蓝长方形图片若干、红蓝色圆柱体、正方体图片若干、幼儿操作纸人手一份、胶棒、铅笔、生活中的规律排序现象 PPT。

活动过程

一、串项链情景引入，激发幼儿学习兴趣

引导语：今天我们要去白雪公主的城堡做客，我给她串了一串漂亮的项链，让我们看看这串项链是由哪些颜色的珠子串成的？这些珠子的排列顺序有什么规律？

教师一颗一颗出示项链，请幼儿观察，这串项链有什么排列规律。

二、破译密码

引导幼儿学习按照 ABBABBABB、ABBCABBCABBC、ABACDABACDABACD 的规律进行排序。

引导语：到了城堡后，发现白雪公主被女巫抓走了，关到了她的城堡里，女巫在通往城堡的道路上设计了三道关卡，要想救出白雪公主，小朋友们必须找到规律，破译通往城堡之路的密码。

1. 出示 PPT 的第一段路，引导幼儿感知发现 ABBABBABB 排列规律。

（1）提问：请你想一想，这条路的密码规律是什么？后面应该是什么？

（2）提问：哪些脚印是一组并反复出现的？

（3）全体幼儿在操作纸上操作，练习 ABBABBABB 的排列规律。

2. 出示 PPT 的第二段路，引导幼儿感知发现 ABBCABBCABBC 的排列规律。

（1）提问：哪些图形是一组，并反复出现的？

（2）全体幼儿在操作纸上操作，练习 ABBCABBCABBC 的排列规律。

3. 出示背景图的第三段路，引导幼儿感知发现 ABACDABACDABACD 的排列规律。

（1）请一名幼儿回答，并上前操作。

（2）全体幼儿在操作纸上操作，练习 ABACDABACDABACD 的排列规律。

三、鼓励幼儿尝试创造新的规律进行排序

引导语：小朋友们成功解救出了白雪公主，为了避免女巫再次把白雪公主抓走，我们

也在路上设计有规律的密码，让女巫不能破解，再也抓不到白雪公主。

1. 幼儿分组合作，利用所有操作材料，自主设计一个密码，进行复杂的规律排序。

2. 每组进行展示，全体幼儿发现其排列规律。

3. 提问：他设计的是几个一组？有什么规律？

延伸活动，观看生活中有规律排序事物的图片，感知规律排序的有趣和有用。

引导语：小朋友们利用有规律的密码成功救出了白雪公主，我们为白雪公主准备了很多的礼物，也是有规律的，让我们看一看它们都有什么规律。教师出示有规律排序事物的图片，请幼儿说一说它们都有什么规律。

数学教学语言

1. 请你想一想，这条路的密码规律是什么？后面应该是什么？

2. 提问：哪些脚印是一组，并反复出现的？

3. 他设计的是几个一组？有什么规律？

（活动设计者为北京市朝阳区翠成幼儿园韩红梅）

活动8　小工匠盖房子

活动名称：小工匠盖房子

班级：大班上

核心经验

同一模式可以用不同的方式来表现，在不同的形式中可以发现相同的模式。

活动目标

1. 喜欢参加小工匠盖房子游戏，并在游戏中体验模式操作游戏的乐趣。

2. 在游戏中通过对已有模式的识别、复制和转换，帮助本队获胜。

活动重难点

活动重点：对模式的识别与复制。

活动难点：通过转换，用不同的物品展现已有模式规律。

活动准备

经验准备：对按照一定模式排成重复或递增的序列有一定经验。

物质准备：积木、乐器（手铃、响铃、串铃、鼓等）、地垫、操作卡、图纸。

活动过程

一、导入活动：木瓜恰恰恰

指导语：还记得我们新年联欢时表演的打击乐木瓜恰恰恰吗？我们一起演奏一遍。

提问：响板后边接的是什么声音？拍了几下？（展示板）它们有什么规律？

二、介绍游戏规则

指导语：我们今天每个队（4 ~ 6人）要建一座音乐厅，我们中间有一个积木区，每组小朋友只有铺对了你的音乐之路才能到达积木区拿积木。各组根据图纸上音乐厅的样式，用积木进行搭建。

三、铺音乐之路

指导用语：每组有若干个乐器板子（画着不同乐器的地垫），根据音乐中的规律铺板子。铺对了，过去两个人（没有块数和形状限制）到积木区拿图纸上需要的积木。重复规律铺路直到拿到足够搭建的积木。

核心提问：你听见什么乐器的声音？敲了几下？之后是什么？连起来是什么规律？为什么拿这个形状的积木？

四、搭建音乐厅

指导用语：根据图纸的模式进行搭建，搭建过程中模式必须要重复两次以上，规定时间内搭得大的获胜。

核心提问：你发现每层有什么不一样？有什么规律？你们队在派人取不同形状的积木时有什么方法吗？

五、活动小结

指导用语：在活动中你觉得怎么听音乐或拿积木才能最快得到自己想要的？

注意事项

1. 引导幼儿根据听到的乐器音色、规律找到对应的乐器板子，帮助幼儿进行模式的转换。

2. 正确铺路后要举手示意检验员进行检验，合格后才能踏上音乐之路。

3. 强调游戏规则：只有识别图纸的规律准确地拿到积木，才能帮助队伍获胜。

数学教学语言

1. 你听见什么乐器的声音？敲了几下？之后是什么？连起来有什么规律？

2. 你发现每层有什么不一样？有什么规律？它是怎么重复的？

（活动设计者为北京市朝阳区福怡苑幼儿园王森）

活动 9　接龙游戏

活动名称：接龙游戏

班级：大班下

核心经验

同一模式可以用不同的方式来表现，在不同的形式中可以发现相同的模式。

活动目标

1. 能够识别重复模式，并尝试用不同形态表现同一个模式。
2. 喜欢参与模式转换的竞赛活动，体验活动的乐趣。

活动重难点

活动重点：尝试用不同形态表现同一个模式。
活动难点：挑战多种形态表现同一模式。

活动准备

经验准备：
1. 了解模式的多种表现方式（实物拼摆、声音、身体动作、故事、方位）。
2. 感受模式的多样性（生活中的收集：斑马线、窗帘、衣服条纹、拼插玩具）。
物质准备：模式卡（将军令）、统计表、玩具（四色形状不同）每组一筐。
幼儿设计将军令如下：

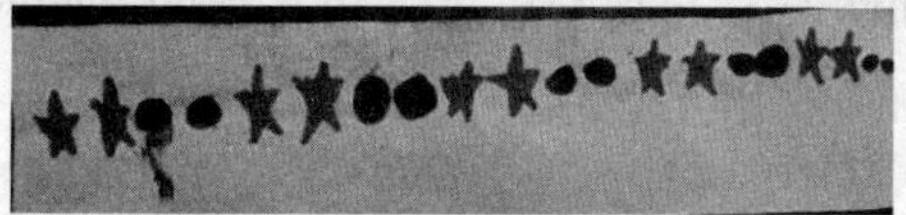

AABB

ABCD

ABAC

ABC

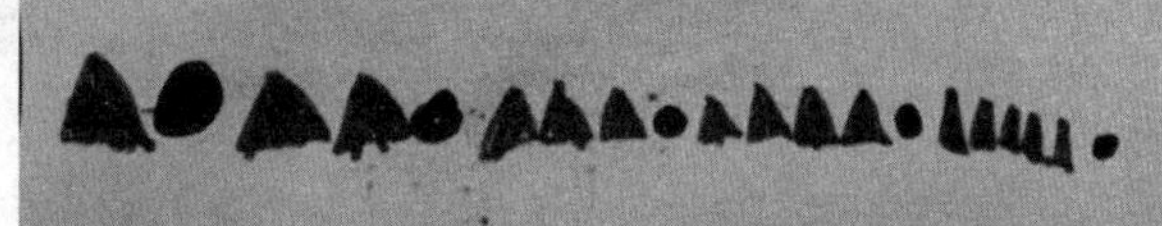

递增模式等共计 58 张。

活动过程

一、导入，让幼儿识别模式，并尝试用不同方式表现

教师出示穿好的 ABCABCABC 模式的玩具。
指导语：它是有规律的吗？说一说是什么规律？
谁能用不同的方式表现这个规律？
刚才小朋友们都用了哪些方式表现这个规律？
教师小结：当我们发现规律时，可以用身体动作、声音、故事、物品等不同方式来表现规律。

二、接龙游戏

（一）介绍游戏玩法。

1. 游戏分为两队：一队为红队，另一队为蓝队。

2. 两队分别抽取“将军令”，让对方选手根据“命令”用不同的方式接龙。

3. 接上几个人得几分，最后总分多的队获胜。

（二）开展游戏，正式接龙比赛。

两队协商，用“石头剪刀布”决定抽取“将军令”的顺序。

指导语：你们抽到的“将军令”有什么规律？请 ×× 队想一想，你们可以用哪些方式表现这个规律？这队可以得到几分？

三、统计分数，游戏小结

1. 统计两队各得了多少分？

2. 有什么办法得到更多的分吗？

3. 接龙游戏中，你用了哪些方法表现规律？

教师小结：我们需要识别规律，团结协作，和队友一起动脑思考，相互帮助。同时，在别人回答的时候，也要认真倾听，判断对错，和队友相互学习。

注意事项

1. 开展活动前，一定要让幼儿积累一定的模式认知经验。能够对重复模式进行识别、复制、创造，体验模式的多样性，最后才能让幼儿达成用多种形式表现的目标。

2. 教师应多关注幼儿是否按规则游戏，模式转换的方式是否多样，必要时进行提示。

3. 关注幼儿接龙游戏中的状态：对方在表达的时候，作为裁判要学会倾听、判断，达到相互学习的目的。

数学教学语言

1. 它是有规律的吗？是什么规律？

2. 你可以让这个规律听出来吗？

3. 你能换一个方法表现这个规律吗？

4. 你用哪些方式表现这个规律？

5. 有什么办法能够得到更多的分吗？

（活动设计者为北京市朝阳区福怡苑幼儿园姜蕾）

日常生活渗透案例

活动 1 有规律的餐后散步

活动名称：有规律的餐后散步

班级：小班

核心经验

模式是按照一定的规律排成的序列。

活动目标

1. 能够发现已有排列的规律。
2. 可以自觉延展模式，参与模式游戏。

生活环节或场景

餐后散步。

物质准备

适宜散步的空间场地。

操作过程

1. 幼儿排成一列，前 6 名幼儿依次扮作小猫、小象、小猫、小象、小猫、小象，请后面的幼儿照此规律，判断自己应该扮演哪种小动物。
2. 全班一起有规律地散步。

注意事项

1. 如果幼儿答不出来，老师可以邀请相邻的小朋友帮忙。
2. 幼儿熟悉某种规律后，老师可以有意识地调整难度。

关键教学语言

1. 你应该扮演什么呢?
2. 接下来是什么呢?

（活动设计者为北京市朝阳区枣营幼儿园逯宇婷）

活动 2　跳房子游戏

活动名称：跳房子游戏

班级：中班

核心经验

1. 模式是按照一定的规则排成重复或递增的序列，它们存在于真实世界和数学中。
2. 在不同的形式中可以发现相同的模式。

活动目标

1. 在跳房子的情境中感知模式规律 AABB、ABAB、AABAAB 等。
2. 能用单双、单双、单双，或者单单双、单单双等多种模式创造出与众不同的房子。

生活环节或场景

户外活动。

物质准备

小圈若干。

操作过程

1. 多名幼儿可同时进行单人或合作游戏。

2. 在摆放圈的位置进行游戏，可以单双单双单双、单单双单单双单单双或者单双双单双双单双双。

3. 幼儿可以两人合作，一人设计如何跳房子，另一人进行尝试。

4. 游戏过程中不断尝试跳房子并总结归纳有多少种模式。

5. 可提供多种材料供幼儿尝试。

关键教学语言

1. 谁发现这个房子有什么特点？怎样才能造出有规律的房子呢？

2. 你想怎么玩呢？谁来试一试？可以单脚跳、双脚踏，还可以怎样玩？

3. 小朋友们一共设计了几种规律的房子？

（活动设计者为北京市朝阳区福怡苑幼儿园张耿）

活动 3　葡萄牙舞曲

活动名称：葡萄牙舞曲

班级：大班

核心经验

1. 模式是按照一定的规则排成重复或递增的序列，它们存在于真实世界和数学中。
2. 在不同的形式中可以发现相同的模式。

活动目标

1. 能将同一个模式转化成另一种形式。
2. 感受动作、符号模式游戏带来的乐趣。

生活环节或场景

早来园、过渡环节、晚离园。

物质准备

《葡萄牙舞曲》、记录纸、笔。

操作过程

1. 集体或小组进行游戏，在过渡环节可以播放《葡萄牙舞曲》，幼儿根据音乐拍手拍腿、拍手拍腿、拍手拍腿进行游戏，或者是头肩腿、头肩腿、头肩腿。

2. 变换动作继续进行游戏。

3. 我们做的这些动作可用图形、符号进行表示，同伴之前分享交流。

关键教学语言

1. 我们可以怎么来表示这个模式呢？它的规则是什么？
2. 它们为什么是相同的模式？我们还可以用什么符号、动作、声音来代替吗？
3. 这些和音乐的节拍、动作一样吗？
4. 对于同样的模式，我们可以用不同形式表示吗？谁想来试试？

（活动设计者为北京市朝阳区福怡苑幼儿园张耿）

区域游戏案例

游戏 1 好饿好饿的毛毛虫

游戏名称：好饿好饿的毛毛虫

班级：小班上

核心经验

1. 模式是按照一定的规则排成重复或递增的序列。
2. 识别模式的规律可以帮助我们进行归纳。

游戏目标

1. 能识别模式规律并将物体按模式规律进行排序。
2. 初步体验按模式排列物体的美。

游戏准备

经验准备：幼儿有感知简单模式的经验。

物质准备：教师创设背景墙饰——左边为土织布制作的 4 条毛毛虫，毛毛虫身上粘一条尼龙粘扣，便于幼儿在操作时粘贴水果图片；右边为塑封膜制作的四个口袋，口袋里面分别为苹果、香蕉、西瓜、葡萄图片，每一个水果图片背面都粘有尼龙粘扣。

游戏玩法

游戏玩法根据幼儿对模式的认知规律，逐层递进。

玩法一：模式的复制

你能像我一样喂毛毛虫吃东西吗？引导幼儿观察老师的排列规律，进行复制一次，感受水果的排列规律。

玩法二：模式的扩展

你能接着喂毛毛虫吃东西吗？引导幼儿观察老师的排列规律，在后面接着继续下去。

玩法三：模式的创造

你还有别的方法喂毛毛虫吃东西吗？你的规律是什么？让幼儿充分发挥想象，自己制作一个属于自己的规律的模式。

玩法四：模式的填充

这中间缺少了什么？你能补上去吗？通过“破坏规则”（缺少模式中的部分内容）来帮助幼儿识别模式的重复性规律，并将模式填充完整。

注意事项

1. 教师根据幼儿的游戏情况及个体差异，及时调整游戏难度。
2. 当幼儿完成操作时，请幼儿说一说它的规律是什么。

数学教学语言

1. 你能像我一样喂毛毛虫吃东西吗？
2. 你能接着喂毛毛虫吃东西吗？
3. 你还有别的方法喂毛毛虫吃东西吗？
4. 这中间缺少了什么？你能补上去吗？

（活动设计者为中国人民大学朝阳幼儿园陈丽娟）

游戏 2　兔宝宝采萝卜

游戏名称：兔宝宝采萝卜

班级：小班下

核心经验

模式是按照一定的规律排成的序列，如重复或者递增模式。

游戏目标

1. 能够识别 ABABAB、AABBAABBAABB 模式排列规律。

2. 能够对所提供的 ABABAB、AABBAABBAABB 模式进行复制和拓展。

3. 在采萝卜的游戏中感受数学模式的乐趣。

游戏准备

经验准备：幼儿有在区域活动中操作材料、体验简单模式的经验。

物质准备：拱形门两个、垫子两个、筐一个，及红色、橘色的萝卜若干。

游戏玩法

1. 设置情景：

老师变成兔妈妈，幼儿变成兔宝宝。兔妈妈带兔宝宝先做好准备活动。

2. 进行“小兔子小兔子真爱玩”的游戏，熟悉周围的环境。

3. 情景导入：

今天兔妈妈生病了，需要请兔宝宝们帮忙去采一些萝卜回来，你们愿意帮助兔妈妈吗？（路上设置简单的障碍）

4. 游戏开始前，兔妈妈有一个要求，请小朋友一定要按照兔妈妈的要求采萝卜。兔妈妈说：“请你帮我这样采回萝卜——红色、橘色、红色、橘色、红色、橘色（ABABAB）。”请小兔子穿过草地（垫子）慢慢地爬过拱形门，来到框里面，按照兔妈妈的要求采萝卜。回来的时候要从两侧蹦跳回来，采萝卜的过程中要注意安全。每次出发兔妈妈都要改变模式，让幼儿根据兔妈妈的要求采萝卜。

5. 请幼儿说一种采萝卜的模式，按照自己说的进行采萝卜。

6. 结束游戏。

师：今天我们采了好多的萝卜呀，快快拿回去炖成萝卜汤，给兔妈妈喝吧！

注意事项

因为游戏对象是小班幼儿，障碍的设置不要太复杂，每次幼儿采萝卜时，给予一定的提醒，回来后及时确认是否正确。

数学教学语言

1. 请你这样采萝卜：红色、橘色、红色、橘色……

2. 你是怎么采萝卜的？

（活动设计者为北京市朝阳区清友实验幼儿园苏雪）

游戏 3　小蚂蚁买甜甜圈

游戏名称：小蚂蚁买甜甜圈

班级：中班上

核心经验

模式是按照一定的规律排成的序列，如重复或者递增模式。

游戏目标

1. 能够识别 ABABAB、AABBAABBAABB 模式规律。
2. 能够对所提供的 ABABAB、AABBAABBAABB 模式进行复制和拓展。
3. 愿意参加小蚂蚁买甜甜圈游戏，并在游戏中感受模式操作活动的乐趣。

游戏准备

经验准备：幼儿在游戏或生活中体验过简单的模式。
物质准备：红色与黄色纸质甜甜圈若干个、筐 8 个、垫子 4 块。

游戏玩法

1. 游戏开始前，老师扮演蚂蚁妈妈带领小蚂蚁做热身运动。
2. 小蚂蚁分 4 组自由爬行，请做得好的小蚂蚁做示范。
3. 设置情景：小蚂蚁都长大了，可以自己做很多事情，蚂蚁妈妈要请小蚂蚁自己去商店里买甜甜圈带回家里。
4. 游戏开始，蚂蚁妈妈提出妈妈在家有事，需要小蚂蚁自己爬过草丛，去草地那边买甜甜圈回家。买到的甜甜圈只能套在一条胳膊上带回家，并强调为了营养均衡，最好买到不同口味的甜甜圈，先买一个黄色香蕉味儿的，再买一个红色草莓味儿的，再一个黄色的、一个红色的、一个黄色的、一个红色的……小蚂蚁按照妈妈提出的要求，爬过草丛，出发取食物，并把正确数量的甜甜圈按一个黄色、一个红色、一个黄色、一个红色……的样子，将甜甜圈套在胳膊上带回家。可以改变蚂蚁妈妈提出的购买要求，幼儿尝试 AABBAABBAABB 模式。
5. 妈妈夸奖小蚂蚁长大了，和小蚂蚁一起分享甜甜圈。

注意事项

纸质甜甜圈制作的大小要尽量恰当，避免幼儿在爬行过程中脱落干扰，也避免过小不方便取放。

数学教学语言

买到不同口味的甜甜圈，先买一个黄色香蕉味儿的，再买一个红色草莓味儿的，再一个黄色的、一个红色的、一个黄色的、一个红色的……

（活动设计者为北京市朝阳区清友实验幼儿园杨璇）

游戏 4 变呀变

游戏名称：变呀变

班级：中班下

核心经验

在不同形式中可以发现相同的模式。

游戏目标

1. 能够发现已有排列的规律，并表述出来。
2. 尝试运用不同的方式和材料（图画、实物或动作等）来表现同一规律的模式。

游戏准备

经验准备：在生活和游戏中感受过多种排列规律。

物质准备：有规律的串珠、生活物品（不同颜色的彩笔、不同形状的积木）等。

游戏玩法

1. 师幼围圈坐好，教师出示按照“红黄黄、红黄黄、红黄黄”规律准备好的串珠，并提问：“这些串珠是按照什么规律排列的？”

2. 幼儿识别串珠的规律。

3. 教师引导幼儿用其他形式表示这一规律：“你能用其他形式表示这个规律吗？比如声音或动作。”

4. 老师继续问：“这两种表现形式呈现的规律一样吗？”师幼共同核验。

5. 老师继续问："你还能用其他不同的形式表示这一规律吗？"游戏继续。

注意事项

1. 如果幼儿做不出来，老师可以示范一个作为启发。
2. 鼓励幼儿使用多种形式（视觉、听觉、动作等）来表示同一模式。

数学教学语言

1. 这些串珠是按照什么规律排列的？
2. 你能用其他形式表示这个规律吗？
3. 这几种表现形式呈现的规律一样吗？

（活动设计者为北京市朝阳区群星幼儿园马建芳）

游戏5　有趣的扑克牌

游戏名称：有趣的扑克牌

班级：大班上

核心经验

1. 识别模式的规律可以帮助我们进行预测和归纳。
2. 在不同形式中可以发现相同的模式。

游戏目标

1. 通过玩"有趣的扑克牌"这一游戏，引导幼儿关注扑克牌中的（颜色、数字、花色等）规律。
2. 在发现与认识原始模式规律的基础上进行模式的复制、扩展或创造。

游戏准备

经验准备：接触过扑克牌，对扑克牌的花色有基本的了解。
物质准备：扑克牌1副、桌子1张。

游戏玩法

玩法一：两个人，一人一组。抽取魔术卡，确定原始（如AABB、ACBC等）模式，两名幼儿分别根据原始模式，每人轮流出一张牌往下接龙（可按花色、数字、颜色），先出错者为输（游戏中，两名幼儿既是参与者也是检验者）。

玩法二：两个人，一人一组。抽取魔术卡，确定原始模式（如 AABB、ACBC 等），两名幼儿分别根据原始模式摆魔术卡（可按花色、数字、颜色），看谁摆得快。

玩法三：四个人，两人一组。每组均需在对方模式的基础上扩展，如一组摆出 AABB、ACBC 等模式，相应的另一组则需摆出 AABBCC、AABBCCDD 等模式。

玩法四：四个人，两人一组。一组幼儿摆出一组扑克牌（如白桃、白桃、黑桃、黑桃，白桃、白桃、黑桃、黑桃），另一组幼儿根据扑克牌找出其中蕴含的模式规律（AABB）。

注意事项

1. 给幼儿营造安静适宜的环境，提高幼儿游戏专注性。

2. 教师可根据幼儿游戏的实际情况，灵活调整游戏难度。

3. 教师要根据本班幼儿的年龄特点进行模式的识别、复制、扩展与填充、创造、比较与转换等。

数学教学语言

你发现了什么？它是怎么排列的？怎么重复的？重复了几遍？我们还可以怎么排列？

（活动设计者为北京市朝阳区福怡苑幼儿园王淼）

游戏 6　多米诺骨牌

游戏名称：多米诺骨牌

班级：大班下

核心经验

模式是按照一定的规则排成重复或递增的序列。

游戏目标

1. 尝试将物体按规律进行排序。

2. 体验按规律排列物体的美。

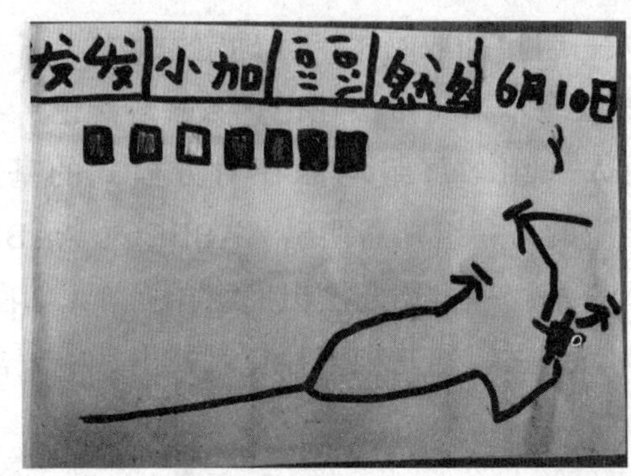

游戏准备

经验准备：有操作多米诺骨牌的经验。

物质准备：七彩颜色的多米诺骨牌一套。

游戏玩法

1. 幼儿小组商量并制订多米诺骨牌的搭建计划，如按照“红橙黄绿青蓝紫”的颜色规律进行搭建，并用线条绘出要搭建的图形。

2. 幼儿按照小组计划进行分工搭建，并在游戏中注意颜色的规律性。

注意事项

1. 提示幼儿在游戏的过程中注意“断连”，即在搭建时空出几块颜色的积木，最后再进行连接，避免“一倒全倒”；或者在保证颜色规律性的基础上，“断连”处用白色多米诺骨牌进行替代。

2. 当幼儿发现某种颜色的多米诺骨牌数量不够时，鼓励幼儿主动想办法解决。如当幼儿在用“红橙黄绿青蓝紫”彩虹色进行搭建时，发现青色的多米诺骨牌数量较少，主动将规律减少一色变为“红橙黄绿蓝紫”。

3. 当幼儿完成操作时，请幼儿说一说它的规律是什么。

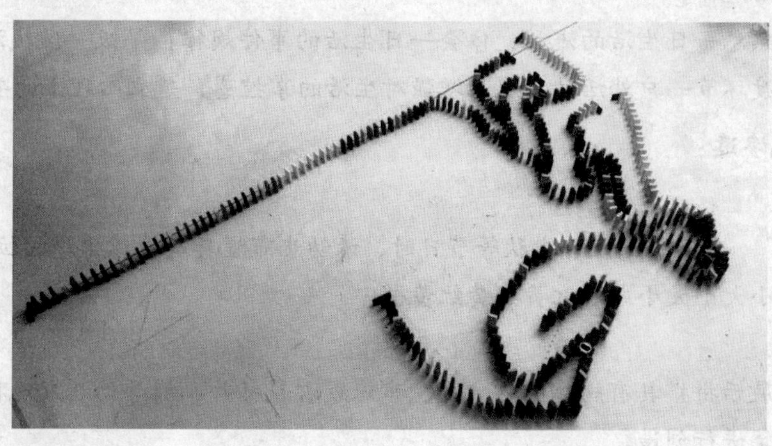

数学教学语言

它的规律是什么？

（活动设计者为中国人民大学朝阳幼儿园陈丽娟）

模式学习目标与教学方案示例

小班

学习与发展目标

1. 识别所提供的物体的排列模式，如 ABABAB 模式、AABBAABBAABB 模式。

2. 对所提供的简单模式（如 ABABAB 模式）进行填空、复制与扩展。

教学方案

一日生活环节

1. 加餐环节。

教师在摆放奶酪时会按照 ABAB 模式排列，引发幼儿的关注。

2. 过渡环节。

➢ “请你跟我这样做”游戏：拍腿拍手拍腿拍手拍腿拍手，熟悉后，请幼儿带领玩游戏。

➢ 分组如厕：一个男孩一个女孩，一个男孩一个女孩……然后提问该男孩还是女孩啦。

3. 户外活动。

热身口令：教师通过热身口令渗透“前后前后前后前后、蹲下起立蹲下起立”等规律。

分组口令：“小二班男孩女孩要分开哦，我来点一点，男孩、女孩、男孩、女孩、男孩、女孩。”

4. 一日生活规律。

带领幼儿熟悉一日生活的流程，体会一日生活的事件规律：早饭—区域活动—集体活动—加餐—过渡环节—户外活动，以此增强对生活的掌控感，建立心理上的安全感。

区域游戏渗透

1. 美工区。

在“六一”、新年、国庆、中秋等节日时，请幼儿布置具有规律排序的拉花美化环境，拉花可以为大小大小大小或者红黄红黄红黄……

2. 益智区。

展示墙面展示拼搭具有规律的磁力片、串珠或雪花插片，引导幼儿发现模式，并尝试复制、扩展甚至进行创造。

3. 数学区。

依照绘本《蜈蚣叔叔的袜子》制作的操作材料。

➢ 提供蜈蚣叔叔的操作卡，材料盘中放有同样大小但是两种不同颜色的袜子，幼儿自主操作。

➢ 更换材料，换成颜色相同、大小不同的两种袜子，幼儿自主操作。

➢ 第三次更换，颜色、大小都一样但是长短不同的两种袜子，幼儿自主操作。

➢ 将幼儿排列的不同规律进行展示。

➢ 当幼儿熟悉 ABAB 或 AABB 模式后，让大小、长短、颜色不同的材料同时呈现，支持幼儿的观察、思考、创造。

借助购置的数学材料，如小丑站队。

➢ 材料中有对应的题卡，即标有红、黄、红、黄的卡片，幼儿可以根据颜色对应摆放相同颜色的小丑。

➢ 需要注意的是，如同蜈蚣叔叔的袜子操作材料一样，成套的数学玩具需要注意投放顺序，幼儿起初一定是先随便排列，先熟悉玩具，任意玩。

➢ 随后依照完整的模式卡片、需要扩展的卡片、需要填充的卡片的顺序提供材料。

4. 建筑区。

➢ 环境创设提供具有模式排序的图片，引导幼儿进行识别及复制。

➢ 小班幼儿经常希望教师帮忙搭建，教师可借此引导幼儿进行模式的扩展。

5. 娃娃家。

➢ 投放具有模式排序的衣服、装饰等。

6. 表演区。

提供带模式排序的乐器图，支持幼儿根据图谱探索有规律的敲打。

7. 提供图书，支持幼儿在阅读中感受模式，积累模式相关经验，如图书《棕色的熊，棕色的熊，你在看什么？》《我爸爸》《我妈妈》等。

集体教学活动

1.《漂亮的门帘》（具体见本章案例）。

2.《小丑叔叔的商店》（具体见本章案例）。

3.《小动物去旅行》（具体见本章案例）。

4.《清明前后，种瓜种豆》（具体见本章案例）。

户外活动

1.《小兔跳》（教师在操场上摆放玩具，如用红蓝两色的梅花桩摆成红蓝红蓝交错的一排或多排，形成 ABABAB 模式，引领幼儿尝试不同方式跳着前进）。

2.《快乐的毛毛虫》（幼儿分成小组，根据一男一女的规律排队后，变成一只毛毛虫进行游戏，其他组幼儿读唱检查）。

3.《请你像我这样做》（如摸头、摸肩的动作重复，引导幼儿猜猜接下来该摸哪里了，接下来呢？引导幼儿集体尝试后可以邀请个别幼儿尝试或者是幼儿一个接一个的进行动作接龙）。

中班

学习与发展目标

1. 识别相对复杂的排列模式，如 ABCABCABC 模式、AABAABAAB 模式、ABBABBABB 模式。

2. 对所提供的相对复杂的模式进行复制、扩展与创造。

3. 发现并说出环境中事物排列的简单规律，如衣服上的条纹是按照红绿红绿红绿的规律排列的。

教学方案

一日生活环节

1. 按照一定规律邀请幼儿进餐。

老师在指导本班的小值日生邀请小朋友进餐的时候说：“你可以先邀请一个男生，再邀请一个女生，这样子进行。”也可以变换规律，让孩子们在生活中也会感受规律。

2. 进餐的菜谱。

引导幼儿发现幼儿园的菜谱中的规律，例如幼儿园菜谱中会有中午的时候吃米饭、晚上吃面食的习惯。当孩子问：“今天晚上吃什么？”老师可以启发思考：“我们上午吃的米饭，下午会吃什么呢？”老师还可以把这个规律带着幼儿总结出来，贴在小厨房里，在孩子们自己的活动中，他们也会米饭和面食一样一天。

3. 发餐环节。

引导幼儿发现发放餐具时存在的规律，如一个碗、一个盘子、一个勺子。

4. 户外活动。

用“接下来我们应该做什么了”之类的语言，引导幼儿感受户外活动的基本规律是“准备活动—集体游戏—自由活动”。

区域游戏渗透

1. 美工区。

在班级的美工区中，邀请孩子们给娃娃制作项链。结合小班的经验进行 ABAB 模式的制作，还可以给幼儿一些图例，邀请幼儿填补项链制作完整。中班幼儿在美工区中还会有花纹的引入，孩子们可以根据自己的爱好任意组合各种各样的花纹。

2. 表演区。

在表演区中，教师在墙面为幼儿准备一些节奏打击的图谱，通过图谱孩子们可以选择自己喜欢的乐器，进行敲打。

3. 数学区。

利用多米诺骨牌，孩子们按照 AABB、AAB、ABB 等模式进行拼摆。

4. 建筑区。

幼儿在搭桥的时候，总是要在两个立柱中间放一个木板，搭建一座桥。

5. 主题活动。

引导幼儿发现，班级里每月都会换一个主题，什么时候我们换主题呢？在对话中引导幼儿发现在主题进行到最后一个单元（主题墙最后一部分）的时候，这个主题要结束了，新的主题要开始了！

6. 角色区。

在小厨房、小医院、花店等角色区孩子的环境创设中，用形象的方式给幼儿提供游戏的流程。支持幼儿在游戏中按照流程中的提示开展游戏，如看病要“挂号、就诊、缴费”。

7. 图书区。

教师在图书区的布置上，要做好有规律的图书标记，如按照排和列设计“1-1、1-2”类型的标记。孩子们也会按照相应的模式收放图书。中班可以投放图书《乱七八糟的魔女之城》《好饿的毛毛虫》《燕子你还记得吗？》等数学绘本。

集体教学活动

1.《小熊聚会》（具体见本章案例）。

2.《魔法模式》（具体见本章案例）。

户外活动

1.《跳房子游戏》（具体见本章案例）。

2.《花样器械操》（教师在编排器械操的时候，注意规律在其中的使用，如动作的循环，一个八拍跳跃接着一个八拍踏步；再如队形变化中的规律，每一排都是男孩蹲在前面女孩站在后面，这样编出规律，幼儿学习的时候可以感受、分析规律，便于幼儿的记忆，更好地掌握并锻炼身体）。

大班

学习与发展目标

1. 认识构成模式的单元，如出示一排 ABBABBABB 的模式的物品，能指出该模式的核心单元是 ABB。

2. 运用不同的方式和材料（图画、实物或动作等）来表现和创造出有规律的模式排列，并用简单的语言进行描述和概括。

3. 能够扩展更为复杂的递增模式序列，如“ABABBABBB”结构和“ABC-ABD-ABE”结构。

教学方案

一日生活环节

1. 过渡环节：我们来排队。

请教师或者幼儿说出一个规律，让其他幼儿按照说出的规律排队，如一个男孩两个女孩，两个长头发一个短头发等。

2. 过渡环节：看看排排。

教师使用教室的材料摆出 2 ～ 3 组模式，请幼儿观察并说说有什么共同点？如图书怎么排列、小椅子是怎么排列等，请幼儿使用班级材料摆相同模式，后期还可以让幼儿自主尝试不同的模式。

3. 过渡环节：寻宝大赛。

请幼儿寻找班级中哪些东西是有规律的，并分享具体是什么规律，教师可以为幼儿提供记录表，请幼儿在过渡环节自行寻找。

4. 户外活动。

拍球引导幼儿发现模式，拍球、抬手、拍球、抬手、拍球、抬手，引导幼儿发现走路、跑步、上楼梯等模式。

5. 过渡环节：互动游戏。

带领幼儿玩拍手、跺脚、跺脚，拍手、跺脚、跺脚，拍手、跺脚、跺脚的模式游戏。

区域游戏渗透

1. 数学区域游戏。

（1）编织。

教师可以为幼儿投放编织纸和编制板、彩色纸条和彩色细绳，幼儿自行使用材料，编织出不同的花样，请幼儿按照不同编织模式放入不同的盘子里，讨论编织的方式和模式的特点。

（2）好玩的毛毛虫。

两名幼儿分别掷色子，按照筛子的点数和颜色完成有规律的串珠子游戏，学习AAB、ABB、ABA等多种模式，或者创造新的模式。

（3）我要的模式。

投放不同模式的纸条和彩色小木棍，两名幼儿一个说模式，另一个摆模式。

（4）瓷砖设计赛。

将收集好的大箱子裁成大的平面，在纸箱上画好格子，请幼儿根据平时看到的瓷砖花样设计有规律的图案。

（5）种树。

自制模式树、模式卡片等，请幼儿根据模式卡片，将模式树排成和卡片上规律相同的模式。

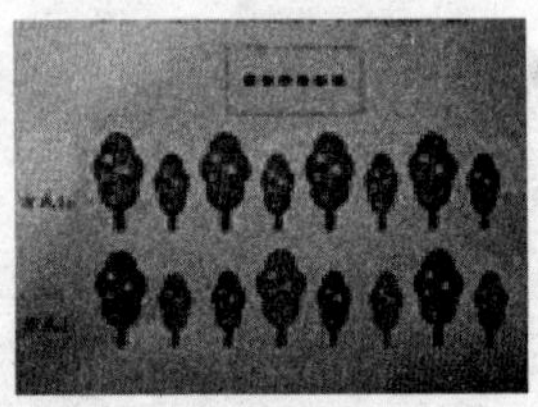

（6）按规律排序。

①观察参照板，找出上面图形的排列规律。

②根据参照板提示用图形摆出相应规律。

③观察参照板，将空缺部分用图形填补。

④观察参照板，用图形摆出相应规律并按照这个规律继续摆放图形。

⑤用图形摆出自己创编的新的规律。

（7）纸牌接龙（1～4人游戏）。

①观察已排列好的纸牌，发现纸牌排列的规律，然后一张张出牌接龙（可以按照花色、颜色、数字的不同来排列纸牌）。

②观察已排列好的纸牌，将空缺部分用纸牌填补。

③每名幼儿用纸牌摆出自己创编的规律，其他幼儿来猜他是按什么规律排列的。

2. 角色游戏：项链商店。

为幼儿提供项链的珠子和模式卡，请幼儿前期模仿着串项链，后期自主尝试不同的模式。

3. 美工区——编织、花边装饰，编皮筋手绳、串珠。

4. 表演区——罐子乐队、《five little ducks》。

教师为幼儿准备各种尺寸的空罐头和一根用来敲击的木槌，教师可以创造模式，供幼儿通过不同尺寸的罐子认识和复制模式。

教师指导语：你敲的模式是什么？如果每个罐子都敲两次能创造一个模式吗？你来做一个模式，我来复制。

此外，还可以有舞蹈模式：踏步踏步蹲、踏步踏步蹲、踏步踏步蹲等；节奏模式：拍手拍手拍腿、拍手拍手拍腿、拍手拍手拍腿等。

5. 建筑区。

环境布置：提供一些具有规律排序的建筑物图片供幼儿欣赏。

游戏：鼓励幼儿用积木搭建围栏、围墙或者柱子等物品时，尝试发现有规律的建筑物的特点，能够根据想要搭建的建筑物还原或者创造性地、有规律地搭建。

教师指导语：你搭建的这个物件是什么规律？你可以跟我说说吗？除了这个规律你还能用积木搭建出其他的规律吗？

6. 自然角。

教师可以引导幼儿在自然角的种植中发现规律、运用规律。例如在植物浇水的时间、小鱼乌龟喂养的时间上，注意发现总结规律，三天一浇水、隔日喂龟粮等。

7. 图书区。

提供图书《打瞌睡的房子》《猜猜我有多爱你》等。

集体教学活动

1.《破译城堡密码》（具体见本章案例）。

2.《小工匠盖房子》（具体见本章案例）。

3.《接龙游戏》（具体见本章案例）。

户外活动

1.《双手交替拍球》（在排球的游戏中，加入不同形式的模式，例如ABABAB、ABBABBABB、ABABBABBB，在游戏中感受规律）。

2. 花样田径接力赛（幼儿通过开合跳、单双脚跳等各种模式的田径运动，组织接力赛）。

（本方案设计者：北京市朝阳区劲松第一幼儿园、北京市朝阳区翠成幼儿园、北京市朝阳区福怡苑幼儿园。）

（本方案整理者：北京市朝阳区福怡苑幼儿园常燕玲。）

第七章 量的比较与测量

幼儿对量概念的理解与学习占据幼儿数学学习中非常大的比例，也是幼儿空间及图形学习的基础，幼儿开始接触身边各类物体的时候，他们对物体属性的感知就已经开始了，而最直观的大小、长短、轻重等属性都属于量的概念范畴。

幼儿量的经验的建立从出生开始，随着幼儿对周围事物的区分和认识，他们会自发地使用一些常见的语言进行量的比较，而幼儿测量的动机恰恰来源于他们比较事物方面的内在兴趣，随着思维的不断发展，更多复杂的比较指向测量，同时也开始逐渐帮助幼儿将数与量建立联系，为入学后数学的学习及科学认知客观世界规律奠定基础。

比较与测量的学习密切相关又彼此独立，因此本章将从“比较”与“测量”两个部分来进行，一方面便于对两部分关系的理解，另一方面便于教师实践层面的操作。

第一部分 量的比较

板块一 学习价值

比较是幼儿数学学习最常用的方法之一，比较的过程涉及大量的感知、推断、逻辑思考，是发展幼儿思维最基本的过程，数学的学习和思维的发展都离不开比较。

比较是测量的基础，通过不断地探索物体属性的差异，发现比较可以区分物体也可以在物体间建立联系，没有比较的基础，幼儿之后的测量就会缺乏准确性。

比较能够促进幼儿感知觉及智力的发展，幼儿对物体差异的感知从婴儿期就开始发展，幼儿调动身体感官通过不断地看、摸、掂等了解物体的不同属性，发现长度、面积、容积的不同，并逐步感知量的差异性。幼儿在比一比的过程中需要感知、分辨、推断、判断，这是需要幼儿大脑参与思考的过程，对幼儿的智力发展有着良好的促进作用。

因此，幼儿对量的比较的探索和学习，是幼儿数学认知及数学思维发展的重要内容。

板块二 相关概念

1. 量

量是指客观世界中物体具有可以定性、区别或测定的属性，可分为两种：一种是不连续的量也叫分离量，是指表示物体所含元素多少的量，如一个集合中数量的多少。而连续的量又叫相关量，是表述物体属性的量，如长度、面积、体积等。

2. 比较

根据某些具体特征或属性在两个或者两组物品间建立关系。而量的比较通常包含两种:

不连续量的比较，指两个集合元素数量多少的比较，一般采用重叠、并放、连线等方法进行一一对应的比较，但因为是数量的比较，通常都在“数概念”的范畴内讨论。

连续量的比较，指对物体的属性如大小、长短、粗细、高矮、厚薄、宽窄、轻重等进行的比较，在学前阶段幼儿较多接触到的就是这些生活常见量，在本章中讨论的比较是连续量的比较。连续量的比较分为两种：

一是直接比较，被比较的两个物体之间通过重叠等方式进行对比的过程。

二是间接比较，用表征物来代替被比较的属性，比如两个杯子的杯口比较大小（周长）时，使用两个纸带分别测量周长然后进行对比，这种发生在表征物上的比较我们称之为间接比较。

3. 排序

排序是指将两个以上的物体按照某种特征上的差异或者一定的规律排列成序，它是一种高层次的分类。[①] 排序一般有两种：

一是按次序规则排序，主要与量的排序有关

首先，按照物体量的差异的次序排序，如从大到小、从高到矮，反之也可以排序，本节内容中的排序就是指按照量的差异的次序排序。

其次，按照物体的多少的次序排序。比如从多到少或者从少到多，因前面提到表示元素多少的量属于不连续的量，因此数量多少的排序不在本章节的讨论范围。

二是按照特定规则的排序，主要涉及的是模式排序，不在本章节的讨论范围。

但是教师需要注意的是，量的排序是建立在量的比较的基础上开展的活动，教师在组织或设计教学时需要将重点及关注点放在量的比较上而不是排序上，更要注意的是虽然对排序的理解和掌握有助于幼儿模式经验的建立，但是模式排序不同于本章节讨论的量的差异排序，一定要做好区分。

① ［美］罗莎琳德·查尔斯沃思著．幼儿数学与科学教育[M]．北京：北京师范大学出版社，2019，189.

板块三　核心概念及核心经验点

1. 确定属性特征是量的比较之重要前提

确立并区分物体的不同的属性特征是比较的基本前提，因为即便是同一物体也有多个属性特征可以进行比较，比如一个水杯可以从高度、容积、重量等不同属性层面进行比较。但是教师在提供比较对象时，需要注意的是尽可能只突出一种量的比较，便于幼儿的区分。例如，高度比较时，被比较的物体需要在同一水平面；长短比较时，要确保被比较的两个物体一端对齐。

对于一些基本量的特征和属性，教师从数学概念上需要做好明确的界定和区分，尤其是一些都涉及长度的量，例如：

长短，物体两端之间距离的长度。

高矮，物体在水平线上从下到上距离的长度。

宽窄，物体横面边长的长度。

粗细，横截面直径（或半径）的长度。

厚薄，扁平物体上下面之间的长度。

对应的核心经验点是明确量的属性特征。

2. 语言可以用来识别和描述特定的属性

物体量的比较可以用语言进行描述，幼儿在对同一属性进行比较后需要用相应的词汇描述出来，常见的比较词汇如下。

长度比较：更长、更短、更高、更矮、更宽、更窄、更远、更近。

容积比较：更满、更多、更少、更空。

重量比较：更重、更轻。

时间比较：更快、更慢。

对结果进行描述时，小班幼儿可不必要说出“比”字，只要能够叙述结果即可，比如“黑纸长白纸短”，而中大班幼儿则尽可能要使用“比”字来描述结果，比如“黑纸比白纸长”。

对应的核心经验点是比较结果的描述。

3. 量的比较具有相对性、传递性

相对性指的是两两比较的两个物体量的属性特征是相对而非绝对的，即大鱼与小鱼比较是大的，但是与更大的鱼比较又是小的，鱼的大小是相对于与之相比较的对象而定的，并不是唯一恒定、绝对不变的。

传递性指的是不同物体在进行差异比较后，可以根据比较的结果预测和推断出另两个物体的差异比较结果，如比较得知 A ＜ B、B ＜ C，那么就可以推断出 A ＜ C。

对应的核心经验点是比较的方法与原则。

板块四　儿童发展轨迹

学前阶段量的比较的概念的发展是一个从仅能感知明显差异到能感知不明显差异、从绝对到相对、从不守恒到守恒、从模糊不清到逐渐精确的过程。

3 ~ 4 岁的幼儿已经能够感知并区分有明显差异的两个物体，能够在差异明显的物体中找出最大（最小）、最长（最短）的，5 ~ 6 的幼儿逐渐能对差异不太明显的量进行区分，能够根据物体量的差异进行排序，比如依照高矮、大小、粗细、长短排序。

3 岁幼儿对量的认识最初是一种绝对化的，经常会把他们认识到的变化的量看成绝对的不变的量，比如两个幼儿都坚持认为“我的妈妈高”，而 5 ~ 6 岁的幼儿能够从两个物体间进行比较逐渐过渡到 3 个或者更多物体的比较，逐渐理解量的相对性，很容易认识到“我妈妈比你妈妈高，但是比他妈妈矮”。

幼儿在 4 ~ 5 岁时容易在两个等长的物体改变摆放方式后做出不再等长的判断，即容易受到外部特征的影响不易理解量的守恒的概念，直到 5 ~ 6 岁，幼儿才逐渐能够理解物体在长度、面积、容积等方面的守恒现象。

3 ~ 4 岁的幼儿对于物体量的认识和表达具有局限性，容易将所有长的、粗的、厚的都说成大的，把短的、细的、薄的说成小的。随着对量的深入理解，一般在 5 ~ 6 岁幼儿能够使用更多精准的词汇表述物体量的特征。

板块五　核心目标

1. 通过日常的生活、游戏及集体教学活动，引导幼儿关注物体的不同属性特征，逐步感知同一物体可以从长度、体积、面积等不同方面进行比较，积累丰富的有关物体量差异的感性经验。

2. 帮助幼儿建立比较前先确定属性的习惯，培养幼儿用比较的词汇表述两个物体之间的差异，不同属性之间无法进行比较。

3. 引导幼儿通过比较解决实际生活中的问题（如按照顺序排队、穿合适的衣服等），积累幼儿对物体量的经验，感受有序排列给生活带来的便利，同时发展数学思维能力。

不同年龄段的幼儿，核心目标有所区别。

小班：引导幼儿关注物体最明显的属性，如大小、长短、高矮，让幼儿用直接比较的方法判断两个物体大小、长短、高矮的不同，在比较的基础上对 3 ~ 4 个物体进行量的差异排序。

中班：引导幼儿关注物体粗细、轻重、厚薄、宽窄的属性，在比较的基础上对 5 ~ 6 个物体进行量的差异排序。

大班：引导幼儿在比较的基础上给 7 ~ 8 个物体按照量的差异特征（如高矮、宽窄、粗细等）排序。在比较的过程中体验量的相对性及量的守恒（长度、面积、容积），如记号笔比铅笔粗，比胶棒细；一块圆形的超轻黏土搓成长条后，重量不变。

板块六　教学策略

大多数幼儿都是通过自然情境下和非正式的活动来学习比较的概念的，比如日常生活及游戏的渗透学习，同时教师还可以为孩子们提供更多的正式学习的机会，比如使用专门的教学材料来开展集体教学活动，提高幼儿的比较能力，丰富幼儿比较方面的词汇。

日常生活和游戏中渗透：尽可能提供真实的情景，引导幼儿寻找生活中的量，用多种感官感知量，同时鼓励幼儿多用语言描述比较的结果，不断帮助幼儿感知量的相对性并以游戏的形式巩固幼儿对量的认识。比如：早来园时，老师可以和孩子们讨论谁来得早，谁来得晚，谁比谁来得早，谁比谁来得晚。不但锻炼幼儿的观察能力，同时引发幼儿对于量的相对性的思考。

过渡环节时教师可以跟幼儿玩一玩相反词的游戏，或组织幼儿自主开展，比如“我说大你说小、我说长你说短”等，逐渐配合手势，训练幼儿的思维敏捷性。

户外活动时，引导幼儿触摸不同种类的球，拍一拍、垫一垫感受不同球类的差别。开始活动前引导幼儿找一找幼儿园里哪棵树最粗，哪个滑梯最高，并请孩子们用自己的方法比一比找到结果，如教师可以说“今天我们要玩第二高的滑梯，我们要在最粗的树下休息等等”。

植物角的浇水工具可以多样化，有一样粗细高度不同的，有高度相同粗细不同的，在幼儿选择工具的时候让幼儿看一看、说一说：“他们两个谁更高？谁更胖？谁的瓶口更大？哪一个盛水更多？”同时可以引导幼儿观察“哪一种果实的种子最大，哪一株小植物最高”。

站在镜子前的时候，可以引导幼儿发现“谁比谁高”的问题，排队时通过高矮变化引发幼儿对身高比较的热情，如“今天由高到矮或由矮到高，依次排队”

集体教学：根据幼儿的年龄特点及已有经验设计教学活动，在教学设计中通过情景或者材料引导幼儿关注物体属性的差异，引发幼儿对比较的兴趣，同时鼓励并允许幼儿对物体进行比较或排序，提升幼儿的比较能力。

第二部分　测量

板块一　学习价值

测量在本质上来说也是一种比较，只不过这种比较借助了一个工具，是间接性的，而不是通过目测进行的直接比较。也正是因为其间接性，所以比较的过程相对更加复杂和抽象，[①] 也能够反映幼儿在生活中实际运用数学概念的能力和实践中对客观事物的认知操作水平。

幼儿在测量的过程中逐渐将数与量的认识紧密结合起来：进行自然测量的幼儿首先要知道把量的整体划分成若干小单元，且知道整体是由若干个部分组成的。其次要进行逻辑相加，将每一次测量的部分和另一部分连接起来，建立测量单位体系。比如测量桌面的长度，就是通过不断移动小棍，将小棍长度（测量单位的量）与桌面长度（被测量的量）建立联系，测量的结果即两者之比的抽象的数（如桌面有 5 个小棍那么长）。

由此我们可以看出，测量的过程也是幼儿不断建立逻辑思考的过程，测量作为最有用的数学技能之一，能够给予幼儿充分的动手操作的机会，并积累解决数学问题的方法，灵活地运用数学经验，帮助幼儿科学全面地认识客观世界。

因此，引导幼儿学习测量是幼儿数学教育十分重要的内容之一。

板块二　相关概念

1. 测量

测量是认识量的手段，从任意属性上进行量化的过程都可称之为测量，幼儿通过测量对事物进行描述、比较或排序。具体的测量方法有很多，可以分为两种。

直接测量：直接测量是指把要测定的量直接与测量单位进行比较而得出结果的方法，比如用秤称体重。

① 黄瑾、田方主编 . 学前儿童数学学习与发展核心经验 [M]. 江苏：南京师范大学出版社 .2015（7）：241.

间接测量：间接测量是指已知要测定的量与某一个或若干个其他量之间具有一定的函数关系，通过测量这些量，用函数式计算出要测定的量的数值。

2. 自然测量

对学前儿童来说，主要涉及的就是直接测量又称自然测量，即利用各种自然物（小棒、绳子、瓶子）等作为量具来测量物体的长短、高矮、粗细等，一般不使用标准的计量单位，如刻度尺等。

3. 计量单位

将一个待测定的量与一个标准的同类量进行比较时，用来作为计量标准的量，叫作计量单位。根据学前阶段的内容，一般出现的计量单位就是单个自然物，如用彩笔测量桌子的长度，那么彩笔的长度就是测量中的计量单位。

板块三　核心概念及核心经验点

1. 比较必须是“均等的”，即计量单位的大小必须相等，且必须是不间断或没有重叠的

幼儿测量技能的获得是一个难点，会反映出幼儿数学认知和思维发展的抽象性水平，因此呈现出不同的发展水平。教师引导幼儿掌握测量技能时要关注以下几点（以测量长方形桌面长度为例）：

（1）比较两个物体是否等量时应当选用同一种测量工具，才能得到比较准确的结果。

（2）使用测量工具进行测量时，要从被测量物（桌子）的起点（桌子短侧边）出发。

（3）测量工具（如小棍）需要沿直线（沿桌子长边）移动，直到终点结束。

（4）测量工具（如小棍）移动时需要首尾相接，即不能重叠或间断。

对应的核心经验点：测量的关键技能。

2. 了解和确定物体的属性特征是进行比较与测量的重要前提

同一个物体可以有许多不同的属性特征进行比较与测量，比如一个水杯可以对高度、容积、重量、周长等不同的属性进行测量，只有明确根据哪种属性进行比较和测量时，活动才能开始实施。

另外，相较于目测的比较，测量的结果往往更加量化，因为结果表征一般都可以用数量的形式来表示，如桌子长 100 厘米或有 10 根彩笔那么长，所以测量的比较通常比目测的比较更加准确也更加明显。

对应的核心经验点：测量的基础和前提。

3. 计量单位的大小与测量出的单位数量之间是一种反向关系

同样的物体属性特征，测量工具的单位大小不同，其测量结果的数量大小也相应不同，比如用小棒和木棍测量桌子长度，如果小棒比木棍短，那么测量同一张桌子的长度，结果是小棒的数量多（如桌子长度有 7 个小棒那么长）而木棍数量少（如桌子长度有 5 根木棍那么长）。

这种抽象关系的理解对幼儿来说存在一定的困难，教师不要急于为幼儿概括此结论，而是帮助幼儿在生活中不断积累测量的经验，在不断的比较中获得认识。

对应的核心经验点：计量单位与测量结果的关系。

板块四　儿童发展轨迹

儿童比较与测量的概念会经历模仿、比较、任意单位测量（自然测量）、认识标准单位 4 个阶段，4 个阶段并不完全分界，是一个交替和差异性呈现的发展过程。

从出生开始幼儿就会在互动游戏的过程中发现自己的手臂不够长，拿不到远处的东西，发现其他小朋友比自己高等，不停地将某一容器中的水倒到其他容器中，孩子其实就是在这样的探索过程中对长度、高度、容积有初步的感知。

3 ~ 6 岁幼儿运用各种感官如目测、触摸等方式对物体的大小、轻重、冷热进行感知与比较，这个阶段幼儿积累了大量的比较的经验。

5 ~ 7 岁幼儿使用随手可得的事物如绳子、小棍或其他自然物进行测量，这个过程幼儿逐渐意识到单位的概念，小棍、积木都可以作为计量单位成为测量的工具。

大约 6 岁以后儿童意识到使用标准测量工具能够进行精准的测量、计算和描述。

板块五　核心目标

1. 在日常生活、游戏和活动中鼓励幼儿使用自然物进行测量，并引导幼儿讨论和比较测量结果，逐渐掌握测量的技能。

2. 帮助幼儿建立如下的经验：测量时首先要确定测量的属性，如长度的测量还是重量的测量等，根据测量属性的不同选择适合的测量工具。

3. 鼓励幼儿使用不同的测量工具，引导幼儿比较测量工具和单位的不同。

从幼儿的发展轨迹来看，小班年龄的幼儿基本处于大量积累比较经验的时期，对于测量的理解相对较浅。众多研究表明，中大班阶段是幼儿非标准测量能力形成与发展的关键时期。[1] 因此针对不同年龄的幼儿在测量发展方面的核心目标为：

小班，引导幼儿对测量感兴趣。

中班，用生活中的物体作为工具进行简单的测量，如用绳子、扭扭棒、手掌等作为量具测量桌子的长度。

大班，会用间接比较的方法测量物体的容积、面积。了解生活中常见的测量工具的用途，如尺子可以量长度，温度计可以量温度。测量活动中，体验并理解测量单位的大小和测量出的结果数量之间的反向关系。

板块六　教学策略

日常生活和游戏中渗透：基于生活场景的测量问题对幼儿来说才有学习的意义和价值。教师要帮助幼儿发现生活中真实的测量问题和情景。鼓励幼儿通过测量解决生活问题，如杯子里装多少水、桌子需要多大的桌布、玩具应该放在多大的箱子里等。

散步时请幼儿边走边用“脚步”量一量走廊有多长？感知每个人的“脚步”就可以是一个测量工具和单位。

户外活动时，和幼儿玩“跨步”游戏，用接连跨步的方式测一测从大树到滑梯的距离，同时引导幼儿思考，为什么大家都是从大树到滑梯的距离，测量出的结果为何不同？

幼儿对比身高感兴趣时，鼓励幼儿说一说“高多少”的问题，引导幼儿探索不同测量工具在比较结果上的差异。

种植小植物时，引导幼儿借助绳子、棍子等自然物测量植物的高度，并记录植物的高度变化，引导幼儿发现并了解标准测量工具如尺子的作用。

集体教学：集体教学活动的设计要迁移幼儿生活中非常有可能遇到的情景，比如路线的远近或者位置的远近，将抽象的测量问题还原到幼儿熟悉的、具体的、真实的生活背景中去，只有在真实的背景中解决测量问题才更有利于幼儿理解，才能够引发幼儿将活动中获得的经验运用到真实生活中其他的情境中，体现数学的有用价值。另外，还可以借助有关测量的绘本故事设计教学，有利于将视觉化的画面和故事情境转化为具体的、生活中的数学概念，也能够体现出数学的趣味性。

无论是日常渗透还是集体教学，幼儿在比较与测量的过程中教师切忌急于告知幼儿正确的方法，而是应该给予幼儿充分的操作的时间，给予幼儿试错、反思、调整的空间。

---

① 陈欣．基于项目教学开展大班幼儿园测量活动的行动研究 [D]. 四川：四川大学出版社 G613.4.

板块七　教学案例

集体教学活动案例

活动 1　小个子的大主意

活动名称：小个子的大主意

班级：小班上

核心经验

语言可用于识别和描述特定的属性。

活动目标

1. 通过绘本阅读，感知故事中事物的大小关系。
2. 在分水果游戏中进行 3 种物体的大小比较，能用恰当的语言进行描述。
3. 在故事情节中感受比较大小的有趣，运用多种感官探究问题。

活动重难点

活动重点：能感知 3 个物体的大小关系。
活动难点：能用恰当的语言描述游戏中物体的大小关系。

活动准备

经验准备：能通过目测比较出有明显差异的物体大小。

物质准备：绘本《小个子的大主意》[（美）埃莉诺 . 梅著作 . 陈青译 . 江苏：江苏凤凰少年儿童出版社，2019.9] 制作成 PPT 课件、盘子三个（大、中、小）、水果（菠萝、苹果、草莓等）。

活动过程

一、故事导入，引出比较

指导语：小朋友们，今天老师邀请了一位动物朋友和我们一起做游戏，我们欢迎小客人。这只小老鼠的名字叫艾伯，它为我们带来了一个有意思的故事，我们一起来看一看。

二、深入理解故事，感知比较大小

（一）绘本故事前部分。

感知描述小、更小、最小的比较关系。

出示绘本第 6 页第 7 页（皮特拿出 3 个袋子，分给艾达、艾伯每人 1 个袋子）。

核心提问：

1. 皮特的袋子小小的，艾达的袋子更小，艾伯的袋子呢？

2. 皮特的个头小小的，艾达的个头呢？艾伯的个头呢？

小结提升：

个头小小的皮特，背小小的袋子；个头更小一点的艾达，就背更小的袋子；个头最小的艾伯，就背最小的袋子。在这里面，小老鼠个头的大小和它背的袋子大小是有关系的。

（二）教师与幼儿继续深入了解绘本故事后部分。

感知描述大、更大、最大的比较关系。

出示绘本第 20 页（艾伯盯着大西瓜看）。

指导语：图片上有几种水果，是什么？

核心提问：

1. 李子是大的水果，谁是最大的？

2. 桃子和李子比较，谁更大一些呢？

小结提升：李子是大的，桃子更大，西瓜最大。

三、游戏体验，用语言描述大小

指导语：

1. 艾伯还给我们的娃娃家送来了一些水果，我们一起看看都有什么？（菠萝、苹果、草莓）

2. 老师这里有三个盘子，想请小朋友将三个水果分别放在盘子里，我们来招待小客人。

核心提问：

1. 三种水果有什么区别？菠萝、苹果、草莓相比较，谁最大？

2. 三个盘子有什么区别？这是大盘子，它们呢？（手指黄色的盘子，然后让幼儿用语言描述更大和最大）

3. 你会怎样分水果，为什么？

小结提升：

通过比较区分三种物体的大小，并用相应的词汇描述出来。

注意事项

绘本教学的好处在于教师可以为幼儿营造一个可视的教学情境，既能贴近生活又便于幼儿的观察。对于小班幼儿来说，比较的过程主要看重幼儿对于区别明显的两个物体间的描述，鼓励幼儿用自己的方式表达物体属性的区别，并通过引导，丰富其比较的词汇。本活动中，教师关注以下两点：

1. 顺应幼儿的发展轨迹和特点。当幼儿不能说出书中的数学语言描述，如小、更小、最小，或大、更大、最大，教师要理解幼儿用自己的语言进行描述，如小、大、最大，大、好大、超大等。

2. 在游戏中涉及量的比较具有相对性，教师不进行过多解释，在游戏和操作中让幼儿自然理解物体间相对性的关系。

数学教学语言

1. 李子是大的水果，谁是最大的？
2. 桃子和李子相比，谁更大一些呢？
3. 三个盘子有什么区别？这是大盘子，它们呢？
4. 你会怎样分水果，为什么？

（活动设计者为北京市朝阳区望京新城幼儿园刘洋）

活动 2　造房子比高矮

活动名称：造房子比高矮

班级：中班下

核心经验

1. 语言可用来识别和描述特定的属性。

2. 量的比较具有相对性。

活动目标

1. 学习比较高矮的方法，乐意和同伴一起用多种材料造房子，并在比较的基础上将房子进行高矮排序

2. 能够用语言表述比较的过程和结果

3. 愿意和同伴愉快地交流与合作，大胆地表达自己的想法

活动重难点

活动重点：能够比较两个物体之间的高矮。
活动难点：在比较的基础上进行排序。

物质准备

经验准备：有过两两比较的经验，有自然测量的经验。
物质准备：软积木、纸盒子、塑料筐。

活动过程

一、引入：创设问题情境，激发幼儿比较的经验

教师提出进行建房子比赛，看看哪个房子牢固且高。

二、主要部分：小组赛

1. 第一轮比赛：修改高度。

游戏规则：4 ~ 5 个小朋友为一组，小组内幼儿在同一直线上随意搭建房子，搭建结束后根据城市规划师“从左到右按由高到矮排列”的指令，在不挪动物体的基础上通过增加或减少高度来达成任务需求，哪一组快哪一组获胜。

核心提问：

你的房子和左边的房子谁更高？

在调整高度时，如何让房子比左边的矮又比右边的高呢？

小结：房子的高度是相对的。

2. 第二轮比赛：修改排序。

游戏规则：4 ～ 5 个小朋友为一组，幼儿自选材料在一定范围内造房子，“房子”不宜造得过高，保证造得牢固，不易推倒。“房子”造好后，比一比“房子”之间的高矮，并按照“从右到左按由高到矮排列”。

教师巡回指导：

1. 引导幼儿目测比较“房子”之间的高矮，必要时可把两座“房子”挪到一处进行比较。

2. 提示幼儿目测无法比出高矮时，可借助其他材料比较，如小朋友的胳膊、长板积木、尺子等。

核心提问：

1. 你的房子和他的房子谁的更高？看不出来怎么办？

2. 除了目测比较出高矮，你还用了什么方法比较两个比较远的房子？

3. 你是如何快速对你们组的房子进行排序的？

小结：当距离较远无法目测时，可以将房子拉到一起目测比较，也可以通过绳子量一量的方式间接比较。

三、结束与延伸

请幼儿在建筑区建立自己的城市群，按照城市规划图搭建高度不同的建筑物并按照一定顺序排序。

注意事项

1. 以小组赛游戏的形式开展，激发幼儿的活动热情，两种比赛形式主要是考虑到通过第一关引导幼儿目测比较房子的高矮，并且通过增加或降低高度来实践两两之间高矮的比较，此过程中幼儿不能只考虑调整自己房子的高低，还要比较在自己旁边的两个房子的高度以满足排序的要求，因此教师要注意引导幼儿思考和感知高度的相对性。

2. 第二关体现着比较与测量的关系，比较是测量的基础，测量是另一种比较。在第二关中更多考查幼儿的观察能力，要求教师给予幼儿充分的时间，鼓励幼儿用各种方式包括目测比较及测量比较的方式解决排序问题。

关键教学语言

1. 这两栋房子哪栋高？哪栋矮？

2. 怎么才能让这栋房子比另外一栋矮一些呢？

3. 离得远的房子可以挪到一起比一比吗？

4. 还可以用其他什么东西帮助比较？

5. 在这些房子中，哪栋房子最矮（高）？哪栋房子排在第一个？

（活动设计者为北京市朝阳区枣营幼儿园逯宇婷）

活动 3 比比谁跳得远

活动名称：比比谁跳得远

班级：大班

核心经验

量的比较具有相对性、传递性。

活动目标

1. 能积极参与讨论解决问题的办法，找到最方便的方法。
2. 能够在比较的基础上按照从远到近的顺序依次排列。
3. 愿意和同伴愉快地交流合作，大胆地表达自己的想法。

活动重难点

活动重点：能够积极动手动脑思考比较跳远的长度。

活动难点：能够按从远到近的顺序依次排列。

活动准备

经验准备：幼儿在体能测试中有跳远的经验，知道站在起跳线向前起跳，有比较的经验。

物质准备：宽敞的场地、在地面标记一条起跳线、长丝带若干。

活动过程

一、开始部分：创设问题情境，激发幼儿比较的经验

请两名幼儿站在同一起跳线向同一方向起跳，引导幼儿思考两个小朋友谁跳得远。

核心提问：两个小朋友站在同一个起跳线起跳，你们认为他们两个人谁跳得比较远？你是怎么知道的？

小结提升：原来，我们通过目测直接比一比的方法就能够知道谁跳得远。

二、操作探索：能够用生活中的物体作为工具间接比较跳远的长度

（一）2 名幼儿向相反方向跳远，比较跳远距离的长度。

核心提问：

当两个小朋友向不同的方向跳远时，现在谁跳得远？我们可以一眼看出来吗？

有没有办法知道谁跳得更远？

自主尝试：请每位幼儿测量一个距离，最后想办法比一比，哪个更跳得远。

核心提问：你是怎么比较的？他们两个谁跳得远？你是怎么比较出来的？

小结提升：如果跳远的距离不在一个位置上，要想比较跳远距离的远近，需要借助测量的工具，测量以后再进行比较。两个距离的比较需要使用相同的测量工具，借助测量工具让两个不能移动的物体进行比较。

（二）请 8 名幼儿组成一队，比较跳远距离。

规则：请幼儿站成紧密的圆形，面朝外，成发散状往远处跳（教师可给幼儿在地上画一个圆圈）比较并排序后用数学标记远近顺序，哪组先获得结果且正确则胜利。

核心提问：请你们想一想可以先比较哪些？再比较哪些？你必须要跟组内所有的小朋友都比一遍吗？

为什么你们两个比的时候你比他跳得远，却不是最远的呢？

你比他跳得远，他比小红跳得远，那你跟小红谁跳得远呢？为什么？

三、迁移实际生活

如果我们想要每个小朋友跳完就能得到远近比较的结果，最好的办法是什么？（重叠跳）引导幼儿回归数学活动服务于生活的理念，回顾重叠比较的方法，引导幼儿发现数学能够解决生活中的实际问题，同时也学会使用最便捷的方式。

注意事项

游戏活动中当幼儿无法目测时就会使用测量比较的方法，当活动聚焦于比较的学习时，提供的测量工具就尽要可能方便，如长丝带、长木棍等，确保幼儿使用正确的测量方法的同时帮助幼儿节省测量的时间。同时在过程中要关注幼儿比较排序的方法，是一一进行了比较还是借助传递性快速比较，比较之后幼儿如何进行记录或表征的，又是如何通过记录排出顺序的。教师需要注意以下几点：

1. 重视幼儿前期测量经验的铺垫，能够基本掌握测量的方法。

2. 在排序的过程中，幼儿使用的方法和策略也会有比较大的差异，要允许并鼓励幼儿使用自己的方法完成比较，教师需要认真倾听幼儿的回答，理解幼儿比较的方法，及时追问和回应，帮助幼儿梳理经验。

3. 在比较的过程中，需要循序渐进、层层深入地帮助幼儿理解长度的相对性和传递性，尤其是重视幼儿在过程中用语言表达逻辑推理的过程。

数学教学语言

1. 现在谁跳得远？我们可以一眼看出来吗？有没有办法知道谁跳得更远？

2. 你用了什么工具？是怎么比较的？

3. 请你们想一想可以先比较哪些、再比较哪些？你必须要跟组内所有的小朋友都比一遍吗？

4. 为什么你们两个比的时候你比他跳得远，却不是最远的呢？

5. 你比他跳得远，他比小红跳得远，那你跟小红谁跳得远呢？为什么？

（活动设计者为北京市朝阳区劲松第一幼儿园刘洁红）

活动4　我们一样多

活动名称：我们一样多

班级：大班下

核心经验

确定属性特征是量的比较之重要前提。

活动目标

1. 通过动手操作体验容量的守恒，并获得测量容量的方法。
2. 在尝试和比较中鼓励幼儿积极思考问题。

教学重难点

重点：感知量的守恒。
难点：使用合适的测量工具进行间接比较。

活动准备

经验准备：具备比较的经验，能够区分物体的不同属性。
物质准备：量杯、透明瓶子、染色水溶液、不同大小的容器。

活动过程

一、观察——目测比较

指导语：
请你们说一说小红和小明谁的水多？为什么？
水位越高代表着水越多吗？为什么
水量的多少应该如何测量？

二、实验——验证比较结果

指导语：现在有两个一模一样的大水杯，并且盛着同样多的水，如果分别倒入小红和小明的瓶子中，高度会是一样的吗？

指导语：如何记录水位的高度呢？

指导语：为什么明明是一样多的水，在两个不同的瓶子里高度就不一样呢？

小结提升：水的多少需要用容器来测量，而高度只能判断高矮不能说明多少。水的多少不会随着所盛容器的大小而发生变化。

三、实验探究——经验的实践

指导语：小红和小明买完水以后，又买了两瓶果汁，小红和小明又有烦恼了，到底谁的多？还是一样多？ 你是如何比较出这两个瓶子中的饮料哪个多、哪个少的？

猜想?	结果√
 小红多?	
 小明多?	
 一样多?	

注意事项

测量其实就是比较，在本活动中教师要给予幼儿认知冲突的情景，并给予幼儿充分讨论的时间，幼儿需要意识到水量多少的比较需要对体积这一属性进行测量，确定比较与测量的属性后，选择适宜的材料进行间接比较就很容易得出结果。

而想要让幼儿理解守恒的概念需要提供一个基本单位（如活动中的大水桶），来帮助幼儿比较和判定在细长瓶和宽矮瓶中的水是否一样多。教师在提供材料的时候尽可能是与幼儿的生活相联系的，会更有利于幼儿对概念的理解，又能够帮助幼儿将获得的经验和概念迁移到其他的生活情境中。同时在活动中也要关注以下几个方面：

1. 给予幼儿猜想和讨论的时间。
2. 鼓励幼儿使用标记记录水的多少，支持幼儿使用带有刻度的材料。
3. 引导幼儿在日常生活中寻找守恒的例子。

数学语言

1. 两个瓶子中的水一样多吗？为什么？
2. 水位越高代表着水越多吗？为什么？
3. 为什么明明是一样多的水，在两个不同的瓶子里高度就不一样了呢？

（活动设计者为北京市朝阳区福怡园幼儿园张耿）

活动 5 制作门帘

活动名称：制作门帘

班级：大班上

核心经验

1. 比较必须是“均等的”，即计量单位的大小必须相等，且必须是不间断的或没有重叠的。

2. 计量单位的大小与测量出的单位数量之间是一种反向关系。

活动目标

1. 能够运用正确的测量方法为角色区小医院制作门帘。
2. 尝试运用多种表现形式对门框的测量结果进行记录。
3. 在制作门帘的过程中体验相互合作、共同探索的快乐。

活动重难点

活动重点：能够运用正确的测量方法制作道具。

活动难点：能选择合适的测量工具。

活动准备

经验准备：幼儿基本掌握了正确的测量方法。

物质准备：测量工具（圆片、回形针、花朵玩具片、小方块、小棒）、布、笔、记录纸。

活动过程

一、情景导入，为小医院制作门帘

观察教师出示的角色区小医院图片。

指导语：上次在角色区小医院玩游戏的时候，小病人发现冬天到了，天气越来越冷了，小医院没有门，怎样让小医院不那么冷并保护病人的隐私呢？

二、个别操作，回顾测量方法测量门框的高度及宽度

核心提问：

1. 做门帘需要知道哪里的尺寸？

2. 测量门框和门帘高度时要用什么工具测量？可以用不一样的工具吗？为什么？

3. 应该怎样测量？

小结提升：

1. 测量时选择同一种测量工具进行测量。

2. 从起点到终点，沿着一条直线测量。

3. 首尾相接，中间不能有间隔和重叠。

三、分组活动，制作门帘

测量门框的高度及宽度。

幼儿自主选择测量工具，测量门框的宽度。

注意事项

幼儿可能会选择不合适的测量工具。

核心提问：

1. 工具长短不同，测量结果有什么区别？

2. 你用的哪种工具？一共用了多少块？你和别人的结果为什么不一样？

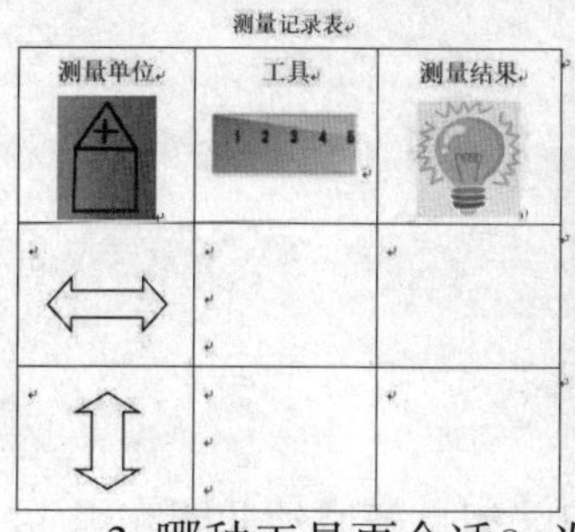

测量记录表

测量单位	工具	测量结果

3. 哪种工具更合适？为什么？

小结提升：

1. 当幼儿发现反向关系时教师总结——测量单位越长，测量的结果数量越小；测量单位越小，测量的结果数量越大，所以我们要选择合适的测量工具，这样可以省时省力。

2. 记录测量结果——幼儿运用多种表现形式记录测量结果。

3. 裁剪门帘——幼儿想办法裁剪门帘。

核心提问：

1. 怎样将门帘裁剪下来？

2. 门帘合适吗？为什么测量的同样的高度挂上去以后门帘变短了？

四、幼儿讨论分享，教师总结

幼儿介绍制作门帘的经验

核心提问：

1. 你们成功了吗？是怎样成功的？

2. 遇到了什么问题？出现这个问题的原因是什么？

小结提升：当我们裁剪完门帘布并粘贴在杆子上挂在门口时发现，门帘比我们测量的高度要短，原来我们忘记了将粘贴在杆子上的高度预留出来，所以以后当我们解决类似问题的时候，不但要学会测量，还需要考虑我们真正需要多长的材料而不只是简单地量一量。

注意事项

1. 在测量门框的过程中可能会出现测量方法不准确的现象，教师可以运用“同伴间平行游戏”的方法，引导幼儿观察同伴的操作，相互学习感知测量的步骤，从而调整自己的方法。

2. 在选择测量工具时，幼儿会选择各种各样的工具，教师首先要支持幼儿的选择，以平等宽容的心态追随幼儿游戏，鼓励幼儿先进行体验。引导幼儿体验并观察比较其他幼儿的测量结果，通过运用启发性的问题引发幼儿思考测量单位与结果间的反向关系。当幼儿有所发现和领悟时，教师帮助其进行梳理和经验提升，不要在幼儿还没有发现两者关系时急于总结经验。

数学教学语言

1. 做门帘要量什么地方？
2. 你用什么工具测量的？
3. 你是怎么量的？
4. 哪种工具更合适？
5. 如果工具长短不同，结果有什么区别？

（活动设计者为北京市朝阳区望京新城幼儿园陶爽）

活动6　给小树穿衣服

活动名称：给小数穿衣服

班级：大班上

核心经验

比较必须是均等的，即计量单位的大小必须相等，且必须是不间断或没有重叠的。

活动目标

1. 探究及学习准确测量的方法，并能将测量的结果记录在表中。

2. 感知周长的测量与测量工具长度的关系。

3. 对生活中的事物感兴趣，激发幼儿的求知欲望和探究精神。

活动重难点

活动重点：能够用正确的方法进行测量、记录。

活动难点：根据测量结果准备合适的做衣服的绳子材料。

活动准备

经验准备：有过测量物品的经验。

物质准备：测量工具如盒尺、绳子、线，记录表。

活动过程

一、开始部分：创设情景，引发幼儿参与活动的兴趣

1. 观看小树取暖的办法，引出活动。

引导语：冬天到了，我们都穿着各种各样的衣服，那谁还没有穿上暖和的衣服呢？

引导语：小树靠什么取暖呢？

二、基本部分：学习测量方法，给小树做衣服

（一）学习测量方法。

1. 第一次探索测量。

（1）每组幼儿分发相同的测量工具，做好记录。

（2）分享讨论：为什么同一棵小树，相同的工具，测量出来的结果却不一样？

（3）请几名幼儿分享自己的测量方法。

（4）教师示范正确的测量方法：顶端要对齐，收尾要相接，并用水彩笔做记号。

2. 第二次实践正确的测量方法。

再次用相同长度的线进行分组测量，并做好记录。

小结：测量同一物体时候，测量工具一样，测量结果也一样。

3. 第三次应用测量。

提问：除了刚才用的测量工具，生活中还有那些东西可以用来测量？

每组幼儿选择不同的测量工具进行测量。

小结：同一个物体，测量工具不一样，测量的结果也不一样。

（二）分组进行测量制作。

1. 引导幼儿明确给小树做衣服都需要测量什么。

核心提问：要给小树做合适的衣服，我们首先需要知道大树的什么长度？测量要注意什么？（头尾相连，同一水平线）

核心提问：都需要记录什么？

2. 每组幼儿自选一棵小树进行测量。

核心提问：测量了大树一圈的长度后，要如何确保衣服可以完全将大树包起来呢？

（三）分组展示，分享经验。

幼儿之间分享展示自己制作的衣服。

总结：

大树一圈的长度就是衣服的长度。

不同的测量工具测量出来的结果是不一样的。

注意事项

测量活动的学习是一个循序渐进的过程，幼儿在建立了使用自然物进行测量的认知后，经常愿意使用各类物品进行测量活动，而此时测量过程中的方法是非常重要的，也恰恰是建立幼儿测量技能的比较好的时期，幼儿往往在实践活动中体会测量的方法。

在本次活动中被测量的物体不是以平面呈现的，因此幼儿需要理解树的周长，表现在测量工具上其实就是一定绳子的长度，而幼儿在操作中也会逐渐发现，与测量平面不同的是，测量周长时测量工具的起点和终点需要在同一点，但相同的是测量的过程都需要保持测量工具的水平位置。这对于初次测量周长的幼儿来说是重点也是难点，因此经验的建立需要幼儿的多次探索以及教师的及时引导。在本次活动中教师需要关注：

1. 幼儿在测量的时候容易发生歪斜，引导幼儿在同一水平面上围圈测量，做好首尾相接。

2. 鼓励幼儿之间相互合作完成小任务。

3. 教师要倾听幼儿的想法，帮助他们理清思路，完整表达，促进每一位幼儿在原有水平上向更高水平发展。

数学教学语言

1. 为什么同一棵小树、相同的工具，测量出来的结果却不一样？

2. 生活中还有哪些东西可以用来测量？

3. 要给大树做合适的衣服，我们首先需要知道大树的什么长度？测量要注意什么？

4. 如何确保衣服可以完全将大树包起来呢？

（活动设计者为北京市朝阳区清友实验幼儿园苏雪）

活动 7 身高比拼大闯关

活动名称：身高比拼大闯关

班级：大班下

核心经验

1. 量的比较具有相对性、传递性。
2. 比较是均等的，即计量单位的大小必须相等，且必须是不间断的或没有重叠的。

活动目标

1. 能够运用多种方法解决实际生活中的高矮排序问题。
2. 能够用符号、图画等方式记录自己的方法。
3. 在游戏中愿意与同伴沟通交流，合作完成任务。

活动准备

物质准备：PPT、抢答按铃、展板、垫子、记录纸、软积木、笔、胶钉等。

经验准备：有自然测量及高矮排序的经验。

活动过程

一、情景导入

新学期开学了，随着小朋友们的身高变化，大家都在比身高，正好开展身高大战的活动。

设计意图：通过真实的生活情景引出问题，并以游戏闯关的方式引发幼儿的兴趣。

二、活动过程

第一关，智力问答环节。

1. 教师给出问题情境。

依次出示六张图片问："这样比身高正确吗？为什么？"

2. 幼儿回顾测量经验进行抢答。

3. 教师总结。

两个人比较身高时，需要站直身体不能弯曲，需要脱掉鞋子都站在同样高度的地面上，需要保证头发上没有其他配饰，需要双脚并齐，需要头保持平直、不斜不歪。

设计意图：调动起幼儿的前期经验，并将前期经验以语言描述的方式转化到实际的身高比较当中。

第二关，难题你来说。

1. 出示身高差异明显的两个人的照片。

提问：你是怎么知道谁高的？

2. 出示身高差异不明显的两个人的照片。

提问：通过目测能直接比较出谁高谁矮吗？直接比较得不到结果怎么办？

3. 教师总结。

除了通过目测的直接比较方法，还可以借助其他材料通过测量来帮助我们完成比较。

设计意图：从目测向借助物品测量转变，通过实际的情景，引导幼儿想出办法，借助各种物品作为测量的工具，来解决直接比较无法完成的情况。

第三关，小组合作赛。

1. 提出要求。

请小朋友们小组讨论选用一种方法，按照从矮到高的顺序将 5 人排列好，并把排列的方法用图画的形式记录下来。

2. 幼儿实际操作。

教师进行过程中的指导，注意引导幼儿利用已有经验解决问题。

3. 幼儿分组展示，检验结果。

核心提问：你们组是用什么方法排列的？可以分享一下你们每一步是怎么做的吗？

核心提问：为什么会用工具测量呢？测量的过程中遇到什么问题了吗？如何解决的？

设计意图：幼儿通过实操作，将测量的核心经验实际运用到生活当中，利用各种方式进行身高排序的过程实际上就是幼儿解决问题的过程，这是数学过程性能力之一，也是一种综合性能力，需要儿童在实际的身高比较情景和已有的比较测量的数学知识经验之间建立联系。

4. 教师总结。

（1）策略与方法。

可以用目测的方法，快速找出最高或最矮的小朋友。

可以通过两两比较的方法找出比较高的小朋友，直接进行三人排序。

利用积木进行测量时，需要保证起点相同，也就是躺下时脚要在同一水平线，测量过程中积木不能重叠不能歪斜。

利用绳子进行测量时，要确保脱掉鞋子起点相同，在头部进行标记时需要水平对齐墙面进行标记。

（2）幼儿合作。

根据现场情况有针对性地对善于合作的小组进行表扬，其他小组可以表扬其沟通有效等，给孩子们以鼓励和肯定。

三、结束环节（由自然测量引出标准测量）

出示图片（身高测量仪）。

提问：

（1）你们知道大夫是如何给你们测量身高的吗？

（2）身后的柱子上有很多刻度，是做什么用的呢？

设计意图：通过身高测量仪引出标准测量，为幼儿今后接触标准测量打下基础。

注意事项

身高闯关的游戏是一节侧重于将幼儿的数学核心经验实际运用到生活中的教学活动，幼儿在解决身高排序的过程中自然调动比较与测量的核心经验。比如在目测比较的过程中，3 位幼儿两两比较后，教师需要及时引导幼儿思考做了两两比较后，是否可以直接进行 3 人的身高排序，实际理解量的传递性。幼儿在使用积木进行测量时，容易忽略从起点开始，且首尾相接时容易歪斜导致测量失误，在观察幼儿测量的过程要引导幼儿感受测量的方法，如引导幼儿思考为什么要起点相同，为什么歪斜会产生测量错误。特别要注意的是，在实际生活中解决问题的重点在于运用已有经验最高效地解决问题，因此教师要避免为了测量而测量，引导幼儿感知的同时也要引导幼儿寻找最便利的测量方法。

数学教学语言

1. 请问通过目测能直接比较出谁高谁矮吗？直接比较得不到结果怎么办？
2. 你们组最先排出来的小朋友是谁？为什么？
3. 你们觉得哪种测量方式最方便？为什么？

（活动设计者为北京市朝阳区劲松第一幼儿园李真）

活动 8　我是小裁缝

活动名称：我是小裁缝

班级：大班下

核心经验

即使是一个物体，也有许多不同的属性特征可以进行比较与测量，了解和确定物体的属性特征是进行比较与测量的重要前提。

活动目标

1. 喜欢参与测量活动，愿意用测量方法解决生活中遇到的问题。
2. 感知标准测量工具在测量活动中的作用。
3. 能与同伴共同合作完成裁剪桌布任务。

活动重点难点

1. 学会用正确的测量方法。
2. 能够记录并比较桌子的长度和宽度。

活动准备

1. 幼儿已经具备一定的测量经验，学会用不同工具进行测量。
2. 已经认识卷尺。
3. 准备卷尺若干及绳子。
4. 记录表、报纸、剪刀、铅笔、桌子、布。

活动过程

一、问题导入，发现问题，解决问题

提问：以前我们一起用小积木测量桌子的长度，制作了小桌布，今天图书区的桌面想要漂亮的桌布，但是只有卷尺和绳子，请小朋友们量一量，如何才能裁剪合适的桌布呢？

二、测量桌子

1. 师生共同回忆测量的方法。

核心提问：

测量桌子时怎样测量更准确？

如果选用卷尺，要从哪里开始测量？如果选用绳子，如何记录最后终点的长度？

2. 幼儿分组测量桌子的长度和宽度，并在记录纸上进行记录。

注意：

（1）在测量时提醒幼儿卷尺及绳子要拉直。

（2）在测量长度和宽度时保持水平不歪斜。

核心提问：

桌子的长度是多少？是怎样测量桌子的长度的？

你是从哪里开始测量的呢？

你是如何使用绳子确定桌子最后的位置的呢？

三、裁剪桌布

1. 幼儿测量桌子的长度后，每组领一块桌布。

2. 幼儿按照测量的尺寸裁剪桌布。

核心提问：

你是如何确定你裁剪的桌布跟桌面大小是一样的？

如果想要盖在桌子上，桌布的长度应该如何确定？

3. 幼儿将裁好的桌布铺在桌子上进行检验，是否合适？是否需要调整？

四、分享经验

1. 分享成功的经验：你们组的桌布裁剪成功了吗？你是如何记录桌面的尺寸的？

2. 分享失败的经验：你们组的桌布为什么不合适？原因是什么？问题出在哪里？

注意事项

制作桌布对于大班幼儿来说应该是一个系列活动，从最开始幼儿通过自然测量桌子的长度逐渐掌握测量的基本方法，逐渐过渡到幼儿在使用不同材料测量的过程中，发现不同属性的物体可以使用不同类型的测量工具，从游戏活动到解决实际问题。而大班下学期的

幼儿在掌握了测量的基本方法后，愿意尝试使用标准测量工具解决实际生活中的问题，因此对于米尺的投放不必忌讳。米尺的确是更加方便使用的工具，因此可以根据班级幼儿测量经验的习得情况，适当提供给幼儿一些标准测量工具，但需注意的是，不要强调刻度的比较或精准读数。

在本次教学活动中，幼儿使用卷尺进行测量是建立在前期自然物测量的基础上的，本节活动要明确的是活动依旧是引导幼儿实践自然测量的经验，只是在记录长度时渗透了卷尺的使用，同时也能够看到活动中教师投放了长绳子，而在教师指导的过程中也着重引导幼儿思考绳子这种没有具体数字刻度的材料如何标记重点，这样的对比也能够帮助幼儿建立对标准测量工具的理解。但是不要教给幼儿如何认识卷尺的刻度，只是作为工具投放，让幼儿发现并用自己的方式去表征即可。

本次教学活动过程中主要关注以下几个方面：

幼儿在使用卷尺时候，卷尺是否抻直，是否沿被测量的边水平对齐，是否从 0 开始。

使用卷尺进行测量其实与用绳子测量是类似的，只是多了数字的渗透，如果遇到非整数的刻度，鼓励幼儿观察卷尺刻度用自己的方法表征。

数学教学语言

1. 如果选用卷尺，要从哪里开始测量？如果选用绳子，如何记录最后终点的长度？
2. 你是如何确定你裁剪的桌布跟桌面大小是一样的？
3. 如果想要盖在桌子上，桌布的长度应该如何确定？

（活动设计者为北京市朝阳区劲松第一幼儿园刘俊红）

日常生活渗透案例

活动 1　我为娃娃穿衣服

活动名称：我为娃娃穿衣服

班级：小班上

核心经验

1. 确定属性特征是量的比较之重要前提。
2. 语言可用来识别和描述特定的属性。

活动目标

通过在娃娃家中投放大、小不同的娃娃和餐具，引导幼儿关注周围环境中的大小，感知、积累关于“比较”的经验，并尝试用语言进行描述。

生活环节或场景

区域建设阶段。

物质准备

大、小娃娃各 1 个，大小不同的娃娃衣服和餐具。

操作过程

教师在参与游戏时，通过语言提问，引导幼儿感受、比较材料的大小，为娃娃的衣服和餐具按大小进行匹配。

在游戏中提问：小（大）娃娃适合穿哪件衣服？为什么？小（大）娃娃应该用哪个餐具？为什么？怎么才能知道哪个大、哪个小呢？也可以尝试为娃娃的衣服和餐具按大小进行区分、摆放。

注意：活动中引导幼儿确定比较的属性为“大小”，体验直接比较的过程，并尝试用语言进行描述。

关键教学语言

1. 哪个更大？哪个更小？
2. 你怎么知道哪个大、哪个小呢？

（活动设计者为北京市朝阳区望京新城幼儿园陈璐）

活动2 好玩的手指头

活动名称：好玩的手指头

班级：小班下

核心经验

1. 确定属性特征是量的比较之重要前提。
2. 语言可以用来识别和描述特定的属性。

活动目标

通过比较五根手指头的长短，能够用最长、最短来表述比较的结果，知道手掌比较时手掌根部要对齐。

生活环节或场景

过渡环节。

活动准备

能够区分大小明显的两个物体，能够使用一些比较词汇。

操作过程

1. 教师带领幼儿玩手指游戏“5只小猴荡秋千”，以锻炼幼儿的手指。以“5只小猴荡秋千为例”，请幼儿找到最高的“小猴”（最长的手指）和最矮的“小猴”（最短的手指）。

2. 教师带领幼儿玩手指游戏“手指点点”，然后请两个小朋友面对面，用彼此最长的手指点一点，再用最短的手指点一点，随后还可扩大到3个人一起伸出最长的手指点一点。

3. 教师带领幼儿玩有节奏拍手掌游戏，然后请幼儿之间比一比谁的手掌长、谁的手掌短，过程中引导幼儿发现比较手掌的长短需要做到手掌的根部对齐。

注意事项

1. 借助手指游戏提高幼儿的手指灵活度，同时将注意力集中于手部，请幼儿找到长的和短的之后，及时记住同伴互动增加趣味性，同时也是幼儿感知量的相对性的比较好的渗透方式。

2. 在幼儿比较手掌的过程中，由于大拇指与其他四指不在一个水平面上，所以不要求幼儿用拇指和其他四个手指比较，但是可以和其他人的手指头比较。

关键教学语言

1. 哪个手指最长呀？哪个手指最短呢？
2. 你的手指和他的手指哪个更长一点呢？
3. 为什么一定要从根部对齐才能比呢？

（活动设计者为北京市朝阳区劲松第一幼儿园葛旭）

活动 3　比腿长

活动名称：比腿长

班级：中班上

核心经验

1. 语言可用来识别和描述特定的属性。
2. 量的比较具有相对性、传递性。

活动目标

1. 能够正确比较伙伴之间腿的长短，感受比较的乐趣
2. 能够找到 5 个人中腿最长的人

生活环节或场景

过渡环节。

活动准备

有过比较长短高矮的经验。

操作过程

1. 请幼儿说一说腿的长度是从哪里到哪里？
2. 请幼儿思考，最高的小朋友腿一定是最长的吗？
3. 请幼儿比一比谁的腿长、谁的腿短。
4. 请幼儿找到 4 个人中腿最长的小朋友。

注意事项

首先，与比较手指不同的是，腿长的比较需要关注的点会更多，每个幼儿鞋子的高低不同，腰部位置不同，两两比较的时候无法做到一侧对齐重叠比较，即不容易统一起点，因此引导幼儿对比较的基本方法进行思考是幼儿对比较经验的运用的体现。

其次，幼儿在寻找 4 个人中最长的腿的时候，无法再直观判断了，经过一定的推断过程来确定，这个过程幼儿逐渐感受量的传递性和相对性。因此在游戏过程中要关注幼儿比较时的方式方法，启发支持幼儿用自己的方式找到腿最长的人。

最后教师一定要引导幼儿正确看待腿的长短，不能因为一次看看谁的腿长的活动让较矮的小朋友产生自卑感。

数学教学语言

1. 你们两个是如何比较的呢？
2. 为什么你觉得站着直接比会不准确呢？
3. 你是怎么找到腿最长的那个人的？

（活动设计者为北京市朝阳区丽景幼儿园任颖）

活动 4　房间有多长

活动名称：房间有多长

班级：中班上

核心经验

比较是均等的，计量单位的大小必须相等，且必须是不间断的或没有重叠的。

活动目标

1. 尝试用身体部位及不同的自然材料测量房间的长度或宽度。
2. 能够用不同的表征方式记录测量的工具、结果或过程。

生活环节或场景

班级教师的区域游戏时间。

物质准备

积木、水彩笔等自然材料、记录纸。

操作过程

1. 幼儿班级教室中尝试使用手掌、脚掌或手臂测量某一区域或整个教室的长度或宽度。

2. 记录自己用手掌或脚掌测量的结果，并将当前区域中测量的长度结果用自己的方式表征出来，同时粘贴在墙面上。

3. 记录自己测量的结果，观察自己的记录与老师、小朋友测量的结果的不同。

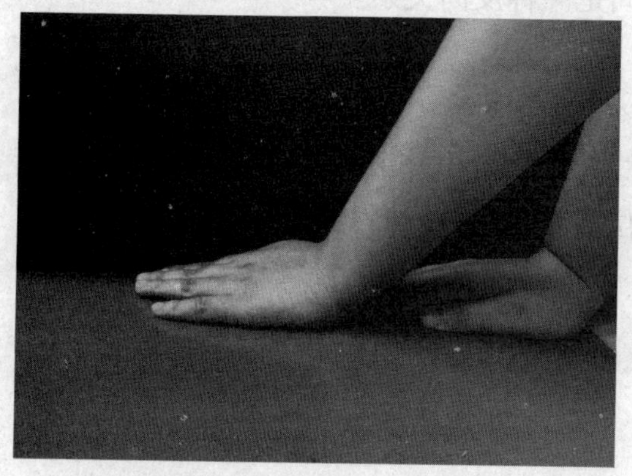

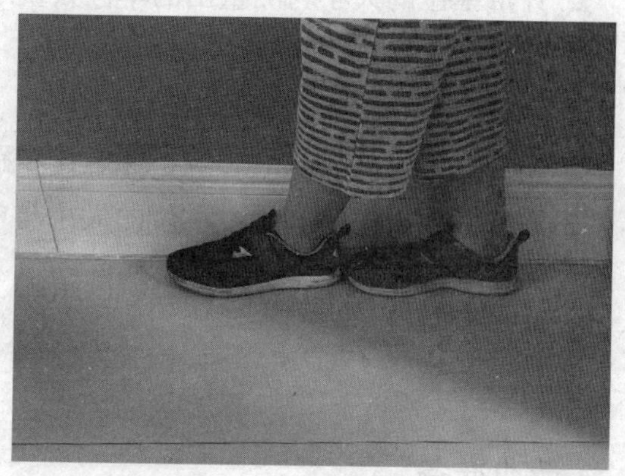

注意事项

此游戏活动的重点在于鼓励幼儿借助自己的身体去测量长度，幼儿在活动中积累大量测量的经验，比如不间断地沿直线进行测量。此过程中幼儿需要学会利用自己的身体，而幼儿在使用脚掌、手掌和手臂测量后得到的结果一定是不同的，并且每个幼儿的结果和表征方式也会各不相同，因此在此活动中教师要引导幼儿学会记录，将自己的测量工具及结果进行表征，同时支持幼儿的对比和观察，为后续理解计量单位与结果之间的反向关系奠定基础。

关键教学语言

1. 你是用身体的哪个部位测量的呢？

2. 房间（教室）有多少个手掌（脚掌、手臂）？

3. 你可以怎么样记录自己的测量结果呢？

（活动设计者为北京市朝阳区劲松第一幼儿园张茜）

活动 5　哪条路更近

活动名称：哪条路更近

班级：中班下

核心经验

1. 比较是均等的，计量单位的大小必须相等，且必须是不间断的或没有重叠的。
2. 计量单位的大小与测量出的单位数量之间是一种反向关系。

活动目标

1. 不受物体排列形式的影响，探索比较路线长短的方法，正确判断路线的长短。
2. 在实际生活中感知计量单位的大小与单位数量之间的反向关系。

生活环节或场景

户外或过渡。

活动准备

经验准备：幼儿对幼儿园及家附近的建筑及路线比较熟悉，有自然测量的经验。

物质准备：记录纸、笔、简易地图、玩具小鞋两只、软绳。

活动方法

方法一：出示幼儿园或家庭附近的简易平面图，规定大门为起点，以某一教室比如活动室为终点，将所有从大门到活动室的路线标注出来（如下图所示），请幼儿探索到达终点最近的路线。

方法二：请幼儿根据图示中的路线，邀请一位教师或回家的某一段路程中邀请自己的家长，与自己共同完成路线，数一数两人所用的步数有什么差别，探索同样的距离成人的步数和小朋友的步数有什么不一样。

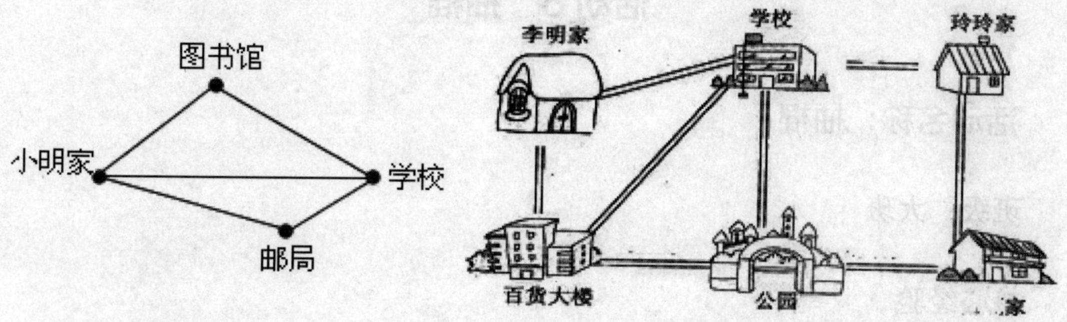

注意事项

此活动与之前《小动物回家》以及《房间有多长》两则案例相比，通过线图转折点的出现及实际生活中非全直线的路线的出现，增加幼儿的理解难度，幼儿需要理解曲折的路线构成整个被测量的长度且不受线条位置的影响，同时幼儿在测量的过程中要始终利用两个小鞋子不间断地进行测量，尤其是在路线发生转弯时，十分容易出现不够一个鞋子的长度或者小于一个鞋子的长度的问题，此时教师要密切关注幼儿的解决方法，并引导幼儿找到最佳解决方法。

在幼儿经过大量不同情境中的实践、掌握测量的方法后，引导幼儿感受成人与幼儿步数的不同，探索步数不同的原因，但是对于中班幼儿来说，教师不需要急于让幼儿发现计量单位的大小与测量出的长度数量之间是一种反向关系，而是发现测量出的单位数量会因为计量单位的大小不同而有所不同。

数学教学语言

1. 从起点到终点一共用了多少步？你是如何得出来的？
2. 最近的是哪条路？
3. 剩下这段近距离不够一个小鞋子的长度了，要怎么办？
4. 为什么老师跟你一起走的这个路线，用的步数却不一样呢？

（活动设计者为北京市朝阳区福怡苑幼儿园张耿）

活动6　抽棍

活动名称：抽棍

班级：大班

核心经验

量的比较具有相对性、传递性。

活动目标

1. 比较小棍长短，发现小棍长短变化，理解长短的相对性。
2. 能用正确的语言描述物体长短变化的相对性。

生活环节或场景

过渡环节。

物质准备

长短不一的小棍若干、泡沫箱、一个骰子（贴有 5 ~ 10 的数字），小棍插在泡沫箱中，露出一样的高度在外面。

活动方法

1. 两人掷带数字的筛子，决定玩的先后顺序。
2. 两名幼儿分别掷骰子，根据数字从泡沫箱中抽取相应数量小棍，然后进行长短排序。
3. 两人开始比小棍，每次每人出一根，长的一方赢走短的一方。
4. 最后，两人拿自己最长的小棍进行比较，小棍最长的幼儿为最后的赢家。

注意事项

1. 小棍插在泡沫箱中，尽量露出来的部分一样高，以增强幼儿游戏的趣味性。
2. 两人比较长短时，可以自主决定，而不是非拿自己的最长棍与他人的最长棍进行比较，这时要思考，我出哪根小棍可以赢呢?
3. 游戏规则可以由幼儿来决定，是比长还是比短。

数学教学语言

1. 比长短可以用什么方法？

2. 请你按照顺序给小棍进行排序，你是按照什么顺序排序的？

3. 你的小棍中，哪根最长？哪根最短？

4. 你的最长的小棍和他的小棍相比，有什么变化吗？小棍没有变，为什么它有时是长的，有时又是短的？

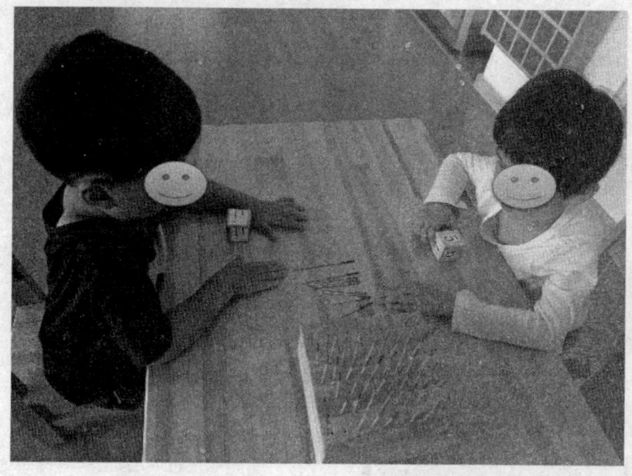

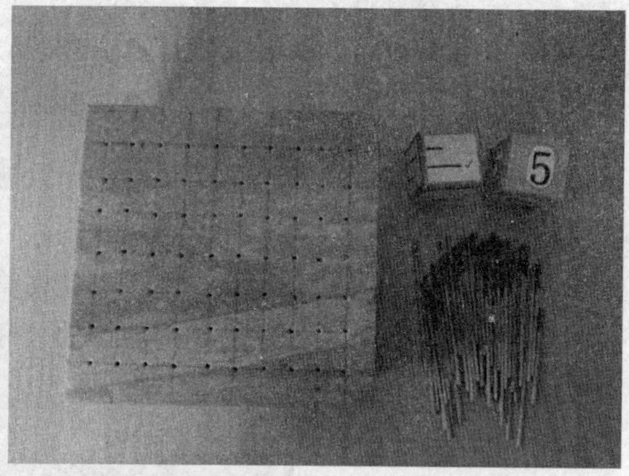

（活动设计者为北京市朝阳区翠成幼儿园韩红梅）

活动 7　扔飞盘比赛

活动名称：扔飞盘比赛

班级：大班上

核心经验

比较必须是均等的，即计量单位的大小必须相等且是没有间断或重复的．

活动目标

1. 在游戏中掌握测量的基本方法。
2. 能够选用适宜的工具进行测量。
3. 能够合作完成游戏任务。

生活环境或场景

户外或阴霾天气下的宽敞场地。

活动准备

1. 经验准备：具有自然物测量的经验。

2. 物质准备：绳子、场地、自然物（如户外场地中的小树枝）。

活动过程

1. 选择一个中心点，设置投掷区，幼儿分为两组，手持两种不同颜色的飞盘，可以根据教师人数多创建几个中心点及游戏区。

2. 每 3 人为一队、6 人为一组形成一个比赛阵地，两队同时扔飞盘，看谁扔的飞盘离红点最近。

3. 对每一阵地中 6 人的成绩进行排序，哪一队离红点近的人多，哪一队获胜，结果错误成绩作废。

4. 每次游戏后总结经验：一是扔飞盘近的经验，二是快速得到远近结果的经验。

5. 经验分享后，在规定时间内取得的最好成绩成为最终成绩。

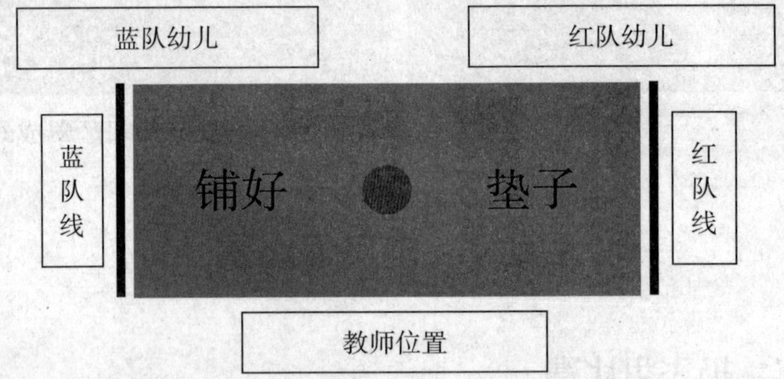

注意事项

该游戏活动是以圆点为中心，幼儿站在不同方向进行投掷的，因此目测有时候没办法直接得到比较结果，也就会引发幼儿使用自然物测量的需求，教师在观察和指导幼儿游戏的过程中一定要关注以下几点：

1. 幼儿测量两个距离时使用的工具是否一致。

2. 幼儿在使用自然物测量时是否首尾相接，是否沿直线。

3. 观察幼儿使用材料的不同，引导幼儿反思测量工具的适宜性，感受不同的测量工具带来的不同的结果。

4. 关注过程中幼儿的合作及记录，引导幼儿发现及时记录的重要性。

数学教学语言

1. 你们组谁扔得离红点最近？

2. 你们 6 人由近到远分别是谁呢？
3. 你为什么选择用这个材料测量呢？
4. 你是如何快速比较出结果的？
5. 你是如何量得又快又准确的？
6. 用小木棍测量的时候为什么总是出现问题？
7. 你认为哪种材料测量起来最方便？

（活动设计者为北京市朝阳区泛海幼儿园王国旭）

活动 8　果子熟了

活动名称：果子大丰收

班级：大班

核心经验

1. 计量单位的大小与测量出的单位数量之间是一种反向的关系，也就是说，计量单位越小，测量的物体中包含的单位数量就越多。

2. 即使是一个物体，也有许多不同的属性特征可以进行比较和测量，了解和确定物体属性特征是进行比较与测量的重要前提。

活动目标

1. 能用生活中的物体作为工具进行简单的测量，了解生活中常见测量工具的用途。
2. 测量活动中学习体验并理解测量单位的大小和测量出的结果数量之间的反向关系。

生活环节或场景

户外活动。

物质准备

物质准备：幼儿园里成熟的海棠和石榴、测量材料、天平、两组重量不同的卡片玩具。
经验准备：幼儿有观看老师打柿子的经验，具有自然测量的经验，有使用天平的经验。

操作过程

环节一：摘果子

1. 果子熟了，面对高矮不一的果树，该如何摘果子？

关键提问：这么高的树怎么才能把海棠果摘下来呢？

2. 第一次尝试（幼儿通常会想要摇晃、爬树、竹竿打落等）。

发现问题：果子掉落在地上会脏而且会烂掉。

解决问题：用一块大布接住，这也是幼儿的前期经验。

3. 组织幼儿讨论应该裁多大的布。

关键提问：要用多大的布才能接住这些果子呢？我们要如何测量出树荫下的距离呢？

4. 使用不同的工具测量，感受计量单位与结果之间的反向关系。

关键提问：为什么测量同样的物体，一组小朋友用 8 支铅笔，另外一组小朋友用 15 块积木？你有没有发现什么秘密？

环节二：量果子

1. 我们采到的果子，最大的有多大？最小的有多小？

2. 请幼儿想办法找到最大的果子，思考如何判断果子的大小，确定需要测量的属性。

关键提问：果子的大小要如何区分呢？我们如何测量果子的大小呢？

3. 出示吸管和绳子，引导幼儿探索不同的材料适合测量果子的哪一个属性。

关键提问：这两样东西，可以测量果子的哪里呢？

环节三：称果子

1. 找到了最大的果子，最大的果子有多沉呢？

引导幼儿思考，针对物体的不同属性（如重量），需要使用不同的测量工具。

2. 使用小卡片作称量物与果子对比。

关键提问：如何确定天平两边的物体一样重呢？这个果子有几块小卡片那么重呢？

关键提问：你是如何找到最重的果子的？最重的果子比最轻的果子重多少？

3. 使用另外一组较重一些的卡片再次与果子对比。

关键提问：为什么用重一点的卡片称果子的重量时，用到的卡片数量变少了？

环节四：延伸

1. 将果子制作成果汁，请幼儿找到班级中可以盛果汁的容器，选出能装最多果汁的容器。

引导语：哪个容器装果汁最多？我们应该如何比较呢？

2. 引导幼儿讨论确定容积的测量方法。

3. 开展最大容量的容器的挑选活动。

注意事项

本活动适于具备一定自然条件的园所，且建议可以以主题活动的方式系列开展，渗透于幼儿的日常生活中。

环节一中教师需要注意的是，关注幼儿测量的基本方法，在保障幼儿基本的测量方法正确的情况下，带领幼儿探索计量单位与结果的反向关系，如果幼儿基本的测量方法掌握并不熟练，教师应该鼓励幼儿使用多种材料测量，建立测量的基本技能。

环节二中教师要引导幼儿思考，对于一个球体大小的判断应该以什么为依据，引导幼儿使用不同的材料感知直径和周长。

环节三中教师要注意引导幼儿思考，除了大小，果实还有重量属性，针对这一属性应该如何测量，给予幼儿大量的称重和比较的时间，当幼儿完全熟悉称重的比较时再引导幼儿感知结果与计量单位之间的反向关系。

在延伸活动中向幼儿提供用于测量和比较容器容量的工具，鼓励幼儿在日常的游戏中探索，帮助幼儿在探索过程中发现容积的守恒现象。同时，本活动也可以请孩子和家长一起收集各种测量工具，探索和发现每一种测量工具的不同。需要格外注意的是，每一次测量的时间一定要充分。

关键教学语言

1. 为什么测量同样的物体，一组小朋友用 8 支铅笔，另外一组小朋友用 15 块积木？
2. 最大的果子有多大？最小的果子有多小？我们应该如何测量呢？
3. 如何确定天平两边的物体一样重呢？这个果子有几块小卡片那么重呢？
4. 为什么用重一点的卡片称果子的重量时，用到的卡片数量变少了？

（活动设计者为北京市朝阳区丽景幼儿园耿京金）

活动 9　量一量我的跳绳有多长

活动名称：量一量我的跳绳

班级：大班

核心经验

1. 比较必须是“均等的”，即计量单位的大小必须相等，且必须是不间断的或没有重叠的。

2. 计量单位的大小与测量出的单位数量之间是一种反向的关系，也就是说，当计量单位越小，测量的物体中包含的单位数量就越多。

活动目标

1. 在活动中探索不同测量工具的测量结果与工具之间的关系。
2. 喜欢参与测量活动，在探索中发现最适合跳绳的长度。

生活环节或场景

户外活动或较宽敞的场地 。

活动准备

物质准备：跳绳、班级内玩具、笔等。

经验准备：有自然测量的经验。

操作过程

1. 有的小朋友的跳绳有点长，不能很好地连跳，有些小朋友的跳绳太短，总是卡住，到底多长才合适呢？其他小朋友的跳绳有多长？

引导幼儿思考多长的跳绳比较合适，寻找那个跳得最流畅的幼儿，看看他的跳绳有多长。

2. 寻找测量物。

幼儿自主寻找。

3. 量一量跳得最好的小朋友的跳绳有多长。

关键提问：

为什么积木之间不可以有缝隙？有缝隙的话测量的距离比原来长还是短呢？

为什么要紧紧挨着跳绳测量？歪了为什么不行？

有的小朋友用马克笔测量，可是还没量完，马克笔不够怎么办？

除了用玩具，还可以用什么来测量跳绳的长度呢？

4. 比一比不同的测量工具得到的结果有何不同。

请幼儿将自己使用的测量工具和结果记录下来，引导幼儿发现计量单位越长得到的结果数量越少。观察幼儿遇到的问题，比如有的幼儿用身体测量，发现两个自己的高度比跳绳高一点；有的幼儿发现最后一块积木的顶端比跳绳要长，这种情况幼儿不知道如何记录。

关键提问：

有的小朋友用了 15 块积木测量的绳子，可是最后一块积木连起来以后比绳子长，去掉最后一块又比跳绳短，这该如何记录呢？

为什么都是测量绳子，有的小朋友只需要 10 个脚掌那么长的距离，有的小朋友却需要 20 块积木长的距离呢？

5. 探索最合适的跳绳长度。

请跳绳的主人躺下，测量小朋友与跳绳的长度有什么差别，找到最适合的长度，教师在幼儿探索后也要启发幼儿思考，有没有更方便的方法来确定跳绳的长度是否合适？

关键提问：

为什么跳绳要有两个我们这么长？

有没有什么好方法可以直接量出跳绳最适合的长度呢？

注意事项

在测量跳绳的过程中教师一定要给予幼儿充分的思考和讨论的时间，比如跳绳太长或太短会怎么样、什么长度最合适，以及如何确定这个最合适的长度。幼儿有了充分的思考后再进行探索，幼儿测量跳绳的过程中是一个充分体验测量工具与测量结果反向关系的过程，因为每个人的工具选择都不同，当幼儿有了充分的体验和发现后，一定要及时询问幼儿，为什么跳绳总是有两个自己那么长，观察细致的幼儿就能够逐渐感知到跳绳在使用的过程中总长度是发生折叠的，所以将跳绳对折后直接与自己身高比较会是最简洁的方式。而这个发现的过程一定是建立在幼儿大量的操作以后形成的，因此教师要借助户外和生活中的环节，允许幼儿不断尝试。

关键教学语言

1. 多长的跳绳最合适？
2. 你是怎样测量的？使用了什么测量工具？
3. 为什么都是测量这根跳绳，大家的结果不一样？
4. 如何用最简单的方式测量出最适合自己的长度呢？

（活动设计者为北京市朝阳区丽景幼儿园任颖）

游戏 10　幼儿园

活动名称：幼儿园

班级：大班

核心经验

计量单位的大小与测量出的单位数量之间是一种反向关系。

活动目标

通过用不同的方法对自己感兴趣的幼儿园设施进行测量并记录，引导幼儿思考测量单位与测量出的单位数量之间的关系。

生活环节或场景

户外活动。

活动准备

掌握测量的方法。

操作过程

本教学案例，建立在中班幼儿拥有大量的自然测量及记录表征的基础上。随着幼儿推理能力的发展，幼儿能够根据以往的经验和实践的结果逐渐发现计量单位的长短与测量结果数量之间的反向关系，同时教师尽可能提供幼儿身边真实的生活情景去理解此反向关系，会更有利于幼儿将本经验在其他情境下的迁移。

1. 请幼儿用自己感兴趣的测量方法对幼儿园的攀爬网进行测量，如小朋友一起手拉手进行测量，并记录下有几个小朋友手拉手那么长；用“迈大步”的方法进行测量，并记录下一共迈了多少步；用脚印的方法进行测量，并记录下一共有多少个脚印那么长；还可以用“拃”的方法进行测量并记录。

2. 记录完成之后，引导幼儿思考：为什么用不同的方法进行测量时，记录下来的数量是不一样的？

3. 继续请幼儿探索发现测量结果的数量越多时，计量单位越长的情况。

关键教学语言

1. 有几个小朋友手拉手那么长？

2. 一共有多少个脚印那么长？

3. 为什么用不同的方法进行测量，记录下来的数量是不一样的？

（活动设计者为北京市朝阳区中国人民大学朝阳幼儿园张耿）

活动 11：我的影子有多长

活动名称：我的影子有多长

班级：大班下

核心经验

比较必须是“均等的”，即计量单位的大小必须相等，且必须是不间断的或没有重叠的。

生活环节或场景

户外活动。

活动目标

1. 喜欢参与测量活动，愿意用测量解决生活中遇到的问题。

2. 探索发现不同的位置影子长度不同，不同时间影子的长度不同。

3. 感受到测量为探究性游戏活动带来的便利。

活动准备

1. 物质准备：测量工具（长棍、积木、绳子、纸盒、粉笔）、记录表、铅笔。

2. 经验准备：有一定的自然测量的经验。

活动方法

1. 踩影子游戏，激发幼儿参与兴趣。

2. 比一比谁的影子长。

关键提问：

谁的影子更长？影子是从哪里到哪里呢？

你用什么测量影子的长度？如何进行比较呢？

长得高的人影子一定长吗？

为什么两个一样高的人，影子却不一样长呢？

3. 找一找一天当中影子最长的时间。

初次比较影子的时候请幼儿将自己的影子画出来，并标记好站立的位置，选择不同的时间段回到自己初次量影子的地方，量一量影子的长度，看看有什么变化。

关键提问：为什么同样的地方、同样的人，测量出的影子长度不一样？

注意事项

1. 幼儿在测量影子时容易出现起点偏斜的情况，教师可以引导幼儿先将彼此的影子画下来，共同确定影子测量的起点及终点。

2. 幼儿在比较两人的影子时要注意使用相同的测量工具，并遵循测量的基本方法。

3. 引导幼儿发现身高与影子不一定成正比时（长得高的小朋友的影子不一定长），可以让两个身高相同的幼儿面向太阳的方向，一前一后站在不同的位置上，引导幼儿观察两者的区别在哪里。

4. 引导幼儿发现不同时段对影子长度的影响时，可以引导幼儿用不同颜色的标记进行记录。

注意事项

生活中的影子测量是非常有意思的探究活动，幼儿在探究影子变化的过程中自然而然体会到测量的重要性，因此活动中不必强调位置、时间与影子长短的关系，幼儿通过测量发现这个现象即可。

数学教学语言

1. 谁的影子更长？影子是从哪里到哪里呢？

2. 你用什么测量影子的长度？如何进行比较呢？

3. 长得高的人影子一定长吗？

4. 为什么两个一样高的人，影子却不一样长呢？

5. 为什么同样的地方、同样的人，测量出的影子长度不一样？

（活动设计者为北京市朝阳区劲松第一幼儿园刘俊红）

区域游戏案例

游戏 1　一起比身高

游戏名称：一起比身高

班级：小班上

核心经验

1. 确定属性特征是量的比较之重要前提。

2. 量的比较具有相对性。

游戏目标

1. 喜欢参与比身高的数学游戏，体验探索的乐趣。

2. 通过视觉感知、操作比较，尝试对 2 ～ 4 个幼儿按照不同高度进行排序。

3. 尝试用语言描述谁最高、谁比较高、谁最矮。

游戏准备

1. 经验准备：知道基本的高、矮概念。

2. 物质准备：织布九宫格；塑封好的动物或人物图片，照片中有高矮差别；塑封好的条形图；高矮不同的玩具小人或积木。

游戏玩法

玩法一：选出一张条形图，观察其特征，根据条形图的内容，找到身高相符合的图片，放到对应的位置。

玩法二：找出三张不同排序的人物卡片，观察其特征，找到与排列顺序相符合的条形图卡片，放到对应位置。

玩法三：卡片背面朝上，抽取一张卡片观察卡片排序特征，并按照卡片上的排序将手中的小人或积木按照相同的顺序排序。

提示：

每一次都请幼儿尝试用语言描述谁最高、谁比较高、谁最矮。

注意事项

1. 游戏过程中适时引导幼儿思考：你是怎么找到对应的小动物或人物的？支持幼儿探索多种方法得出结果。

2. 在提供玩具小人或积木供幼儿操作时，尽量选取高矮差异比较明显的材料。注意要支持幼儿自主选择身边的物品根据卡片顺序排序，自主选择的过程能够更好地体现幼儿对量的差异的感知。

3. 教师可以根据幼儿发展情况逐步增加人物或动物的数量。

数学教学语言

1. 谁是最高的？谁是最矮的？
2. 谁比较高？谁比较矮？
3. 小动物（家人、朋友）都已经排好了队，你能找到相对应的条形图吗？

（活动设计者为北京市顺义区裕龙幼儿园韩佳齐、邢东旭）

游戏 2　大鱼吃小鱼

游戏名称：大鱼吃小鱼

班级：小班下

核心经验

确定属性特征是量的比较的重要前提。

语言可用来识别和描述特定的属性。

游戏目标

1. 通过游戏，认识并区分物体的大小。
2. 尝试用语言正确地描述物体的大小。

游戏准备

经验准备：在生活中有比较大小的经验。

物质准备：游戏底板卡一张、三种大小且两种颜色的小鱼卡片若干张。

游戏玩法

玩法一：两名幼儿共同游戏，每名幼儿翻一张卡片进行游戏。当两名幼儿翻出的卡片颜色相同时，可以进行比较，大的一方获得这张卡片。当颜色不同时，需要将卡片放回，重新游戏。所有卡片翻完游戏结束，获得卡片多的一方获胜。

玩法二：两人一组，将所有的卡牌平均分给每位小朋友，两人同时出牌（出牌时不能选牌，背面朝上随机出牌），按照大鱼吃小鱼的规则，谁的大谁得到两张牌。遇到两人一样大的情况，谁都不获得卡牌。游戏熟练后可增加至三人同时出牌。

注意事项

对于小班的幼儿，渗透比较的时候需要考虑到游戏本身的操作性和趣味性，能够引起幼儿兴趣的游戏才能更好地发挥渗透作用。开展大鱼吃小鱼的游戏情景时，教师可以先与幼儿共同游戏并尽可能多地用比较的词汇去形容结果，如“哇！我的鱼是最大的！我的鱼比你的鱼大”，调动幼儿一起表述比较结果的意愿。随着幼儿对游戏材料及规则的熟悉，可以鼓励同伴一起玩。对此游戏还有以下几点建议：

1. 游戏人数可从单人游戏逐渐过渡到 2 ~ 3 人游戏，也可更改小鱼属性增加游戏难度，如长短的比较。

2. 在游戏前幼儿商量决定谁先翻、谁后翻，当已经有一张牌被翻过来时，教师可以有意识地询问幼儿想要翻到什么样的卡牌及为什么，能更好地激发幼儿对大小比较的思考。

3. 教师可在美工区投放印有大小不同的小鱼轮廓的画纸，请幼儿自己完成涂色，然后将小鱼剪下来制作成游戏卡片，幼儿在游戏中会逐渐感受到当时觉得是比较大的一条小鱼在游戏中却被吃掉了。

数学教学语言

1. 谁的小鱼更大？

2. 谁的小鱼最大？

3. 你希望自己翻到大鱼还是小鱼？为什么？

（活动设计者为北京市朝阳区丽景幼儿园李莹）

游戏 3　守护城堡

游戏名称：守护城堡

班级：小班下

核心经验

1. 确定属性特征是量的比较的重要前提。

2. 语言可用来识别和描述特定的属性。

游戏目标

1. 能够在游戏中通过目测的方式比较出谁的楼房最高。

2. 增加游戏中分析与比较的能力。

游戏准备

1. 经验准备：能够识别并比较有明显差异的两个物体的大小或高矮。

2. 物质准备：游戏卡 1 张、相同大小积木若干、骰子一个（六面分别是 1、2、3、4、小手、炸弹）。

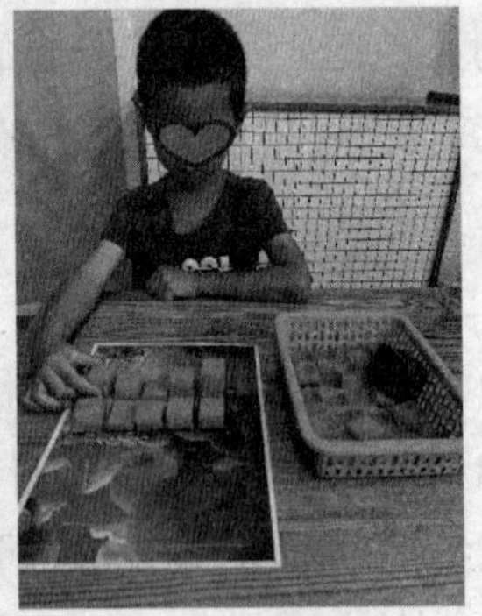

游戏玩法

1. 两名幼儿共同游戏，一名为攻城方另一名为守城方。

2. 开始游戏后，守城方搭建城墙守护城堡，攻城方搭建梯子攻打城堡（都使用小积木块表示）。

3. 掷骰子，当骰子显示为数字时，幼儿可获得相应的砖块搭建自己一方的阵地；当骰子显示为小手时，幼儿可任意调整自己的砖块高矮的摆放；当骰子显示为炸弹时，幼儿可拆除对方一个格子中的所有砖块。

4. 双方各掷骰子 7 次后活动结束，共 5 座围墙，两人对比，如果一个格子中的梯子高过城墙，攻城方得 1 分；如果城墙高过梯子，守城方得 1 分；一样高时双方都不得分，最后谁的分数高，谁为获胜者。

注意事项

此游戏除了需要幼儿具备比较的经验，游戏情景自然而然地要求幼儿需要具备观察对方高度的习惯。尤其是当幼儿骰子显示为小手时，提示幼儿不能增加自己积木的块数，只能挪动积木位置，因此幼儿在调整时要根据对方梯子的高矮调整自己楼房的高矮，教师可以在起初进行游戏时及时引导幼儿观察与思考，完成比较的同时也体现了游戏的策略性玩法，有利于幼儿数学思维的锻炼。

数学教学语言

1. 看一看是你的梯子高还是他的围墙高。
2. 他的围墙哪座最高，你想拆除哪座？

（活动设计者为北京市朝阳区丽景幼儿园李莹、张倩）

游戏 4　趣味天平

游戏名称：趣味天平

班级：中班上

核心经验

1. 确定属性特征是量的比较的重要前提。
2. 语言可用来识别和描述特定属性。

游戏目标

1. 在游戏中感受物体的轻重，体验轻重的不同。
2. 尝试通过摆弄操作材料，比较物体的重量。
3. 对比较轻重的活动感兴趣，乐于动手操作。

游戏准备

经验准备：在日常生活中，有过天平游戏的经验。

物质准备：天平、骰子（数字 1、2、3 和爱心）、生活中的材料（水杯、勺子、书等）、生活中的玩具（积木）。

游戏玩法

1. 两名玩家共同选择生活中的某一物品（如杯子），请两名幼儿掂一掂感觉杯子的重量，并将其放在天平的一侧。

2. 两人轮流掷骰子，投到数字几，就可以取几个玩具如积木块，请幼儿掂一掂感受积木的重量，如果认为一样重就可以放在天平上，当天平两边确实平衡时则此幼儿获胜，若不平衡则放回积木请另一位小朋友尝试。

3. 另一名小朋友仍旧按照要求掷骰子，只有当自己认为通过掷骰子拿到的积木跟水杯一样重的时候才可以放到天平上检验，如果明显感觉不一样可以选择保留积木或去除一块积木，等待下次掷骰子。

4. 当幼儿掷到爱心时，意味着幼儿可以拿任意数量的积木，比如通过几次尝试发现 10 块积木和一个水杯一样重，那么幼儿就可以选择直接拿 10 块，或根据自己手中的积木数量增加或减少。

注意事项

1. 此游戏主要是为了让幼儿通过游戏感知重量差异的比较，游戏规则的设置意味着幼儿需要通过掂一掂的方式判断重量的不同，当幼儿做出判断时需要使用工具（天平）进行验证，结果会与幼儿的预期产生对比，这个过程会帮助幼儿提高感知重量差异的能力，也能够更好地帮助幼儿对重量进行比较。

2. 教师在投放游戏材料时，应提前确定掷骰子后获得的一定数量的材料的重量（比如案例中 10 块积木的重量）能够跟目标物品（如水杯）一样重，避免无论幼儿如何掷骰子都无法达到平衡状态，打击幼儿的游戏成就感和积极性。

3. 观察幼儿的游戏状态，提示幼儿不要省略掉掂一掂感知重量的过程，同时鼓励幼儿用语言描述比较的结果。

数学教学语言

1. 请你掂一掂，它们一样重吗？如果不一样，你觉得哪一个更重？
2. 你认为它们一样重，那实际上是谁更重一些呢？你是怎么看出来的？

（活动设计者为北京市朝阳区劲松第一幼儿园邓雪）

游戏 5　占地为王

游戏名称：占地为王

班级：中班下

核心经验

确定属性特征是量的比较的重要前提。

游戏目标

1. 在游戏中运用材料比较土地面积的大小。
2. 在情境中与同伴共同体验游戏的乐趣。

游戏准备

物质准备：正方形塑料积木片、角色卡 2 张、土地卡 24 张（4×4 的 12 张，5×5 的 12 张）、铅笔。

经验准备：幼儿玩过按轮廓进行图形拼摆的游戏，能用图形填补空白。

游戏玩法

1. 两名玩家，随机抽取角色卡，分别代表农夫 A 与农夫 B，抽到农夫 A 的幼儿再次随机抽取土地卡，农夫 A 对应白土地、农夫 B 对应黑土地（用阴影表示）。

2. 比较黑土地（用阴影表示）与白土地哪个土地面积大，土地面积大的农夫可获得一枚勋章。

3. 游戏一共玩 5 轮，胜利次数多的获胜。

注意事项

1. 游戏中适时引导幼儿探索用不同的方式比较面积的方法，如数格子、画格子、图形积木片拼摆。

2. 当幼儿分辨不清时，引导幼儿想办法解决这一问题。

3. 按照难度梯级投放土地卡，第一级为 4×4 土地卡 4 张（全部都是格子），第二级为 5×5 土地卡 4 张（全部都是格子），第三级为 4×4 土地卡 4 张（画出部分格子），第四级为 5×5 土地卡 4 张（画出部分格子），第五级为 4×4 土地卡 4 张（没有格子），第六级为 5×5 土地卡 4 张（没有格子），方便各发展水平幼儿进行操作。

4. 在游戏过程中，若幼儿已经可以使用画出部分格子的土地卡或者没有格子的土地卡进行游戏，则直接提供难度较高的土地卡。

数学语言

1. 你是怎么比较面积的？

2. 你的面积有多大？

（活动设计者为北京市朝阳区劲松第一幼儿园李欣）

游戏 6　小动物回家

游戏名称：小动物回家

班级：中班上

核心经验

比较是均等的，计量单位的大小必须相等，且必须是不间断的或没有重叠的。

游戏目标

1. 在游戏中探究测量的方法。
2. 感知使用不同的测量工具结果不同。

游戏准备

1. 经验准备：有比较的经验，有过使用自然物测量的经验。
2. 物质准备：测量材料、图板。

游戏玩法

玩法一：固定小动物的位置，能够明显区分远近，出示 4 条连接动物和家的直线，引导幼儿通过目测确定 4 只小动物谁离家最近。

玩法二：固定小动物的位置，但是远近区分并不明显，出示 4 条连接动物和家的直线，引导幼儿通过测量物比较远近。

玩法三：固定小动物的位置且保持直线距离相同，出示 4 条连接动物和家的弯曲线条，请幼儿猜一猜沿着路线回家，谁最近？

过程中请一位幼儿当小裁判，其他幼儿可以通过目测或者自主选择材料进行小动物离家的远近的测量，探索选择材料的适宜性，在测量的过程中小裁判要关注幼儿在材料摆放时是否是一个挨着一个摆放，最终知道哪个小动物离家最近。

注意事项

此游戏主要为了让幼儿在游戏探究中感受测量的基本方法，从目测比较感受线条长短的差异，随后改变图版样式引导幼儿使用测量工具进行比较，这个过程容易出现多名幼儿同时使用不同的测量工具测量路线的情况，教师要抓住契机引发幼儿思考。当图板更换成曲折线的时候，教师要引导幼儿思考如何用便捷的方法测量距离的远近，此处可以使用小球进行连续粘贴，也可以引导幼儿用软绳子测量出每段曲折线条的直线长度，再进行直接比较。切记不要直接告知幼儿，而是借助材料引发思考，让幼儿充分探索。

另外，三个图板适合分阶段分层次投放，测量工具的投放也要跟随图版的变化从长工具到短工具、从直直的工具到可以弯曲的绳子。

数学教学语言

1. 它们四个谁离家最近？你是怎么知道的？
2. 不能确定到底谁更近的时候，可以怎么办呢？
3. 为什么你们都测量了路线，却不知道到底谁更近呢？
4. 你用什么测量的距离呢？为什么看着狮子比蝴蝶近，可是结果却比蝴蝶远呢？

（活动设计者为北京市朝阳区清友实验幼儿园焦赛男）

游戏 7　编手链

游戏名称：编手链

班级：中班上

核心经验

1. 无论是单个或多个物体，都可以根据多种属性对其进行测量。
2. 所有的测量都涉及“均等”的比较。

游戏目标

1. 能够运用测量材料测量手腕的粗细。
2. 能够根据测量的长度编手链。

游戏准备

物质准备：测量材料、笔、小皮筋。

经验准备：初步掌握测量的方法，知道做标记的方法。

游戏玩法

1. 幼儿选择材料测量手腕的长度，并用笔做标记。
2. 幼儿按照方法编手链。
3. 比较编好的手链和标记物是否一样长，一样长就可以给手链安装链扣佩戴。

注意事项

1. 测量手腕粗细时要注意从线条的顶端开始，围绕手腕一圈，在重叠处做标记。
2. 编好的手链和线条比较长短时，开始部分要对齐。
3. 可以探索班级其他物品，用不同的物品做标记。

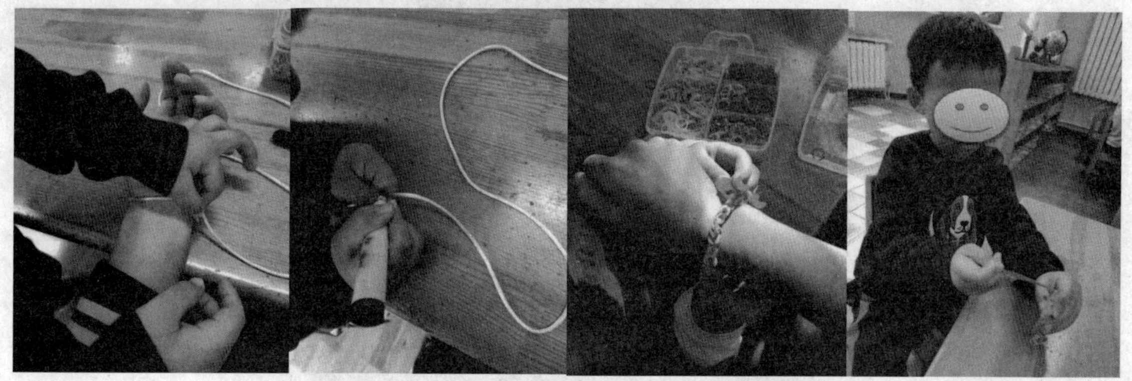

（活动设计者为北京市朝阳区清友实验幼儿园焦赛男）

游戏 8　量一量、称一称

游戏名称：量一量、称一称

班级：大班

核心经验

即使是一个物体，也有许多不同的属性特征可以进行比较与测量，了解和确定物体的属性特征是进行比较与测量的重要前提。

游戏目标

通过用乐高积木进行量一量、称一称活动，引导幼儿在解决测量问题的过程中，明白工具的测量单元是如何工作的，以及该如何精确地描述物体的尺寸、重量等，逐步发现测量工具的有效性和实用性。

游戏准备

乐高积木块、衣架、细绳、记录纸、笔。

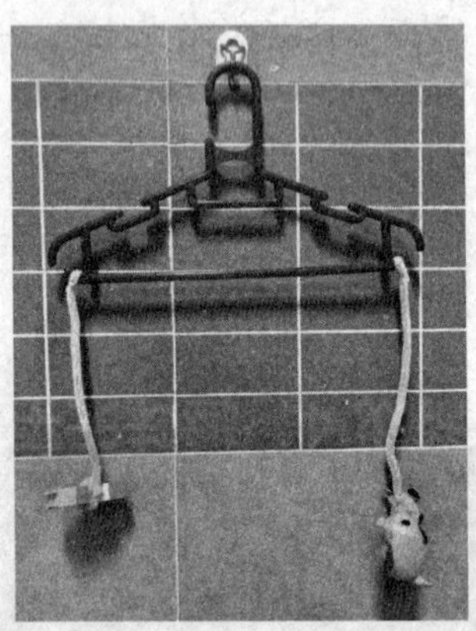

游戏玩法

量一量

把相同款式的乐高积木块用垒高的方式拼插成长条状，像一把尺子一样，一个乐高积木块的高度为测量单元。

幼儿将想要测量的物品（如小牛玩偶）和乐高积木尺放在桌面或其他平面上。

比一比，找到小牛玩偶的顶端（牛角尖）和乐高积木块对齐的位置，数一数，从底端到对齐的位置一共有多少个乐高积木块，即为小牛玩偶有多少个乐高积木块那么高。

操作后，鼓励幼儿说一说，如小牛玩偶有 6 个乐高积木块那么高，还可以用笔和纸记录下来。

称一称

1. 准备一个衣架，在衣架两边的挂钩上分别系一根细绳。

2. 幼儿将自己想要测量的物品（如小牛玩偶）系在衣架一端的细绳上，另一端系上乐高积木块（拼插在一起），一个乐高积木块的重量为测量单元。

3. 幼儿观察两边物品的高低变化，当发现小牛玩偶下沉时，判断出小牛玩偶重需要增加乐高积木块的数量；当发现乐高积木块下沉时，判断出小牛玩偶轻需要减少乐高积木块，最终通过增减乐高积木块的数量使衣架两边保持平衡（处于水平位置）。

4. 鼓励幼儿说一说，如“小牛玩偶有 4 个乐高积木块那么重”，还可以用笔和纸记录下来。

5. 测量后，可以鼓励幼儿再对其他物品进行测量。通过比较，发现物品之间所需乐高积木的数量关系，说说谁重、谁轻，谁比谁重了几块乐高积木？

关键教学语言

1. 小牛玩偶有多少个乐高积木块那么高？

2. 谁重？谁轻？谁比谁重了几块乐高积木？

（活动设计者为北京市朝阳区中国人民大学朝阳幼儿园陈丽娟）

游戏 9　谁是排序小达人

游戏名称：谁是排序小达人

班级：大班下

核心经验

量的比较具有相对性、传递性。

游戏目标

在排序的过程中体验量的相对性与传递性。

游戏准备

经验准备：有两两比较的经验。

物质准备：题卡 8 张（1 张卡上只有 1 根线条，所有题卡上线条方向一致，但长短不一）、空题卡 2 张、骰子（数字 1 ~ 4 和 1 张画题卡标志）、可擦笔。

游戏玩法

1.2 ~ 3 名幼儿为一组，抽取 10 张题卡，并随机排在桌面上，此时题卡上的线条并不是按照长短顺序排列的。

2. 幼儿轮流掷骰子，掷到数字几代表可以挪动几次，每次只能挪动一下，比如将第四张挪到第二张前面，就算作一次，如果发现不对想挪回去，就是第二次了。每个幼儿根据自己筛子的点数进行移动，如果不需要那么多次数可以放弃挪动，但是不可以超出点数上的次数。

3. 如果掷骰子掷到画题卡标志，就意味着此局不能移动，只能画两张空题卡，幼儿可以根据自己的需求画任意高度的线条。比如其他 8 个线条都已经按照顺序排列好了，只剩下两张空题卡，那幼儿可以根据顺序画出对应的长度，即可获得胜利。假如空题卡线条画完后并没有排序成功，那其他小朋友将继续扔骰子挪动，如果再有人掷到空题卡，可以选择擦掉原来的根据自己的情况画长度。

4. 谁先将 10 个卡片按照高矮顺序排列好谁就先获得胜利。

注意事项

本游戏不仅仅是排序游戏，更是一个考验幼儿策略布局及观察能力的游戏，幼儿不仅仅要思考当前顺序的排列，还要观察别人是如何挪动的，接下来自己要如何挪动会更有胜算，同时空白卡片为游戏增加了可变性和趣味性。游戏过程中有的幼儿可能是在做从短到长的排列布局，有的幼儿是从长到短的排列布局，不同的布局会使游戏的时间增长、难度增加，但恰恰可以帮助幼儿获得量的相对性及传递性的经验，因此教师不要对排列的顺序做要求。

数学教学用语

1. 你为什么要这样移动？
2. 你希望自己移动几下？为什么？

（活动设计者为北京市朝阳区劲松第一幼儿园张田野）

量的比较与测量学习目标与教学方案示例

小班

学习与发展目标

1. 能用相应的词表示物体的大小、长短、高矮等。
2. 用直接比较的方法判断两个物体的大小、长短、高矮。

3. 在比较的基础上给 3 ～ 4 个物体按照量的差异特征（如大小、长短、高矮）排序。

4. 对生活中的测量活动感兴趣。

教学方案

一日生活环节

1. 请你帮帮忙。

在日常生活中，如果有数量差异的物品（3 个以内）时，有意识地请幼儿帮忙，并注意使用比较的词语，如“你能帮我拿一下最长的那条毛巾吗”。

2. 过渡环节。

（1）好玩的手指头（具体见本章案例）。

（2）我为娃娃穿衣服（具体见本章案例）。

（3）你是我的另一面。

玩法：提供相反的表述量的属性的词语，教师说前段幼儿说后段，并且加上对应的动作如：

我说高——我说低。

我说长——我说短。

我说大——我说小。

我说远——我说近。

3. 饮水提示。

饮水环节时引导幼儿接“半杯水”，感受半杯水与一杯水量的差别。

4. 加餐环节。

目标：日常生活中感受常见物体量的比较。

玩法：加餐环节请小朋友比一比谁的香蕉长，谁的橘子大，谁接的水更多。

5. 午睡环节。

拿拖鞋的时候比一比谁的拖鞋大，谁的拖鞋小；谁的袜子长，谁的袜子短。

6. 和我的小手一样长。

日常生活中，引导幼儿发现教室中与自己的小手一样长的物品，比较的同时对测量感兴趣。

区域游戏渗透

1. 数学区。

（1）一起比身高（具体见本章案例）。

（2）大鱼吃小鱼（具体见本章案例）。

（3）守护城堡（具体见本章案例）。

（4）谁的小手快。

目标：能够在玩游戏的过程中感受大小和粗细。

材料：大小不同的瓶子及瓶盖，带孔的珠子及粗细不同的绳子。

玩法：将瓶盖拿下打乱放置，将粗细不同的绳子放置在桌面，请幼儿将瓶盖盖回原来的瓶口，并将绳子穿入珠子内。

提问：请你找一找，大瓶盖应该盖在大瓶子还是小瓶子上呢？试一试这个绳子可以穿过小孔吗？

2. 建筑区。

游戏名称：小围栏。

目标：通过比较积木的高矮选取适合的高度搭建围栏。

材料：建筑区各类高度不同的积木。

玩法：用相同高度的积木对城堡进行围圈活动，组成等高的围栏保护城堡里的公主不被恐龙吃掉，幼儿需要比较两个物体的高矮来选取跟已有围栏一样高的积木。

提问：请你看一看你手里的积木和围栏用的积木一样高吗？

3. 美工区。

（1）俄罗斯套娃。

请幼儿欣赏俄罗斯套娃的色彩，并说一说哪个最大哪个最小，在欣赏套娃的过程中感知大小高矮的差异。

（2）糖葫芦工坊。

目标：比较长短、大小并按顺序排序。

材料：不同长度的木棍与长槽（3 ~ 4 个槽即可）、彩泥。

玩法：在长槽下方粘贴由大到小或者由高到矮等的标记，并定时更换。提供给幼儿长度不同的木棍及圆形彩泥球，请小朋友用彩泥制作糖葫芦并按照标记的要求插入长槽。

教师提示：请你说一说你是按照什么顺序排的呀？

4. 娃娃家。

目标：能通过目测比较两个物体间的大小，并进行三个物体的排序。

材料： 大小不同的娃娃及衣服。

玩法：请幼儿为娃娃找到大小合适的衣服并按照娃娃大小排好队。

教师提示：请问这两件衣服哪个更大呢？应该给谁穿呢？

5. 自然角。

请幼儿为不同大小的花盆对应合适的花盆底托，教师引导幼儿观察并比较花盆与底托的大小，感受大大的花盆需要放在大的底托上，并引导幼儿用语言形容。

6. 图书区。

引导幼儿在绘本阅读中感受量，如阅读《孔融让梨》《猜猜我有多爱你》时，引导幼儿感受量的比较。

集体教学活动

小个子的大主意（具体见本章案例）。

户外活动

1. 小孩小孩真爱玩。

目标：根据教师的指令找到对应属性的物体，通过目测直接比较出物体的大小\长短等。

玩法：小孩小孩真爱玩，摸摸这摸摸那，请你摸一下大滑梯（小滑梯、长板凳、短板凳、大皮球、小皮球），变成小兔子（小乌龟）回来。

2. 鲤鱼跃龙门。

目标：通过目测比较高矮不同。

材料：带有粘扣的小鱼布玩具及能够粘贴小鱼粘扣的布板。

玩法：请幼儿站在同一水平线上，用力将小鱼扔向布板，帮助小鱼练习"跳跃"，比一比哪一条小鱼最高（粘在布板上的高度比较）。

3. 吹泡泡。

目标：在吹泡泡的过程中比较大小、高低变化，并用语言表述出来。

材料：泡泡液，泡泡器。

玩法：请幼儿用自己的方法吹泡泡，感受泡泡的大小不同，看看谁的泡泡吹得高。

提问：哪个泡泡飞得最高？谁吹得泡泡最大？

4. 手拉手吹泡泡。

目标：感知大小和高低。

玩法：小朋友们手拉手拉成一个圈，儿歌说到吹成大泡泡，幼儿手拉手往后退变成大圈；说吹成小泡泡，幼儿手拉手向前走变成小圈；当说泡泡飞高了，幼儿踮起脚；当说泡泡飞低了，幼儿蹲下去；当说泡泡破了幼儿松开手。

5. 大灰狼来了。

目标：能够在多个圆圈中区分最大的。

材料：4 个大小差别明显的圆圈。

玩法：教师扮演大灰狼，幼儿扮演小羊，当大灰狼睡觉时小羊可以跟着音乐随意走动，当大灰狼伸懒腰醒来时，小羊必须跑到最大的圆圈里——站在小圆圈里的小羊会被吃掉。

中班

学习与发展目标

1. 能用语言描述物体的粗细、厚薄、轻重等。

2. 会用直接比较的方法判断两个物体的粗细、轻重、厚薄、宽窄等。

3. 在比较的基础上给 5 ~ 6 个物体按照量的差异特征（如粗细、轻重、厚薄、宽窄）进行正、逆排序。

4. 能用生活中的物体作为工具进行简单的测量，初步感知量的相对性。

教学方案

一日生活环节

1. 身高和体重。

在班级设置身高墙和体重角，提供纸、笔及尺子等，支持幼儿自主测量及记录。

2. 排队洗手。

幼儿在盥洗室排队洗手时，提醒幼儿观察哪个队伍长哪个队短，去人少的队伍洗手。

3. 选择柜子。

开学后请幼儿选择自己放书包的柜子，比一比谁的个子能够够着高一点的柜门，请高个子的幼儿尽量选高一点的柜子。

4. 站队。

外出前请幼儿从高到矮排队或从矮到高排队。

提问：请按照从高到矮的顺序排队，请小朋友看一看，你跟你前面的小朋友，谁更高？怎么看出来的？

5. 图书摆一摆。

看完书归还时，请幼儿按照高矮或宽窄顺序把书本有序插回到书架中。

区域游戏渗透

1. 数学区。

（1）趣味天平（具体见本章案例）。

（2）小动物回家（具体见本章案例）。

（3）房间有多长（具体见本章案例）。

（4）占地为王（具体见本章案例）。

2. 美工区。

（1）编手链（具体见本章案例）。

（2）漂亮的戒指。

目标：通过测量手指的粗细制作戒指。

材料：毛根。

玩法：根据不同幼儿的手指粗细，用毛根制作不同大小的戒指。

提问：如何测量我的手指有多粗呢？

3. 建筑区。

目标：通过目测比较物体的高矮，感受自然物可以用来测量物体的高度。

材料：相同大小的积木。

玩法：幼儿进行积木搭建，幼儿轮流用骰子进行游戏，然后把骰子上点数相同的积木放在自己的搭建作品上。最后谁能搭建的最高就获胜。

提问：你们的积木谁搭得更高？你们用的积木一样多吗？

4. 角色区。

（1）汽车博物馆。

目标：能够比较汽车的宽窄、高低，搭建合适的车库。

材料：积木和各类不同大小的汽车。

玩法：在汽车博物馆中请幼儿为各类不同大小的汽车搭建刚刚适合的车库；或提供已有车库，请幼儿根据车辆的高低宽窄选择停放什么样的车辆。

提问：消防车能够停进这个车库中吗？它们是一样高的吗？这个车库的大小适合停放哪辆汽车呢？

（2）小小魔术师。

目标：通过掂一掂、摸一摸的方式比较物体的轻重、粗细等。

材料：两个魔箱，两个重量不同的圆球，两个粗细不同的圆柱等若干组属性不同的物体。

玩法：小小魔术师只能将手伸进魔箱但不观察的情况下，找出两个魔箱中哪个是较重、较粗、较厚的。

提问：你是怎么找到比较重（粗、厚等）的那一个的？

5. 植物角。

（1）植物有多高。

目标：能够利用简单的自然物对植物进行测量。

材料：记录单、绳子、长木棍。

玩法：请幼儿想办法记录小植物的生长变化，引导幼儿思考表征植物高度的方法。

提问：如何才能一眼就看出来我们的小植物真的长高了呢？你是怎么知道自己长高的？我们可以如何帮助植物记录它的高度呢？

（2）小植物怎么摆。

目标：能够用目测或测量的方法比较植物的高矮，并根据高度安排适合的位置。

材料：尺子、花架、木棍等。

玩法：在对植物角的植物进行布置时，请小朋友们来帮助高度不同的植物找到最合适的位置，比如花架的中层和下层不适宜放太高的植物，会影响生长。

提问：这个植物放在哪一层最合适呢？为什么？

（3）寄居蟹。

请幼儿根据原有寄居蟹的壳定期为寄居蟹挑选新的更大一些的壳，引导幼儿比较贝壳开口的大小不同，测量开口的直径。

6. 图书区。

支持幼儿在阅读中积累量的比较与测量经验。例如：《一寸虫》《最棒的蔬菜》《乌鸦喝水》，可以感知比较粗细差异。

集体教学活动

造房子比高矮（具体见本章案例）。

户外活动

1. 比腿长（具体见本章案例）。

2. 哪条路更近（具体见本章案例）。

3. 苗苗和大树。

目标：幼儿能够根据教师的口令观察身边伙伴的高度并做出调整，感受高矮排序的趣味。

玩法：热身活动时小朋友们蹲下变成小树苗，小树苗是矮矮的，教师依次浇水帮助小树苗长高，要求后面的小树苗要比前面的小树苗高。幼儿可自动调整位置或在安全的前提下增加脚下的高度。

提问：你比前面的小树苗高吗？你需要换一个位置吗？

4. 跷跷板。

目标：通过跷跷板游戏感知自己和同伴重量不同，知道越重板子越低，能用语言描述比较结果。

材料：跷跷板。

玩法：请两名幼儿玩跷跷板游戏，比一比谁轻谁重，跟不同的人比一比。

提问：你们两人谁重谁轻？你是怎么看出来的？

6. 运水比赛。

目标：在运水游戏中感知比较容积的大小。

材料：大小不一的瓶子、水桶。

玩法：班级幼儿分组自选瓶子进行游戏，通过接力赛的方式运水，最先将水桶装满的队伍获胜。

提问：你觉得哪个瓶子装水多？你们组想选哪个瓶子运水？

大班

学习与发展目标

1. 能够使用目测及自然测量的方法，比较物体的长短、高矮、宽窄、厚薄等，能正确表达结果并使用多种方式进行比较、测量和记录。

2. 能按物体的差异进行10以内的正、逆排序，能按照一定的规律排列物体。

3. 理解量的守恒及量的比较具有相对性、传递性。

4. 在测量活动中，体验并理解测量单位的大小和测量出的结果数量之间的反向关系。

教学方案

一日生活环节

1. 过渡环节。

（1）抽棍（具体见本章案例）。

（2）排排队。

在过渡环节，每当有两三个幼儿完成前一项任务开始排队时，请幼儿自己排一排。

提问：B站在A和C中间，B是高还是矮呢？

（3）脚跟挨着脚尖走。

午睡前散步时，引导幼儿慢慢走，因此组织开展脚跟挨着脚尖、脚尖挨着脚跟沿阳台直线走的游戏，边走边数步数，并思考为什么自己的步数与老师、小朋友的不同。

提问：走完走廊你一共走了多少步？为什么我们的不一样？谁的步数多？谁的步数少？为什么会不一样呢？

（4）排排坐。

点名过后请幼儿明确今日来园人数，随后在不同环节下幼儿小椅子排列的顺序不同，请幼儿观察，当椅子摆成短短的两排和摆成长长的一排的时候，人数是不变的。

提问：现在小朋友坐成了两排，那如果大家都坐成一排会怎么样呢？如果变长了人数会增加吗？

2. 温度播报员。

请班级幼儿每日观察班级温度计，记录今日室内温度并报告给其他幼儿，感受温度计可以测量温度。

3. 给小鱼换水。

目标：感受物体的容积以及量的守恒。

材料：3个塑料瓶子（相当于一个鱼缸的水量）、鱼缸（画有水位线）。

玩法：请幼儿量一量需要多少塑料瓶的水才能到水位线。确定数量后请幼儿不定期用塑料瓶运水为鱼缸换水。

提问：如何测量鱼缸需要多少水？3 个塑料瓶中的水和鱼缸中的水一样多吗？为什么？

4. 小手大手量一量。

教师和幼儿一起张开虎口测量一个物品，请幼儿说一说为什么测量的结果不一样。如教师用虎口测量桌长为 6 个虎口，幼儿用虎口测量桌长为 10 个虎口。

5. 都来比一比。

日常生活中引导幼儿对测量自己的身体部位感兴趣，并鼓励幼儿比一比谁的胳膊长，谁的手掌长，谁的个子高，思考应该如何测量和比较。

区域游戏渗透

1. 科学区。

（1）谁是排序小达人（具体见本章案例）。

（2）水吧。

目标：引导幼儿通过实验操作，感受量的守恒。

材料：不同大小的杯子、量杯、有颜色的水。

玩法：幼儿用量杯装入有颜色的水（3 个），分别倒入大、中、小 3 个不同尺寸的杯子中，感受不同大小的杯子中水的高度变化。

提问：3 个杯子中的水一样多吗？为什么？

（3）量一量、比一比。

目标：通过目测或测量的方式比较线条的长短并按照长短排序标号，能够使用正确的测量方式并感受量的传递性。

材料：长短不同且交错的线条。

玩法：请幼儿将交错的线条按照从长到短或者从短到长的方式进行排序，并将序号标记下来，也可以两人之间互相出题，看看谁能更快地排序。

提问：你是用什么方法进行比较的？怎么才能快速进行排序呢？每一条线都要进行比较才能排序吗？

2. 角色区。

量一量、称一称（具体见本章案例）。

3. 表演区。

目标：运用测量与比较的经验裁剪适合自己的服装及道具。

材料：米尺、绳子、剪刀、纱布、丝带、胶条。

玩法：请幼儿测量自己的手腕、头围等长度，制作适合自己表演用的花环、手环等道具，请幼儿根据自己的腰围及腿长裁剪裙子的长度和宽度。

提问：如何测量自己的头腰围呢？你是如何确保裁剪出的裙子不会短不会瘦的？

4. 建筑区。

目标：在图纸规划与实施的过程中感受测量在实际生活中的运用。

材料：图纸和米尺、绳子、可擦笔。

玩法：请幼儿在设计图上规划搭建场地，并提前与同伴进行测量及划分，在设计搭建中及时调整自己的建筑物，确保不影响他人的建筑物安全。

提问：你是如何确定自己需要多大的场地的？你们是如何进行划分的呢？

5. 美工区。

目标：感受量的守恒。

材料：大小不同的玻璃瓶，各种颜色的小珍珠。

玩法：请幼儿数出相同数量的彩色珍珠若干组，自由搭配颜色装饰玻璃杯，感受数量相同的珍珠在不同大小的玻璃杯中高度不同，感受量的守恒。

提问：每个玻璃瓶中的珍珠看起来一样多吗？为什么你数的时候每一瓶的数量是一样的呢？

6. 图书区。

（1）阅读数学专题绘本，积累量的比较与测量经验，如《面包公主三姐妹》《我家漂亮的尺子》《熊小弟的栅栏》《谁先吃好呢》《双胞胎兄弟》。

（2）在故事阅读中感受量的相关知识，如《曹冲称象》感受量的守恒，《小马过河》感受量的相对性。

集体教学活动

1. 比比谁跳得远（具体见本章案例）。

2. 我们一样多（具体见本章案例）。

3. 制作门帘（具体见本章案例）。

4. 给小树穿衣服（具体见本章案例）。

5. 身高比拼大闯关（具体见本章案例）。

6. 我是小裁缝（具体见本章案例）。

户外活动

1. 扔飞盘比赛（具体见本章案例）。

2. 果子熟了（具体见本章案例）。

3. 量一量我的跳绳有多长（具体见本章案例）。

4. 我的影子有多长（具体见本章案例）。

5. 幼儿园（具体见本章案例）。

6. 赛车

目标：能够使用自然物测量小车滑行的距离，感受不同坡度与汽车行驶距离的关系。

材料：木板、玩具小车、两种长度的积木块。

玩法：小组之间使用相同的木板和小车，自主搭建坡道，比一比，谁的小车滑得远。

提问：你的小车滑了多远？你是如何测量的？谁的小车滑得远？如何看出来的？

（本方案设计者：北京市朝阳区翠成幼儿园、北京市朝阳区泛海幼儿园、北京市朝阳区福怡苑幼儿园、北京市朝阳区劲松第一幼儿园、北京市朝阳区丽景幼儿园、北京市朝阳区华洋紫竹幼儿园、北京市朝阳区清友实验幼儿园、北京市朝阳区光华路幼儿园、北京市朝阳区群星幼儿园、北京市朝阳区枣营幼儿园、北京市朝阳区朝花孙河东园、北京市朝阳区望京新城幼儿园、中国人民大学朝阳幼儿园、北京市顺义区裕龙幼儿园。）

（本方案整理者：北京市朝阳区劲松第一幼儿园李真。）

第八章　空　间

板块一　学习价值

理解和运用空间关系对幼儿发展有着重要作用。

1. 辨认空间方位有利于幼儿空间知觉的发展

空间知觉是物体的形状、大小、远近、方位等空间特性在人脑中的反映。在幼儿空间概念和空间定向方式的形成过程中，需要多感官的参与，包括视觉、听觉、触觉、嗅觉、运动觉，其中视觉和触觉尤为重要。幼儿通过观察和触摸，感知和区分大小、上下、远近，借助身体运动，可以感知位置、方向和距离，因此，在幼儿辨认空间方位的过程中，能够有效促进幼儿空间知觉的发展。

2. 空间方位的认识和辨别有利于幼儿处理日常生活问题

饼干放在哪儿？谁排队在 ×× 和 ×× 的中间？用积木搭房子，捉迷藏游戏……

幼儿在生活和游戏中会遇到的很多空间方位问题，这些问题都需要运用幼儿在空间关系方面的经验来解决。

3. 空间经验的积累为幼儿未来的学习奠定基础

对空间关系的理解和运用是学习几何的基础，儿童空间感方面积累的经验能够为其进一步学习奠定良好的基础。

板块二　相关概念

1. 空间

空间是客观世界物体存在的基本形式，任何客观物体都存在于一定的空间中，并且同周围的其他物体存在着空间上的相互位置关系，也就是物体的空间方位关系。

狭义的空间概念指空间方位概念，是指对客观物体的相互位置关系的认识。

广义的空间概念除空间方位外，还包括对各种空间变换关系的认识，如辨识物体在空间中的移位、翻转或旋转变换等。①

2. 空间方位关系

空间方位关系是客观物体在空间中所处的位置以及与周围其他物体的相互位置关系。

空间方位具有以下特征：

一是相对性。空间方位是相对的，如前是相对于后而言，上是相对于下而言。空间方位关系只有在与参照物相联系和比较的过程中才能呈现出来。

二是可变性。参照物变化时，同一物体的方位也会随之变化。如 B 小朋友站在 A 小朋友和 C 小朋友中间，以 A 小朋友为基准，B 的位置称为“前”，以 C 小朋友为基准，B 的位置称为“后”。

三是连续性。空间方位不是截然分割的，如左与右不是分离的、绝对的，从左至右是一个连续的区域。

板块三　核心概念及核心经验点

1. 空间方位可以帮助我们准确、详细地描述方向、路线和位置等

空间方位可以帮助我们回答“东西在哪里”“往哪里移动”等问题，幼儿可以通过谈话、绘画、书写和建模来表明物体的移动和方向。②

对应的核心经验点：空间方位关系的理解与运用

2. 描述位置和方向的方位语言很重要，它们常常是相对的，如前和后、上和下、左和右、近和远

用正确的语言描述空间方位，能够帮助幼儿辨别和理解空间方位，也能够反映幼儿思维的抽象水平。

对应的核心经验点：运用方位词描述物体的空间方位或简单的路线。

3. 特定视角的观察影响我们对空间的体验和二维表征

同一个事物，不同的人从不同角度观察，头脑中建构的图像不同。

对应的核心经验点：空间方位的可变性。

4. 大脑可以形成并操作空间关系的视觉图像

①黄瑾，田方主编 . 学前儿童数学学习与发展核心经验 [M]. 江苏：南京师范大学出版社 .2015（7）：327.

②美国埃里克森儿童发展研究生院 早期数学教育项目著 . 幼儿数学核心概念 [M]. 张银娜，侯宇岚，田方译 . 江苏：南京师范大学出版社 .2015（6）：150.

大脑可以想象出具有空间关系的图像，人们能够操作头脑中的空间视觉图像。如玩拼图的过程中，幼儿仔细观察拼图片，从不同角度转动，最后完成拼图。又如将很多的碗、碟子用最佳的空间利用方式放到洗碗机里。

对应的核心经验点：各种空间变换关系的认识。

板块四 儿童发展轨迹

1. 认识空间方位的顺序：先上下，再前后，再左右

上、下以永恒不变的天、地的位置作为参照，因而幼儿比较容易辨认，最先掌握。

幼儿对前后、左右的认识可以分为两个阶段：第一阶段，幼儿用动作来感知方位，将方位与自己的身体部位相联系，如果背朝物体，就判断物体在后面，如果伸右手碰到物体，就判断物体在右边。第二阶段，可以用视觉进行估计，幼儿渐渐内化动作，用眼睛注视物体的位置进行判断。

2. 认识空间方位的范围：从近到远

当幼儿以自身为中心判断一个物体的位置时，一开始局限于比较近的、比较狭窄的范围内的物体，随着对空间方位的相对性、连续性的理解，幼儿渐渐能够辨别离自己较远的空间方位。

3. 认识空间方位的参照系统：以自身为中心到以客体为中心

年龄较小的幼儿从自身出发去辨别方位，在此基础上，幼儿逐渐理解空间方位的可变性，能够以客体为参照点进行判断，在大脑中进行空间方位转换。

这个过程也有助于幼儿的去自我中心，思考某个物体从他人的视角看是什么样的，这个过程需要时间和经验的积累，而不是被教会或强行灌输。①

板块五 核心目标

1. 充分利用各种机会，让幼儿在生活情境中，通过感知、体验、发现、辨别的过程获得空间方位经验。

2. 引导幼儿运用方位词描述物体的位置和运动方向，用语言、绘画、建模等方式表征物体的空间位置和运动方向。

① 美国埃里克森儿童发展研究生院 早期数学教育项目．幼儿数学核心概念[M]. 张银娜、侯宇岚、田方译．江苏：南京师范大学出版社 .2015（6）：152.

3. 引导幼儿运用空间关系的经验解决生活中的问题，如根据空间方位描述找到物品。

不同年龄段的核心目标：

小班：引导幼儿以自身为中心来感知和辨识上、下、前、后、里、外等方位，帮助幼儿正确掌握上、下、前、后、里、外等方位词，并引导幼儿用这些方位词来描述物体的位置。

中班：鼓励幼儿用语言、绘画、建模等方式描述和表征物体的空间位置和运动方向，掌握方位词上下、前后、里外、中间、旁边等；引导幼儿结合生活经验以自身为中心感知左右方位。

大班：帮助幼儿以自己身体部位的方位为参照，以自身为中心判断左右。引导幼儿在日常生活中正确运用空间方位词汇。感知空间方位的相对性与连续性。引导幼儿感知从自己的角度和他人的角度看到的物体可能不一样。

板块六　教学策略

1. 注重日常生活中渗透，帮助幼儿丰富空间方位识别的经验

例如，收放玩具时，使用含方位词的语言，“请把桌子上面的剪刀放到盒子里面”“把沙包从滑梯下面拣出来”“到小区前面的超市”。

2. 投放适宜的玩具材料，支持幼儿的探究体验活动，积累空间经验

例如，各类积木、拼插玩具、拼图、七巧板、磁力片等材料，鼓励幼儿自由探索搭建或拼摆方式，并根据幼儿发展情况提出一些挑战，如“用这 10 块磁力片，你有多少种拼搭方法”，还可以鼓励幼儿制订建筑区搭建计划，或搭建完成后把作品画下来，描述自己七巧板的拼搭过程等。

3. 在游戏情境中，引导幼儿运用空间方位经验解决问题

例如，捉迷藏游戏，找到后描述物体藏的位置，或根据描述的位置寻找。包含空间方位的音乐游戏，如律动《摆臂》。

寻宝游戏，可以按指令寻找（可由教师发指令，也可以由幼儿发指令，教师需关注发指令的幼儿是否清晰知道自己指令所指的位置），也可以让幼儿把对三维世界的亲身体验与二维表征进行比较和联系，即让幼儿看地图寻找，还可以引导幼儿设计熟悉环境的地图，如班级地图、幼儿园地图、街心公园的地图等。

在户外设置跨越多种障碍的活动、进行攀爬活动等，教师在介绍游戏规则和分享游戏后感受的环节中尽可能运用方位词清晰描述，并适时引导幼儿运用方位词表述，替代“这边、那边”。

但要注意的是，在这些游戏活动中，空间感知经验的积累比空间词汇的表达更为重要，特别是对年龄小一些的幼儿，教师不要因为过于重视运用方位词的描述而影响幼儿参与活动的兴趣，可以建议幼儿说一说，但不要让幼儿机械重复。

4. 在美术活动中，引导幼儿感受特定视角对空间体验和二维表征的影响

例如，在绘画、剪纸、泥塑等活动中，可以引导幼儿进行多角度观察和表征，如正面人和侧面人。如写生活动中，幼儿从不同角度观察并绘画同一物体，幼儿可以在分享环节感受到不同视角的影响。

5. 开展集体教学活动

根据幼儿年龄特点和已有经验设计教学活动，注重趣味性、操作性，帮助幼儿将日常积累的空间经验数学化，有针对性地开展渐进式、多样化的活动。引导幼儿运用方位词描述空间位置和运动方向，感知不同观察角度有不同的表征，帮助幼儿逐渐理解客体为中心的方位区分。

板块七　教学案例

集体教学活动案例

活动 1　盖房子

活动名称：盖房子

班级：大班上

核心经验

1. 特定视角的观察影响我们对空间的体验和二维表征。
2. 大脑可以形成并操作空间关系的视觉图像。

活动目标

1. 通过观察和操作，感知重叠堆放的正方体之间的遮挡关系。
2. 尝试根据图示，拼摆出相应的房子造型。
3. 大胆操作，体验与同伴合作闯关的快乐。

活动重难点

活动重点：尝试根据图示，拼摆出相应的魔方造型。

活动难点：感知重叠堆放的正方体之间的遮挡关系，能够看懂图示。

活动准备

经验准备：认识正方体，理解正方形与正方体的不同，在游戏中玩过搭积木。

物质准备：房屋造型实物和照片PPT、电子屏、房屋设计图、记录表，铅笔每组一份，正方体积木若干。

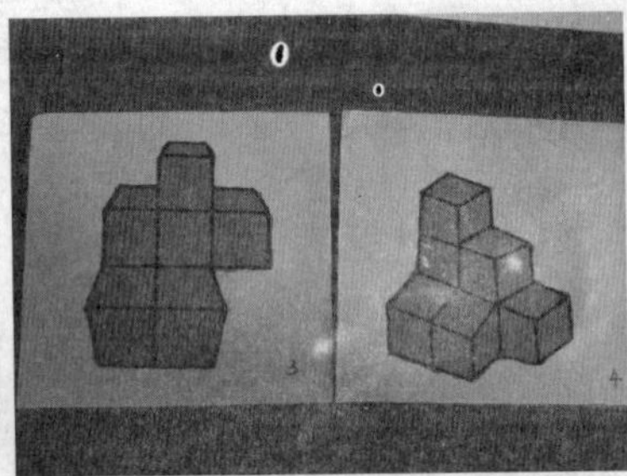
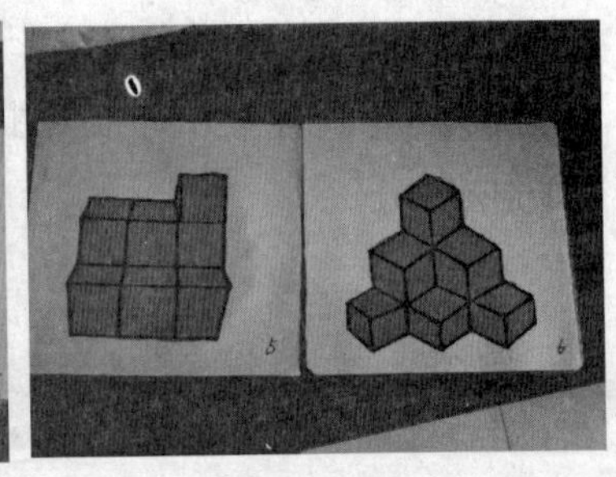

活动过程

一、情境导入

三只小猪盖房子（通过具体形象的实物，感受用积木块组合后的遮挡关系）。

1. 出示搭好的积木，进行猜想。

提问：三只小猪要盖新房子，你能看出它们用了多少块积木吗？

2. 将房子拆开，和幼儿共同验证所需积木的个数。

3. 小结：表面看起来是4个，但其实下面还有一个被挡住了，所以是5个。

二、通过观察照片，发现组成房屋的积木数量

由具体实物转化为照片，提高难度，感受用积木块组合后的遮挡关系。

1. 出示用积木搭好的房屋照片，发现所需积木的个数。

提问：猜猜看，照片中的房子，是用几块积木搭成的？

2. 请幼儿尝试用桌子上的积木搭出与照片中一样的造型。

提问：我们一起试一试，搭出与照片中一样的造型，数一数用了多少块积木？

游戏：小组挑战赛（由照片转化为比较抽象的图示，再次提高难度，请幼儿根据图示，拼出与图示一样的造型）。

1. 介绍游戏规则：小猪搭的房子很漂亮，于是工程师给小猪很多的设计图纸，请它们帮助其他小动物也搭出结实的房子，每组有6张图纸，先猜想每栋房子需要多少块积木并记录，完成后再次数一数实际用了多少块积木，记录在纸上，最先按照图纸正确搭好房子

的小组获胜。

2. 幼儿自由分组，开始游戏。

重点指导幼儿观察图纸中房子的造型和所需的积木，按照图纸进行拼搭。

3. 小组分享与交流。

提问：你们遇到了哪些困难？是怎样解决的？

结束：我来考考你（通过互动游戏，进一步使幼儿感知重叠堆放的正方体之间的遮挡关系）。

请各组设计拼搭出 4 个不同房子的造型，老师拍成照片，请其他组小朋友根据照片拼搭。

注意事项

1. 在情境导入环节，出示的房子不宜过于复杂，在第二个观察照片的环节，可适当增加积木的数量。

2. 为方便幼儿操作，在小组挑战赛中，可以用可连接立方体代替积木。

3. 在小组挑战赛中投放的 6 张图示，应考虑幼儿的个体差异，在难度上体现不同层次。

数学教学语言

1. 你是怎么知道照片中的房子用了多少块积木的？可以数一下吗？

2. 每组这张图纸上有几块积木被遮挡住了，它在哪里？

（活动设计者为北京市朝阳区群星幼儿园李韧）

活动 2 寻宝大挑战

活动名称：寻宝大挑战

班级：大班下

核心经验

空间方位可以帮助我们准确、详细地表明方向、路线和位置等。

活动目标

1. 尝试看方位图，能根据方位图确定宝箱的位置。

2. 运用方位词汇，描述寻宝的过程。

3. 能够和同伴相互协商共同完成寻宝任务，体验寻宝游戏带来的快乐。

活动准备

经验准备：能够分清自身的左右。

物质准备：PPT、方位图及宝箱的图片、即时贴、宝箱线索图（☆代表宝箱所在地、红点代表幼儿所在地）、宝箱、钥匙、幼儿园教学楼平面图、彩笔、桌子。

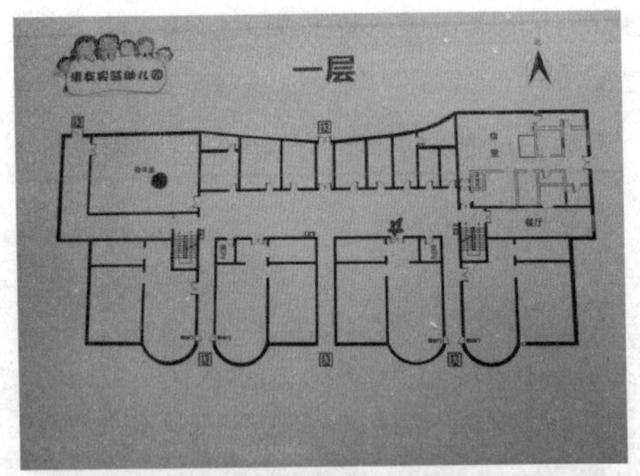

幼儿园教学楼平面图

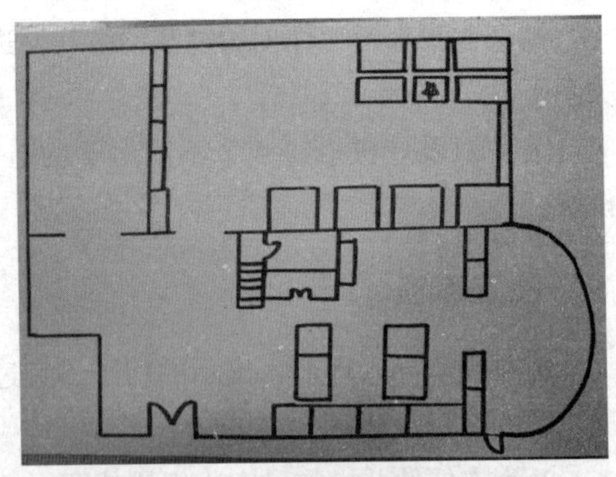

宝箱线索图 1

宝箱

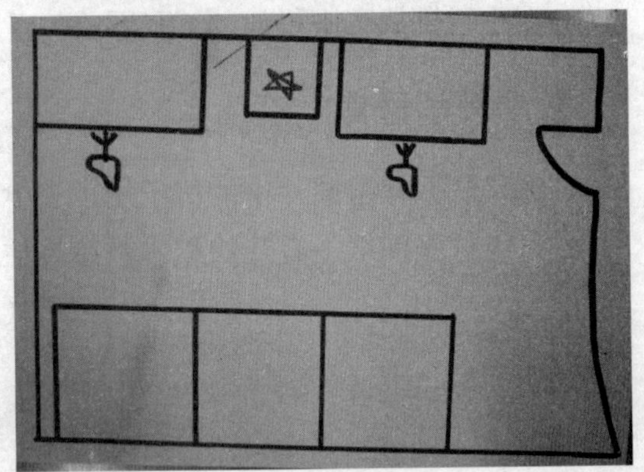

宝箱线索图 2

活动过程

一、开始部分：方位游戏

教师引导幼儿边说《方向歌》边做动作：这是我的左边我拍拍手，这是我的右边我跺跺脚，这是我的前边我鞠个躬，这是我的后面我请坐下。

二、寻宝大挑战

（一）分队游戏

1. 教师的前、后、左、右分别站四位幼儿。

教师交代情境：我是宝箱王国的国王。我的宝箱不见了，想请小朋友们帮我找一找宝箱。我一共有四个宝箱，小朋友们可以分成四队找宝箱。请四个队伍分别站在我的前面、后面、左面、右面，每队的人数要一样。

2. 分好队贴贴纸。

将四个小队分别命名为红、绿、黄、蓝队，并将四种颜色的贴纸分别贴在四个队幼儿胸前。

3. 每队选出一位小队长。

（二）认识平面图

1. 出示幼儿园一楼平面图，请幼儿仔细观看，发现了什么？看到了什么？

2. 出示一楼平面图，请幼儿说一说图上的红点和五角星分别代表什么意思？

（三）寻找宝箱

1. 出示宝箱图片。

请幼儿观看图片，猜一猜宝箱里面有什么宝贝？

2. 出示钥匙。可是我这里只有宝箱的钥匙，需要小朋友找到宝箱才能打开。

3. 分发宝箱位置图。请幼儿确定宝箱的位置。

4. 出发寻找宝箱。

5. 恭喜你们，宝箱确实在……，但是里面很大，我为你们提供一张宝箱线索图，去找一找吧！

三、各组打开宝箱并介绍

1. 请幼儿拿着钥匙打开宝箱。

2. 请最先回来的一队来介绍一下怎样找到宝箱的？

3. 请最后回来的一队来介绍一下怎样找到宝箱的？

4. 下面请小朋友们拿着自己的宝贝，我们一起回班放到小书包里吧！

注意事项

认识平面图时让幼儿用数学语言表达出来。如从 × 向前走第几个门是 ×，从 × 向左（右）拐弯。

数学教学语言

1. 你发现图上有什么？看到了什么？

2. 你们是怎么找到宝箱的？先做了什么？又做了什么？

（活动设计者为北京市朝阳区清友实验幼儿园焦赛男）

活动3　超级解救队

活动名称：超级解救队

班级：大班下

核心经验

1. 空间方位可以帮助我们准确、详细地表明方向、路线和位置等。
2. 大脑可以形成并操作空间关系的视觉图像。

活动目标

1. 尝试用空间方位帮助自己在游戏中获胜。
2. 理解以自我为中心的左右，能运用上下、前后、左右、里外等方位词描述路线并能听路线行走。
3. 喜欢参加解救队活动，感受空间方位可以帮助解决生活中的问题。

活动重难点

活动重点：理解左右，能够运用空间方位的经验解决生活中的问题。

活动难点：正确描述及操作空间关系的构建。

活动准备

经验准备：

1. 幼儿理解上下、前后、里外，大部分幼儿对左右有一定经验。
2. 有一定的游戏规则意识。

物质准备：不同颜色的迷宫图（剪成碎片，事先散落在某一个空间里。分几队就准备几种颜色，每队有几名幼儿就将一张图剪成几片。）、智囊卡（画有由上到下、由左到右等方位顺序标识的卡片）、积木、桌子、密码箱、徽章、户外器材、录音机（事先录好“城堡解救”路线）。

活动过程

一、导入活动：寻找迷宫图碎片

教师出示解救密码箱子，讲述闯关规则。

指导语：空间王国里着火啦，我们的小动物被困在密码箱子里，我们要闯过三关才能解救小动物，成功解救后小朋友会得到一枚解救队的徽章，你们有信心吗？那第一关就是寻找散落在大厅区域的迷宫图碎片（图 1），请每个小朋友寻找一片。准备好了吗？那我们出发吧！

核心提问：你是在什么地方找到的拼图？

图 1 黄色迷宫图碎片

图 2 不同颜色的迷宫图

二、第一关：迷宫游戏

玩法：

1. 拼迷宫图、组队。幼儿根据迷宫图碎片的颜色寻找队友，组成团队，并将迷宫图拼好。

2. 拼好的迷宫图上有行走路线的答案，同队的幼儿协商分工：一位描述图上画的迷宫行走路线；一位背对着其他小朋友听描述者的描述用笔在空白迷宫图上画路线；其他幼儿为小小检察员，负责检查路线画得是否正确。

3. 画出的路线和迷宫图上标记的路上一致时，为通关成功，可进行到下一关游戏。

指导语：拿到碎片的小朋友，请你找到自己的队友，拼图、组队，图片为迷宫的答案。每一队有人指路，有人画，画的人不许偷看哟。找到正确出口后拿到兑换点进入下一关。

教师分组指导：你们商量好了吗？怎么商量的？我觉得验证的工作也很重要。

核心提问：你是怎么帮助队友走出迷宫的？

图 3 空白迷宫图（供幼儿听口令走迷宫用）

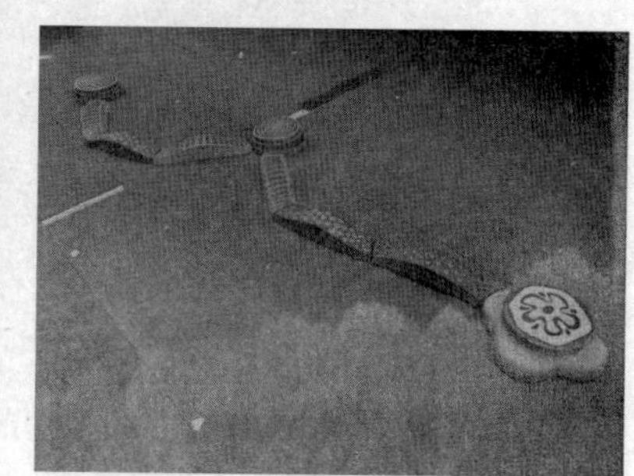

图 4 迷宫游戏场景图

三、第二关：城堡解救

玩法：

1. 根据颜色找到自己组的录音机，跟着录音机里的提示音走路线。比如：请从左边隧道爬过，在红色梅花桩下收集一块积木，收集齐图片上所有积木后到指定地方进行搭建。

2. 和迷宫通关一样，两人背对着描述者，根据描述者描述的方位词进行搭建，搭建成和图片中一样的城堡（见图 7）可以通到下一关。

指导语：到桌子上对应颜色的百宝箱取出录音机。仔细听录音机里的指示音，根据提示语走路线。

图 5　与迷宫颜色对应的百宝箱

录音：红色解救队的小朋友请注意，请您穿过图书区，来到操场入口处，背对滑梯。请您从左侧隧道下爬过，在红色梅花桩下收集一块积木。请依次走过独木桥，在红色梅花桩下收集一块积木。向前走进图书区，面朝表演墙右下方，有一个拱形积木，在里面获取三块积木。请找到青花瓷大碗，在里面获取红色积木。请找到手偶区，从上往下数第三层，左边书里有一个城堡图。找到 1 号桌子，像迷宫通关游戏那样，分工合作，两个人负责搭，两个人负责指挥，请负责搭的小朋友坐下，负责指挥的小朋友向后退一步。搭好后根据密码顺序获取三位密码。获取密码后可以进入下一关。

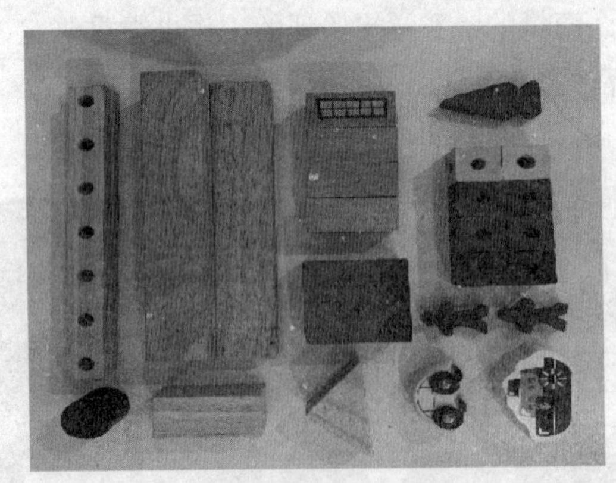

图 6　收集的散落的积木

图 7　搭好的三位密码 151

四、第三关：超级解救

城堡图上有密码顺序，根据智囊卡信息获取三位密码，找到与自己搭建城堡相对应的密码箱子，开启箱子获得徽章。

五、活动延伸

指导语：小朋友们，我看见你们都成功获得了徽章，你们都救出什么小动物啦？你们在解救中遇到困难了吗？你们运用什么本领帮助小动物的？还可以用这种本领做什么呢？（介绍火灾逃生路线、迪士尼最佳游玩路线图、地铁线路图）

注意事项

1. 活动中教师有意识和针对性地提问，引入空间方位。
2. 在听录音时要关注幼儿倾听状态。
3. 在走迷宫图时事先帮助集体梳理好人员分工。

数学教学语言

1. 你是在哪找到的？
2. 你是用什么语言帮助队友走出迷宫的？

（活动设计者为北京市朝阳区福怡苑幼儿园王淼）

活动 4 楼层平面图

活动名称：楼层平面图

班级：大班

核心经验

1. 空间方位可以帮助我们准确、详细地表明方向、路线和位置等。
2. 大脑可以形成并操作空间关系的视觉图像。

活动目标

1. 能通过实地观察，运用空间辨别能力，绘制幼儿园某一楼层的平面图。
2. 能够用数字或其他符号标识楼层内的房间。
3. 体验探索幼儿园楼内布局的乐趣。

活动重难点

活动重点：根据图片和实际经验，绘制幼儿园楼层平面图，用不同的符号表示各种房间。

活动难点：将对三维空间的感知准确地表征在二维平面上。

活动准备

经验准备：设计绘制过本班活动室的平面图；大致了解幼儿园各个房间的位置，讨论过不同房间的标识。

物质准备：幼儿园楼的卫星图、俯视图，画板每人一个，纸、笔若干。

活动过程

一、激发兴趣、引出任务

我们要玩藏宝游戏，在幼儿园的楼里面进行，你们知道幼儿园有几层楼吗？都有哪些房间？怎么找到这些房间呢？

我们一起来设计幼儿园的楼层图。

二、引导幼儿观察幼儿园楼体外观，尝试绘制楼体外轮廓图

1. 呈现楼体正面图、卫星图、俯视图，引导幼儿从不同角度观察幼儿园的楼，引出分别绘制每一层的平面图

师：你们看到了什么？是什么形状？

3 个长方形，一个大的横着，左边一个小的竖着，右边一个小的竖着（根据幼儿园具体情况描述。

有三层楼怎么画？有什么好办法？

一层一层地画。

2. 引导幼儿绘制出楼层平面图的外轮廓

师：可以一边观察照片一边画，看清楚是什么形状、哪个大哪个小、在什么位置？可以画得大一点，我们还要在里面标上所有的房间。

3. 幼儿选择自己要画的一个楼层，在楼道内边观察边完成平面图绘制

分为 3 组分别画一、二、三层，引导幼儿在实地观察过程中，补充楼层平面图轮廓图的房屋位置，并绘制标识。

教师重点引导幼儿将自己的位置和图上的位置相对应，以自己为中心观察房间的位置，并标注。

师：我们现在在一楼的大厅门口，在图上是哪个位置呢？

你现在面朝楼里，右手边是哪个房间，左手边是哪个房间，你想用什么方式标出来？

三、讲述分享、提升经验

1. 幼儿与设计同层的组分享，并相互验证

师：先回来的小朋友可以相互介绍一下自己设计的楼层平面图，看看你们标的位置是

不是一样，能不能看懂别人画的？

2. 集体分享

请幼儿分享自己绘制的楼层平面图。

师：你画的是几楼？你是怎么画的？你遇到什么困难了吗？你是怎么解决的？引导幼儿梳理绘制楼层平面图的关键要素。

师：我们的图是下次活动用的，怎么才能让小朋友都看懂，找到想去的地方？要位置正确、标注清楚、能介绍清楚等。

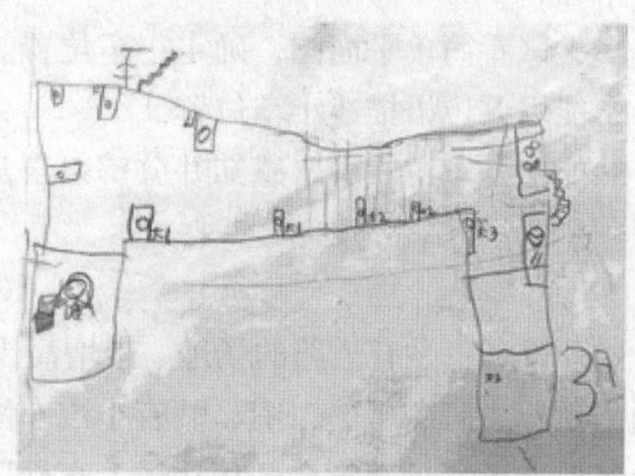

注意事项

1. 活动中注意幼儿看图的方式，引导幼儿先找到自己所在位置对应的图上位置，以自身为中心进行观察和绘制。

2. 因全班幼儿分散到整栋楼中，每层除本班教师指导幼儿外，最好安排其他教师看护幼儿安全。

数学教学语言

1. 你现在的位置在图上是哪里？

2. 你的前面（左边、右边）是什么房间？对应图上的哪里？

（活动设计者为北京市朝阳区泛海幼儿园叶红）

活动 5　开小车

活动名称：开小车

班级：中班

核心经验

空间方位可以帮助我们准确、详细地表明方向、路线和位置等。

活动目标

1. 尝试看简单平面图，确定小车位置。
2. 能用方位语描述小车位置。
3. 能在开车游戏中，感知并分辨以自身为中心的左右方位。

活动准备

物质准备：贴有道路的场地、带增高围栏的花坛 4 个、模型小汽车若干、自制线索图、交通指示标志牌若干、口哨、贴有小汽车图片的呼啦圈若干、音乐《开车歌》。

经验准备：已经学会“乒乓球上高楼”的手指游戏。

活动过程

一、方位儿歌游戏，引发幼儿学习兴趣

通过方位儿歌游戏，初步熟悉以自身为中心的方位关系。

玩法：请小朋友边念“乒乓球上高楼”的儿歌，边做动作。

附儿歌：乒乓球，上高楼，上上，下下，左左，右右，前前，后后，咕噜咕噜锤，咕噜咕噜插，咕噜咕噜，一个变成三，三变五，五变八，变成手枪，啪，啪，啪。

游戏共进行三遍，逐渐加快幼儿念唱儿歌的速度。

重点观察：幼儿能否在加快儿歌念唱速度的同时，还能正确做出相应动作。

二、找小车

通过找小车游戏，感知并分辨物体间的方位关系。

（一）学看线索图。

出示线索图，引导幼儿识别线索图，将图跟实物对应。

——图中的弧线代表屋里的什么东西？

——图中下面有好多小圆圈的正方形是什么东西？

（二）找小车游戏。

幼儿在找小车的过程中，能正确感知、分辨小车与物体间的空间位置关系，并用方位词描述。

玩法：幼儿按线索图自己找教师事先藏好的小车，并用语言描述小车藏的位置。

——×× 是从 ×× 后面找到的，你是从哪找到的？

三、停小车

幼儿通过在路上开小车，初步感知以自身中心的左右。

玩法：先请一名幼儿去停小车，并描述自己停小车时所走的路线。然后请所有小朋友把车停到停车场里。

——你能说一说你停小车的路线吗？

四、开小车

通过开小车游戏，幼儿尝试以自身为中心感知并分辨左右。

（一）通过交通规则考核，明确游戏规则。

出示“左转”“右转”指示标志牌以及指挥交通的手势，请幼儿识别。

提示如果听到哨声，说明有地方发生交通事故了，需要所有小司机原地停车，警察要处理交通事故。

（二）播放《开车歌》，进行开小车游戏。

玩法：教师扮演交通警察，幼儿作为小司机开车上路。“小司机”根据“交通警察”出示的交通标志（指挥交通手势、转弯语音提示）开小车。“交通警察”根据游戏情况，适时吹哨暂停引导。

——向左拐……向右拐……

五、开小车出教室，活动自然结束

注意事项

开小车活动时，教师作为“交通警察”，先出示交通标志引导“小司机”，再出示指挥交通手势，最后运用转弯语音提示指挥交通，逐渐加大游戏难度，幼儿在游戏过程中，更好地尝试以自身为中心感知并分辨左右。

数学教学语言

1. 环节一中的方位儿歌涉及数学语言“上上、下下、左左、右右、前前、后后……”，通过游戏，幼儿初步熟悉了以自身为中心的方位关系。

2. 环节二中，幼儿通过和教师分享自己找到小车的位置，从而感知并分辨小车与物体间的空间位置关系。教师进一步集体分享，提问“×× 是从 ×× 后面找到的，你是从哪找到的”，更进一步帮助幼儿感知并分辨以客体中心的物体间的方位关系。

3. 环节三中幼儿通过在路上开小车去停车，初步感知以自身为中心的左右。教师通过提问“你能说一说你停小车的路线吗”，使幼儿进一步熟悉以自身中心的左右。

4. 环节四开小车游戏中，教师作为交通警察，发出口令“向左拐……向右拐……”，幼儿作为小司机需要正确选择行车路线，从而进一步尝试了以自身为中心感知并分辨左右。

关键图片

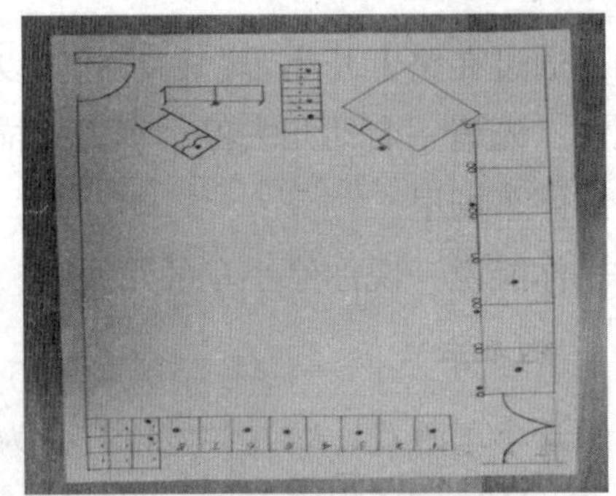

（活动设计者为北京市朝阳区清友实验幼儿园杨璇）

活动 6　宠物训练师

活动名称：宠物训练师

班级：小班下

核心经验

1. 空间方位可以帮助我们准确、详细地表明方向、路线和位置等。

2. 描述位置和方向的语言很重要，它们常常是相对的，例如前和后、上和下、左和右或远和近。

活动目标

1. 能用“上下、前后、里外”等方位词正确完整地表述故事中人物的位置。

2. 初步感知物体的空间位置的相对性，能听懂方位词并能准确定位。

3. 体验操作“宠物训练师”游戏的快乐。

活动准备

经验准备：了解绘本《宠物蜗牛训练师》的故事内容。物质准备：小动物（人手一个）、绘本《宠物蜗牛训练师》[（美）埃莉诺梅等著作．陈青译．南京：江苏凤凰少年儿童出版社，2019.5] 制作成 PPT 课件。

活动过程

一、导入游戏：回顾绘本《宠物蜗牛训练师》

播放绘本重点情节故事图片。

出示绘本第 15 页（小老鼠为蜗牛演示爬到松果堆上面、下面的技巧）。

你们还记得小老鼠都给蜗牛演示了哪些技巧吗？

小老鼠在空心木头（松果堆、向日葵、树干、石块）的哪里（里外、上下、前后）。

播放小蜗牛路线图。

小蜗牛都学会本领了吗？我们一起来看看蜗牛的表现吧。

蜗牛都到了哪里？

我们用“上下、前后、里外”这些词来说清蜗牛训练的位置。

二、观察游戏：宠物亮眼训练师

1. 观察绘本图片，说出物体的空间位置。

出示绘本第 18 页（小老鼠艾伯、利奥与蜗牛捉迷藏）。

游戏规则：

观察图片内容用方位词准确说出物体的位置，能运用正确方位词的胜利。

观察同一物体，能用方位词说出它周围物体的准确方位。能用方位词准确说出周围物体方位者取得胜利。

请小朋友们观察图片，看看图中石块的前面是谁？

（1）石块的前面是谁？

（2）对谁来说石块在后面？

（3）谁在蜗牛的后面？

（4）对于谁来说蜗牛在前面？

刚才我们说了前、后等方位词，都是根据石块和蜗牛两个物体来进行的。

三、探究游戏：宠物训练师

1. 用动物玩具进行听指令训练小动物游戏。

游戏规则：

（1）听清教师儿歌指令，把宠物放到指定位置，位置准确并能说出位置者取得胜利。

（2）个别幼儿观察图片用儿歌说出准确的指令，其他小朋友将小动物放到指定的位置。驯兽师检查后，位置准确胜利。

（3）幼儿充当驯兽师，自己放小动物，能用儿歌说出小动物的准确位置。

儿歌：小小训练师，训练小动物，爬呀爬呀爬，爬到 ×× 上。

我们来当训练师训练小动物，小动物在哪呢，快找一找？它在离我们很近的地方，我们坐着就能找到。

如果你们是小小动物训练师，你们会训练小动物到哪呢？请你抽一张图卡来训练宠物们，开始吧。请 3 ~ 4 位小朋友参与游戏。

例如，小动物爬上了柜子的上面？（教师检查）

请小朋友当小训练师抽取图片，按照图片内容训练小动物，说出儿歌指令，其他小动物来训练。

幼儿：小动物爬到椅子后面？（幼儿检查）

教师：驯兽师，他们的小动物都爬到指定位置，请你来检查一下。说一说他做对了吗？×× 说你的不对，你觉得呢？

教师：说一说你们的小动物爬到了哪里？

每个人都是驯兽员，训练小动物，开始说儿歌。

两只小动物在同一个地方，我们说的词却不一样，这是为什么呢？

我们根据儿歌指令将小动物放到指定的位置。其中我们发现，我们说的两只小动物都在一个位置，但是对于它们彼此来说，位置是不一样的，如小兔在小猫的下面，小猫就在小兔子的上面。原来许多个小动物在同一个位置，我们从不同的两个小动物来看，可以用不同的相对方位词来说它的位置。

注意事项

本次活动重点是理解“上下、前后、里外”等方位词并按指令进行游戏。在我们的日常生活中幼儿很容易接触到一些简单的方位词，并在不断探索和游戏中对它们有了初步的了解。本次活动中教师要重点关注幼儿在绘本情节讲述中对人物变化方位词的理解和运用，鼓励幼儿用准确的方位词。在游戏中注意引导观察图片中两种物体空间方位的相对性。根据指令进行空间方位游戏。操作游戏中，通过观察同一小动物的位置和不同方位词的描述，感知两物体间的位置是相对的。

数学教学语言

1. 蜗牛都到了哪里？
2. 石块的前面是谁？
3. 对谁来说石块在后面？
4. 谁在蜗牛的后面？
5. 对谁来说蜗牛在前面？
6. 两只小动物在同一个地方，我们说的词却不一样，这是为什么呢？

（活动设计者为北京市朝阳区望京新城幼儿园刘晶晶、孟惊涛）

活动 7　跟着母鸡萝丝去散步

活动名称：跟着母鸡萝丝去散步

班级：小班下

核心经验

空间方位可以帮助我们准确、详细地表明方向、路线和位置等。

活动目标

1. 将自己在空间中的位置与他人和事物的位置联系起来。
2. 能够用语言正确说出绕过、穿过、上面、里面等空间方位词语。
3. 在空间游戏中体验想象的快乐。

活动重难点

活动重点：将自己在空间中的位置与他人和事物的位置联系起来。

活动难点：正确地说出相应空间方位词语。

活动准备

经验准备：阅读《母鸡萝丝去散步》，了解母鸡行动路线和狐狸的遭遇。

物质准备：设置户外障碍路线，模拟农家院、池塘、干草垛、磨面房、栅栏、蜂箱、草垫子。

活动过程

一、导入，回顾路线

回顾《母鸡萝丝去散步》故事中母鸡萝丝的路线。

二、跟着萝丝走，狐狸抓不到

教师设置户外障碍路线，学母鸡萝丝，气定神闲地与幼儿一同在其中穿行。

小朋友们，让我们一起跟随母鸡萝丝走一走，要求跟紧队伍，并正确说出路线，才不会被大灰狼抓到。

边走边提醒幼儿使用有关空间的词语，明确指出母鸡萝丝的运动方式（可以提示绘本中狐狸的遭遇）。

穿过农家院子……绕过池塘……翻过干草垛……经过磨面房……钻过栅栏……从蜂箱下面走过……回到鸡舍。

三、狐狸藏起来

1. 请幼儿将眼睛闭起来，另一名教师扮演大灰狼，藏在不同的地方，分别请不同的幼儿说出狐狸所在的地点。

狐狸没有抓到母鸡萝丝，肚子好饥饿，于是，它又开始躲到各种地方，想要抓住其他的母鸡。请小朋友们把眼睛闭上，狐狸开始藏身。

好，现在请说一说，狐狸藏在什么位置？

2. 请幼儿想想，狐狸还可能藏在哪里，不容易被发现。

狐狸还可能藏在哪里才不会被发现？

请你藏一藏。

四，帮助母鸡萝丝

狐狸越来越狡猾了，隐藏得更隐秘了，这回母鸡萝丝外出可要小心了，帮助萝丝想想还可以怎么走。

随着幼儿说出，教师画出相应的地图。带领幼儿一起走一走，使用空间词语明确说出运动方式，并想象怎样把大灰狼甩到后面。

数学教学语言

1. 让我们一起跟随母鸡萝丝走一走，要求跟紧队伍，并正确说出路线。

2. 狐狸藏在什么位置？

3. 帮助萝丝想想还可以怎么走？

（活动设计者为北京市朝阳区华洋紫竹幼儿园张越）

活动 8 小猫在哪里？

活动名称：小猫在哪里？

班级：小班上

核心经验

1. 空间方位可以帮助我们准确、详细地表明方向、路线和位置等。
2. 描述位置和方向的方位语言很重要，它们常常是相对的。

活动目标

1. 能够正确区分上下、前后、里外等空间方位。
2. 会使用空间方位词表示小猫所在位置。
3. 愿意参与区分空间方位、寻找小猫的游戏。

活动重难点

活动重点：正确区分上下、前后、里外等空间方位。

活动难点：使用正确的空间方位词表示物体所在位置。

活动准备

经验准备：

1. 幼儿阅读过绘本《呼唤我的猫》，知道小猫喜欢到处玩耍。
2. 幼儿有进行《老猫睡觉醒不了》的游戏经验。

物质准备：

猫耳朵头饰若干、小猫图片若干、小猫玩具 1 个。

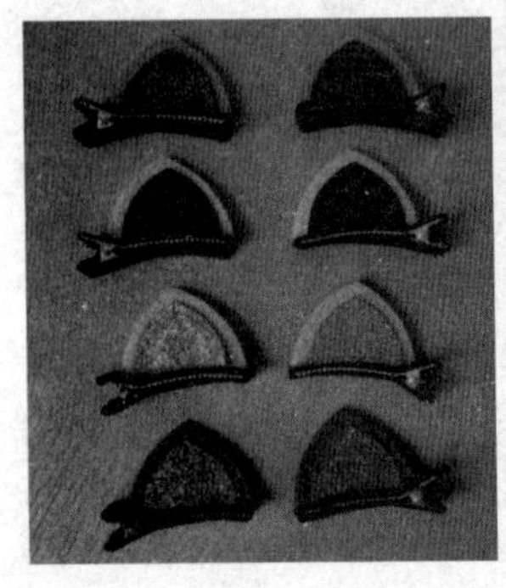

活动过程

一、导入环节，情景引入，激发幼儿参与寻找小猫游戏的兴趣

1. 师幼共同带上小猫头饰，教师以猫妈妈的口吻，进行《老猫睡觉醒不了》的游戏。

2. 投屏播放幼儿藏起来的照片。

提问：猫宝贝，你刚才藏在哪里了？

总结：小朋友能够用“我藏在 ×× 里、×× 下、×× 后面”这些方位词来说出自己藏的位置。你们表达得太清楚了，猫妈妈也清楚了你们藏的位置。

二、基本部分

1. 小白猫藏起来。

以小白猫要加入小朋友的捉迷藏游戏为引子，让幼儿充分感受理解上下、里外、前后空间方位。

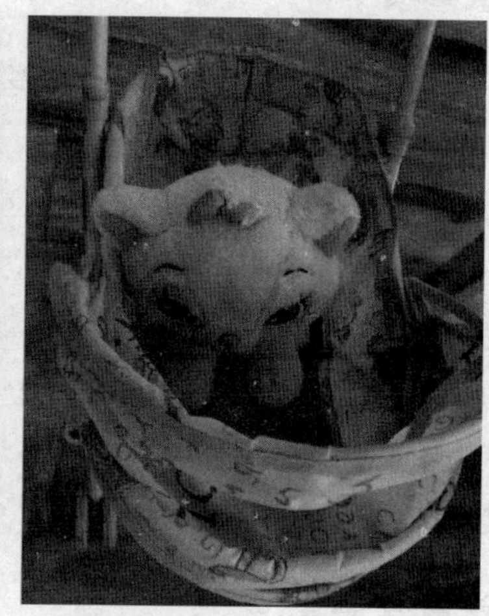

提问：小白猫藏到哪里了？

总结：鼓励幼儿使用正确的方位词描述小白猫的位置。

2. 全班一起寻找小猫。

师：咱们班的其他地方也藏着小猫，猫妈妈请你来找一找。用你学到的本领告诉猫妈妈，你是在哪儿找到的？音乐结束后，猫宝宝就赶紧回到座位上好吗？

幼儿在教室内寻找藏起来的小猫，并和老师或其他同伴交流，自己是在哪里找到的小猫。

提问：你是在哪里找到小猫咪的？它藏到了哪里？

总结：鼓励幼儿使用正确的方位词描述小猫咪的位置。

三、结束部分

带着小猫一起捉迷藏并结束活动。

提问：你想带着小猫藏在哪儿？

请每一名幼儿说出自己想藏在哪里，用空间方位词表达出自己想要藏的位置。

猫妈妈带领猫宝宝做捉迷藏的游戏。

活动自然结束。

注意事项

1. 本活动幼儿参与互动的情况较多，因此除了关注幼儿是否能够参与区分空间方位的游戏外，还要注意游戏中的幼儿安全。班级教师合理分工，分别对幼儿进行指导。

2. 幼儿正确描述小猫所在空间方位存在一定的困难，经常用“这”或者“那”来描述小猫所在位置，不能正确使用空间方位词，因此要创造让幼儿说出空间方位词的机会，并及时肯定幼儿的寻找和表达行为。

3. 幼儿对空间方位的辨别按照先上下、再前后、最后认识左右方位的顺序发展，从以自身发展为中心到以客体为中心发展。因此，活动的设计也应该遵循幼儿自身认识空间方位的发展规律，创设游戏情境。

数学教学语言

1. 你是在哪里找到小猫咪的?

2. 它藏到了哪里?

3. 你刚才藏在哪里了?

4. 小朋友能够用“我藏在 ×× 里、×× 下、×× 后面”这些方位词来说出自己藏的位置。

（活动设计者为北京市朝阳区丽景幼儿园崔悦）

一日生活渗透案例

活动 1　捉迷藏

活动名称：捉迷藏

班级：小班

核心经验

空间方位可以帮助我们准确、详细地表明方向、路线和位置等。

活动目标

正确区分上下、前后、里外的方位。

生活环节或场景

户外活动。

活动准备

小型组合玩具。

操作过程

1. 教师唱小动物捉迷藏歌曲。
2. 幼儿听着歌曲借助户外玩具悄悄地藏起来。
3. 儿歌结束，教师开始寻找，并引导幼儿说出藏的位置。

关键教学语言

1. 你想藏在哪里？
2. 你藏在哪里了？
3. 这里藏了几位小朋友？
4. 除了这个地方，我们一起看一看其他的小朋友藏在哪里了？

（活动设计者为北京市朝阳区翠成幼儿园韩红梅）

活动 2　找宝藏

活动名称：找宝藏

班级：大班上

核心经验

空间方位可以帮助我们准确、详细地表明方向、路线和位置等。

活动目标

1. 能够看懂图纸，自行寻找宝藏进行游戏。
2. 尝试根据宝藏的位置，自己设计藏宝图。
3. 能够与同伴合作进行找宝藏游戏。

生活环节或场景

晚离园环节。

活动准备

纸条、彩笔、玩具若干。

操作过程

玩法一：

1. 教师提前把宝藏藏好，并发给幼儿藏宝图。
2. 幼儿根据藏宝图自行寻找宝藏（玩具）。
3. 找到后回到座位上玩自己的宝藏（玩具）。

玩法二：

1. 先吃完饭的幼儿先进睡眠室并将宝藏藏好，设计自己的藏宝图。
2. 然后请后进来的幼儿根据藏宝图，自行寻找宝藏（玩具）。
3. 找到后回到座位上玩自己的宝藏（玩具）。

玩法三：

1. 幼儿自由结组进行游戏。一位幼儿藏宝藏，另一位幼儿找宝藏。
2. 藏宝藏的小朋友选择一个玩具开始藏，并把藏的地方画出来交给找的小朋友。
3. 找的小朋友拿到图纸后，按照线索寻找。
4. 找到后可以玩宝藏（玩具）或者两人交换继续游戏。

关键教学语言

1. 请你看一看宝藏在什么位置？
2. 找一找在上面还是下面？前面还是后面？

（活动设计者为北京市朝阳区光华路幼儿园索思）

活动 3　寻宝

活动名称：寻宝

班级：大班上

核心经验

1. 大脑中的视觉图像可以用来表述和操作图像、方向和位置等。
2. 特定视角的观察影响我们对空间的体验和二维表征。

活动目标

1. 根据简单的示意图中的符号，找到对应的位置。
2. 和同伴积极合作，共同找到礼物。

生活环节或场景

过渡环节（与节日活动联系）。

物质准备

教室地图、礼物每人1份，提前藏好。

操作过程

1. 观察教室平面图，说说教室门口、阳台、科学区、小朋友的床在哪里。
2. 根据藏宝图上的五星提示，和同伴一起寻找礼物。
3. 确认五星旁边的数字与礼物包装上的数字一致，即寻宝成功，完成任务。

注意事项

1. 当幼儿出现困难时，请幼儿先确定礼物的大概位置，然后将图中的五星对应具体位置。

2. 如果藏宝图上的数字与幼儿找到的礼物包装上的数字不一样，说明不正确，要把礼物放回原处，继续寻找。

关键教学语言

1. 你的礼物在哪间屋子里？这个长方形代表什么意思？
2. 藏宝图中五星的位置是什么区（活动区）的哪个柜子？

关键图片

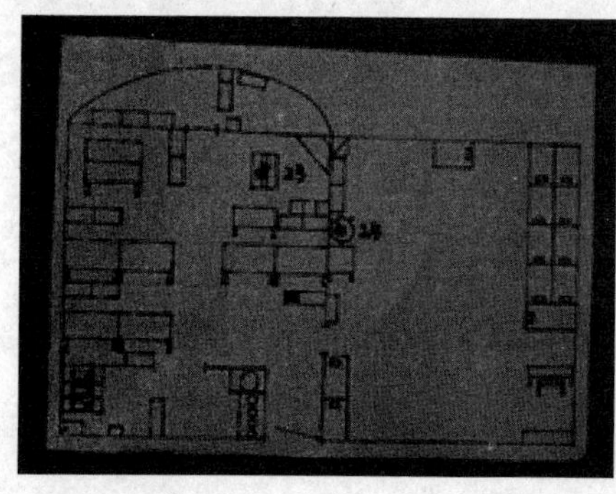

（活动设计者为北京市朝阳区群星幼儿园李韧）

活动 4　你在教室哪个地方？

活动名称：你在教室哪个地方？

班级：大班下

核心经验

1. 空间方位可以帮助我们准确、详细地表明方向、路线和位置等。
2. 理解简单示意图中的空间关系。
3. 大脑中的视觉图像可以用来表述和操作图形、方向和位置等。

活动目标

1. 通过操作和移动代表自己的纸黏土人偶，来表示自己所在的空间位置。
2. 尝试将教室的立体空间和平面空间对应，并用方位语描述位置和路径。

生活环节或场景

午餐至午睡间过渡环节、区域游戏之前或之后的过渡环节。

物质准备

在走廊的墙面上粘贴教室平面图，幼儿制作代表自己的纸黏土人偶。

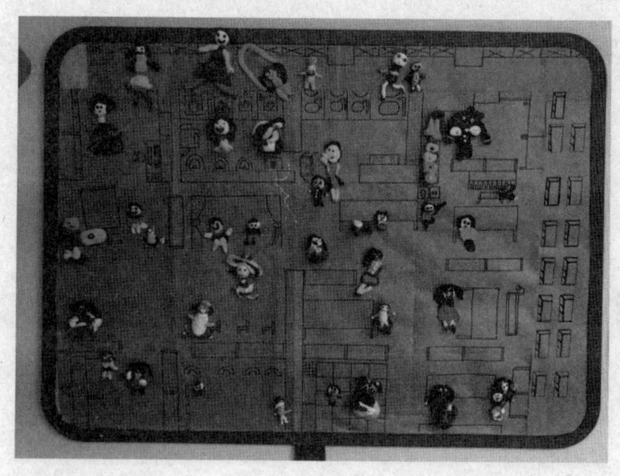

操作过程

带领幼儿观察墙面上的教室平面图，找找教室里的不同区域和标志性物体，分别在平面图的哪个位置。

玩法一：计划环节

教师引导"你们今天在哪个区域游戏，就把代表自己的人偶粘在哪个位置"，小朋友按照自己的游戏计划粘贴人偶。

玩法二：移动与描述

小朋友根据自己的活动路径移动象征自己的人偶，另一个小朋友描述他所走的路径。例如，从美工区进入盥洗室，然后坐在第 × 组的桌子上。

关键教学语言

1. 请你们看一看平面图，这个平面图上面的图案和符号都是什么意思？代表着教室的什么地方和什么物体？它的左边和右边分别是哪里（什么）？

2. 哪里是教室的前门（后门、表演区、电脑、窗户）？

3. 你今天在哪个区域游戏，把人偶放在平面图中的正确位置。

4. 你可以根据自己今天在教室内的活动路线移动人偶，让你的好朋友猜猜，你今天在教室里从哪里走到了哪里，你都出现在哪些地方？

（活动设计者为 北京市朝阳区泛海幼儿园刘岩）

区域游戏案例

游戏 1　小小创意师

游戏名称：小小创意师

班级：中班上

核心经验

大脑可以形成并操作空间关系的视觉图像。

游戏目标

1. 能够依照画面上圆形位置，将圆形几何板由下向上堆叠起来。
2. 感受圆形几何板拼摆的多种变化，发展空间方位知觉能力。

游戏准备

物质准备：操作图卡、操作垫、圆形几何板。

游戏玩法

玩法一：试试看（能够依照画面上圆形位置，将圆形几何板由下向上堆叠起来）

1. 幼儿选取一张操作图卡。
2. 观察操作图卡上圆形的摆放方式。
3. 将圆形几何板由下向上交错堆叠起来。
4. 幼儿可以根据实际情况选择不同难度进行拼摆。

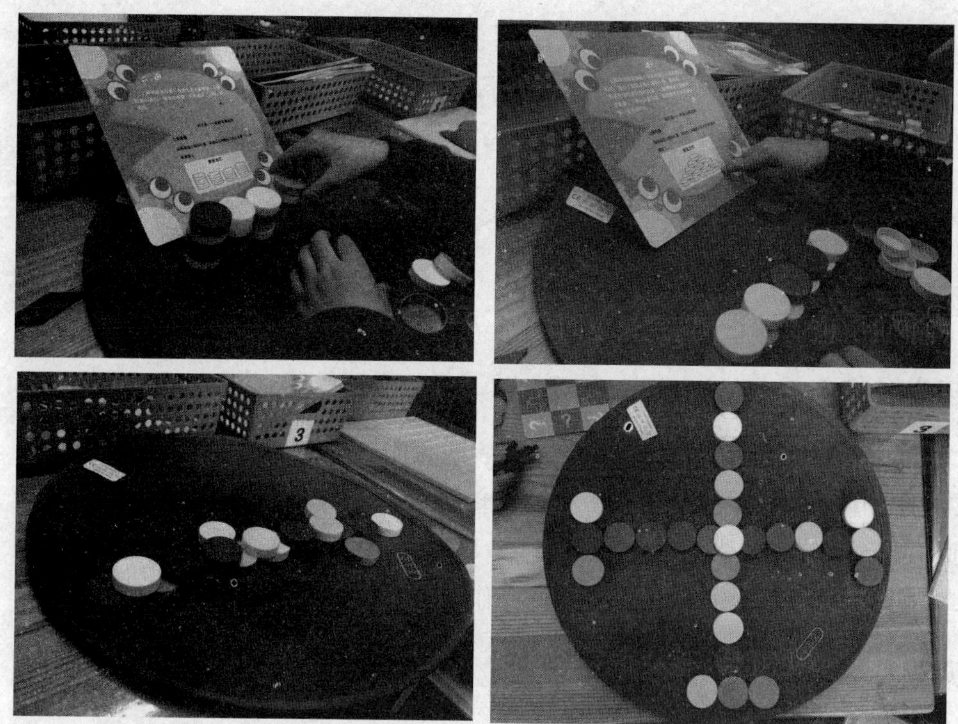

玩法二：创意拼摆（能充分发挥想象力，将圆形几何板进行创意拼摆）

1. 幼儿根据自己的想象将圆形几何板进行创意拼摆。
2. 幼儿分享自己的作品。

注意事项

1. 幼儿操作前需要认真观察操作图卡。
2. 游戏活动中教师应支持幼儿进行自发的探索。
3. 幼儿操作过程中，教师应注意观察幼儿能否以客体为中心判断方位。

数学教学语言

1. 第一座楼房有几层？
2. 小桥的第一层有几块？上面那层有几块？

（活动设计者为北京市朝阳区劲松第一幼儿园张茜）

游戏 2　翻牌对对碰

游戏名称：翻牌对对碰

班级：中班下

核心经验

1. 空间方位可以帮助我们准确、详细地表明方向、路线和位置等。

2. 描述位置和方向的方位语言很重要，它们常常是相对的，如前和后、上和下、左和右或远和近。

3. 大脑中的视觉图像可以用来表述和操作图形、方向和位置等。

游戏目标

1. 尝试记忆一对牌的位置，探索能够快速翻到这一对牌位置的方法。

2. 理解并熟悉方位语言，体会方位语言的重要性。

游戏准备

经验准备：幼儿理解什么是一对，理解序数的含义及表达方式。

物质准备：自制纸牌若干（一张 A4 纸平均分成 8 个小长方形，每一张长方形纸可以做成一张纸牌），请幼儿在两张纸牌上画出生活中一对的东西，如一双袜子、一对眉毛、一双眼睛、一双筷子等。

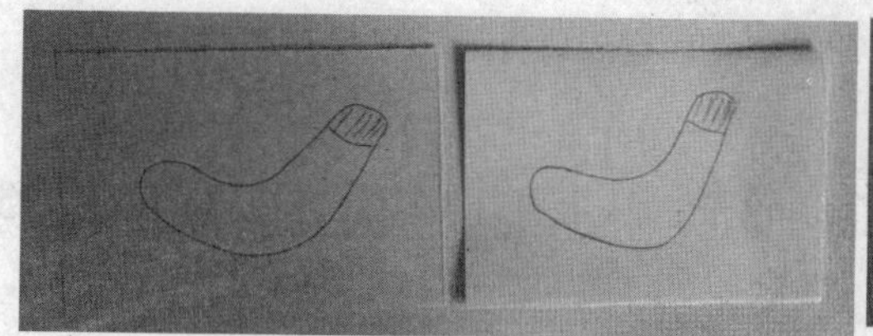
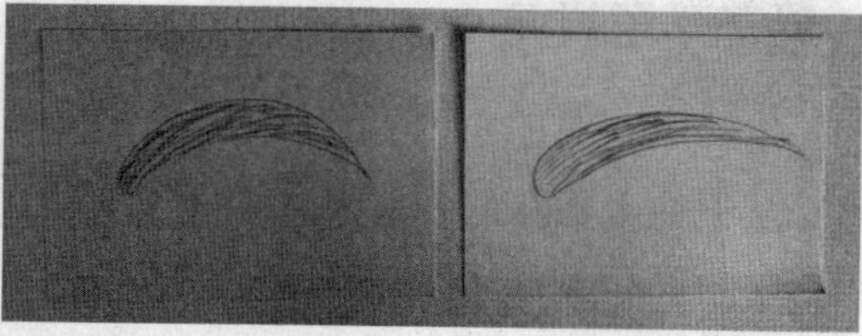

游戏玩法

1. 2~3 名玩家，轮流翻牌。

2. 先洗牌，将手中的牌背面朝上平均摆在桌面上。

3. 猜拳，谁赢了谁先随便翻开两张牌。如果翻开的两张牌是一对，则将两张牌收起来放在自己的身边；如果翻开的两张牌不是一对，则将牌再翻回去放好，下一个玩家继续翻牌。翻牌前要先用方位词描述自己要翻的是哪张牌，理由是什么。

4. 最后数一数谁收的牌多，谁就获胜了。

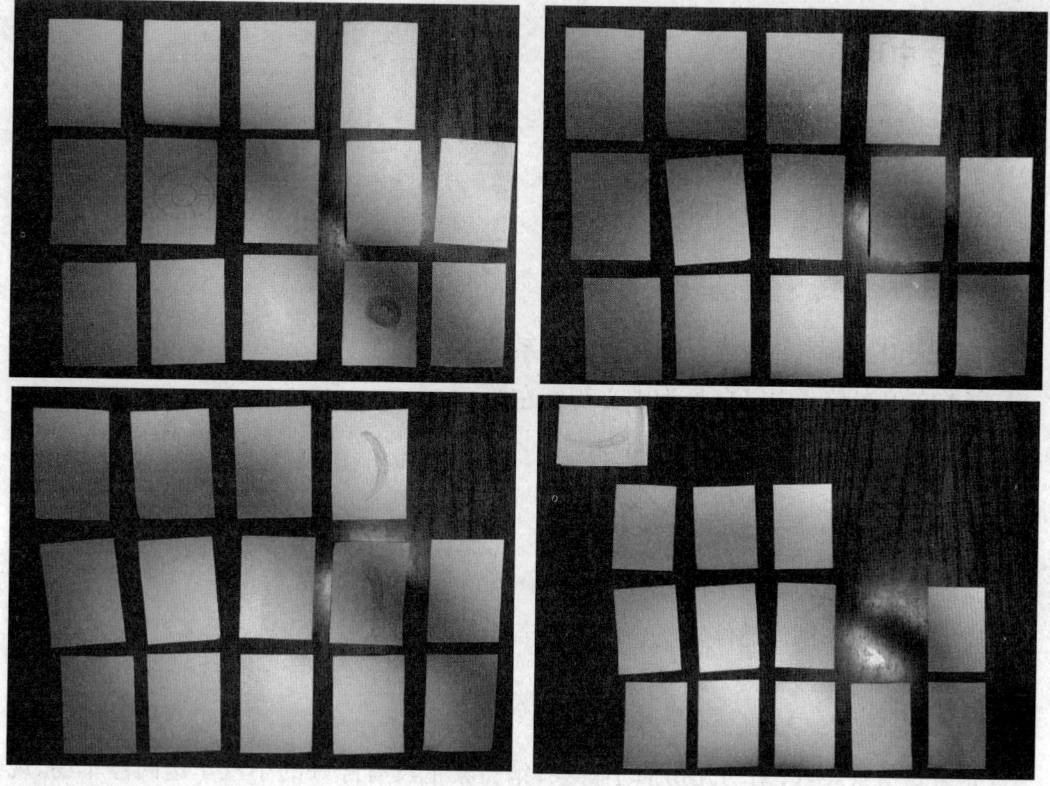

注意事项

1. 准备成对的牌，牌的数量根据幼儿人数和游戏水平增减数量。

2. 翻牌的过程中，小朋友要仔细观察，翻过的牌都是什么，并且用心去记住牌的位置。

数学教学语言

1. 生活中一对的东西有什么？

2. 从下往上数第二排，从左往右数第二个是轮子；从上往下数第二排，从右往左数第三个是眼睛，它们两个不是一对！

3. 现在翻到的是眉毛，想一想，前边翻到的哪张牌是眉毛？

4. 数一数，每个小朋友赢了几对儿牌？谁赢的牌最多？

5. 谁比谁多呢？多几个？谁比谁少呢？少几个？

（活动设计者为北京市朝阳区劲松第二幼儿园孙宁）

游戏 3　嘟嘟嘟，停车啦

游戏名称：嘟嘟嘟，停车啦

班级：中班下

核心经验

特定视角的观察影响我们对空间的体验。

游戏目标

1. 能够认识到不同的位置看到的空间关系是不一样的。
2. 能够在停车游戏中以自身为中心辨别左右。
3. 在游戏中感受数学操作的乐趣。

游戏准备

经验准备：幼儿有玩停车游戏的经验。
物质准备：积木搭建的停车场、小汽车若干。

游戏玩法

首先需要情景导入，请幼儿扮演小警察，请警察把没有停好的小汽车送回停车场。规则：去往停车场的路有很多条，你可以任选一条，但是一定要一边开一边告诉大家你是怎么开到停车场的。幼儿进行逐一尝试，并请旁边的小朋友观看，想一想不同的去往停车场的路。

注意事项

每次幼儿开车时，请幼儿大声地说出来方向，并且给予幼儿充足的时间去思考和感受。

数学教学语言

1. 你决定走哪一条线路去停车场呢？
2. 接下来你想要往哪个方向走？
3. 然后你要往哪个方向走？

（活动设计者为北京市朝阳区清友实验幼儿园苏雪）

游戏4 三只小猪

游戏名称：三只小猪

班级：大班

核心经验

大脑可以形成并操作空间关系的视觉图像。

游戏目标

1. 在游戏中感知空间方位关系。
2. 会看题卡，能够将题卡上的方位和游戏板上的方位对应，并将游戏角色正确摆放。
3. 感受挑战，不怕困难，体验闯关成功的快乐。

游戏准备

经验准备：初步了解玩具玩法，知道白天模式中小猪在房子外面玩，夜间模式中加入了大灰狼，小猪要躲到房子里。

物质准备：1 个游戏板、3 块不同形状带房子的拼板、3 只小猪、1 只狼、1 本说明图册（48 关闯关题卡及答案）。

游戏玩法

1. 幼儿翻开说明图册，选择自己要挑战的题卡。
2. 根据说明图册上的图，将小猪或大灰狼摆放到相应的位置。
3. 将房子摆放到游戏板上，注意如果是夜间模式小猪要躲到房子里。

游戏规则

1. 三只小猪玩具的说明图册分为白天模式和夜间模式。
2. 白天模式情境下，是只有小猪的挑战。首先将小猪按照题卡放在游戏板上，小猪在房子外面玩，需要把 3 块房子拼板放在游戏板上以完成挑战。
3. 夜间模式情境下，首先按照题卡把小猪和大灰狼摆放到相应的位置，摆放好后要想办法让小猪躲进房子里，把狼关在外面。
4. 每个关卡只有 1 个解决方案。

注意事项

教师及时关注幼儿游戏过程，引导鼓励幼儿发现过关的方法。

数学教学语言

1. 你是如何闯关成功的？
2. 你看一看说明图册正反两面有什么不同？

（活动设计者为北京市朝阳区望京新城幼儿园孟惊涛、桂玉蛟）

游戏 5　小红帽与大灰狼

游戏名称：小红帽与大灰狼

班级：大班

核心经验

空间方位可以帮助我们准确、详细地表明方向、路线和位置等。

游戏目标

1. 在游戏中通过路线的变化，感知空间方位关系。
2. 会看题卡，能够将题卡上的方位和游戏板上的方位对应，并将游戏角色正确摆放。
3. 能用语言表述小红帽和大灰狼的行走路线，感受成功闯关的快乐。

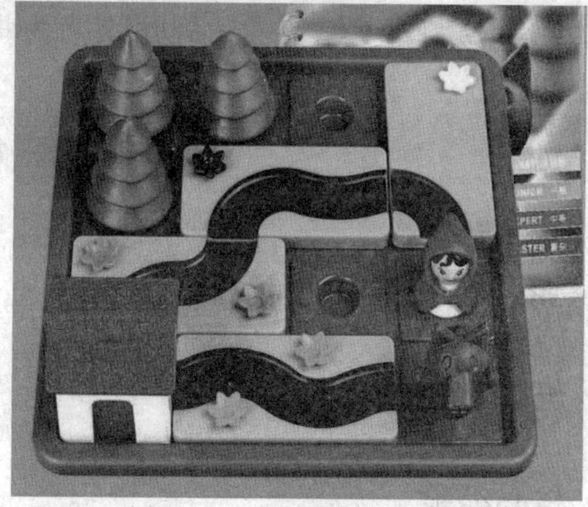

1. 经验准备：初步了解玩具玩法，知道没有狼的情况下只需将小红帽送到奶奶家，有狼的情况下需要分别创造两条不同的路，并且小红帽和狼从不同的门进入。

2. 物质准备：1 个游戏板、3 棵树、1 栋房子、1 个小红帽人偶、1 只狼、5 块路线拼板、1 本说明图册（48 关闯关题卡及答案）。

游戏玩法

1. 幼儿翻开说明图册，选择自己要挑战的题卡。

2. 根据说明图册上的提示图，放置树、房子、小红帽和大灰狼的位置。

3. 放置路线拼板，为小红帽、大灰狼铺路，顺利回到家中则挑战成功。

游戏规则

1. 游戏分为有狼的挑战和没有狼的挑战两种。

2. 没有狼的挑战中只需为小红帽创造一条可以通往奶奶家的路径即为闯关成功。有狼的挑战中需将小红帽和大灰狼按照说明图册提示放入游戏板，同时创造两条不同的路，并且不能从同一个门进入，即为闯关成功。

3. 每个关卡只有 1 个解决方案。

注意事项

1. 引导幼儿注意说明图册中烟囱的方向。

2. 教师及时关注幼儿游戏过程，引导鼓励幼儿发现过关的方法。

数学教学语言

1. 你是如何闯关成功的?

2. 请你说一说小红帽或大灰狼回家的路线。

（活动设计者为北京市朝阳区望京新城幼儿园孟惊涛、高潼）

游戏 6　桥上桥下

游戏名称：桥上桥下

班级：大班

核心经验

1. 空间方位可以帮助我们准确、详细地表明方向、路线和位置等。

2. 描述位置和方向的方位语言很重要，它们常常是相对的。

3. 特定视角的观察影响我们对空间的体验和二维表征。

游戏目标

1. 空间上、中、下、前、后、左、右的位置感知与空间对应。

2. 用准确的语言描述空间方位。

3. 感受不同的观察角度对空间方位感知的影响。

游戏准备

经验准备：幼儿感知过上、中、下、前、后、左、右的空间位置，幼儿掌握了上、中、下、前、后、左、右的方位语言。

物质准备：小河底板 1 片、木质拱桥 1 座、木质小汽车 1 辆、木质轮船 1 艘、木质人偶（红色和蓝色各 1 个）、空间卡若干。

游戏玩法

1. 两名幼儿共同游戏，一名幼儿为出题者，另一名幼儿为挑战者。

2. 将拱桥积木放在小河底板上，出题者抽取一张空间卡，根据空间卡显示的空间关系，运用空间方位词汇向挑战者进行描述，挑战者根据指令摆放物体。

3. 出题者出示空间卡，与挑战者摆放的结果进行对比，检查是否一致。

注意事项

1. 注意幼儿对左右方位的理解与掌握，如果幼儿未能掌握，可以给予适当提示。

2. 在对照空间卡核对挑战者的摆放结果时，提醒挑战者和出题者要在同一侧核对，也可以进一步引导幼儿发现在不同角度观察同一物体看到的情况不一样，感受他人视角，进一步发展空间认知。

数学教学语言

1. 请你描述清楚小船放在桥的前面还是后面？小船在桥底的两侧还是中间？是左边还

是右边？

2. 女孩（男孩）站在桥的左边还是右边？小汽车呢？

3. 从你这边看是小汽车在左边，从对面小朋友那边看是小汽车在右边。

（活动设计者为北京市朝阳区泛海幼儿园刘岩）

空间学习目标与教学方案示例

小班

学习与发展目标

1. 正确区分上下、前后、里外的方位。

2. 按含有方位词（上下、前后、里外）的指令行动。

3. 在水平或垂直方向上搭建积木。

教学方案

一日生活环节

指导要点：尽可能在生活环节提示中运用方位词，也可提问“这个放哪里”，引导幼儿回答时运用“上下、里外、前后”。

1. 入园环节：水杯放到水杯格里面。书包放到自己柜子里面。

2. 进餐环节：盘子在前，碗在后。送碗时，把碗放盘子上，勺子放碗里。

3. 集体活动前：女孩子坐前排，男孩子坐后排。

4. 整理玩具环节：纸放进筐里面，剪刀放柜子上面等。

区域游戏渗透

1. 图书区。

投放空间专题绘本，支持幼儿通过阅读获得空间经验，如《跟着母鸡萝斯去散步》《箱子里有什么呢？》。

2. 建筑区。

目标：通过延长、垒高、围拢等搭建活动，积累空间经验。

材料：软积木、空心大积木、辅助材料，如人偶、小汽车等。

玩法：幼儿根据喜欢的主题，如房子、动物园、马路等，自主搭建并介绍。

提问：小动物住在哪里？小汽车在哪里开？

3. 表演区。

目标：在表演的站位中感受方位。

材料：小舞台、观众席。

玩法：演员排练表演，观众欣赏。

提问：小演员在哪里表演？观众坐哪里？

4. 益智区。

（1）兔宝宝魔术盒。

目标：感知小兔子与积木之间的空间方位关系。

材料：兔宝宝、积木若干，题卡由易到难排列。

玩法：将小兔子和积木按照题卡提示摆放。

（2）拼图。

目标：尝试操作头脑中的视觉图像。

材料：4 ~ 6 块的拼图。

玩法：观察、转动、完成拼图。

集体教学活动

1. 宠物训练师（详见本章案例）。

2. 跟着母鸡萝斯去散步（详见本章案例）。

3. 小猫，在哪里？（详见本章案例）。

户外活动

1. 跳圆圈。

目标：能够根据方位指令进行跳跃动作。

材料：圈若干。

玩法：幼儿站在圆圈内，教师创设小兔子出去玩的情景，教师说出方位动作指令：小兔子向前（后、里、外）跳。幼儿根据方位指令跳跃，并回应：找到萝卜带回家。

2. 钻隧道。

目标：感受里、外空间方位，并按指令行动。

材料：钻爬网、垫子。

玩法：创设开火车情境，幼儿通过钻爬动作感受空间方位。

3. 捉迷藏（详见本章案例）。

中班

学习与发展目标

1. 区分远近、中间、旁边的方位。

2. 按含有方位词（远近、中间、旁边）的指令行动。

3. 用简单的方位语言描述位置。

4. 同时在水平和垂直方向上搭建积木。

教学方案

一日生活环节

1. 穿衣服时，根据衣服的花纹等特征，区分衣服的前后、里外，自己穿好衣服。

2. 幼儿寻找物品时，运用方位词描述物体位置，引导幼儿有目的地寻找，如“昨天未完成的画在钢琴上面的盒子里”“皱纹纸在最里面柜子的最下面一层”，并引导幼儿运用方位词描述自己在哪里找到的物品。

3. 活动区整理时间，引导幼儿收纳整理自己玩过的材料，并放到相应的位置。

4. 过渡环节，可以与幼儿聊一聊是怎么来到的幼儿园，怎么从门口走到班级。

5. 幼儿在过渡环节做音乐律动时，幼儿说儿歌：找呀找呀找朋友，找到一个好朋友。教师回应：找到 ×× 的好朋友。教师说出方位词，如找到前面的好朋友、找到离你最近的好朋友等。

区域游戏渗透

1. 益智区

（1）活动名称：小小创意师（详见本章案例）。

（2）活动名称：翻牌对对碰（详见本章案例）。

（3）活动名称：嘟嘟嘟，停车啦（详见本章案例）。

（4）桌面建构、拼图活动。

材料：磁力片、多米诺骨牌、七巧板、拼图等材料，并分层次投放支持性材料。

比如七巧板，可依次投放支持性材料，先是有颜色和轮廓的示意图，然后是没有颜色、有内外轮廓的示意图，再到只有外轮廓的示意图、记录创意拼法的白纸。

3. 图书区。

投放空间专题绘本，支持幼儿通过阅读获得空间经验，如《阿锤和阿蛋愉快的一天》《千变万化》《虫虫来跳舞》，以及操作性书籍，如简单的迷宫书。

4. 建筑区。

投放建筑图片等，引导幼儿观察并搭建较复杂建筑，在分享环节引导幼儿运用方位词。

5. 美工区。

（1）绘画活动。

目标：迁移生活中对方位（上下、前后、里外）的感知，以绘画形式表征出远近等位置。

材料：纸、蜡笔、水彩笔等。

玩法：幼儿自主绘画，在构图时进行方位布局，体现近大远小、遮挡关系、对称关系。介绍作品时运用方位词，如太阳在上面、我坐在车里面。

（2）剪纸、折纸活动。

目标：感受对称的特点。

材料：纸、剪刀。

玩法：对边折、对角折、二方连续剪等。

集体教学活动

开小车（详见本章案例）。

户外活动

1. 老猫睡觉醒不了。

目标：按含有方位词（远近、中间、旁边）的指令行动。

玩法：老师说方位，孩子按指令行动；熟悉玩法后，可尝试由幼儿发指令。老猫睡觉醒不了，小猫偷偷往外瞧，小猫小猫真淘气，偷偷跑到桌子下面去（近的滑梯后面、远的滑梯下面、球门中间等）。

2. 相反游戏。

目标：按指令变换行走相反方向。

玩法：围圈站，听口令快速做出相反动作，如听到向前走时快速向后走，听到向圈中间走就向圈外面走，等等。

大班

学习与发展目标

1. 以自身为中心区分左右的方位。

2. 学习用方位语言描述简单的路径。

3. 有目的地将 2 ~ 3 个积木组成一个更复杂的实物模型。

4. 知道从自己的角度和他人的角度看到的物体可能不一样，如能分辨出从不同于自己的角度拍摄的同一物体的照片。

5. 在简单的示意图中指出特定事物所对应的符号。

教学方案

一日生活环节

1. 活动名称：找宝藏。

2. 活动名称：寻宝。

3. 活动名称：你在教室的哪个地方？

4. 过渡环节，可以做音乐律动操《摆臂》，熟悉自身的左右。儿歌：我伸出左手去，我收回左手来……

5. 入园时，将书包、外套等整齐有序地放入自己的柜子。

离园前，自己整理书包。

在此过程中，探索与感受最佳的空间利用方式。

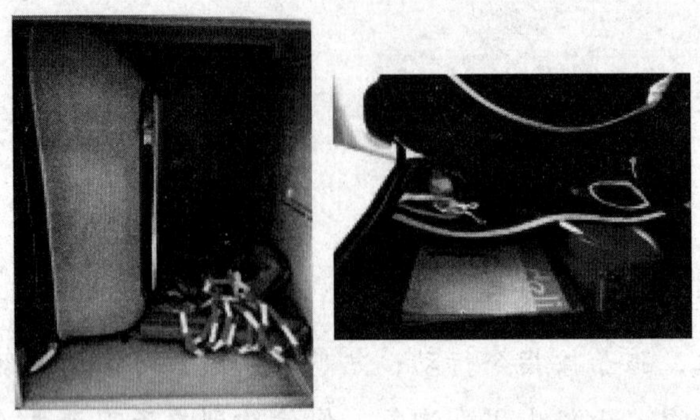

区域游戏渗透

1. 益智区。

（1）活动名称：三只小猪（详见本章案例）。

（2）活动名称：小红帽与大灰狼（详见本章案例）。

（3）活动名称：桥上桥下（详见本章案例）。

2. 图书区。

投放空间专题绘本，支持幼儿通过阅读获得空间经验，如《藏宝图》《迷路之后找回家》《空间会变换》《我会看地图了》，以及操作性图书，如更复杂的迷宫书。

3. 建筑区。

为幼儿提供建筑图片、建筑模型等，通过制订搭建计划，观察和搭建结构更复杂、组合更多样的建筑，在操作与表达中积累空间经验。

4. 表演区。

（1）提供表演队形图，幼儿可以按图自主站位，也可在排练后幼儿绘图记录每个角色站位。

（2）投放儿童数码相机或拍立得，幼儿可自主拍摄，并观察比较从不同角度拍摄的同一物体。

5. 美工区。

开展写生活动，引导幼儿细致观察并绘画，通过小组分享，感受特定视角对观察结果的影响。

集体教学活动

1. 盖房子（详见本章案例）。

2. 寻宝大挑战（详见本章案例）。

3. 超级解救队（详见本章案例）。

户外活动

1. 队列练习。

目标：感知空间方位变换。

玩法：一队变两队、两队变四队、切段分队走等较复杂的队形变换。

2. 左左右右的游戏。

目标：以自身为中心区分左右的方位。

玩法：根据口令做动作，伸出你的右手，伸出你的右脚，伸出你的左手。再请幼儿说说自己的左边是谁，自己的右边是谁。

听口令做动作：用右手拉右耳，用左手拉左耳，用右手拉左耳，用左手拉右耳；用右手拉右腿，用左手拉左腿，用右手拉左腿，用左手拉右腿；用左脚原地跳 3 下，用右脚原地跳 3 下等。

（本方案设计者：北京市朝阳区泛海幼儿园、北京市朝阳区福怡苑幼儿园、北京市朝阳区望京新城幼儿园、中国人民大学朝阳幼儿园、北京市朝阳区翠成幼儿园、北京市朝阳区劲松第一幼儿园、北京市朝阳区光华路幼儿园、北京市朝阳区清友实验幼儿园、北京市朝阳区丽景幼儿园、北京市朝阳区清友实验幼儿园、北京市朝阳区华洋紫竹幼儿园、北京市朝阳区劲松第二幼儿园。）

（本方案整理者：北京市朝阳区泛海幼儿园叶红。）

第九章　图　形

板块一　学习价值

我们生活的物质世界处处都有图形。幼儿每天都生活在有形物体之中，从一出生我们就开始与各种“形”与“体”打交道，正是在对各种物体形状的辨别中，我们逐渐认识了周围的世界。

因此，在幼儿早期的数学教育中，渗透图形经验显得十分重要，不仅可以与幼儿的生活世界建立连接，还能提升幼儿的空间意识，包括对二维与三维图形及其特征、图形间的关系、图形变化的内部感受，在生活中就体现为个人对周围环境及环境中物体的内部感受和直觉。

此外，幼儿图形概念的发展为幼儿以物代物的表征水平发展奠定了坚实的基础。幼儿以物代物的过程正是幼儿对事物形体进行抽象的具体表现，这在幼儿图形搭建游戏中就有淋漓尽致的表现。

由此可见，早期数学教育中，图形经验是幼儿连接数学与生活的有效途径，帮助幼儿将已有经验和将要学习的知识间建立联系。

板块二　相关概念

1. 图形

略去物体的其他特征，仅对其形状进行抽象和概括，我们称之为图形或者几何图形、几何形体，其具有普遍性和典型性。图形包括平面图形（二维）和立体图形（三维）。[①]

平面图形：由同一平面内的点、线、面构成，如圆形、正方形、三角形、长方形、半圆形、椭圆形、梯形等。

① 林嘉绥，李丹玲．学前儿童数学教育 [M]. 北京：北京师范大学出版社，2013，186.

立体图形：空间中非同一平面内点、线、面组合而成的图形，如球体、正方体、长方体、圆柱体等。①

2. 图形守恒

图形守恒指能够不受图形的大小、颜色、摆放方式等的影响，正确识别和命名图形。

3. 图形变换

图形变换指图形改变位置，边长、大小、角度保持不变。主要的变换方式包括旋转、翻转和移动三种。

旋转：旋转指将图形整体转动一个角度。

翻转：翻转指将图形变换到与原始位置成镜像关系的位置。

移动：移动指图形上的每个点向同一方向移动同样的距离。

4. 对称

对称指同一分界线两边或围绕着一个点的形状、图案、排列方式相同。分界线两边的对称称为镜像对称，围绕一个点的对称称为辐射对称，如自然界中的太阳花、海星等。

5. 等分

等分指把一个整体分成相等的部分。把一个几何图形（或物体）分成相等的两份叫二等分，分成相等的四份叫四等分。

让幼儿等分几何图形时应注意选择轴对称性质的图形，如等腰三角形、等边三角形、正方形、球体、圆柱体、正方体等。②

板块三　核心概念及核心经验点

1. 根据属性特征可以对图形进行定义和分类

在图形认知的早期，让幼儿关注图形的属性特征比知道图形的名称更为重要。

幼儿对图形属性特征的认识需要积累大量的生活经验，并借助手、眼的合作进行深入的感知。在感知了多种具体形体和讨论了形体的属性后，幼儿开始从具体感知特征中抽象出对形体的理解和认识，感知图形的特征，而不受其他因素，如形状、大小、颜色或图形旋转的干扰。掌握了图形的属性特征后，幼儿会自然地进行图形的定义和分类。

对应的核心经验点：感知图形的属性特征、图形分类、图形守恒（根据图形的边、角数量及边的曲直形态等本质属性而非颜色、大小等非本质属性来判断它是什么图形）。

① 张俊. 幼儿园数学领域教育精要：关键经验与活动指导 [M]. 北京：教育科学出版社，2015.187.
② 黄瑾，田方. 学前儿童数学学习与发展核心经验 [M]. 江苏：南京师范大学出版社，2015.284.

2. 立体图形的表面是平面图形

我们在纸上看到的图形和真实世界中的几何实体是紧密联系的。这一点需要通过大量的直接感知和实际操作来体验。

幼儿可通过触摸等途径感受立体图形的属性特征。通过从不同角度观察，发现正方体有6个面，每个面都是一个正方形；为幼儿提供平摊的正方体纸板模型，他们可以将其还原为正方体。在观察、操作中，幼儿体验到平面图形和立体图形之间的关系。

在日常生活和游戏中，幼儿有大量的机会接触立体图形，通过手和眼来认识立体图形的特征。例如，在搭积木的过程中逐步理解长方体有6个平坦的表面，这就决定了其在搭建活动中用途最广泛，而三棱柱的三个长方形表面就决定了其是很好的陡坡材料等。

对应的核心经验点：感知立体图形和平面图形之间的关系。

3. 通过组合和分割可以得到新的图形

幼儿最常接触的图形组合就是拼图，从最初简单的、规则的形状拼图到复杂的类似于七巧板的拼图，再到抽象的图案拼图，这是幼儿对图形及空间认知能力发展的体现。

图形的分解指把大图形分成更小的图形，幼儿早期探究的多是简单的图形，有较明显的线索便于分解。图形的分解涉及一个重要的问题——等分，比如幼儿常会问，如何将蛋糕分成一样多的两份。

对应的核心经验点：图形的组合和分解。

4. 图形变换包括移动、翻转或旋转变化等

当幼儿掌握了图形的属性特征后，在日常生活中进行积木拼搭或拼图时，就会自然地意识到，将图形移动、旋转、翻转时，其属性特征会保持不变。

图形的变换涉及幼儿对视觉图像的理解和想象，是一种重要的数学能力，是幼儿绘画、玩拼板积木、做拼图游戏的重要基础。

对应的核心经验点：图形变换。

板块四　儿童发展轨迹

幼儿对图形的认识是从生活经验、从具体而熟悉的物体开始的。从一般笼统的认识到对各形体细节的认识，从先区分曲线图形（圆形）与直线图形（正方形），再在曲线与直线图形中加以区分。

幼儿对几何形体的认识依靠视觉、触觉、语言表达等多种感官活动协同实现，经历从局部、粗糙感知到完整、细致辨认的过程，抽象能力随年龄的增长而发展。有研究表明，儿童对图形辨认能力的发展过程为配对活动—指认活动—命名活动。从等同几何图形与实物过渡到比较几何图形与实物，最后发展为几何形体作为区分物体形状的标准。

板块五　核心目标

1. 通过日常生活、游戏、教学活动等，引导幼儿感知周围物体多种多样的形状，并通过视觉、触觉等多种感官活动协同感知形状的属性特征，为认识并命名几何图形打下基础。

2. 帮助幼儿建立如下观念或经验：图形经过移动、旋转、翻转等变换后，其属性特征不变；图形内部和图形之间存在部分与整体的关系；不同图形可以组合或分解成新的图形。

3. 引导幼儿运用图形特征表现生活中的物体或创意造型，发展幼儿的空间意识与空间能力，为解决生活中的问题积累经验，鼓励幼儿观察、猜想、探索、创造等行为。感悟数学与生活、数学与其他领域的联系，帮助幼儿感知生活中的数学，培养幼儿运用数学解决生活中问题的意识与能力。

不同年龄段幼儿发展的核心目标：

小班：感知生活中多种多样形状的物体，能注意并描述较明显的属性特征；初步感知图形分解与组合，解决简单实物拼图问题，在实物拼图过程中感知图形基本变换。

中班：不受其他因素（形状、大小、颜色等）的干扰，感知图形的特征并进行分类，认识并命名立体图形上的平面图形；能用平移、旋转、翻转、重叠等形式构造图形，进行简单的图形分解与组合。

大班：认识并命名立体图形（如球体、长方体、正方体、圆柱体）；理解图形的对称及等分；能进行较为复杂的图形组合与分解，进行创意造型拼搭。

板块六　教学策略

日常生活和游戏中渗透：我们生活在有形的物质世界中，生活中处处都有图形。成人可以引导幼儿观察生活中的形状，感知形状特征，尝试用形状词来描述事物并根据形状特征进行图形分解与组合。

过渡环节寻找班级中的“图形”并用有节奏的语言描述出来，如钟表是圆形的，电视是长方形的，娃娃的被子是正方形的。

值日生发盘子时摸一摸圆圆的盘子、滑滑的、没有边和角；数一数方方的桌子有 4 条直直的边，有 4 个尖尖的角等。

吃午点时引导幼儿讨论如何将苹果分成相等的两份。

设置墙面游戏：用图形拼摆出火车、大风车等图案。

引导幼儿解决建筑区拼搭问题：什么形状可以搭建斜坡，什么形状可以当作房顶。

集体教学活动：根据幼儿年龄特点和已有经验设计教学活动，引导幼儿关注生活中物体的形状，并感知形状特征，促进幼儿空间意识与空间能力的发展。

板块七　教学案例

集体教学活动案例

活动1　小猪的蛋糕店

活动名称：小猪的蛋糕店

班级：小班上

核心经验

对图形特征的分析和比较可以帮助我们对图形进行定义和分类。

活动目标

1. 通过有趣的游戏复习巩固圆形、三角形、正方形的属性特征，喜欢参加数学活动。
2. 能够不受颜色、大小因素影响，正确辨识圆形、三角形、正方形。
3. 通过游戏，促进幼儿观察能力、记忆能力、思考能力、判断能力的发展。

活动重难点

活动重点：不受颜色、大小因素影响，正确识别圆形、三角形、正方形。

活动难点：按照小猪手里举的形状，买和它一样的饼干。然后，在这个形状的饼干上边贴上小贴画。不受颜色、大小因素影响，正确识别圆形、三角形、正方形。

活动准备

经验准备：认识圆形、三角形、正方形，能说出名称。

物质准备：摸箱、贴好图形的地垫若干、小动物手偶、操作卡、贴纸，以及圆形、三角形、正方形的点心若干。

活动过程

一、情境引入，激发幼儿活动兴趣

1. 引导语：思思老师今天收到佩奇送来的礼物，你们想知道里面有什么吗？请小朋友摸一摸，猜猜里面有什么？是什么形状的？

2. 教师将箱子搬到幼儿面前，请幼儿每人摸出一个。

3. 请幼儿说一说自己摸到的点心是什么形状的？同时教师和幼儿共同小结图形属性。

教师提问：圆形什么样？有角吗？

三角形什么样？有几个角？几条边？

正方形什么样？有几个角？有几条边？四条边一样长吗？

二、游戏：找饼干

（一）引导语。

你们都认识了小饼干的形状，现在咱们一起和佩奇玩找饼干的游戏。

（二）游戏玩法一。

1. 出示 3 块藏有饼干的地垫。

2. 请小朋友们猜一猜圆形、三角形、正方形的饼干藏在哪里？

（三）游戏玩法二。

1. 出示 6 块藏有饼干的地垫。

2. 请 2 名幼儿到前面来，按照教师指令找出相应图形。

要求：翻出不是要找的图形时，要马上扣好。

3. 请 3 名幼儿到前面来，按照教师不同指令找出相应图形。

要求：同上。

（四）游戏玩法三。

1. 出示 2 组（九宫格形状、圆形）藏有饼干的地垫。

2. 出示 3 个小动物（河马、小猪、小鸡），请小朋友把找到的图形和它们身上的图形标记放到一起。

3. 请所有小朋友到前面来，开始找，看谁找得快。

三、游戏：买饼干

（一）引导语。

小朋友们都把饼干找出来了，你们想不想尝一尝呢？那咱们就来买饼干。

（二）介绍买饼干的方法。

1. 小猪想考考你们，按照小猪手里举的形状，买和它一样的饼干。然后，在这个形状的饼干上边贴上小贴画。

2. 出示购物情景卡（有不同图形的盘子）。

3. 请个别幼儿到前面操作示范。

4. 请每名幼儿到前面自选一张购物卡，回座位进行操作，教师进行指导。

5. 请做完的小朋友拿着自己的卡找老师，做对了就可以换一块形状相同的饼干，回班后咱们可以品尝。

6. 如果不对，就不能换到饼干，教师要引领幼儿做分析，请幼儿重新调整。

四、活动延伸

今天咱们和饼干、蛋糕做游戏，谁能告诉我，还有什么东西是圆形的？方形的有什么？三角形的有什么？请幼儿回到班里找一找，活动自然结束。

注意事项

本教学活动主要是针对小班初期水平设计，可针对班级幼儿发展现状适当调整教具，增加相似图形在里面，提高游戏难度，支持幼儿真正理解图形的属性特征。

数学教学语言

1. 圆形什么样？有角吗？
2. 三角形什么样？有几个角？几条边？
3. 正方形什么样？有几个角？有几条边？四条边一样长吗？
4. 请小朋友把找到的图形和它们身上的图形标记放到一起。
5. 小猪想考考你们，按照小猪手里举的形状，买和它一样的饼干。

（活动设计者为北京市朝阳区光华路幼儿园索思）

活动2　三角形变变变

活动名称：三角形变变变

班级：小班上

核心经验

图形变换：图形变换包括移动、翻转或旋转等。

活动目标

1. 加深三角形的特征认识，能够不受图形、颜色、大小、角度的干扰。
2. 尝试运用平移、旋转或翻转的方式完成铺小路的游戏。
3. 尝试图形组合，进行图案拼摆，体验图形拼摆的乐趣。

活动准备

经验准备：幼儿认识不同样式的三角形，并能说出其特征。

物质准备：破损的小路和与破损处相匹配的三角形，不同大小、颜色、角度的三角形，未完成的风车、太阳花、太阳图案 。

活动过程

一、创设情境，引发兴趣（感知三角形的不同变换方法）

1. 出示背景图，营造去花园的情境。

师：小朋友们，今天我们一起去花园里做游戏。

2. 出示小路，营造铺路情境（识别不同三角形，感知铺小路的方法：平移、旋转、翻转）。

（1）教师：去花园的路坏了，需要我们一起把路修好。

（2）请幼儿说说小路需要什么形状的砖才能补好？三角形是什么样的？

（3）请幼儿一起将小路补好。

3. 教师小结。

师：有三个角、三条边的图形是三角形，拼摆图形时需要转一转、翻一翻。

重点观察：幼儿在铺路的时候能否使用平移、旋转、翻转的方法？

二、选取相应的三角形拼摆出图案

识别不同颜色、大小、角度三角形，尝试运用平移、翻转、旋转的方法拼摆图案。

1. 出示花园平面图，请幼儿观察花园里有什么？都是用什么图形拼摆出来的？识别不同颜色、大小、角度的三角形。

2. 请一位幼儿尝试选择合适的三角形摆放在花园里的太阳花上。

3. 提问：你用什么方法给太阳花穿花衣服？

4. 小结：我们可以用摆一摆、转一转、翻一翻的方法来帮小花穿花衣服。

重点指导：

1. 观察幼儿能否找到相应的三角形？

2. 教师示范平移、翻转、旋转的动作，并用语言表达出来。

三、自选图形，尝试运用平移、旋转、翻转的方法拼摆图案

1. 幼儿自选图案，尝试运用平移、旋转、翻转图形进行拼摆。

2. 幼儿自选图案拼摆。

3. 幼儿自主拼摆图案，教师观察，有针对性地指导。

四、作品分享（梳理经验、体验成功的成就感）

幼儿分享拼摆图案的方法，教师做经验提升。

五、延伸活动

将图形及花园投放在区域内，幼儿可利用区域活动时间反复进行尝试。

注意事项

1. 教师在示范时一定要有动作上的体现，并用语言表现出来。如做翻一翻的动作时，教师要做出手腕翻动的动作，同时用语言表明这个动作就是在翻一翻。

2. 每次在幼儿拼摆过程中多提问幼儿，帮助幼儿梳理经验。你是通过什么方式成功给小花穿上衣服的？

数学教学语言

1. 三角形是什么样的？三个角、三条边的图形是三角形。

2. 拼摆图形时需要转一转、翻一翻。

（活动设计者为朝阳区翠成幼儿园娄鹏仙、邢超）

活动3　帮小熊做被子

活动名称：帮小熊做被子

班级：中班上

核心经验

图形分割与组合：图形可以组合和分割成新图形

活动目标

1. 加深对三角形、正方形、长方形特征的认识。

2. 学习用多个不同图形（三角形、正方形、长方形）拼正方形，感受平面图形间的不同组合关系。

3. 体验图形组合变化的乐趣，感受活动过程的快乐和成功的喜悦。

活动重难点

活动重点：学习用多个不同图形（三角形、正方形、长方形）拼正方形。

活动难点：感受平面图形间的不同组合关系。

活动准备

经验准备：幼儿认识三角形、正方形、长方形，并学习过分类。

物质准备：PPT、三角形、正方形、长方形图片若干、分组操作图形（每组小正方形6个、长方形4个、大三角形4个、1/4小三角形16个、1/8小三角形8个）、5床小熊被子、胶钉。

活动过程

一、情境导入，激发幼儿兴趣，调动对图形认知经验（通过情景游戏，引导幼儿回顾图形特征）

1. 播放小熊录音：小朋友们好，我是小熊，欢迎你们来到我家做客。

2. 出示PPT，引导幼儿复习三角形、正方形、长方形特征。

小熊录音：这里有我最喜欢的玩具和好吃的，你们快来看一看。引导幼儿观察图片，说出图片中的物体像什么形状。

3. 教师小结：三角形有三个角、三条边；正方形有四个角、四条相等长的边；长方形有四个角、四条边。

重点观察：幼儿对图形的已有认知。

二、帮助小熊收饼干（运用图形组合的方法，开展收饼干游戏）

1. 玩法：出示小熊的饼干和饼干盒子，引导幼儿尝试不同图形的饼干进行拼摆，放置在正方形饼干盒中。

规则：幼儿分组进行游戏，饼干收放时，不能将饼干叠放在一起，要将盒子里的空隙填满。

2. 教师小结：两个三角形可以变成一个正方形，两个正方形在一起可以变成一个长方形。

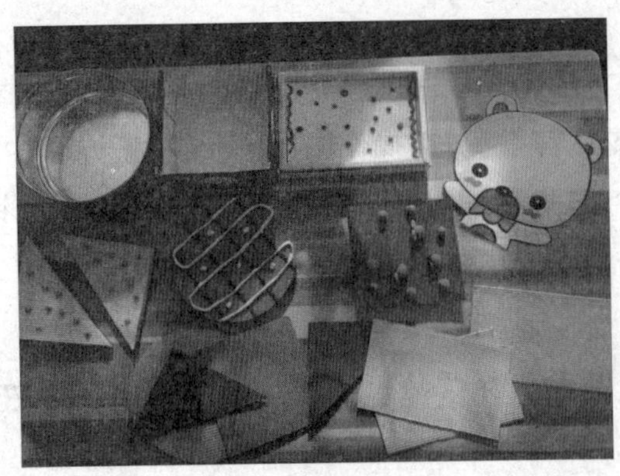

三、帮助小熊做被子

1. 介绍被子制作方法，引导幼儿用不同的小图形组合拼摆成正方形。

教师：秋天来了，天气越来越冷，小熊的被子盖起来有点薄，我们帮助小熊把被子加厚一点吧。请你用不同的小图形拼在小熊被子里的正方形格子中。

2. 幼儿操作，教师观察指导个别幼儿，幼儿间进行分享。

重点观察：在拼摆正方形中幼儿能根据图形的不同特点进行组合。

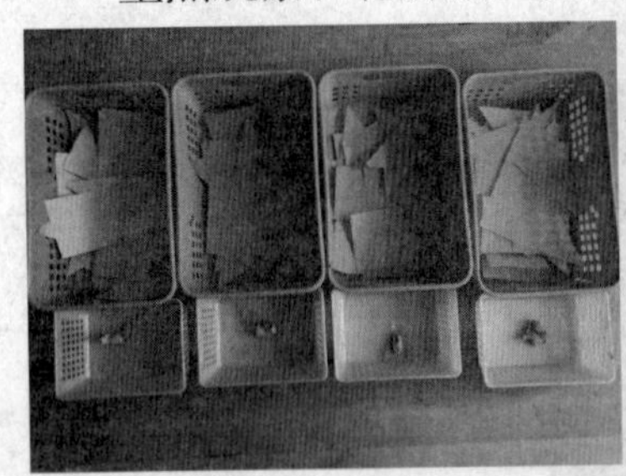

注意事项

在操作、分享过程中鼓励幼儿用不同的方法进行组合图形，尝试多种拼摆方法。

数学教学语言

1. ×× 形拼在一起可以变成一个长方形吗？

2. 请你用不同的小图形拼在小熊被子里的正方形格子中，但是我这里没有正方形，请你想办法用别的图形拼成正方形。

3. ×× 和 ×× 合起来是 ×× 图形。

4. 圆形有角吗？正方形是什么样？长方形是什么样？三角形是什么样？

5. 三角形有三个角、三条边；正方形有四个角、四条相等长的边；长方形有四个角、四条边。

（活动设计者为朝阳区垡头幼儿园史玉冰）

活动 4　解救星宝

活动名称：解救星宝

班级：中班上

核心经验

图形变换包括移动、翻转或旋转变化等。几个图形可以合成一个新图形（组合）。

活动目标

1. 通过开锁游戏，知道图形之间可以移动、翻转或旋转，感受部分与整体之间的关系。
2. 游戏中幼儿通过观察比较，将图形组合成图案，用图案钥匙打开密码锁。
3. 在游戏中体验探索图形的快乐。

活动重难点

活动重点：拼摆过程中遇到的问题，能通过移动、翻转或旋转的方法进行解决。
活动难点：能运用移动、翻转或旋转的方法，探索 3 个图形的组合。

活动准备

经验准备：有星宝文化、图形拼贴画、益智闯关玩具等五颜六色的游戏经验。
物质准备：PPT（图片）、操作材料。

活动过程

一、故事导入：解救星宝

幼儿园里的一位小星宝不见了，星宝妈妈很着急！就在这时星宝妈妈收到一封来自海王星的神秘信件。

怪兽说：“星宝在我这里，你们想要解救他，就来吧！”中二班的小朋友们，星宝遇

到了麻烦！我们去帮助他吧！

二、探索游戏：解锁密码（PPT展示）

1. 纠错游戏：门锁打不开。

核心提问：

（1）这是通向哪里的密码卡？

（2）在密码卡上你看到了什么？

（3）为什么这把锁打不开？

（4）怎样才能打开密码锁？

小结提升：原来图形之间经过移动、翻转或旋转的方法组合成一个新图形。成功解锁，通往火星。

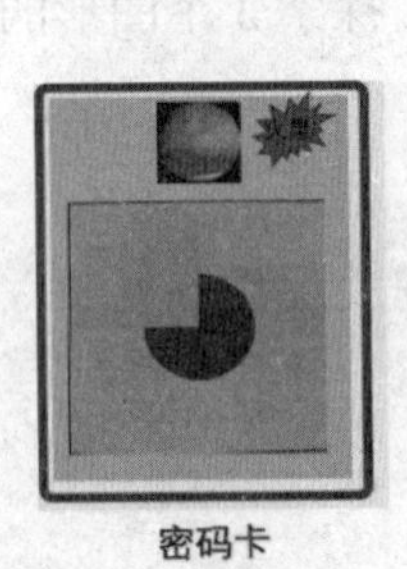

密码卡

密码锁

三、探究游戏：神秘之锁

1. 集体纠错：怎样才能打开这把锁？

核心提问：

（1）密码锁为什么没有打开？

（2）怎样才能打开密码锁？

（3）旋转几下？

小结提升：图形之间经过移动、翻转或旋转的方法组合成一个新图形，并且旋转的次数不一样，形成的图形也不一样。

成功打开密码锁，通向木星。

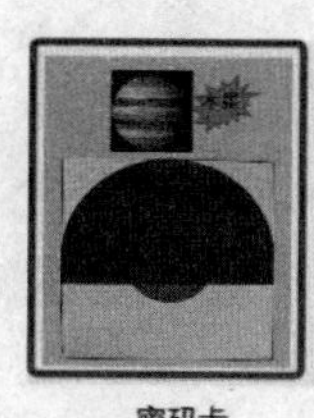
密码卡

密码锁

2. 开锁游戏之一：哪把钥匙能开锁？

核心提问：

（1）密码卡上有哪些图形？

（2）密码锁上有哪些图形？

（3）哪把钥匙能打开密码锁？

（4）你是怎样打开密码锁的？

小结提升：选择正确的图形进行移动、翻转或旋转，组合成一个新图形。

成功打开密码锁，通向土星。

密码卡

密码锁

3. 开锁游戏之二：选择一把钥匙开锁。

核心提问：

（1）密码卡上有几把钥匙？

（2）密码锁上有几把钥匙？

（3）还差几把钥匙？

（4）什么颜色的？

（5）你是怎样打开的密码锁？

小结提升：图形之间经过移动、翻转或旋转，组合成一个新图形。

成功打开密码锁，通向天王星。

4. 开锁游戏之三：选择两把钥匙开锁。

核心提问：

（1）密码卡上有几把钥匙？

（2）密码锁上有几把钥匙？

（3）还差几把钥匙？

（4）分别是什么颜色？

（5）你是怎样打开的锁？

小结提升：将两个图形进行移动、翻转或旋转，组合成一个新图形。

成功打开密码锁，通向海王星，成功解救了小星宝。

5. 开锁游戏之四：选择两把钥匙开锁。

核心提问：

（1）密码卡上有几把钥匙？

（2）密码锁上有几把钥匙？

（3）还差几把钥匙？

（4）你是怎样打开的锁？

小结提升：将两个图形进行移动、翻转或旋转，组合成一个新图形。

成功打开密码锁，坐上宇宙飞船，与小星宝一起返回地球。

密码卡

密码锁

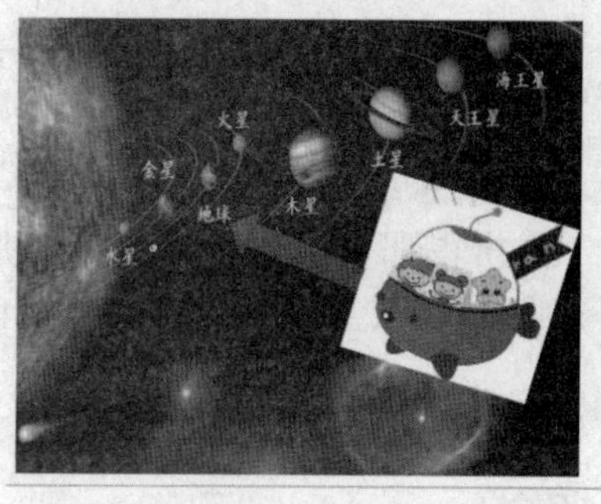

6. 在整个活动过程中，教师关注整体与个别幼儿，激发幼儿主动探索。例如，关注图形钥匙应该在哪一层，仔细观察一下。

四、活动延伸：图形旋转

在解救星宝的游戏中，小朋友通过探索，能将图形进行旋转、组合，从而解开密码锁，成功将星宝带回地球。除了图形的旋转，其他东西的旋转给我们的生活带来了很多的便利。我们一起来看一看。

1. 行驶的汽车，哪里移动、旋转？分别有什么用途？

2. 扇叶的旋转，给我们的生活带来哪些便利？

3. 门的移动、翻转、旋转给我们的生活带来哪些便利？

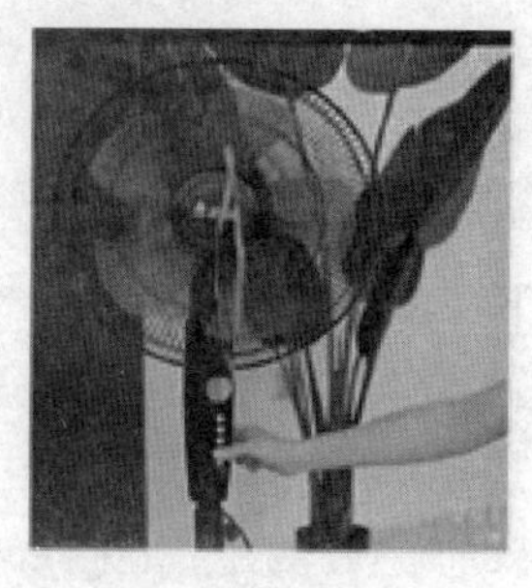

在我们的生活中，处处存在旋转。只要小朋友多观察、多探索，你会收获无穷的乐趣！

注意事项

在探索过程中，引导幼儿旋转蓝色半圆形，观察图案组合的变化。同时要关注引导语：图形组合成图案，组合成的图案就是一把钥匙。在操作中，有的幼儿快速完成，教师可以有序进行引导："你拼得那么快，介绍一下你拼摆的方法好吗？您打算怎样拼的？"例如，按颜色、形状进行观察。还可以提问："当图形卡片放错位置时，你是怎样调整的？"请幼儿介绍一下经验。

关键数学语言

1. 怎样才能打开密码锁？
2. 旋转几下？
3. 密码卡上有几把钥匙？密码锁上有几把钥匙？
4. 还差几把钥匙？分别是什么颜色？
5. 你是怎样打开密码锁的？

（活动设计者为北京市朝阳区望京新城幼儿园王帅、孟惊涛）

活动 5　图形组合

活动名称：图形组合

班级：中班下

核心经验

图形可以组合和分割成新的图形。

活动目标

1. 能够用平移、旋转等方式将不同数量的三角形拼成各种图形。
2. 感受图形拼摆的多种变化，发展空间方位知觉能力。

活动准备

经验准备：认识三角形、正方形、长方形、梯形。
物质准备：
1. 图形小卡片：长方形、梯形、三角形、正方形（见图 1）。

图 1

2. 三角形若干，主要是等腰直角三角形；

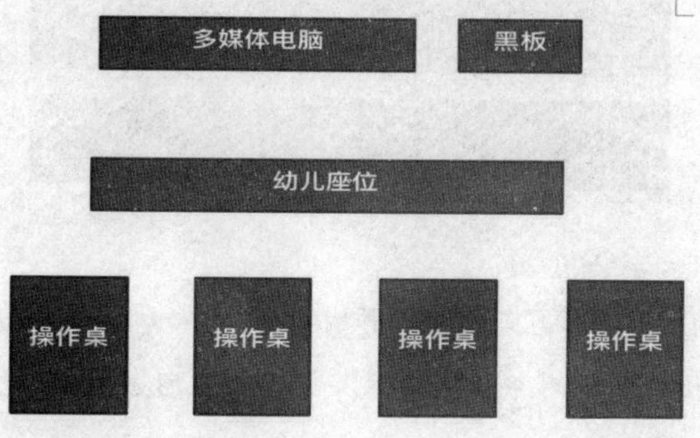

图 2

3. 盘子、黑板、正方形纸手绢；

4. 场景设置（见图 2）。

活动重难点

活动重点：能在拼摆完成后辨认各种图形，正确说出图形名称。

活动难点：能用平移、旋转等方式将不同数量的三角形拼成各种图形。

活动过程

一、图形宝宝来做客（能够不受图形方向改变的影响，正确说出图形名称）

1. 教师出示三角形、正方形、长方形、梯形，幼儿辨认图形。

师：小朋友们看看今天都来了哪些图形宝宝？

2. 教师转动这些图形，幼儿正确辨认图形。

提问：如果转动这些图形，结果会怎样？你还认识它么？

3. 教师总结规律。

小结：图形转动后，图形方向改变、形状不变。

二、三角形手拉手（能用平移、旋转等方式将不同数量的三角形拼成各种图形）

1. 介绍游戏玩法及规则。

玩法：根据儿歌指令，用相应数量的三角形拼搭组合出新图形。

儿歌：三角形做游戏，× 个三角形手拉手。

规则：（1）听清楚几个三角形手拉手。（2）三角形的边和边必须全部“拉”在（连接）一起。

2. 第一次游戏：两个三角形手拉手。

幼儿自由尝试，教师观察、指导个别幼儿。

提问：两个三角形手拉手，你可以变成什么图形呢？

幼儿拼搭困难时，提示幼儿“转动”三角形，拼搭出新的图形。

小结：幼儿用两个三角形的短边手拉手拼出了一个新的三角形；幼儿用两个三角形的长边手拉手拼出了一个正方形；幼儿用三角形的一条短边和另一个三角形的长边手拉手没有拼出图形，教师提示幼儿可以转动其中一个三角形，然后拼出新的图形。

3. 第二次游戏：4 个三角形手拉手。

（1）幼儿自由尝试，教师观察、指导个别幼儿。

提问：4 个三角形手拉手，你可以变成什么图形呢？

教师指导：幼儿拼搭困难时，提示幼儿“转动”三角形，拼搭出新的图形。

（2）幼儿分享自己拼出的图形，教师记录。

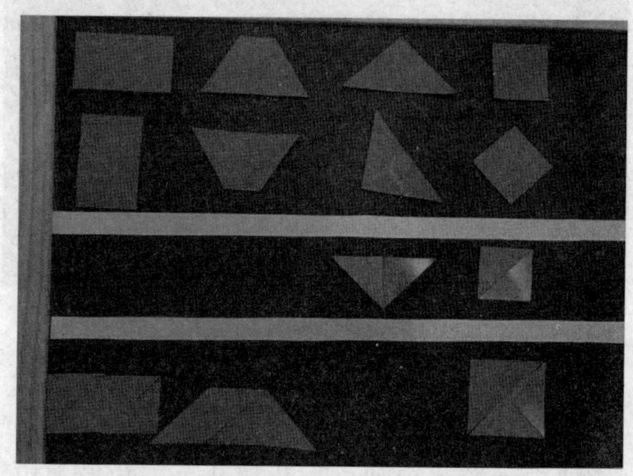

小结：幼儿用两个三角形的短边手拉手拼出了一个新的三角形，再用两个三角形的短边手拉手拼出了另一个新的三角形，然后将两个新拼好的三角形长边与长边手拉手拼出了一个正方形；幼儿用两个三角形的长边手拉手拼出了一个正方形，再用两个三角形的长边手拉手拼出了另一个正方形，把这两个正方形拼在一起变成了一个长方形；幼儿用两个三角形的长边手拉手拼出了一个正方形，再用另外两个三角形的短边和正方形拼在一起变成了一个梯形。

提问：如果用两个三角形的长边手拉手拼出了一个正方形后，再转一转另外两个三角形，你还可以拼成什么图形呢？

小结：原来能用挪一挪、转一转的方法，将不同数量的三角形拼成各种图形。

三、制作正方形手绢（初步尝试合作，2 名幼儿能用平移、旋转等方式将 8 个三角形拼成 1 个正方形）

冬天到了，我们准备制作一批正方形的手绢，请小朋友们用刚才的三角形作为材料制作，2 个小朋友合作制作一个手绢。

要求：三角形的边和边必须全部“拉”（连接）在一起。

1. 幼儿操作，教师观察、指导个别幼儿。

2. 幼儿展示作品。

注意事项

1. 幼儿操作前教师需要提示游戏规则，听清楚几个三角形手拉手，另外三角形的边和边必须全部“拉”在（连接）一起。

2. 幼儿拼摆时可能会出现拼出的不是一个图形，而是一个图案，教师需要引导幼儿拼出一个自己认识的图形。

3. 幼儿拼摆过程中遇到困难时，教师可以提示幼儿旋转三角形。

数学教学语言

1. 图形转动后，图形方向改变、形状不变。

2. 听清楚几个三角形手拉手。

3. 如果用两个三角形的长边手拉手拼出了一个正方形后，再转一转另外两个三角形，你还可以拼成什么图形呢？

（活动设计者为北京市朝阳区劲松第一幼儿园张茜）

活动 6　小蜜蜂的家

活动名称：小蜜蜂的家

班级：中班下

核心经验

图形可以组合和分割成新的图形。

活动目标

1. 体验六边形的特征，有 6 条边 6 个角。
2. 能用其他图形拼出六边形，体验图形之间的组合替换关系。
3. 能自主探索、不断尝试，用不同的拼法来拼六边形。

活动重难点

活动重点：自由选择图形拼正六边形，体验六边形的特征。
活动难点：利用平移、旋转图形的方式进一步认识图形间的组合替换关系。

活动准备

经验准备：认识梯形、菱形和正三角形。
物质准备：
1. 小蜜蜂的家 A3 图纸、大菱形 4 个、大梯形 8 个、大正三角形 8 个。
2. 小蜜蜂的家 A4 图纸，每人小菱形 4 个、小梯形 8 个、小正三角形 8 个。

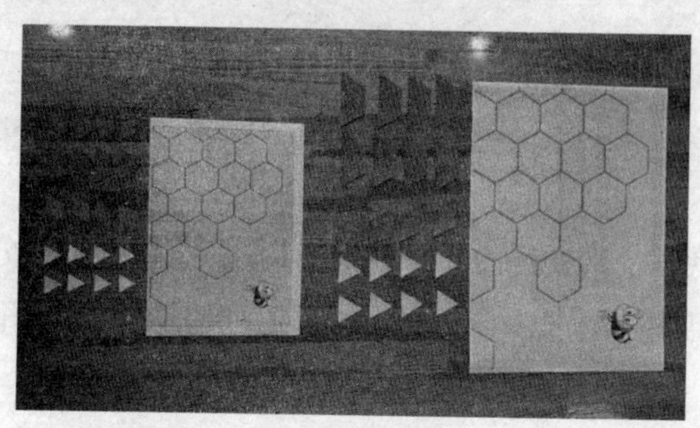

活动过程

一、猜谜语，激发幼儿兴趣

夏天到了，很多漂亮的花都开了，有一种小昆虫可要忙活起来了，想知道它是谁，得来猜一猜。

团结劳动是模范，全家住在格子间，常到花丛去工作，造出产品比糖甜。小朋友们猜一猜是谁呢？

二、观察小蜜蜂的家，认识六边形的边角特征

1. 你知道小蜜蜂的家是什么样子的吗？
有几条边？我们一起数一数。
有几个角？我们一起数一数。
2. 小结：6 条边 6 个角，是六边形。

三、幼儿操作，感知图形之间的组合替换关系

1. 出示大菱形、大梯形、大正三角形，引发幼儿思考如何用这三种图形帮助小蜜蜂安装彩色玻璃。

2. 请全体幼儿初步尝试用菱形、梯形、正三角形拼出六边形。

3. 初步尝试后请幼儿整理材料并集中，请个别幼儿上前拼一拼自己的方法。还有别的拼法吗？

4. 请全体幼儿第二次尝试用多种方法拼出六边形。

5. 第二次尝试后请幼儿整理材料并集中，请个别幼儿展示自己的拼法。

四、活动延伸

教师引导幼儿逐一观察：他这种拼法，都用到了哪些形状？分别用了几块？

今天哪些小朋友自己拼出了六边形？想出了几种拼法？你能记录下来吗？

注意事项

在活动过程中，当有的幼儿表示没有某种图形就拼不起来时，可以请幼儿想一想，缺的那个图形还可以用什么图形来替换；如果幼儿已经完成了一种拼法，鼓励幼儿再想出更多的拼法。

数学教学语言

1. 有6条边6个角，是六边形。

2. 哪些图形可以拼出六边形？

3. 用到了哪些图形？用了几块？

（活动设计者为中国人民大学朝阳幼儿园陈丽娟、戈倩楠）

活动 7　神奇的正方形

活动名称：神奇的正方形

班级：大班上

核心经验

1. 大脑可以形成并操作空间关系的视觉图像。
2. 通过组合和分割可以得到新的图形。

活动目标

1. 在认真观察、探索操作中发现图案的规律或特点。
2. 能够借助图形和空间经验尝试创造图案。
2. 在发现图案规律、探索创造中感受对称图形的美丽、有趣。

活动重难点

活动重点：能够在观察和操作中发现图案的规律或特点。

活动难点：能够不怕困难，反复尝试在操作中创造图案。

活动准备

经验准备：见过周围环境中采用重复图案设计的物品，参与过四瓣花折纸、剪纸，或七巧板图形拼摆等活动。

物质准备：花砖图案 PPT、花砖演示图 4 张、方格纸、彩纸、彩笔、蓝丁胶。

活动过程

一、谈话引入：观察重复图案的规律

教师出示花砖照片，引导幼儿观察图案特点。

指导语：好多人的家里、餐厅里，都会用到这种漂亮的花砖。花砖是什么形状的？你看到了什么图案？从这些漂亮的花砖图案里，你发现了什么规律？

核心提问：小朋友们发现花砖的图案是重复的。请画出你看到的一块最小的正方形砖，告诉大家这块砖的图案是什么样的。

小结提升：小花砖本来没有花，但它们拼在一起就出现了花。

指导语：老师今天请来了神奇的小正方形和小朋友们做游戏。它们有魔法，当边挨着边拼在一起的时候，它们就变出新的图案。新的图案和小正方形上面的图案有什么一样的地方吗？

深入提问：什么图案的小花砖能有这样的魔法呢？如果小花砖翻个身，拼出来的图案还会一样吗？

小结提升：小正方形每个角上都“长出”一样的小图案，当4个小正方形边挨着边拼成1个大正方形时，中间就会出现新的图案。神奇正方形的魔法可不止这么简单。一个小正方形调皮地翻个身，它们拼在一起的图案还和原来一样（教师用4张花砖图进行操作演示）。

二、操作探索：设计花砖图案

指导语：老师这里有4个小正方形，请小朋友们一起把它变成神奇的正方形。每位小朋友粘一个小图案。我们来试试，它能不能成功获得魔法，让中间出现1个大图案，而且不管4个小正方形怎么拼在一起，大图案都不变。

核心提问：正方形每个角上是什么样的小图案？4个小方块拼起来，中间又会出现什么样的大图案呢？你是怎么摆小图案的？

三、共同分享

指导语：你设计的小图案是什么样的？你的小正方形有魔法吗？你是怎么画，才让它有魔法的？给小朋友们展示一下它的魔法吧。

小结提升：当我们让小正方形的4个角上都长出一样的小图案，把这样的小正方形拼成一个大正方形，它们中间就变出一个大图案。不管小正方形怎么转，大正方形的图案都不会变。有的小朋友在小正方形的中间也画了好看的图案，但是发现小正方形一转，大正方形的图案就变了。这是为什么呢？怎样才能让它有魔法呢？

四、活动延伸

幼儿可将正方形纸进行 90° 旋转，探索 90° 旋转对称图形的特性。

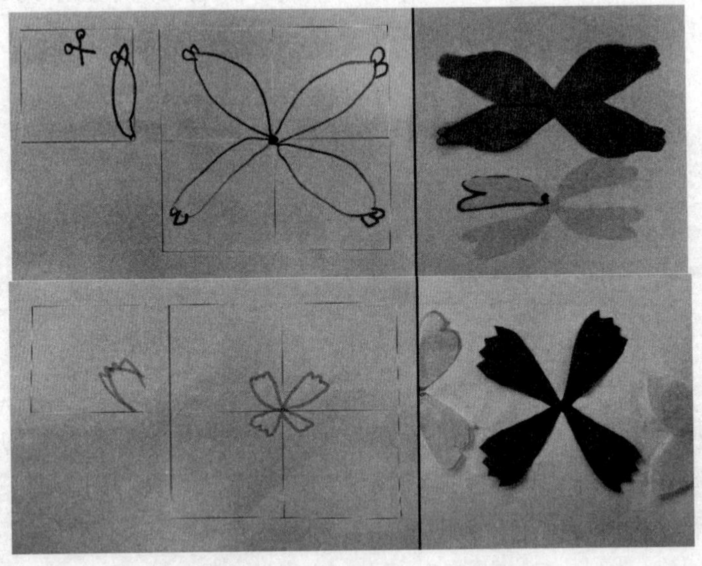

注意事项

1. 重视前期经验的铺垫，如折叠剪纸、玩七巧板的经验。

2. 说明材料用途。每名幼儿 4 张正方形纸、1 张彩色底纸、1 支笔和 1 块蓝丁胶，绘制完花砖图案后，将 4 张正方形纸粘贴在彩色底纸上。

3. 提醒幼儿注意四角的图形形状和相对方位要相同，即相同的小图案都是从正方形的角上“长出来”的。幼儿画完 4 张小方格，在彩纸上进行排列粘贴。

数学教学语言

1. 请你框出你看到的一块最小的正方形，告诉大家它的图案是什么样的。

2. 四个角上画着一样图案的小正方形，当它们边挨着边拼成一个大正方形，中间就会出现一个新的图案。

3. 如果小花砖翻个身，拼出来的图案还会一样吗？
4. 大正方形上的新图案和小正方形上的图案有一样的地方吗？
5. 你的小正方形有魔法吗？你是怎么画的？

（活动设计者为北京市朝阳区劲松第一幼儿园蔡冠宇）

日常生活渗透案例

活动 1　藏在哪里最安全

活动名称：藏在哪里最安全

班级：小班

核心经验

对图形特征的分析和比较可以帮助我们对图形进行定义和分类。

活动目标

1. 在游戏情境中，能区分圆形、正方形和三角形。
2. 尝试描述图形的属性特征。

生活环节或场景

户外活动环节。

活动准备

经验准备：学习了解圆形、正方形、三角形的属性特征，会说儿歌《小鸡小鸡》。
物质准备：地上用即时贴出三角形、圆形、正方形。

操作过程

1. 教师和幼儿一起说儿歌《小鸡小鸡》：“小鸡叽叽叽，跟着妈妈做游戏，捉害虫、啄小米，小鸡请注意，前面来只大狐狸。”小朋友们就问老师：“藏在哪里最安全？”教师指定图形，请小朋友们快速寻找。

2. 当小朋友们找到后，老师鼓励小朋友：“你们都找到了三角形的家，三角形是什么样的呀？”请小朋友们说出图形的属性特征。

关键教学语言

1. 小朋友们看一看，地上都有谁的家！
2. 三角形是什么样的呀？有几个角？有几条边？

（活动设计者为北京市朝阳区翠成幼儿园王雪艳、娄鹏仙）

活动2　圆圆的东西有什么

活动名称：圆圆的东西有什么

班级：中班

核心经验

对图形特征的分析和比较可以帮助我们对图形进行定义和分类。

活动目标

1. 在了解不同形状（圆形、方形）的特征的基础上，感知生活周围的形状。
2. 能够在正确的节奏里，说出圆形、方形等形状的物体。

生活环节或场景

班级过渡环节。

活动准备

经验准备：幼儿玩过“动物园里有什么”的节奏游戏，能够按照正确的节奏说图形。

物质准备：幼儿围坐一圈。

操作过程

1. 全体幼儿围坐好，进行拍节奏游戏：拍两下手，拍两下腿。

2. 老师开始在这个节奏里面进行提问：圆圆的东西有什么？

3. 幼儿开始一个接着一个地回答教师问题，在这个节奏中，拍手是说答案，拍腿是等待。例如，幼儿1说“饼干”，然后拍两下腿，接着幼儿2说“月亮”拍两下腿。

关键教学语言

圆圆的（方形的）东西有什么？

（活动设计者为北京朝阳泛海幼儿园王国旭）

活动 3　影子图形

活动名称：影子图形

班级：大班

核心经验

1. 图形变换包括移动、翻转或旋转变化等。
2. 图形可以组合和分割成新的图形。

活动目标

1. 观察不同角度的手电筒灯光下物品所投射出的影子图形。

2. 在游戏中，通过物品的不同摆放方式，观察物品在背板上呈现出的影子图形的变化，初步感知平面图形与立体几何之间的关系。

生活环节或场景

班级过渡环节。

活动准备

经验准备：幼儿具备比较丰富的图形感知经验。

物质准备：光影箱、手电筒、熟悉的玩具。

操作过程

玩法 1：会变身的影子

操作要领：制作投影箱，在箱子两侧不同高度和顶端设置三个开口，将幼儿熟悉的玩具放置在投影箱中。幼儿可以使用手电筒，从三个开口观察不同角度的光源下方形积木影子的变化。

图 1：幼儿使用光源的顺序是随机的。幼儿在自由探索中会发现，选择不同开口的光源时，方形积木的影子在形状上会发生变化。他们发现“影子在它的左边，是长长的样子，一个长长的长方形”。

图 2：当在同一个开口左右移动光源时，方形积木的影子大小、影子图形的边长会发生变化。当光源处于顶端正中心时，幼儿发现“影子藏到脚下了，好小的影子”。

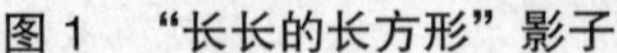

图 1　“长长的长方形”影子

图 2　影子藏到脚下了

图 3 ~ 4：幼儿还可以尝试改变玩具在箱子中的状态，观察并发现不同的影子形状。当他们让方形积木“转过身”，发现正面光源下底板上呈现出的方形积木的影子形状是“很瘦的长方形”。观察几次后，他们尝试用各种方式，在底板上投出跟这个积木一样大的正方形影子。幼儿让方形积木紧贴底板，并从正面投映光源，发现这是一个正方形的影子。

图 3　“很瘦的长方形”影子

图 4　正方形的影子

玩法 2：影子图形大集合

操作要领：允许幼儿将喜欢的、熟悉的玩具放到投影箱中组合并观察。

图 5：幼儿对生活中的物品的影子非常感兴趣。他们联想到建构区的其他积木，很想观察其他积木的形状。幼儿找到了一些有趣的玩具，放到投影箱中，观察不同玩具可能会投射出什么样的图形。

图 5　影子图形大集合

关键教学语言

1. 这是什么图形？它跟这个玩具的形状一样吗？
2. 这个玩具还能投出什么不同形状的影子？你从哪一个角度投出了这个形状的影子？
3. 两个玩具放在一起，会组成不同形状的影子吗？

（活动设计者为北京市朝阳区丽景幼儿园盛朝琪）

活动 4　骰子七巧板

活动名称：骰子七巧板

班级：大班

核心经验

通过组合和分割可以得到新的图形。

活动目标

1. 体验图形组合的变化。
2. 喜欢参加操作活动，体验游戏的快乐。

生活环节或场景

班级过渡环节。

活动准备

经验准备：知道拼摆七巧板的方法。

物质准备：两套七巧板、骰子（上面贴有 1 ~ 5 的点数和“×”或者不同的图形）、图案卡片。

操作过程

玩法一：2 ~ 3 人轮流掷骰子，按照点数取相同数量的七巧板块，最终拼成正方形的幼儿获胜。

骰子每面有 1 ~ 5 的点数，幼儿需根据点数得知要拿取的七巧板块数量，当扔到“×”的一面的时候，则需要从已经拼好的图形中放回一块，假如当幼儿还需要正好两块七巧板就能拼成功时，需要恰好掷骰子到点数“2”，即可成功，否则将不能拿取，顺延下一名幼儿。

玩法二：2 ~ 3 人轮流掷骰子，按照骰子上的图形拿去相对应的七巧板块，最终拼成图案的幼儿获胜。

骰子每面有不同的图形，幼儿需根据扔到的图形拿取相应的板块，通过旋转拼摆成规定的图案，如果扔到的图案是自己不需要的，则可以选择不拿，谁先拼完则为成功。

关键教学语言

1. 你扔到的是几？你需要取几块七巧板？

2. 你还差几块就拼成功了？你需要扔到几，你的七巧板就完成了？

（活动设计者为北京市朝阳区劲松第一幼儿园葛旭）

区域游戏案例

活动 1 好玩的转盘

游戏名称：好玩的转盘（系列活动 1）

班级：小班上

核心经验

可以根据属性特征对图形进行定义和分类。

游戏目标

观察转盘的属性特征，根据特征找到相同属性的图形（颜色、形状），比一比谁找到的多。

游戏准备

自制转盘一个、不同变式的图形若干（圆形、三角形、正方形）。

游戏玩法

难度 1：转盘模块为单一属性（颜色或形状）。

1. 幼儿轮流转转盘，记住转盘的属性特征，并找到相同属性特征的图形。

教师提问：你转到的有什么特点？

2. 继续引导：哪些图形和转到的一样呢？

3. 比一比谁找到的更多，多的幼儿获胜。

难度 2：转盘模块增加表征变为“颜色 + 形状”。

1. 每局一名幼儿转动转盘，根据转到的属性特征同时找到相同属性的图形。

2. 转到的是 ×× 颜色的 ×× 图形？

3. 谁找到的图形更多？

特别说明：

根据幼儿游戏的情况可以适当增加图形的数量或者变式；若幼儿对材料较熟悉，也可以将转盘模块变为空白，由幼儿选择模块中的图形，开展游戏。此活动重点是引导幼儿理解图形的关键特征，不受图形变换而影响幼儿对属性的认识，引导幼儿从具体感知特征中抽象出对形体的理解和认识。

数学教学语言

你转到的是什么？你找到的图形有什么特点？比一比谁的多。

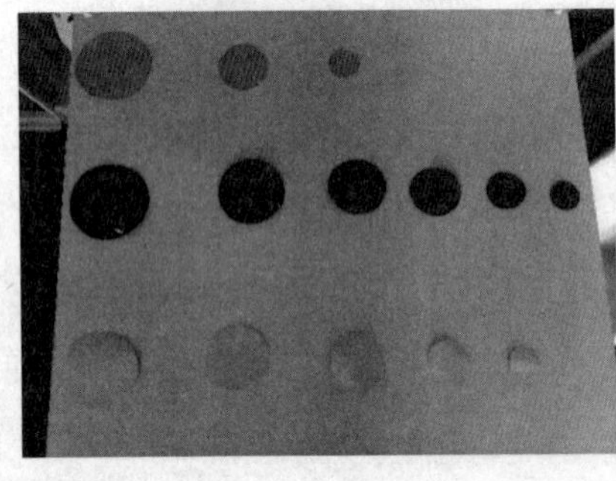

（活动设计者为北京朝阳区福怡苑幼儿园姜蕾）

游戏 2　好玩的转盘

游戏名称：好玩的转盘（系列活动 2）

班级：中班

核心经验

可以根据属性特征对图形进行定义和分类。

游戏目标

通过转盘游戏观察不同图形的特征，在游戏中识别图形并能找到相同属性特征的图形。

游戏准备

自制转盘、多种图形（正方形、长方形、梯形、椭圆形、平行四边形）。

游戏玩法

难度 1：

师：看一看，你转到的是什么图形？它有什么特点？

师：找一找相同的图形有哪些？

师：比一比，谁找到的正确图形更多？

难度 2：

结合神秘箱，转到图形后，在神秘箱中找到相同特征的图形，找到正确的图形数量多的幼儿获胜。

特别说明：此游戏可以一名幼儿玩，也可以多名幼儿一起玩，根据幼儿游戏情况投放适量的图形。结合幼儿中班的特点，可以增加一些干扰图形，提高幼儿的观察能力，以更加深入地了解图形特征；难度 2 可以帮助幼儿将触觉和视觉联系起来，感知图形的特征。

数学教学语言

1. 这是什么图形？它有什么特征？
2. 找到的图形是正确的吗？怎么看出来的。

（活动设计者为北京市朝阳区福怡苑幼儿园姜蕾）

游戏 3　好玩的转盘

游戏名称：好玩的转盘（系列活动 3）

班级：大班

核心经验

图形可以组合和分割成新的图形。

游戏目标

根据转盘中三角形的数量进行图形组合游戏，能用不同数量的三角形拼成新的几何图形。

游戏准备

自制转盘、不同三角形数量的模块卡。

游戏玩法

玩法 1：

师：你转到的是几个三角形在一起？

师：× 个三角形可以组合成什么图形呢？

师：比一比，相同数量三角形组合成新的几何图形多的幼儿获胜。

玩法 2：

将转盘模块不同数量的三角形换成图形组合（可以有两个图形或三个图形），找到含有相同图形的卡片为获胜。

特别说明：卡片可根据幼儿的实际水平阶段性投放，第一阶段是平面二维图形组合，第二阶段可投放立体图形，引导幼儿能够对二维图形和三维图形建立关联。

数学教学语言

你拿到了什么卡片？卡片中的图形是由哪些图形组成的？

（活动设计者为北京市朝阳区福怡苑幼儿园姜蕾）

游戏 4　猜猜我是谁

游戏名称：猜猜我是谁

班级：中班

核心经验

可以根据属性特征对图形进行定义和分类。

游戏目标

1. 巩固平面几何图形的主要特征。
2. 能用正确的语言描述几何图形的主要特征。

游戏准备

经验准备：学习了解几何图形的主要特征。

物质准备：不同三角形，大小不一的正方形、长方形、圆形、椭圆形、梯形等，另有摸箱一个（放在桌上高度可以挡住幼儿视线）、一个骰子（每面贴上不同的几何图形）、一个（小筒用来掷骰子）、两个小筐（用来放各自赢的几何图形）。

游戏玩法

1. 两人玩游戏，一个人为出题人，一个人为猜题人，一人拿一个小筐放在自己身边。

2. 猜题人和出题人中间放摸箱面对面坐好，猜题人双手从摸箱洞伸出，准备游戏。

3. 出题人将骰子掷在小筒里，根据骰子上的图形，将相应的图形放在猜题人手中，请猜题人猜图形。

4. 猜题人触摸图形，猜测并说出图形名称，一个图形猜题人可以猜两遍。说对图形名称，猜题人赢得该图形，并把图 形放在自己的小筐里。猜错名称，出题人告诉猜题人图形名称，猜题人把该图形给出题人，出题人放在自己的小筐里。

5. 如果猜对，出题人和猜题人角色不变游戏继续。如果猜错，两名幼儿互换游戏角色，继续游戏。

注意事项

出题人掷骰子要注意掷在小筒里，并根据骰子上的图形出题。

数学教学语言

1. 摸摸看，这是什么图形？

2. 你摸到的这个图形什么样？

3. 你都赢了哪些几何图形？分别有多少？

4. 你能用这些图形组成新的几何图形吗？翻转、平移试一试。

（活动设计者为北京市朝阳区翠成幼儿园韩红梅）

游戏 5　手疾眼快

游戏名称：手疾眼快

班级：大班

核心经验

可以根据属性特征对图形进行定义和分类。

游戏目标

1. 巩固立体图形的主要特征。

2. 能用正确的语言描述立体图形的主要特征。

游戏准备

经验准备：了解常见立体图形的主要特征。

物质准备：正方体、长方体、圆柱体、球体；正方形、长方形、圆形，每种图形 5 个，玩具框 3 ～ 4 个、小鼓 1 个、3 ～ 4 副幼儿手套。

游戏玩法

1. 游戏开始前，3 ～ 4 名幼儿测试，第一个赢的幼儿为出题人，出题人负责出题和每次游戏的材料补充，其余幼儿为答题人。

2. 出题人在垫子上分开摆放几何图形，每种图形摆放一个。答题人每人戴上一副幼儿手套，围坐在垫子周围，每人取一个玩具框，放在身边，用来收放自己抢到的几何图形。

3. 游戏开始，出题人一边敲鼓，一边观察思考准备请其余幼儿抢的几何图形名称。听到鼓声，其余幼儿一边拍手一边观察垫子上的几何图形。鼓声停止，听到出题人说出图形名字，答题人立刻用一只手从垫子上抢到该图形，看谁反应快，抢得准确，抢对图形的幼儿将图形放在自己的小筐里。

4. 游戏继续前，出题人先补充缺少的几何图形，然后继续游戏，直至几何图形抢完为止。

注意事项

1. 幼儿认识球体、正方体、长方体、圆柱体，对各种几何图形有一定的认识。

2. 答题人要戴上小手套，一只手抢图形，避免幼儿在抢图形中出现意外抓伤。

3. 答题幼儿，听到几何图形的名字要立刻找到这个图形并用小手抓住它。

4. 第一个抢到图形的幼儿为赢，其他幼儿不能从他人手中抢夺图形。

数学教学语言

1. 你都抢到了哪些图形，这些图形什么样？

2. 你知道正方体和正方形、长方体和长方形、球体和圆形什么不同吗？

3. 这些图形可以拼出新的图形吗？

4. 请你用平移、翻转等方法试一试。

（活动设计者为北京市朝阳区翠成幼儿园韩红梅）

游戏 6　创意棋盘

游戏名称：创意棋盘

班级：大班下

核心经验

1. 能用常见的几何形体有创意地拼搭出物体的造型。
2. 能够用小几何图形拼成一个大几何图形。

游戏目标

1. 能够根据游戏规则将小长方形拼成大长方形。
2. 能够遵守棋类游戏规则，按照规则进行游戏，用平常心对待输赢。

游戏准备

长方形指压板若干（至少 9 块）。

游戏玩法

幼儿将指压板按照游戏人数的需要进行拼接，并将幼儿平均分成两组，一人一块指压板，并分别站在指压板最边上两排。游戏开始时，以石头剪刀布的方式确定先走的一方，每人只能上下左右挪动，不能斜着走。每队每人每次只能走一步。当一方两人与另一方一人共同站在同一排时（竖排或横排均可），则只有一人的一方的人退出比赛。以此类推，最终场上能够坚持到最后的一方获胜。

数学教学语言

1. 怎样拼棋盘？横排和竖排各需要多少块？

2. 一共有多少人参加游戏？需要多少块指压板？

3. 将队员平均分，每队是多少人？

（活动设计者为北京市朝阳区中国人民大学附属幼儿园孙思允）

游戏7 拼拼摆摆

游戏名称：拼拼摆摆

班级：大班

核心经验

1. 图形可以组合和分割成新的图形。

2. 根据属性特征对图形进行定义和分类。

游戏目标

1. 通过观察、操作发现大的图形可以分成小图形，小图形可以组合成大图形。

2. 认真观察、积极思考，通过图形的组合获得需要的图形。

3. 认识梯形、菱形、六边形，能够不受图形大小、颜色、摆放方式、边角大小等因素影响，根据属性特征对图形进行定义和分类。

游戏准备

经验准备：幼儿有七巧板游戏经历，体验过图形之间的分解和组合。

物质准备：玩具多边形分数板一套、图案题卡若干（在观察幼儿玩多边形分数板游戏的基础上，根据幼儿的游戏倾向设计）、图形题卡一套（根据多边形分数板玩具的边角关系设计，目的是支持幼儿在完成拼摆的过程中体验图形之间的分解、组合关系）。

游戏玩法

玩法1：自由拼摆法

操作要领：以自由游戏为背景，通过语言提示幼儿注意玩具中图形间的分解、组合关系。

例1，当幼儿无意间用3个菱形和2个三角形拼出1个大菱形（图1），教师及时引导：

“你看，3个菱形和2个三角形拼在一起变成了什么图形？”“你真厉害，用5个图形创造出了1个大菱形！

例2，当幼儿用直角梯形拼出长颈鹿的身体和脖子（图2），教师用惊喜的声音表达“发现”：“你这个长颈鹿的身体是长方形的，咱们的玩具里边没有长方形，你是怎么创造出来的呀？”“哦，长颈鹿的脖子也是长方形的，而且是大大的长方形，这么大的长方形，你是怎么创造出来的呀？”

图1 幼儿用3个菱形和2个三角形拼出1个大菱形

图2 幼儿用直角梯形组合出长方形

玩法2：图卡支持法

操作要领：根据幼儿的游戏兴趣，设计一些隐含数学概念的图案卡，供幼儿选择，让幼儿在拼摆图案的过程中关注到图形的组成与分解关系、图形的方向与大小、按规律排序等数学问题，并在反复操作中获得相关经验。

例如，看到幼儿在自由拼摆中喜欢拼“地毯”“太阳”“小人儿”“花”“车”等形象，教师设计了“地毯”“太阳”“花”“机器人”“车”“小鸡”等图案（见图3～8），其中隐含着认识几何图形及不同图形之间的关系、图形的方向、按规律排序等数学任务，支持幼儿在完成图案的过程中获得相关数学经验。

图3 教师设计的“地毯”图案

图4 教师设计的“太阳”图案

图 5 教师设计的“花”图案

图 6 教师设计的“机器人”图案

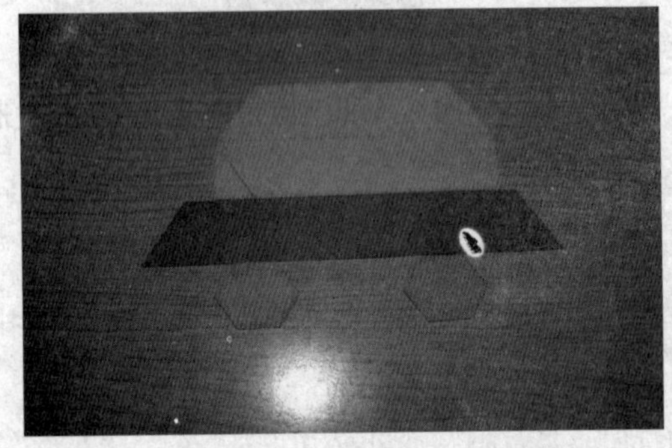

图 7 教师设计的“车”图案

图 8 教师设计的“小鸡”图案

玩法 3：任务定向法

操作要领：用任务定向的方式把玩具中的数学关系突出出来，让幼儿在完成任务的过程中体验数学关系和规律，掌握数学概念。

例如，设计几何图形组合系列题卡（见图 9 ~ 26），用塑封膜塑封，投放到活动区，让幼儿在拼摆、组合的过程中体验图形的分解与组成、图形的方向、图形大小等概念，并获得相关经验。题卡分为 6 个组，分别是菱形分解与组合、梯形分解与组合、三角形分解与组合、六边形分解与组合系列（6 组），每组题卡按照任务由易到难的顺序排列。幼儿可以根据自身情况选择“挑战”哪一组。

图 9 题卡 1–1

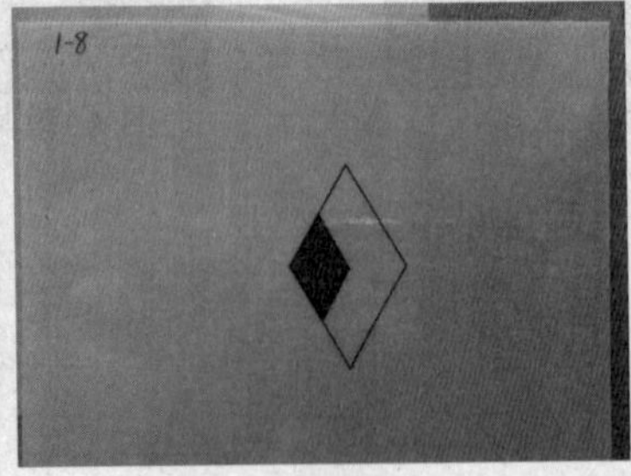

图 10 题卡 1–8

图 11 题卡 1–12

图 12　题卡 2–1

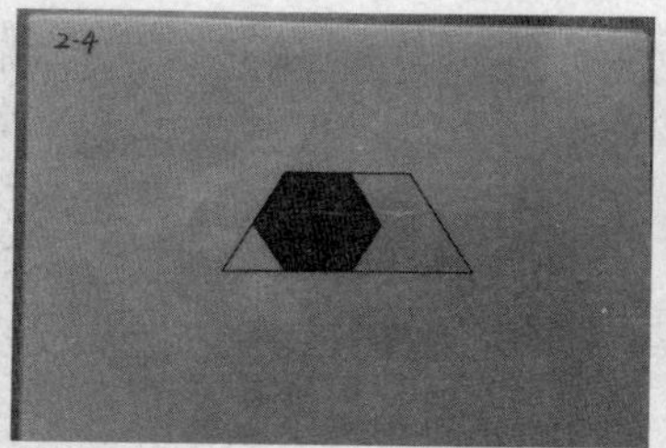

图 13　题卡 2–4

图 14　题卡 2–9

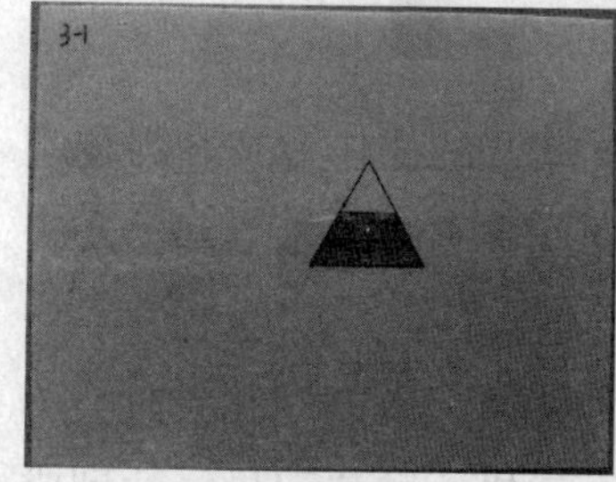

图 15　题卡 3–1

图 16　题卡 3–5

图 17　题卡 3–9

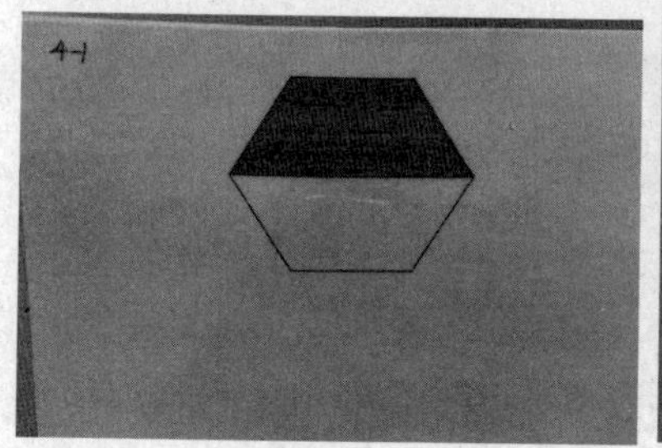

图 18　题卡 4–1

图 19　题卡 4–7

图 20　题卡 4–10

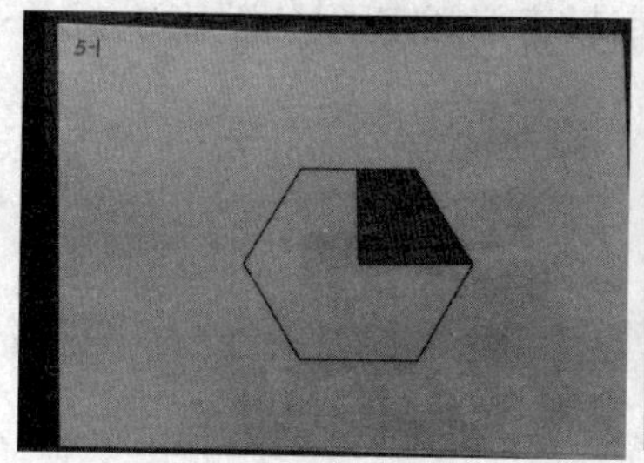

图 21　题卡 5–1

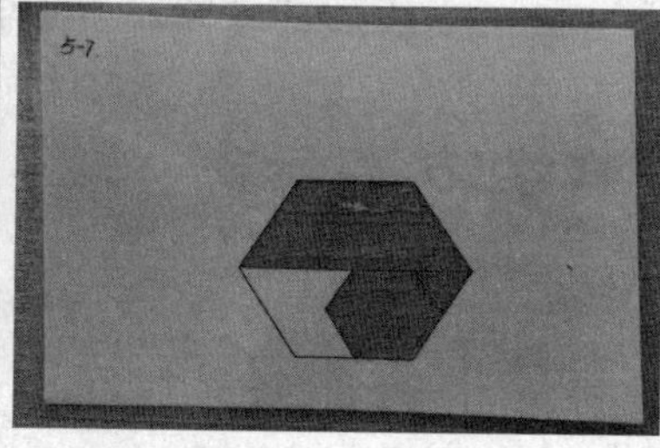

图 22　题卡 5–7

图 23　题卡 5–10

图 24 题卡 6-1

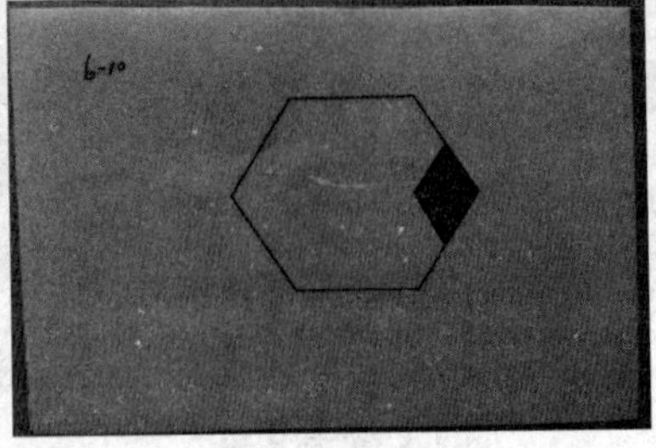
图 25 题卡 6-10

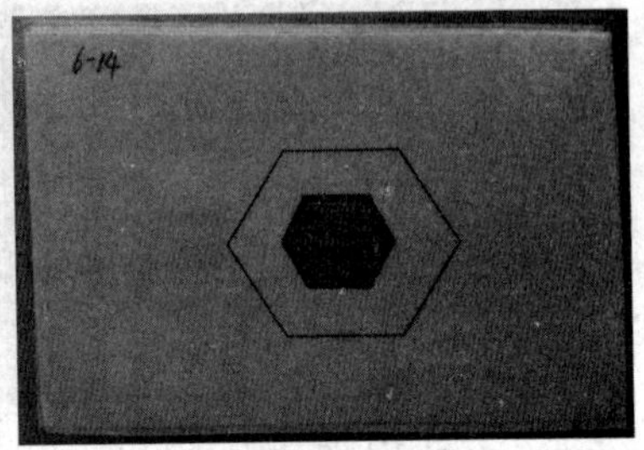
图 26 题卡 6-14

注意事项

1. 不同幼儿在操作玩具的方式上具有较大的个体差异，不同幼儿的操作方式和兴趣倾向也明显不同。在玩具的操作方式上，不应追求统一，应该根据玩具本身的特点和幼儿的学习风格、兴趣倾向等采取不同的指导方式，保证干预和指导的适宜性。

2. 由于多边形分数板玩具中几何图形间的分解组合关系非常普遍，所以幼儿有时会不由自主地去探索这些关系，教师需要注意观察，把握并创造教育契机，顺势引导，达到成人“教”的需要和幼儿“学”的需要相统一的效果，让幼儿在游戏中通过解决问题的方式进行学习。

数学教学语言

1. 你这个 ××× 是 ×× 形的，咱们的玩具里边没有 ×× 形，你是怎么创造出 ×× 形的呀？

2. 这个图形有 3 条边、3 个角，也是三角形；这个图形有 6 条边、6 个角，叫六边形。

3. 你可以把图形转一转，看看是否能拼得上；你把图形翻个个儿，看看是否能拼得上；你可以把图形轻轻地推过去，让它们边挨着边在一起。

（活动设计者为北京教育学院朝阳分院王艳云）

图形学习目标与教学方案示例

小班

学习与发展目标

1. 认识并区分圆形、正方形和三角形。

2. 在提供一种几何图形轮廓图的情况下，用至少 3 块几何形状拼板拼出这个简单图形。

3. 用不同的图形组合成一个新的图形。

教学方案

一日生活环节

1. 和幼儿谈论物品的形状，引导幼儿关注并认识周围事物的形状，如感受并识别盘子、桌子、加餐饼干、地砖等物品的形状。

2. 图书区中每一类书左上角贴上不同颜色、不同形状的标签，幼儿看过图书后可根据图标形状将图书送回原处。

区域游戏渗透

1. 益智区

（1）摸箱

目标：通过触摸感知图形的特征。

材料：摸箱。

玩法：提供不同形状、大小的积木，幼儿伸进去摸一摸，说一说积木的形状。

提问：它有边、有角吗？有几个？是什么图形？

（2）找相同

目标：能将相同的图形找出来。

材料：不同形状、大小、颜色的图形。

玩法：根据形状、大小、颜色，找出图形好朋友。

提问：这些图形有什么不同？它们哪些地方是一样的？

（3）好玩的转盘（具体见本章案例）

（4）十三孔智趣盒

目标：能够认识常见的图形，并根据图形的特征进行游戏。

玩法：拿到一个立体图形，根据木盒的孔的形状匹配到相应的图形并投入盒子中。

提问：它长得什么样？有几个角？几条边？

（5）送图形回家

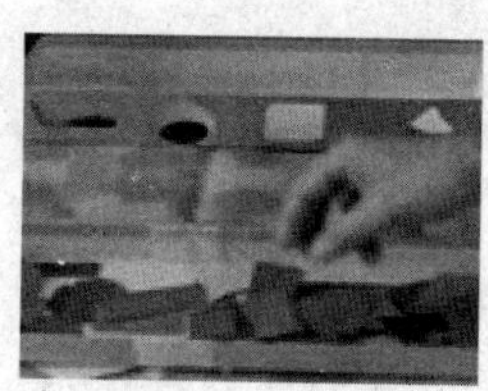

目标：了解各种图形特征，一一对应进行分类。

玩法：教师自制不同形状的图形卡片若干，准备一个盒子，并在侧面刻出不同的形状作为图形的家。幼儿通过观察图形外部特征，将同一形状的图形送回家。幼儿可以通过比赛形式进行，比一比哪位小朋友能用时最短，正确地将图形宝宝送回家。

提问：有哪些图形卡片？观察图形卡片与图形操作盒，你发现了什么？

2. 娃娃家：夹心饼干

目标：能够根据形状配对。

玩法：提供各种形状的饼干，引导幼儿根据形状配对做夹心饼干。

提问：你想做一个什么形状的夹心饼干？

3. 美工区：几何拼贴画

幼儿用几何图形组合拼贴，有轮廓提示图案。

提问：××× 需要什么图形？

4. 拼插区

目标：能够运用图形插片拼插立体作品。

玩法：可以照着图示或自己自由拼插作品。

提问：你想拼什么？圆形插片可以当作什么？

5. 图书区

投放图形专题会本，支持幼儿通过阅读学习图形知识，如《吃了魔法药的哈哈阿姨》。

集体教学活动

1. 小猪的蛋糕店（具体见本章案例）
2. 三角形变变变（具体见本章案例）

户外活动

1. 跳图形

目标：能够根据提示跳图形。

玩法：准备不同图形铺成小路，幼儿根据教师语言提示跳相应的图形前进。

2. 游戏：藏在哪里最安全（具体见本章案例）

3. 游戏：小孩小孩真爱玩

游戏目标：通过感知图形特征识别图形。

游戏玩法：游戏可以一人或多人进行。幼儿齐说儿歌：小孩小孩真爱玩，摸摸这儿摸摸那儿。教师回应：摸摸 ×× 跑回来。教师说出图形名称，引导幼儿寻找。

中班

学习与发展目标

1. 认识并区分长方形、椭圆形、半圆形、梯形。
2. 借助几何形状组合范例图，用拼板拼出这个组合图形。
3. 在提供一种几何形状轮廓图的情况下，用至少 5 块几何形状拼板拼出这个简单图形。
4. 辨认简单图形（如长方形、三角形、梯形等），改变方位后还是同一种图形。

教学方案

一日生活环节

1. 继续关注生活中物品的形状，并就形状进行讨论。关注的图形范围逐渐扩大，如认识梯形、六边形等。

2. 感知建筑中的图形组合

家园合作收集各种建筑的图片，和幼儿一起观察分析，建筑中有哪些图形，它们是怎样组合在一起的？图形如何变成生活中物品的样子？

3. 圆圆的东西有什么（具体见本章案例）

4. 奇妙的口袋

材料：大小适中的口袋 1 个，3 个长方形果盘，圆形、三角形、长方形、正方形饼干各 3 ~ 5 块，苹果、橘子、桂圆各 1 ~ 2 个。

游戏过程：

（1）幼儿将手伸进口袋摸一摸，猜一猜摸到的是什么东西，它是什么形状。

（2）成人说形状，幼儿摸出相应的物体。如长方形饼干、圆形桂圆、三角形饼干等。

（3）成人说数量，幼儿摸出相应数量的物体。如 2 块三角形饼干、1 个圆形橘子和 2 块正方形饼干。

（4）成人与幼儿互换角色，幼儿说形状，成人摸出相应的物体。

（5）幼儿说数量，成人摸出相应数量的物体。

（6）一起品尝食物，边吃边引导幼儿发现食物的形状，数数有多少，吃掉几个还剩下几个。

（7）玩过几次之后，成人退出游戏，转变成幼儿同伴游戏。

区域游戏渗透

1. 益智区

（1）形状对对碰

目标：通过游戏训练幼儿的观察力、形状辨别和组合能力、颜色辨别能力。

材料：骰子（上面印着图形）、木片（上面印着图形）。

玩法 1：游戏者先决定获得多少块木片赢得游戏。如先得到 5 块木片的人获胜。木片上印着不同的形状，有的印着 1 种形状的图案，有的印着 2 种。年龄最小的孩子优先（之后可按照顺时针方向轮流进行）。

玩法 2：将木片平分给参加游戏的人，多余的放一边，游戏者将得到的木片图案朝上平铺在自己前面。幼儿轮流掷骰子，游戏者必须专注观察自己拥有的木片里是否有和两颗骰子所显示的形状图案相同的木片，若有相同的木片，就可以取出自己的木片放到垫子上，谁最先将自己前面的木片放到布垫上谁就获胜。

（2）五颜六色

游戏目标：引导幼儿观察、比较发现材料与闯关卡的关系，通过移动、旋转、翻转、组合的方式完成任务，进行闯关。

游戏玩法：

①根据闯关卡上的图示，选择自己需要的砖块图形。

②将选择好的砖块图形按颜色、形状不同，叠放到操作台上。

③操作台上的叠放图案与闯关卡上的图示完全一致，本关成功，继续闯下一关。

核心提问：你使用了哪些图形进行组合？组合后有哪些新的图形？

（3）好玩的转盘（具体见本章案例）

（4）猜猜我是谁（具体见本章案例）

（5）拼拼乐

目标：幼儿能够根据图纸进行图形拼摆。

材料：图形卡片。

玩法：幼儿观察图案上面所需要的图形，找到相应的图形进行拼摆，组合出新的图案。

（6）游戏：摸一摸

目标：感知图形的基本属性。

材料：摸箱、眼罩、木质形状积木块。

玩法：幼儿戴上眼罩，进行触摸，说出摸到的图形及基本属性，打开眼罩进行验证。

（7）拼拼摆摆（具体见本章案例）

2. 建筑区

幼儿运用不同形状的积木采用搭高、延长、围拢、盖顶等方法搭建不同作品。

3. 美工区

为幼儿提供彩色皱纹纸，支持幼儿用皱纹纸做彩条、裙子、手绢等表演区用品，在认识物品形状、裁剪、拼接等制作过程中认识图形，感知图形之间的分解组合关系。

4. 表演区：击鼓传口袋

游戏目标：感知各种几何形体的基本特征。

游戏准备：几何形体若干、口袋一个、铃鼓一个。

游戏玩法：幼儿围成圆圈，玩“击鼓传口袋”游戏，鼓声响起，幼儿依次传递口袋，鼓声停止，口袋传到谁手里，谁从口袋中摸出一个几何形体，边摸边告诉大家，“我摸到一个 ×× 形状，大家一起检查”。新一轮游戏由数对幼儿击鼓。

5. 图书区

投放图形专题绘本，支持幼儿通过阅读学习图形知识，如《点和线的相遇》《美术馆里遇到的数学》《奶奶的红裙子》。

集体教学活动

1. 帮小熊做被子（具体见本章案例）

2. 解救星宝（具体见本章案例）

3. 小蜜蜂的家（具体见本章案例）

4. 图形组合（具体见本章案例）

户外活动

1. 游戏：图形找家

目标：根据指令进行找图形游戏。

材料：地上贴上不同颜色的多种图形。

玩法：教师边说儿歌，边带幼儿做动作，当说到“来了一只大狐狸”时，幼儿问教师“哪个图形最安全”，老师说“红色的三角形家里最安全”，幼儿找到“红色的三角形”并进入到图形里边。

2. 游戏：贴图形

目标：幼儿能够快速找到与自己胸前粘贴一样图形的同伴。

材料：儿歌、图形卡片。

玩法：幼儿边拍手边说儿歌边走，儿歌结束，找到与自己相对应的形状进行贴人。

大班

学习与发展目标

1. 认识并区分球体、正方体、长方体和圆柱体。

2. 认识并找出平面图形和立体图形之间的关系，如圆形和圆柱体。

3. 用小几何图形（正方形、长方形、三角形等）拼成一个大几何图形。

4. 对一个图形进行等分，如二等分和四等分。

教学方案

一日生活环节

1. 引导幼儿关注并认识周围环境中的立体图形，感知其基本特特征，认识平面图形和立体图形的关系。例如发现积木中有长方体、正方体、圆柱、圆锥；感知其相同与不同，如正方体积木有 6 个面，6 个面全部是正方形，长方体的 6 个面里边肯定有长方形；正方体和长方体所有的面都是平的，搭东西很稳；圆柱体有 2 个圆形的面是平的，用圆形的面可以做支撑，弧形的面能滚动；圆锥体只有 1 个圆形的面是平的。又如，带领幼儿将包装盒拆成平面，保存起来节省空间，拆的过程中关注有几个平面，每个平面都是什么形状；需要包装盒的时候再把平面恢复成立体图形，体会平面图形和立体图形之间的关系。

2. 你比我猜

请小朋友找一找身边的图形，并和同伴配合用肢体动作表现出图形特征，让其他幼儿来猜，并解释“为什么猜是 ×× 图形”。

3. 手疾眼快（具体见本章案例）

4. 影子图形（具体见本章案例）

区域游戏渗透

1. 美工区

（1）制作七巧板

游戏目标：通过制作活动知道一个图形能分成许多不同的图形，培养幼儿做事认真的好习惯。

游戏准备：彩色正方形纸、长方形纸、三角形纸、剪刀、胶纸板。

游戏玩法：幼儿随意取出一张彩色纸，将这张彩色纸分成不同形状的小图形，并用这些小图形拼出自己喜欢的图案。

（2）剪一剪，分一分

游戏目标：能运用等分的方法等分生活中的其他物品，巩固等分图形的方法。

游戏准备：长方形、正方形、等边三角形、等腰三角形、梯形纸条，及记录单等。

游戏玩法：幼儿自选图形，先将图形多次对折，后用剪刀沿折痕剪开，在记录单上记录自己等分份数，比一比看谁等分的份数多。

3. 益智区

（1）好玩的转盘（具体见本章案例）

（2）图形碰碰乐

游戏目标：

①尝试将三角形摆在牛津布上。

②在图形移动、翻转、组合中体验图形变化的乐趣。

游戏玩法：将若干小三角形摆在牛津布上，最终形成和牛津布重合的大三角形。

提问：你是怎样通过旋转和移动变成新的图形的？

（3）棉花糖图形

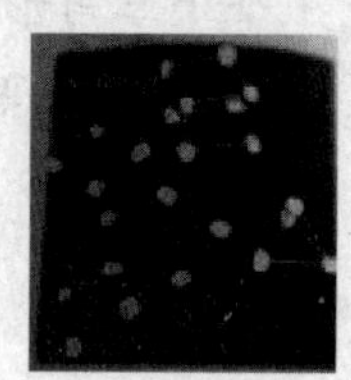

材料：小泡沫球或纸黏土、橡皮泥、棉签或咖啡棒、几何图形模型。

玩法：探索二维和三维图形。使用材料创作各种平面图形或者立体图形。开始创作的多是平面图形，待技术熟练之后，可以延伸创作出更精彩的建筑造型。期间可以通过提问，引发幼儿进行更多的数学思考。例如：创作一个长方形需要哪些东西？需要多少棉花糖？需要多少咖啡棒？

4. 图书区

投放图形专题绘本，支持幼儿通过阅读学习图形知识，如《我和爷爷的建筑之旅》《寻找消失的爸爸》《小鸟的新家》《方爷爷和圆奶奶》。

集体教学活动

1. 神奇的正方形

2. 图形钉板

活动目标：能运用图形钉板制作几何图形及组合图形。

活动准备：图形钉板、组合图形卡片。

活动过程：

（1）熟悉使用图形钉板。

拿出图形钉板和彩色皮筋，请幼儿观察并说说板子上面有什么，猜猜看用这些彩色皮筋可以在钉板上做什么。

请幼儿用皮筋在钉板上拉出三角形、正方形或长方形。教师和幼儿一起讨论拉出这些图形的方法。

——三角形有几条边？几个角？皮筋要钩住几个钉子？

——正方形有什么特点？几条边？几个角？边的长度是怎么样的？皮筋应该钩住哪几个钉子？

——长方形有什么特点？几条边？几个角？和正方形有什么不同？边的长度是怎样的？

（2）在图形钉板上拉出组合图形。

教师出示图形卡片，请幼儿说说组合图形由几种图形组成。

请幼儿拉出组合图形。教师请幼儿上前说说他用了什么方法拉出了一模一样的组合图形。如有幼儿使用了不同方法，也请他上台做展示。例如：

我用了4根不同长度的皮筋，拉了4个不同大小的三角形。

我用了3根不同长度的皮筋，拉了1个小三角形、2个大小不同的梯形。

（3）请幼儿自由创作并交流方法，教师巡视指导。

户外活动

1. 跳房子

在场地上画好由各种图形组成的跳房子游戏图案，幼儿根据游戏规则跳过图形，如正方形单脚跳、长方形双脚跳、三角形单脚跳两下等。到头后再折返跳回来，教师有意提示幼儿辨认房子上的图形。

2. 站图形

游戏目标：熟知各种几何图形的基本特征。

游戏准备：各种几何图形卡片散放在地上的圆圈中，轻音乐1首、录音机1台。

游戏玩法：全体幼儿随音乐拍手，围着大圆圈走，音乐停止，每名幼儿迅速站在一个图形卡片上，教师请一名幼儿说出：“我踩着的图形有3条边、3个角，你们猜一猜，我踩着的是什么图形？”其他幼儿回答。

3. 图形队伍

目标：能够按照指令快速排好图形队伍。

玩法：幼儿分成两组游戏，选出一名幼儿发号施令。例如：小朋友们排排队，排什么？排成圆形。两队幼儿则合作站成圆形，哪一队站得形状最标准、动作最快则为胜利。

提问：迅速变成图形队伍的方法是什么？

（本方案设计者：北京市朝阳区翠成幼儿园、北京市朝阳区福怡苑幼儿园、北京市朝阳区劲松第一幼儿园、北京市朝阳区丽景幼儿园、北京市朝阳区华洋紫竹幼儿园、北京市朝阳区清友实验幼儿园、北京市朝阳区光华路幼儿园、北京市朝阳区泛海幼儿园、北京市朝阳区群星幼儿园、北京市朝阳区朝花孙河东园、北京市朝阳区枣营幼儿园、北京市朝阳区水碓北里幼儿园、北京市朝阳区北辰福第幼儿园、北京市朝阳区望京新城幼儿园、北京市朝阳区新源里第二幼儿园、中国人民大学朝阳幼儿园。）

（本方案整理者：北京市朝阳区翠成幼儿园娄鹏仙。）

参考文献

1. 美国埃里克森儿童发展研究生院早期数学教育项目 . 幼儿数学核心概念：教什么？怎么教？ [M]. 张银娜，侯宇岚，田芳译 . 南京：南京师范大学出版社，2015（6）.

2. 黄瑾，方田 . 学前儿童数学学习与发展核心经验 [M]. 南京：南京师范大学出版社，2015（7）.

3.[美] 罗莎琳德・查尔斯沃思 .3 ~ 8 岁儿童的数学经验 [M]. 潘月娟译 . 北京：人民教育出版社，2007（10）.

4.[美] 莎莉・幕莫， 布伦达・耶柔米 . 数学不仅仅是数数：基于标准的幼儿数学学习活动 [M]. 南京：南京师范大学出版社，2013（6）.

5. 林嘉绥，李丹玲 . 学前儿童数学教育 [M]. 北京：北京师范大学出版社，1994（5）.

6. 潘月娟 . 幼儿数学教育与活动指导 [M]. 北京：高等教育出版社，2013（5）.

7. 张慧和 . 学前儿童数学教育 [M]. 重庆：西南师范大学出版社，2001（2）.

8. 黄瑾 . 学前儿童书序教育 [M]. 上海：华东师范大学出版社，2007（1）.

9. 李季湄，冯晓霞 .《3 ~ 6 岁儿童学习与发展指南》解读 [M]. 北京：人民教育出版社，2013（3）.

10. 黄瑾 . 优化学前数学教育的思考：幼儿教师数学学科教学知识（PM-PCK）评估 [J]. 全球教育展望，2013（7）：73-77 .

11. 陈杰琦，黄瑾 . 思考数学核心经验资源包: 教师用书 [M]. 南京: 南京师范大学出版社，2013（1）.

12. 中华人民共和国教育部制定 .3 ~ 6 岁儿童学习与发展指南 [S].2012（10）.

13. 中华人民共和国教育部制定 . 幼儿园教育指导纲要（试行）[S].2001（9）.

后 记

《生活化、游戏化的幼儿园数学教育》一书终于要出版了！提笔写后记，研究的场景历历在目。

2004 年，在协助博士师姐做毕业论文的过程中，我有幸近距离观察幼儿园的小朋友解决数学问题。看到小朋友们面对同一个数学问题有那么多不同的想法，我既好奇又兴奋，脑子里画满了“为什么”，也从此开启了幼儿数学学习研究之旅。从研究生毕业论文《不同干预方式对幼儿数学玩具操作的影响研究》到北京市“十一五”规划课题“以玩具和游戏材料为中介促进幼儿数学学习的研究”，再到 2016 年“PCK 指导下幼儿园数学教育生活化、游戏化的实践研究”，从未离开过幼儿园数学教育“生活化、游戏化”这一主题。随着时间的推移，研究一点点在深入。同时我也深刻地体会到，“生活化、游戏化”不是一个简单的问题。生活化、游戏化有不同的程度和层次，真正做到生活化、游戏化对老师的要求非常高。老师要清楚将孩子们的学习引向哪里，清楚我的孩子现在处于什么状态，从现在的状态到期待的状态中间要经历哪些学习，还要清楚孩子们如何学习。在这个基础上再决定我要创设一个什么样的情境，让孩子们身临其境，自觉、主动地思考情境中暗含的数学问题，在不知不觉中经历学习过程，获得数学经验，提升数学思维。而我和我的老师们一直在追求这种效果的过程当中，以至于迟迟不敢将研究积累拿出来出版。

2016 年朝阳区幼儿园数学工作坊的成立，加速了团队的研究进程。在数学工作坊，我们几十位兴趣相投的老师组成研究团队，开始系统研究幼儿数学“教”什么、怎么“教”的问题。我们一起学习数学领域核心经验，一起观察孩子们如何学数学，琢磨教师如何“教”数学，逐渐领悟了幼儿园数学教育生活化、游戏化的真谛。在团队研究的基础上，积累了一批优秀案例，于是决定将其出版，深化研究应用，也期待以此为契机，结识更多对幼儿数学教育感兴趣的同行，加强对话，互通有无，共同进步，于是有了《生活化、游戏化的幼儿园数学教育》一书。

《生活化、游戏化的幼儿园数学教育》是团队努力的结晶。北京市朝阳区教师发展学院王艳云老师负责第一章“绪论”、第二章“集合与分类”、第三章“数概念”、第四章“数运算”、第五章“数据分析”，以及前言、后记的撰写工作；北京市朝阳区福怡苑幼儿园常燕玲老师负责第六章“模式”部分的撰写；北京市朝阳区劲松第一幼儿园李真老师负责第七章“量的比较与测量”部分的撰写；北京市朝阳区泛海幼儿园叶红老师负责第八章“空间”部分的撰写；北京市朝阳区翠成幼儿园娄鹏仙老师负责第九章“图形”部分的撰写；全书由王艳云老师策划并统稿。在写作过程中，各位编委认真负责、兢兢业业，以高度的责任感、使命感，努力完成此书的撰写工作，并不厌其烦地推敲、修改，以求准确。

朝阳区幼儿园数学工作坊的全体老师提供了大量鲜活的案例。

老师们的教育智慧、辛勤劳动、无私奉献成就了此书，在此一并表示衷心的感谢！

《生活化、游戏化的幼儿园数学教育》具体写作分工见下表。

章节	内容	撰写者
第一章	绪论：幼儿如何学数学，成人如何教数学	王艳云
第二章	集合与分类	王艳云
第三章	数概念	王艳云
第四章	数运算	王艳云
第五章	数据分析	王艳云
第六章	模式	常燕玲
第七章	量的比较与测量	李真
第八章	空间	叶红
第九章	图形	娄鹏仙
统稿工作	整本书文稿由王艳云策划、审定	

主编：王艳云

编委（按姓氏音序排列）

常燕玲　李　真　娄鹏仙　王艳云　叶　红

2022 年 8 月于北京